주말 소설가

THE WEEKEND NOVELIST by Robert J. Ray and Bret Norris
Copyright © 2005 Robert J. Ray and Bret Norris
Korean translation copyright © Dasan Books, 2012
All rights reserved.

This Korean edition was published by
arrangement with Lorella Belli Literary Agency
through EYA(Eric Yang Agency)

이 책의 한국어판 저작권은 에릭양 에이전시를 통해
Lorella Belli Literary Agency와 독점계약한 (주)다산북스가 소유합니다.
신 저작권법에 의하여 한국 내에서 보호를 받는 저작물이므로
무단전재와 무단복제, 전자출판 등을 금합니다.

주말 소설가

로버트 J. 레이, 브렛 노리스 지음 | 서준환 옮김

1년 52주에
완성하는
소설 창작
프로그램

오브제

이 책을 브렛의 아내 샬럿과 로버트의 아내 마고에게 헌정한다.
속마음이야 어떻든 간에
그녀들은 여간해서는 이런 불평을 늘어놓지 않는다.
'작가와 같이 산다는 건 정말 장난이 아니야.'

차례

1부: 시작에 앞서 09

2부: 플롯짜기
- 1~2주 : 직선 구조에 따른 플롯 44
- 3~4주 : 곡선 구조에 따른 플롯 56
- 5~6주 : 행갈이 쓰기 73

3부: 등장인물 만들기
- 7~8주 : 인물 스케치 103
- 9~10주 : 인물의 전사 116
- 11~12주 : 인물의 꿈 130
- 13~14주 : 인물의 의상 148

4부: 플롯짜기2
- 15~16주 : 소품으로 플롯 짜기 171
- 17~18주 : 여러 주인공으로 플롯 짜기 196
- 19~20주 : 시놉시스 작업과 플롯 짜기 218

5부: 장면쓰기와 장면의 연결

21~23주 : 장면과 시퀀스의 형성 271
24~25주 : 첫 만남의 장면 290
26~27주 : 클라이맥스 쓰기 311
28주 : 중간지점 쓰기 324

6부: 초고 쓰기

29~33주 : 1막 초고 쓰기 352
34~43주 : 2막 초고 쓰기 383
44~49주 : 3막 초고 쓰기 410

7부: 원고의 또다른 가능성

50주 : 회고록 쓰기 437
51주 : 원고 다시 쓰기 449
52주 : 영화 시나리오 쓰기 459

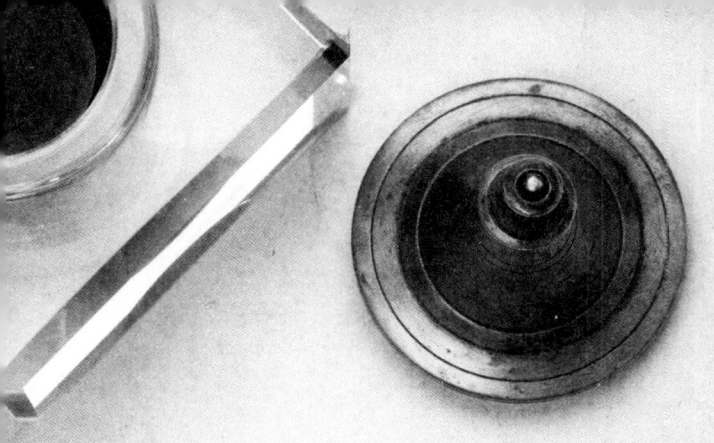

1부
:
시작에 앞서

들어가는 말

이 책 『주말 소설가』는 강의를 엮은 교재이다. 나는 독자의 내면에 깃든 작가를 일깨워 한 편의 소설을 완성하게 하기 위해 30년간 수집하고, 가르치고, 강의를 다듬어왔다. 이 책은 소설을 쓰기 위해 체계적으로 밟아야 할 스케줄과, 독자의 내면에 소용돌이치는 이야깃거리들을 한 편의 소설로 풀어내기 위한 설계도를 제공한다. 또한 그들을 격려하고, 가르치며, 소설 쓰기의 여행에 나서게 하는 지침서라 할 수 있다.

이 책의 초판은 등장인물에 관한 장으로 시작하여 플롯 짜기와 장면 구성으로 진도를 이어갔다. 이번 개정판에서는 플롯이 차지하는 비중이 늘었다. 초판에서는 열두어 쪽 남짓한 분량이었지만, 개정판에서는 플롯 짜기의 비중을 높여 작품의 구성 방식에 대한 선택의 폭을 넓힐 수 있도록 고려했다. 플롯을 짜는 데 필요한 기본 개념은 건축 설계, 즉 소설의 뼈대를 구축하는 일이다. 우리는 간단한 도표— 손으로 그리는 스케치이든,

컴퓨터그래픽으로 동심원과 선분을 그리는 라인 드로잉이든 간에―를 통해 이제 써내려갈 소설의 구조를 한 페이지 분량으로 정리하고 압축해볼 수 있다. 그 뒤에는 도표의 흐름에 맞춰 빠르게 글을 써보는 연습과정―이 책에서는 '행갈이 쓰기'라고 이름 붙였다―이 이어진다.

이 책에 맞춰 진도를 나가다보면, 우리는 플롯 구성, 인물 구성을 거쳐 장면 쓰기로 넘어가게 되는데, 그후에 플롯을 다른 각도로 또다시 탐구하게 될 것이다. 플롯을 초기 단계부터 구상한다는 것은 전체 그림, 즉 여러분이 쓸 소설의 구조를 구축하는 것이다. 출간돼 있는 대부분의 소설은 장章 분할이나 장 제목 혹은 흰 여백으로 페이지가 나뉜 구조를 취하고 있다. 어떤 소설들은 장이 아니라 부部로 나뉘기도 한다. 가령 이 책에서 교본으로 채택한 이언 매큐언의 『암스테르담』의 경우는 5부로 분할된 방식을 취하고 있다. 또 다른 교본인 제이디 스미스의 『하얀 이빨』은 4부로 나뉘어 있으며, 마이클 셰이본의 『캐벌리어와 클레이의 놀라운 모험』은 6부로 구성돼 있다.

작품의 진정한 구조―작가가 작품을 마무리할 수 있도록 부를 배치하는 것―는 언어의 이면에 잠재해 있는 법이다. 그러므로 우리의 출발점은 플롯 짜기일 수밖에 없다. 우선은 서사의 골조를 정밀히 소묘해나가야 한다. 이야기 속에 인물들을 투입할 수 있는 틀이 갖춰지면, 인물 설정으로 넘어간다. 그리고 다음 순서는 설정해둔 인물들을 가다듬고 심화하는 작업이다.

인물 구축은 간략한 스케치로 출발해서 각 인물들의 개인사와 구체적인 외양 그리고 내면적인 욕망 등을 통해 점차 심화해가는 방향으로 진행한다. 이때 인물 구축이 심화될수록 플롯 짜기도 한결 정련될 수 있다는 사실을 염두에 두기 바란다. 짜임새 있는 소설 구성에 긴요하게 쓰이는 작법 테크닉 중 몇 가지의 유형화된 예들이 있다. 그중 하나는 모든 이야기의 곁가지를 클라이맥스로 응집하는 방식이다. 이런 방식에서는 갈등이 해소되는 순간, 여러 등장인물들 가운데 한 사람만 승자로 남고, 나머지는 모두 패배의 나락으로 굴러 떨어지게 된다.

신중하게 플롯을 짜고 생동하는 인물을 구축해가는 과정은 곧바로 장면 쓰기와 맞물린다. 우리는 각자의 소설 속에 다채롭고 핵심적인 장면들―극적 긴장감이 고조될 법한 순간들, 예컨대 결혼식, 장례식, 생일, 도착과 출발, 매장, 형 집행, 청혼, 키스 등―을 그려내야 한다. 이 책에서는 우리가 써야 할 장면들을 세 가지로 분류하여 안내하고자 한다. 우선 첫 만남(두 주요인물이 만나는 대목), 중간지점(되돌릴 수 없이 앞으로 쭉 이어져야 하는 단계), 그리고 클라이맥스.

각각의 장면을 쓰고 나면, 우리는 미리 마련해둔 체크리스트들―시간, 장소, 캐릭터, 소품, 대화 그리고 그밖에 몇 가지 준칙들―을 통해 그것이 얼마나 잘 이루어졌는지 스스로 검증해볼 수 있다. 그 항목들은 매주 이어지는 연습과제 속에 함께 제시된다.

알아둬야 할 사실은, 초반의 작업 내용이 모두 우리가 쓰게 될 소설의 초고에 해당된다는 점이다. 초고에서 우리가 취해야 할 태도는 비평적 접근이 아니라 왕성한 창의력을 발휘하는 것이다. 무엇보다도 대담한 모험심으로 충만한 직관과 탐구 정신이 중요하다. 그러면 소설 쓰기라는 여행은 반드시 심대한 탐사로 이어지게 될 것이다. 사고를 창의적으로 이끄는 데는 여러 가지 방법이 있지만, 많은 작가들이 사용하는 좋은 방법으로 '행갈이 쓰기'라 일컫는 기법이 있다. 짧게 행갈이하면서 페이지를 써내려가다보면, 그 글은 산문이라기보다는 시에 가까워진다. 문단 나누기로부터 자유로워지면, 우리가 쓴 글에서 강력한 동사의 힘과 뛰어난 이미지들이 부각될 수도 있다. 간단히 예를 들면 이와 같다.

빗발이 내리친다.
그녀는 종이 쇼핑백을 들고 있다.

그녀의 머리칼은 너저분하다.
그녀는 자신의 차를 향해 달린다.
빗줄기가 그녀의 뺨에 따갑게 꽂힌다.
그녀의 발이 물구덩이 앞에서 멈칫한다.
그녀의 발끝을 타고 추위가 온몸에 퍼진다.
그녀의 차는 보이지 않는다.
그때 어디선가 들려온 누군가의 목소리.
괜찮아요?
그녀는 걸음을 멈추지 않는다.
그녀는 손아귀의 쇼핑백을 놓친다.
그때 다시 들려온 누군가의 목소리.
정말 괜찮아요?
그녀의 시선이 문득 위쪽으로 향한다.

이 책의 활용법

내용이 플롯 짜기든 인물 구축이든 혹은 장면 구성이든 간에 이 책의 각 과는 우선 기본적인 강의로 시작한다. 이를 통해 중점적으로 탐구하고자 하는 것은 주인공과 적대인물 Antagonist의 역할 및 대화의 기법, 장면 이동 방식 등 서사의 여러 요소들이다. 우리는 그와 관련된 기술을 익혀 우리의 소설에 적용해야 한다. 이 책은 한 과에서 다른 과로 옮겨 가는 방식으로 구성돼 있다. 처음부터 욕심 부리지 말고 쉽고 간단한 것부터 시작해가면 그 끝이 창대해질 수 있다는 점을 꼭 유념하기 바란다. 각 과의 연습과제들은 우리가 직접 써야 할 글쓰기에 초점이 맞춰져 있으며, 거기서 우리는 이제 써나가야 할 소설의 기초를 다지게 된다. 이 연습과제들에서 주로 공부할 내용은 언뜻 보기에는 별 의미 없고 자잘한 갖가지 디테일들이다. 그것만으로는 완결된 소설 재료라 할 수 없을지 모르지만, 이 디테일들은 소설 창작에서 반드시 필요한 구성인자들이다. 우리는 이 책을 통해 처음부터 끝까지 글쓰기 연마법을 배우게 된다는 점을 명심해야 한다. 글쓰기 연습은 말들에 생각을 불어넣고, 여러 가지 발상을 가지런히 다듬으며, 각자의 기량이 한껏 더 배양될 수 있도록 담금질하는 최선의 수련이다. 하루도 빼놓지 말고 매일 글솜씨를 갈고 다듬자. 그러다 보면 원고를 쓰기 위해 컴퓨터 자판 앞에 앉는 순간, 흥미로운 이야기의 물줄기가 아무런 방해도 받지 않고 우리의 상상력으로부터 용솟음치게 될 것이다.

작가가 되고자 하는 우리 앞에는 길고도 외로운 여정이 가로놓여 있다. 하지만 그 여정을 훌륭한 교본 소설들과 함께 차근차근 배워갈 수 있다면, 그 앞길은 그리 어둡지만은 않다. 거장들의 작품과 동행하며 배운다는 것은 빛을 접하고, 보이지 않던 문을 열며, 개념에 접속한다는 것을 의미한다. 그러니 훌륭한 글쓰기를 배우고자 하면, 일단 훌륭한 작품들을 많이 읽어야만 한다. 이 책의 각 과에는 작가들이 당면 과제를 어떻게 해결했는지 보여주기 위해 가져온 유수 문학상 수상작들과 고전들 그리고 일부 베스트셀러 작품들의 많은 예문들이 실려 있다. '조력자' 인물들의 활용법과 대화문 쓰기의 요령 그리고 짜임새 있는 플롯의 묘안 등, 이 예문들로부터 배울 점이 상당하리라 믿는다.

글쓰기 일과는 철저히 관리한다

우리가 아침에 깨어나자마자 곧바로 글 쓸 준비를 갖출 수만 있다면 얼마나 좋을까. 하지만 대부분의 경우, 그러기 어렵다. 그러니 정해진 시간에 글쓰기 일과를 시작하는 습관부터 들이는 편이 좋다. 이것이 바로 우리의 작업을 구원하는 길이다. 정해진 시간에 글을 쓰는—그사이에 멈추지도 않고 글을 점검하지도 않고 규칙을 따르지도 않는 것—데는 일정한 목적이 있다. 첫째, 어수선한 정신상태를 말끔히 일소하여 이제 시작할 소설의 초석을 놓는다. 둘째, 원하는 주제에 파고들기 위한 사색의 장을 탐사하게 한다. 셋째, 소설을 쓰기 위한 기초공사를 마련한다. 초석과 탐사, 기초공사의 세 요소는 밀도 깊은 산문을 쓰는 데 대단히 중요한 전제조건이다. 하지만 대부분의 창작 초심자들은 이야기의 실마리를 좀처럼 풀어내지 못하고, 뛰어들기에 앞서 마냥 머뭇거리기만 할 뿐이다. 철저히 정해진 시간 동안 글 쓰는 습관을 통해 우리는 실제 작업에 들어가기 전에 그 같은 태도를 전환할 수 있다.

지금 당장이라도 부엌에 타이머를 설치한다. 그리고 쓰기 시작한다. 멈춰서는 안 된다. 첨삭하려 들 필요도 없다. 생각도 하지 마라. 그저 쓰기만 하라. 흥미로운 말들을 계속 써가는 데 집중하면서 우리를 에워싸고 있는 잡념의 벽에 부딪혀본다. 소재는 아무거나 잡고 그것에 관해 쓰면 된다. 그저 우리의 정신이 활동하도록 내버려둔다. 정해진 시간 동안 글쓰기에 전념할 수 있도록 앞으로 등장할 내용에 그 출발선을 마련해두었다. '(주인공) ***는 두려움에 떨며……' 또는 '(적대인물) ***는 누군가를 파멸시키기를 꿈꾸며……' 같은 문장으로 20분 동안 쓰기 시작한다. 스스로를 자유로이 방목할 수만 있다면, 이런 기술記述 연습을 통해 보이지 않던 문을 열어 그 너머의 세계와 관계를 맺을 수 있다. '이건 완전히 헛소리네. 공연히 시간만 낭비하지 말자'고 독설을 퍼붓는 내면에 깃든 편집자의 간여로부터 자유로워지는 법을 배울 수도 있다. 그런 악담쯤 무시하고 글쓰기에 매달려보자. 맞춤법이 틀려도 상관없다. 독설에도 아랑곳하지 않는다. 어떤 경우에도 글 쓰는 손놀림을 멈추지 않는다. 지금 하고 있는 기술 연습은 실수로부터 자유롭다. 틈날 때마다 글쓰기를 연습한다. 그리하여 각도가 더욱 날카롭게 벼려질 수 있도록 글 솜씨를 연마한다.

작업 장소와 글쓰기 시간을 마련한다

글쓰기에 편히 전념하면서 창작 에너지를 북돋우려면 쾌적한 공간이 필요하다. 만일 그 공간이 절대적으로 적막해야만 한다면, 지하실 같은 곳에 방책을 쌓고 틀어박히는 것도 고려해봄직하다. 그와는 반대로 오히려 시끌벅적한 곳에서 최상의 컨디션을 유지할 수 있다면, 금속성의 록 음악이 작렬하는 동네 커피숍도 괜찮다. 장소야 어찌됐든 기본적으로 글을 쓸 수 있는 책걸상은 반드시 필요하다. 그리고 작업에 들어가기 전 곰곰이 구상하면서 자료를 뒤적거릴 수 있는 편한 의자도 하나 필요할 수 있다. 여하튼 집중할 수 있고 공부할 수 있는 공간을 찾는다. 그게 어디든 우리의 페이스를 끌어올릴 만한 장소를 선택하는 게 중요하다. 그런 장소를 찾을 수만 있다면, 주위를 에워싼 소음은 초봄의 잔설처럼 사르르 녹아 없어지고, 우리는 언어와 문학을 빨아들이는 스펀지로 변신할 수 있다.

작가들은 시간과 싸운다. 작품의 서사 속에 전개되는 시간과 싸우고, 편집자의 마감 독촉에 쫓기지 않기 위해서도 싸운다. 글 쓰는 시간의 확보 또한 시간과의 싸움에 속한다. 이 책은 따라야 할 지침을 통해 우리의 글쓰기 일정을 체계적으로 관리하게 할 것이다.

작가들은 두 가지 부류로 나뉜다. 매일같이 꼬박꼬박 글을 쓰면서 예사롭지 않은 분량의 원고를 규칙적으로 쌓아가는 쪽이 있다. 그런가 하면 다른 한편에는 창조적인 영감이 떠오르기만을 기다리면서 구상 아이디어를 기억 속에 저장해두는 쪽이 있다. 이 책은 무조건 따라야 할 강제적인 글쓰기 일정을 부과하려 한다. 이제 그만 입 다물고, 백지 위에 아이디어들을 옮겨 적은 뒤, 우리의 명작을 곧장 써내려가야 한다.

일정을 짤 때는 되도록 작업이 중도에 끊기지 않을 만한 시간을 고르는 게 좋다. 적어도 글을 쓰는 동안만은 우리가 작가임을 기억해야 한다. 스스로의 정신건강을 위해서라도 그 순간을 음미해본다. 이제 글 쓰는 일은 우리가 주말에 감당해야 할 과업이다. 결코 기분전환을 위한 취미생활이 아니다. 창의적인 활동을 위해서는 아침 시간이 가장 좋다. 그 시간대에는 심신이 최고로 쌩쌩한 법이다. 공기는 신선하고 주위 환경도 조용하다. 세상은 아직 잠들어 있다. 그리고 밤은 자기가 쓴 원고를 검토해보기 좋은 시간이다.

가족이나 동거인 또는 친구들로 하여금 글 쓰는 시간 동안만은 우리를 방해할 수 없다는 사실을 분명히 해두는 게 바람직하다. 명확한 일정표를 짜서 잘 보이는 위치에 붙여둔다. 토요일 오전 7시에서 10시까지, 일요일 오전 8시부터 11시까지. 스스로 늘 주의를 환기할 수 있도록, 그리고 글 쓰는 동안 외부로부터 침해당하지 않기 위해서, 주변인들에게 미리미리 자신의 상황을 일러둔다. 우리의 소설이 진척을 거듭할수록 더욱 많은 시간이 필요해질 테니, 그때쯤엔 일정표를 새로 짜서 다시 붙여두는 게 좋다. 적어도 그 시간에는 전화벨이 울려도 무시하라. 이메일도 쓰지 마라. 웹서핑은 금물이다. 이 시간은 철저히 지켜져야 할 일과이며 신성불가침의 시간이다. 이 시간엔 1분, 1초도 귀할 수밖에 없다.

도구의 선택

완벽한 준비라고까지는 말할 수 없을지 몰라도, 여하튼 작가의 꿈을 이루기 위해 필요한 최소한의 도구는 다음과 같다. 노트, 펜, 그리고 컴퓨터. 연령대가 낮은 작가 지망생들에게 흔히 나타나는 일인데, 이 목록에 중독성 강한 향정신성약물이나 주류 따위를 포함시키려는 경향도 있다. 하지만 이는 덜떨어진 짓이다. 알코올과 마약은 우리의 예민한 감각을 둔화하고 이완시킬 뿐이다. 범박한 대중문화에는 작가들이 마약에 취해 몽롱해져 있는 동안 많은 글들을 썼다는 식의 신화가 떠돌기도 한다. 하지만 좋은 글쓰기는 마음과 영혼을 잇는 가교의 튼실함에 달려 있다고 해도 과언이 아니다. 그러니 일부러 그 협로를 틀어막지 말자.

공책은 글 쓰는 이들에겐 화폭에 해당한다. 노란색 리걸패드도 좋지만 지질이 얇고 다루기 까다로운 방식으로 제본돼 있어 망가지기 쉬운 게 흠이다. 튼튼하고 정리하기 좋다는 점에서는 차라리 스프링노트가 낫다. 휴대하고 다니기 좋은 사이즈나 중량으로 따지자면 손기용 용지철도 나쁘지 않다. 아무튼 공책을 고른 후에는 그 공책의 사용 시점과 소설의 시작 일자를 명확히 기입해둔다. 소설을 이어가는 동안, 여러 권의 공책들을 빼곡이 메워야 할지도 모르기 때문이다. 어쩌면 각각의 공책에 색인이나 목록을 작성해야 할 수도 있다. 하지만 지금 가장 중요한 것은 글쓰기이므로, 이런 데 골몰하느라 초점을 흐리면 곤란하다. 여하튼 우리의 공책은 소중하고 값진 창작 공간으로, 그 속에서 우리는 고백하고 창조하고 탐구하는 미지의 영역들을 열어가야 한다. 우리의 공책은 아이디어와 이미지와 플롯 전환점을 보관해두는 서랍 역할을 떠맡을 수도 있다. 그 과정에서 우리는 자신의 무의식과 내밀히 접촉하는 법을 익힐 수도 있고, 이제 써나갈 스토리의 윤곽을 헤아릴 수도 있다. 그러므로 공책을 고이 간직하고 금지옥엽처럼 소중히 여기자.

펜의 경우는 비교적 간단하다. 아무거나 필기감이 괜찮은 것으로 고르면 된다. 페이지 뒷면에 우툴두툴한 필기 자국이 남는다는 점만 빼면, 볼펜이 창작 페이스를 유지하는 데 좋다. 사인펜 종류는 글씨가 산뜻하게 쓰이고 필기감도 썩 쾌적한 편이지만 잉크가 번진다. 만년필이야말로 최고의 필기구일 수도 있는데, 아쉽게도 가격이 너무 비싸서 탈이다. 여하튼 내내 휴대하고 다니기 좋도록 작고 가벼운 펜을 고르는 게 우선이다.

이제 출판계에서는 컴퓨터가 작업의 필수요소가 되었다. 성능 좋은 워드 프로그램이 깔려 있고 인터넷 접속이 원활한 컴퓨터를 한 대 장만할 필요가 있다. 휴대 편의성이라는 측면에서는 랩톱이 제격이다. 그것만 있으면 커피숍 같은 곳에서도 글을 쓰는 게 가능하다. 하지만 선뜻 구입하기에는 액수의 부담이 만만치 않다. 데스크톱을 쓸 경우에는 모니터가 커서 눈이 편하지만 설치되어 있는 곳에서밖에 사용할 수 없다는 단점이 있다. 소프트웨어는 아무려나 상관없지만, 마이크로소프트 워드가 영미권 출판업계의 스탠더드로 알려져 있다.

손으로 쓰는 원고와 달리 워드 작업문서의 글자들은 자동으로 변형될 수 있다. 맞춤법이나 문법의 정확성 여부에 대한 자동 점검 기능 때문인데, 이런 기능은 꽤 편리하고 유용하다. 아직 글쓰기에 익숙지 않은 작가 지망생들은 철자와 문법상의 오류를 범하기 쉽다. 이럴 때 맞춤법과 문법 점검 기능은 실수를 바로잡는 데 큰 도움을 준다. 파일명 변경 역시 유용한 기능이다. 처음부터 다시 쓰고자 할 때, 그동안 써온 것을 다른 파일명으로 보관해둘 수 있다. 그러면 처음 쓴 것과 나중에 쓴 것이 어떻게 달라졌는지 일목요연하게 비교하여 파악할 수 있다. 그러니 원고의 초안을 제각각 보관해두었다가, 각각의 초안에서 수정된 부분들만 골라내서 나중에 참고하면 아주 그만이다.

인터넷은 무가치한 도구일 뿐 아니라 작업 진도를 방해하는 최악의 적일 수도 있다. 그러니 시간낭비를 막으려면 글 쓰는 동안 웹 브라우저를 닫아두는 게 최선이다. 신속한 자료 검색과 참고를 위해 포털사이트를 열어놔야 할 때도 있는데, 이때는 맞춤법 체크를 할 수도 있고 또는 단어의 정의나 기억이 가물거리는 동의어 등을 찾아봐도 좋다. 여기서 중요한 것은 필요한 정보들을 얻어낸 후 재빨리 자신의 글쓰기로 돌아가는 일이다. 인터넷 검색을 할 때는 자기가 무엇 때문에 이 포털사이트의 창을 열었는지 계속 되새겨야만 한다. 광대무변한 인터넷의 바다에 빠져 허우적대지 않도록 이 점을 명심할 것.

서가에 이 책들을 추가하라

이 책에서 중요 예시로 활용하기 위해 고른 문학 교본들은 몇몇 문학상 수상작들과 대중에게 널리 알려진 베스트셀러 소설들이다. 강의가 이어지는 동안 우리는 처음부터 끝까지 이 교본 소설들의 기법과 문체 그리고 서사 전략을 꼼꼼히 점검하고 분석하면서 우리의 글쓰기가 향상될 수 있는 지점을 함께 고민해본다. 훌륭한 작가들은 대체로 손에서 책을 놓지 않는 편이다. 그러니 일단 아래 목록에 열거된 책들을 구입하거나 동네 도서관에서 대여한다. 그러고는 읽고 또 읽는다.

(*제목이 영어로 쓰인 책들은 한국 미출간 도서임.)

교본 작품
파울로 코엘료, 『연금술사』
마이클 셰이본, 『캐벌리어와 클레이의 놀라운 모험』
이언 매큐언, 『암스테르담』
줌파 라히리, 『이름 뒤에 숨은 사랑』
제이디 스미스, 『하얀 이빨』
앤 타일러, 『우연한 여행자』

참고도서
엘모어 레너드, 『Get Shorty』
J. K. 롤링, 『해리 포터와 마법사의 돌』

샬럿 브론테, 『제인 에어』

존 오브라이언, 『라스베이거스를 떠나며』

귀스타브 플로베르, 『마담 보바리』

허먼 멜빌, 『모비 딕』

시드 필드, 『시나리오 워크북』

팀 오브라이언, 『그들이 가지고 다닌 것들』

블라디미르 나보코프, 『롤리타』

로버트 펜 워런, 『All The King's Men』

존 가드너, 『The Art of Fiction』

아서 제이콥스와 스탠리 세이디, 『The Wordsworth Book of Opera』

바버라 G. 워커, 『The Woman's Dictionary of Symbol and Sacred Objects』

바버라 G. 워커, 『The Woman's Encyclopedia of Myths and Secrets』

윌리엄 스트렁크, 『영어 글쓰기의 기본』

시카고 대학, 『The Chicago Mannual of Style』 (웹사이트에서도 이용 가능)

작가처럼 사고한다

글 쓰는 사람에게 가장 큰 재능은 창의력이다. 우리는 창의력을 통해 각자의 무의식에서 길어 올린 이미지를 작품에 맞춰 빚어낸다. 우리가 공책에 대충 끼적거려둔 메모에 무의식의 자취를 남긴다. 또한 우리가 사용해야 할 최고의 무기는 집념이다. 이는 앞으로의 작업을 멈추지 않고 지속하겠다는 의지와도 같은 말이다. 이루 헤아릴 수 없는 많은 원고들이 매년 출판사 편집부에 우송되어 산더미처럼 쌓인다. 그 원고 더미에서 한 편이 선택될 확률은 정신이 아연해질 만큼 낮다. 작가로서 성공할 기회는 오로지 자신의 원고를 통해서만 생겨난다. 그러니 우리는 원고를 쓰는 상황 자체를 행운의 기회로 여기고 즐길 필요가 있다.

풍부한 어휘력까지는 필요 없다. 그저 자신 있고 진솔하게 구사할 수 있는 몇 가지 어휘들만으로도 충분하다. 그 어휘에 우리의 목소리를 실으면 된다. 우리가 작업할 때 진정 필요한 것은 확고한 추진력과 각오 그리고 유머감각 정도이다. 자신의 내면에서 독자의 웃음을 유발할 만한 우직함이나 바보스러움을 찾는다. 그리고 그런 면을 독자들에게 내보이고, 그들을 소설 속으로 끌어들인다.

무엇보다도 여러 가지 구상들과 주변에 대한 관찰, 형태, 테크닉, 리듬에 열려 있는 태도를 유지하는 게 필수다. 새로운 방식에 대한 열린 태도는 작가에게 가장 중요한 미덕 중 하나다. 열린 태도를 유지하는 한 가지 방법으로, 인물 하나를 우리의 비어 있는 무대와 경험 속으로 초대해본다. 우선 그녀를 스케치한다. 그러면서 그녀의 삶에 과거시제의 두께를 입히고 그녀가 꿈꾸는 바를 들여다본다. 그러고는 요즘 살고 있는 장소와 현재의 외양이 특징적으로 드러날 수 있는 의상 등에 관해 관심을 기울인다. 그녀가 무대에 등장하면, 그 순간부터 드러나기 시작할 일거수일투족을 세세히 기록한다. 그녀가 담배에 불을 붙인다. 그 담배의 브랜드는 무엇인가? 불빛이 유리판이 깔린 테이블 위로 떨어지며 먼지 쌓인 표면을 비춘다. 그녀는 가정주부인가? 이 불빛은 어디서 새어 나오는 것인가? 그녀가 몸을 일으켜 앉아 있던 자리에서 벗어난다. 그녀는 어디로 가려는 것일까? 그것을 쓰기 전까지는, 여러분들도 알 수 없다.

작가에게 글 쓰는 일은 매순간 치러지는 시험과정이다. 이런 작가의 삶속으로 빠져보자. 참된 작가의 삶이란 바로 글쓰기 그 자체이다.

워밍업

어느 날 잠에서 깨어난 우리는 곧바로 작업에 들어가서 모닝커피를 내리다가, 불현듯 메모에 열중할 수도 있다. 심지어 오밤중에 깨어나 머릿속에 떠오른 여러 가지 디테일들과 장면들 그리고 이야기의 연결지점에 몰두하면서 왕성한 창작욕을 과시할 수도 있다. 그때 언어는 우리의 손끝에서 마치 전광석화처럼 작렬한다.

이처럼 창작열이 고조된 시점에는 한 순간도 손에서 펜을 내려놓지 말고 글쓰기의 정점을 향해 쾌속으로 줄달음질쳐야 한다. 오전의 무력증 따위는 과감히 떨쳐낸다. 주의를 다른 데로 돌릴지도 모를 함정도 철저히 무시한다. 활기찬 언어의 물살이 분수처럼 솟아날 때, 쿵쾅거리는 혈맥 속에서 고조된 창작열의 흥분과 질주의 쾌감을 마음껏 누려본다. 말들이 백지 위로 쏟아져 나온다. 글쓰기의 펌프질이 거침없이 계속되고, 샘솟는 언어는 막을 길이 없을 정도다. 갑자기 몰려온 허기로 인해 이런 창작의 물살에서 잠시 벗어날 때쯤 우리는 그사이에 자신이 장면을 세 개나 썼고 두 명의 캐릭터를 스케치했을 뿐 아니라 이들의 개인사까지 정리해두었다는 사실을 깨닫게 된다. 바로 이런 희열 때문에 우리는 계속 글쓰기에 매달리지 않을 수 없다. 창작열이 고조된 시기에 우리는 의식적 사고와 무의식적 감정 사이의 항로를 계속 오갈 수도 있다. 이때 이미 써놓은 것에 집착해서 그것을 자꾸 복기하는 데 시간을 허비하는 일은 금물이다. 그저 예기치 못하게 주어질 순간의 선물을 기대하면서 그것을 즐기도록 한다.

물론 글 쓰는 매 시기가 이처럼 뜨거울 수만은 없다. 대부분의 작가 지망생들은 책상을 치우고 자료들을 뒤적거리면서 인용할 만한 문구를 찾는 데만 꽤 많은 시간을 흘려보낸다. 말하자면 어떻게든 되도록 글 쓰는 고단함을 미룰 만한 일거리에 매달리려 하는 셈이다. 아침에 잠에서 깨어난 후 커피 맛을 음미하고 강아지를 산책시키고 신문을 읽느라 뭉그적거린다면, 글쓰기 펌프는 그만큼 녹이 슬어 윤활유가 필요해진다. 글 쓰는 일은 압제적인 두목을 모시는 거나 다름없다. 일례로 컴퓨터 자체는 상관없지만, 인터넷 포털사이트와 이메일은 철저히 자제해야 한다. 작중 인물들은 성가신 사촌동생들과도 같다. 그들은 틈만 나면 생떼를 부리고 불평을 늘어놓고 징징댄다.

그러니 결코 태만해지지 않도록 글쓰기에 들어가는 자기만의 절차를 정해두자. 각각의 다른 과정으로 넘어갈 때마다 워밍업을 거치는 것도 좋은 방법일 수 있다. 자신의 창작이 향해야 할 정신적 항해도를 그리고 별자리를 파악한 후 해결해야 할 과제의 목록을 짜도록 한다. 그리고 낡고 진부한 창작 태도를 거미줄처럼 싹 걷어낼 수 있도록 글쓰기 근육을 단련한다. 정신의 눈망울을 초롱초롱하게 유지한다. 스스로 정한 절차를 엄수하면 주말 동안의 창작 실습을 생산적으로 이끌 수 있게 될 것이다. 게으르게 영감을 기다리는 일은 공연히 실습할 기회나 즘먹는 시간낭비일 뿐이다. 아래와 같은 준비운동과 함께 바로 작업에 뛰어든다.

- 맥락의 설정

인물, 장소, 추억이 깃든 사물 등 아무거나 골라잡고 일단 글을 쓰기 시작한다. 백지의 중간 지점쯤에 단어 하나를 적어넣고 거기서 선을 긋는다. 인물은 죽음, 사랑, 돈 문제 등과 관계 맺을 수 있다. 장소는 결핍, 방랑벽, 평화 등으로 연결될 수 있다. 그리고 사물은 인물, 주제, 숙명 등과 결부될 수 있다. 이러한 맥락들로 상상력이 꿈틀거리는 동안, 그것들이 제 스스로 얽히면서 뭔가를 빚어내도록 일단 그냥 놔둔다. 그러고는 그 내용을 서둘러 공책에 받아적는다. 그 과정에 판단력을 개입시키려 들지 않는다. 이는 우리의 무의식에 가 닿으려는 접속의 시도이기 때문이다. 그러니 함부로 검열하려 들면 안 된다.

• 소재의 정리정돈

우선 확실한 목표를 세운다. 물론 이 책을 통해 체계적인 교습 과정을 밟아가게 되겠지만, 더 큰 목표를 세워야 한다. 글쓰기 과정을 더욱 세분화한다. 이를테면 작중 인물들이 즐겨 먹는 음식들의 순위 같은 것을 매겨보는 것도 좋은 방법이다. 가장 생각해내기 어려운 장면들의 일람표를 짜도 좋다. 스스로 질문하고 응답해야 할 항목들을 정리해둔다. 이와 같은 목록들은 작품을 쓸 때 세부적인 비품의 공급원으로 활용할 수 있다. 이렇게 쌓아둔 말들이 진정한 도구로 쓰일 수 있다는 사실을 항상 잊지 않는다.

• 쓰기 연습

글쓰기 연습은 자신을 혼자만의 어둡고 아득한 지하실에서 환한 대로로 이끌어 올리는 일이다. 타이머로 시간을 맞춰놓은 후 펜을 들고 아무 말이나 종이 위에 쓰기 시작한다. 맞춤법에 개의치 않아도 무방하다. 정확한 문장부호의 사용에도 주의할 필요가 없다. 그저 백지 위에 말들을 풀어내는 손의 움직임만 유지하면 된다. 쓰기 연습은 우리가 하나의 이야기를 구상하기에 앞서 실행해야 할 과제이다. 등장인물들의 개인사나 상황 설정의 세부 또는 이야기 흐름의 변곡점 등을 구상할 때도 이 시간을 활용해본다. 쓰기 연습은 실험을 하기에 좋은 시간이다. 그러니 논리에 구애받지 말고 정신을 자유롭게 한다.

• 동료들과 함께 써보기

다른 작가 지망생들과 교류하다보면 캄캄하던 앞길이 환히 뚫리기도 한다. 동료들의 창조적인 에너지가 우리를 둘러싸고 영혼에 단비처럼 스며드는 것이다. 회합은 시중의 커피숍, 서점, 도서관 등 아무 데서나 가능하니, 그들과 만나 창작 아이디어를 교환하는 것도 괜찮은 일이다. 다른 친구들과 어울려 창작의 골칫거리를 나누다보면 어느새 해결점이 보일 수도 있다. 글 쓰는 일은 근본적으로 혼자만의 외로운 여정이지만, 우리의 열정을 다른 이들과 나누면 그런 고독을 어느 정도 무마할 수도 있다. 어떤 모임에서는 참가자들이 각자 써온 것을 낭독하기도 한다. 또는 원고를 교환해서 검토한 후 서로 비평해주기도 한다. 이런 활동 속에서 평소 지향해온 소설 구성 아이디어를 떠올릴 수도 있다. 다른 작가 지망생들에게 지금 부족하다고 여겨지는 부분을 털어놔보자. 그러면 그들이 우리의 상상력을 자극할 만한 조언들을 스스럼없이 꺼내놓을지도 모를 일이다.

- 낭독하기

작가는 예술가이며 그 표현 매개는 언어다. 그 눈부신 언어를 소리로 경험하자면 낭독을 하는 수밖에 없다. 이를 통해 작가가 작품 속에 이뤄놓은 문체의 미적 성취가 더 생생히 와 닿을 수도 있다. 뇌에서 분비되는 엔도르핀의 양을 증폭시킬 만한 경험이다. 그러니 낭독의 시간을 가져보자. 마음에 드는 책에서 추려낸 몇 대목들을 소리 내어 읽어보자. 입 밖으로 흘러나오는 언어를 귀 기울여 음미해보자. 그렇게 낭독하는 동안, 우리의 글쓰기 구심점이 무엇인지 한 번쯤 되새겨본다. 말들이 청각으로 울리는 동안 거기서 생겨나는 이미지들을 향유해본다.

- 연습과제들

이 책에 수록되어 있는 연습과제들을 소홀히 하지 않는다. 이 과제들은 특히 테크닉에 역점을 두고 있으며 주말마다 이어질 우리의 글쓰기 페이스가 흐트러지지 않도록 챙겨줄 수 있다. 이 연습과제들은 단순한 일과성 테스트가 아니다. 앞으로의 지속적인 향상을 위해 그것들을 활용하자. 만일 주인공의 적대인물을 떠올릴 때마다 골머리를 앓는다면, 인물 연습과제로 되돌아가는 게 좋다. 만일 어느 주말을 골라 장면 쓰기 작업에 도전해볼 계획이라면, 장면 구성에 관한 연습과제들을 복습해보도록 권한다. 상상력이 솟구쳐 오를 수 있는 디딤대처럼 이 책에 수록된 연습과제들을 적극적으로 활용하자.

글쓰기의 효율적 운용

대부분의 작가 지망생들은 흔히 첫 장에서 총력을 쏟아낸다. 그러고는 곧바로 원고 손질에 착수한다. 그들은 작품의 서두가 빛날 때까지 원고를 갈고 다듬지만, 안타깝게도 그걸로 끝일 때가 일쑤이다. 하나의 캐릭터를 매듭짓는 데, 한 장면을 보여주는 데, 어떤 메타포를 빚어내는 데 너무 많은 시간을 할애하는 것이다. 그러다보면 장만 자그마치 10페이지를 넘기는 경우가 생기기도 한다. 물론 이마저도 잘 써질 때에 한해서 그렇다. 글쓰기를 효율적으로 운영한다는 것은 시간을 적절히 관리한다는 뜻이기도 하다. 원고를 손질할 시간은 얼마든지 있다. 일단 초고만 다 쓰면 된다. 다시 말해 초고는 미미한 부분을 찾아내어 다듬기 위한 연습장이라고 할 수 있다. 설령 우리가 주말마다 연습과제를 달랑 한 장씩만 풀고, 장면을 달랑 한 장만 구성해간다 해도, 하나의 초고를 마무리하는 데는 아무런 문제도 없다. 일단 초고를 다 써서 다시 살펴보고 수정하면 그만이다. 그러기만 하면 된다. 그 과정은 대개 짐작하는 것만큼 길고 험난한 게 아니다. 그러니 다음 단계로 걸음을 옮겨야 한다.

첫 장을 다 썼으면, 그 다음 장으로 가뿐히 넘어간다. 둘째 장을 다 썼으면, 셋째 장에 착수한다. 귀중한 시간과 에너지를 첫 부분에서 너무 일찍 소진하면 우리의 글쓰기는 결국 난파할 수밖에 없다. 물론 스스로에게 계속 이런 말을 되뇌고 싶어지는 건 당연하다. '일단 여기까지만 쓰고 다시 그 지점으로 돌아가야 해. 첫 장은 무조건 완벽해야 하니까.' 하지만 첫 장에 전력투구하기보다 우선 거칠더라도 초고부터 마무리하는 게 중요하다.

글쓰기는 계속되는 과정이라는 점을 명심한다. 그렇게만 되어도 우리는 승부의 절반 이상을 유리하게 이끈 셈이다.

준비하고 또 준비하라

어떤 책을 읽을 때는 서두부터 시작해서 중간을 거쳐 대단원에 다다르게 마련이다. 1페이지를 넘기면 2페이지로 이어진다는 건 매우 자명한 일이다. 영화를 볼 때도 이와 마찬가지로 선형적인 노선을 따른다. 하지만 한 권의 작품을 창작할 때 취해야 할 진행 방식은 이와 어느 정도는 다를 수밖에 없다. 한 편의 영화를 촬영할 때를 떠올려보면 이해하기가 쉬워질 것이다. 영화는 시퀀스sequence를 구성하는 숏shot 단위로 촬영한다. 촬영이 시작되기 전, 아트 디렉터는 세트를 짓고 배우들은 리허설을 하며 감독은 콘티를 점검한다. 작품을 쓰는 일도 유사한 진행과정을 거쳐야 한다. 등장인물들이 누군지 세밀히 파악하지 않고서야 어찌 첫 장의 이야기를 쓰기 시작할 수 있겠는가. 작중의 한 여인이 어떻게 해서 살인자와 만났는가를 놓친다면, 그녀의 끔찍한 죽음을 어떻게 암시할 수 있겠는가.

그러므로 철저히 예비하고 준비해두는 일은 글쓰기 진행과정에서 상당히 긴요하다. 등장인물들을 장면에 투입하여 운용해가기 전에 그들의 캐릭터를 주도면밀하게 짜둬야만 한다. 작품의 공간적 배경을 설정할 때도 그 장소의 세부사항에 대해 속속들이 파악하고 있어야 한다. 그러고 나서는 그들이 그런 공간적 배경 속에서 제 스스로 말하게 내버려두면서 무슨 말을 하는지 귀를 기울이기만 하면 된다. 일반적으로 영화감독들은 대본의 모든 디테일들을 세세히 점검하고 꼼꼼히 파악해둔다. 그와 마찬가지로 좋은 작가들은 자기가 그릴 작중 현실에 대해 철저히 준비한다. 그러니 청사진을 먼저 구상한 후 그것을 뒤따라가도록 하자.

우리는 인물을 준비하는 과정으로 작품을 시작한다. 우리의 상상과 체험으로부터 등장인물들이 창조된다. 그 과정이 끝나면, 허구에서 창조된 등장인물들이 작중 현실 속에서 마치 실제 인물처럼 말하고 움직이고 반응한다. 물론 그들은 실제가 아니지만 실제처럼 보일 수 있다. 그들은 장소와 시간에 걸맞은 의상을 입고 있으며, 자신이 처한 상황에 부합하는 언어와 음조로 말을 한다. 그렇게 작중 인물들을 생동감 넘치게 빚어내는 일이 바로 우리의 과제이다.

캐릭터 작업에 이어 우리는 장면 전개로 넘어간다. 이 단계에 이를 즈음에는 이미 등장인물들의 전사前事에 대한 탐구가 마무리되어 있을 것이므로, 우리는 그들이 어떤 상황에서 어떻게 반응할지 충분히 헤아릴 수 있다. 그저 그들이 알아서 움직이도록 배경만 짜놓고 뒤로 물러나서 이들의 움직임을 지켜보기만 하면 된다. 주도면밀하게 준비해둔 구상 속에서 그들이 저절로 움직이리라는, 그렇게 쓸 수 있다는 자신감과 함께. 그 세부사항이 더욱 현실적으로 와 닿도록 장면 스케치에도 많은 공을 들여야 한다. 만일 공간 배경으로 런던을 택한다면, 우리의 등장인물은 파운드화로 지불하고, 정면에서 볼 때 좌측 운전석에 앉아 차를 몰며, 로리(영국에서는 트럭을 '로리'라고 부른다)와 접촉사고가 나지 않도록 유의하게 된다.

예습에 충실할 것. 준비과정에서 얻은 정보의 단편들을 제자리에 적절히 배치하기만 하면 글쓰기는 쉬워진다.

무의식을 해방시킨다

이성에 입각한 정신 영역은 판단을 내리고 계산을 한다. 반면, 무의식에 속한 정신 영역은 겉으로 드러나지 않는 심연을 간직한다. 의식은 뇌의 전두엽에서 여러 가지 정보들을 처리하는데, 이 과정에서 생각하는 능력이 생긴다. 그런가 하면, 무의식은 시야 전면에서 빠져 나간 각양각색의 디테일들을 빨아들인다. 의식은 이해를 앞세우지만 무의식은 느낌을 중시한다. 되도록 많은 독자들에게 어필할 소설을 쓰자면 이 두 가지가 모두 필요하다. 출판사 편집자들이 기대하는 것은 일차적으로 독자들에게서 강렬한 정서적 반향을 끄집어내는 작품이다. 말하자면 독자의 뒷덜미를 확 낚아챌 수 있어야 한다. 무의식을 두드려 깨우는 작업은 섹스와 폭력만큼이나 독자들의 반향 여부를 판가름하는 관건일 수 있다. 의식과 무의식 사이의 왕래는 광고와 정치 그리고 패스트푸드 마케팅 등 거의 전 분야에서 사람들의 관심을 낚는 데 활용되고 있다. 무의식을 두드려 깨우자면 우선 우리는 스스로를 자유로이 풀어놔야만 한다. 증오하고 소리치고 망가질 자유를 스스로에게 허락해야 한다. 그리하여 이런 방목과 자유의 내면적 결실이 연필이나 볼펜 또는 컴퓨터 자판을 통해 흘러나오게 해야 한다. 우리의 작업을 다른 것들과 구분해줄 디테일의 풍부함은 무의식에서 비롯되는 법이다. 바로 그 지점에서 우리는 등장인물들의 깊고 어두운 비의를 찾아낼 수도 있다. 어쩌면 거기서 우리 자신의 심적 맥락까지도 발견할 수 있을 것이다.

무의식을 두드려 깨움으로써 우리는 이야기에 스파크가 발생하는 것을 보게 될 수도 있다. 만일 셋째 장에서 약물과용에 빠져 있던 한 어머니이자 가정주부가 경찰에 쫓겨 달아나는 중이라면, 우리는 과연 그녀가 더 이상 막장에 몰리지 않을 만한 묘안을 찾아낼 수 있을까? 그녀는 전에 경찰에 체포되었던 적이 있을까? 그리고 그녀의 남편은 그녀가 보드카에 우울증 치료제를 타 마신 사실에 대해 알고 있을까? 여기서 가장 중요한 물음은 어쩌다 이 지경까지 사태가 흘러 왔느냐는 점이다. 도대체 왜? 하지만 이는 이성적으로만 해결하려 들면 결코 답할 수 없는 물음일지도 모른다. 물론, 그녀는 결손가정 출신일 수도 있다. 그리고 성장과정에서 포악한 계부의 학대에 심한 고통을 겪어왔을 수도 있다. 하지만 어째서 그녀가 이런 불행에 내몰리도록 자신을 방치했는지, 왜 스스로를 방어하기 위해 아무런 대비책도 세우지 않았는지 그 까닭은 여전히 오리무중이다. 이 대목에서 우리가 할 수 있는 단 하나의 선택은 우리의 무의식이 우리를 어디로 이끌고 가는지 그 추이에 주목하는 것뿐이다.

내면의 검열을 피하는 방법 : 타이머의 알람에 맞춰 글을 쓴다

글 쓰는 이의 내면에는 자체적으로 편집자가 하나씩 도사리고 있게 마련이다. 그런데 이 편집자는 보통 판관 역할까지도 맡으려 든다. 편집자의 목소리는 자신이 쓴 글에 대한 의혹을 부풀리고 자괴감을 조장한다. 그것은 마치 고지식한 방향을 향해 가도록 다그치는 부모의 간섭과도 같다. 목소리는 이렇게 말한다. '정신 똑바로 차려. 마약 얘기 따위는 쓰지 마. 대화에 욕설도 섞지 마. 근친상간에 관한 이야기는 아예 상상도 마. 함부로 터부를 범하지 마. 그저 고상하고 품위 있는 얘기면 충분해.'

그러니 일단 부엌에 타이머를 설치한다. 그리고 20분 간격으로 알람이 울리도록 시간을 맞춰놓고 글을 쓴다. 글을 쓸 때 우리는 모든 규칙과 모든 검열에서 자유로워야 한다. 타이머의 알람소리에 맞춰 글을 쓰다보면, 그 소리가 언제 울릴 것인가에 신경을 쓰기 때문에 검열하는 내면의 목소리보다는 원고 위에서 손을 움직이는 페이스에 더욱 집중할 수 있다. 빨리 써보기도 하고 느리게 써보기도 한다. 대문자나 필기체로 써보는 것도 괜찮다. 여하튼 쉬지 않고 계속 쓰는 일에만 집중한다. 이럴 때라면 머릿속을 맴돌기만 하던 여러 착상들을 한데 모아 거둘 수가 있다. 이럴 때라면 다른 사람들과 어울려 있을 때는 한 번도 꺼내 놓은 적이 없던 생각들을 기록해둘 수 있다. 타이머에 맞춰 글을 쓴다는 건, 부모조차 들여다보지 못하는 우리의 심층에 쌓인 불안이나 긴장을 분출시킬 기회이다.

또한 이는 스스로 자문해볼 수 있는 기회이기도 하다. 적대인물은 어렸을 때 혹시 강간당한 적이 있지 않을까? 주인공은 술을 마시기만 하면 자기를 폭행하던 부친의 악습으로 인해 극도로 술을 멀리하게 된 건 아닐까? 등장인물이 사회적으로 크게 성공한 인물이 된다면, 그것은 실제로 어떤 느낌일까? 이런 자문에는 옳고 그름의 판단이 개입할 여지가 없다. 타이머에 맞춰 쓰는 일은 뭔가를 발견하고 탐구하기 위한 여행의 출발이다. 그 과정에서 우리의 뇌를 찌릿하게 자극할 만한 주제에 다다르도록 하자. 그러자면 우선 자꾸만 계산에 집착하는 의식작용부터 가라앉혀야 한다. 뇌의 회백질에 고인 침전물들이 이야기로 변해 원고 위에 내려앉을 수 있도록 스스로를 자유로이 풀어놓아야 한다.

타이머에 맞춰 글쓰기를 통해 얻을 수 있는 요소—속도, 유희, 통찰—를 제시하기 위해, 우리와 같은 처지인 어느 작가 지망생이 쓰던 습작의 몇 대목들을 책 속에 끼워 넣었다. 이 습작 소설의 가제는 『트로피 와이프*』이다. 이 소설의 주인공은 베로니카라는 여자로, 앞서 등장한 인용문, 즉 '빗발이 내리친다. 그녀의 머리칼은 너저분하다……'에 등장한 여인과 같은 인물이다. 주말 동안 글쓰기가 진척되면, 우리는 베로니카가 빗물에 젖은 무명의 소녀에서, 클라이맥스까지 작품을 이끌어가는 주인공으로 성장해가는 모습을 지켜보게 될 것이다. 이를 통해 우리 자신의 창의성을 신뢰할 수 있게 될 것이다.

* 부유한 남자의 젊고 아름다운 아내를 가리키는 말.

그림을 그릴 수 있는 언어를 사용하자

좋은 소설은 독자의 마음에 언어를 그림처럼 새겨놓는다. 그런 소설에서는 등장인물들이 상호작용을 하고, 사건이 발생하는 무대가 눈앞에 펼쳐지듯 선명하게 나타난다. 거의 대부분의 글쓰기 교사가 학생을 가르칠 때 강조하는 말이 있다. '설명하지 말고, 그냥 보여줘라.' 다시 말해서 독자가 머릿속에 그림을 그릴 수 있는 언어를 빚어내라는 뜻이다. 하지만 이는 결코 만만한 작업이 아니다. 내가 아는 대부분의 편집자들은 투고작의 첫 페이지만 대충 훑어본 후 원고 뭉치를 내팽개치곤 한다. 이렇게 반려된 작품들은 대개의 경우, 설명만 많고 이미지는 아주 적다.

요컨대, 그림을 그릴 수 있는 언어로 디테일을 살려내느냐가 핵심적인 관건이라 할 수 있다. 『캐벌리어와 클레이의 놀라운 모험』에서 마이클 셰이본은 만화가들의 눈을 빌려 2차 세계대전 직전에 처한 세계의 모습을 세세하게 그려낸 바 있다. 살바도르 달리가 등장하는 흥미로운 장면에서 셰이본은 조 캐벌리어가 갑자기 방을 가로질러 달려가더니 산소흡입기와 함께 물속으로 뛰어드는 모습을 생생히 그려낸다. 그런데 이런 모습에서 자극받은 달리가 산소흡입기로 자신의 야회복을 치장한다. 산소흡입기를 입가에 단 달리의 안색이 조금씩 붉게 물들어가더니 급기야 끔찍한 흙빛으로 변해가는 과정이 독자의 눈에 선명하게 들어온다. 그사이 윙윙거리고 찰칵대는 기계장치의 소음이 공간적 배경을 가득 메운다. 셰이본은 매 페이지마다 스스로 창조해낸 시공간에 생명력을 불어넣는 디테일들을 구사하고 있다. 그는 이미지를 그리기 위해 디테일을 적극적으로 활용하는 작가다.

뭔가를 두루뭉술하게 쓰는 것은 쉬운 일이다. 어떤 순간의 본질이 포착될 수 있도록 구체적인 명사들과 역동적인 동사들을 찾아가며 쓰기란 정말 어렵다. 훌륭한 작가들은 사건으로부터 이미지들을 능숙하게 분리해낼 줄 안다. 훌륭한 작가들은 코카콜라 상표가 새겨진 유리잔이나 나일론 실로 짜인 돛폭 또는 한 여자의 비정상적으로 큰 손 같은 디테일을 살피는 관찰력이 출중하다. 동사를 적절히 구사하는 것 또한 그만큼이나 어려운 일이다. 하지만 적확하고 단단한 동사를 골라 쓰는 데 몰두하다 보면, 두루뭉술하고 무력한 글쓰기를 얼마든지 향상시킬 수 있다.

작가로 하여금 매혹적인 구체성을 빚어내지 않을 수 없도록 압박하는 것이 바로 이미지이다. 그러니 자신의 책이 언젠가 서점 매대에 놓이거나 영화관 스크린에 걸리기를 기대한다면, 구체적인 명사들과 역동적인 동사들로만 이루어진 글을 써야 한다.

그림을 그릴 수 있는 언어로 우리가 가장 먼저 써야 할 부분은, 우리가 집필하게 될 장편소설의 구조에 대한 스케치이다.

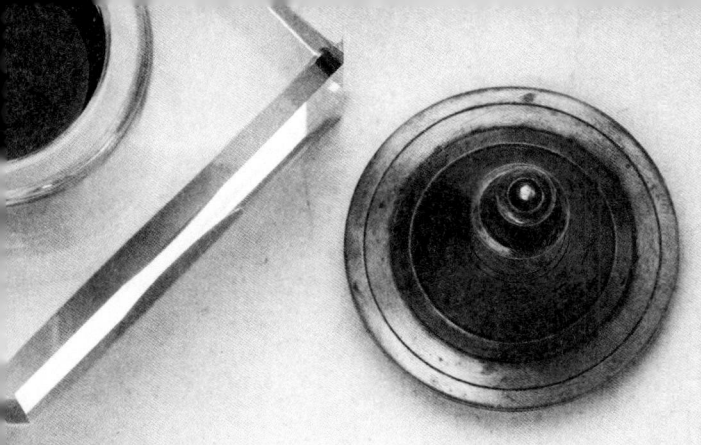

2부

1~6주
플롯짜기

21세기 들어 소설 쓰는 일은 영상의 세계 때문에 한결 더 복잡해졌다. 소설가들의 환경이 늘 이랬던 건 아니다.

찰스 디킨스와 샬럿 브론테 그리고 허먼 멜빌은 깃펜을 잉크에 적셔 글을 썼다. 글 쓰는 사이 펜대의 끝, 즉 펜촉이 마모되어 얇은 원고지 위에 부스럼을 남기면, 작가는 칼로 펜촉을 날카롭게 벼리느라 작업을 잠시 중단해야 했다. 경제 형편이 풍족해서 이렇게 멈추지 않고 작업을 계속할 수 있도록 예리하게 갈아둔 깃펜들을 책상 위에 잔뜩 쌓아둔 채, 빳빳한 원고지에 계속 글자를 새겨 넣는 것이 작가들의 오랜 소망이었다.

요즘은 사정이 전혀 다르다.

요즘 글 쓰는 사람들은 랩톱 같은 첨단기기로 원고를 작성하는 행운을 누린다. 그러나 초고속인터넷이 깔린 PC방 같은 곳에 앉아 글을 쓰다보면, 아무리 집중하려 애를 쓰더라도 한 번의 클릭만으로 사이버스페이스의 이미지에 사로잡히게 된다.

동네 인근 커피숍 같은 곳을 골라 글을 쓴다면, 우리의 시선은 랩톱 모니터와 벽걸이TV의 대형화면 사이를 수시로 오가며 시대의 우상들, 스포츠 스타나 영화 스타, 토크쇼 주인공들에 머문다. 다시 작업으로 돌아온 후에도 TV 화면에서 쏟아지는 여러 이미지들이 머릿속을 가득 메우는 일이 반복된다.

소설가 앤서니 트롤럽과 윌리엄 포크너가 그랬듯이 우리가 아침 일찍 일어나는 편이라 눈 뜨자마자 침대에서 빠져나와 커피 잔을 들고 컴퓨터 앞에 마주앉는 경우라면 어떨까. 그때도 우리는 모니터 위에 우선 메일함 창을 띄우고 들여다보는 데 얼마간의 시간을 할애할 것이다.

주말 동안 대부분의 작가 지망생들은 영화를 본다. 나이가 젊고 혈기 넘칠수록 그사이에 놓친 영화들을 챙겨보기 위해 소란스럽고 퀴퀴한 동네 영화관으로 발길을 향하는 경우가 많다. 나이가 지긋하고 생활이 안정돼 있는 경우에는 영화를 주로 빌려 본다. (이런 작가 지망생들과 비슷한 주말을 보내고 있는 경우라면, DVD의 세계를 접하며 다음과 같은 의문을 품을 수도 있겠다. '내가 소설로 작업하면 300쪽은 거뜬히 넘을 장면들을 어떻게 달랑 이 디스크 한 장에 우겨넣을 수 있었을까?')

동네 책방이 사라지다

영상 문화는 글쓰기 환경을 송두리째 뒤바꿔놓았다. 그리고 글쓰기 환경이 뒤바뀌었다는 것은 작가들 또한 변할 수밖에 없다는 뜻이기도 하다.

동네 책방을 떠올려보자. 동네 책방은 우리가 아무 때나 들러 이런저런 책들을 구경하고 훑어보는 곳이었다. 그리고 때로는 서점 주인과 약간의 교분을 나누기도 했다. 조용하고 나이 든 주인이나 예리한 눈매를 한 나이 든 여주인은 우리에게 정말 좋은 책들을 많이 권해주었다. 하지만 오늘날에는 반스 앤드 노블스나 보더스처럼 규모가 엄청난 대형서점들이

득세하고 있다.

또한 이제 우리에겐 하프 프라이스 북스나 아마존 닷컴, 파월스 북스 같은 곳이 있다. 아마존 독자들은 자진해서 자기가 구입한 책의 리뷰어로 나선다. 이러한 리뷰어들—문학 전공자들이나 호의적인 감상자 또는 아마추어 비평가들—은 동네 책방의 영업 기반을 위협하는 주인공들이다. 아마존 닷컴에서는 책에 판매 순위와 세일즈 포인트를 매겨 화면에 공개한다. 그러므로 우리의 책이 출간되면, 우리는 다른 책들에 비해 자기 작품의 판매고가 어디쯤 위치하는지 순위를 수치로 확인해볼 수 있다. 이 시대의 작가들에게 아마존 닷컴에서의 매출은 팔린 책들 중 실로 많은 부분을 차지한다.

글쓰기 환경은 변했지만 플롯 짜기의 중요성은 그대로

다음과 같은 정의를 기억에 새겨둔다. '플롯은 바로 당신의 이야기에서 벌어지는 일이다.' 그러니까 플롯은 가장 먼저 무슨 일이 벌어졌는지, 그 다음으로는 어떤 일이 벌어졌는지, 그리고 나서는 또 어떤 일들이 이어졌는지, 그래서 마지막으로 어떻게 이야기가 마무리되는지에 관해 짜는 일이다. 일견 간단해 보이는 플롯의 정의에는 이야기의 구조가 포함되어 있다. 이야기의 구조는 발단, 전개, 결말의 세 부분으로 나뉜다.

발단은 가장 처음 무슨 일이 벌어졌는지 보여주는 부분이다. 전개는 그 다음으로 무슨 일이 벌어졌는지 펼쳐 보이는 부분이다. 그리고 결말은 마지막으로 발생한 일에 관해 쓰는 부분이다.

우리가 써야 할 장르는 장편소설이고, 장편소설이란 영화, 1시간짜리 TV 드라마, 오페라, 서사시, 연극과 마찬가지로 길고 극적인 구조를 요하므로, 우리는 이와 같은 이야기의 세 토막을 연극의 3막에 견줄 수 있다.

- 1막은 소설의 발단이다.
- 2막은 소설의 전개이다.
- 3막은 소설의 결말이다.

   플롯은 소설의 주인공들이 시간과 공간을 가로지르며 겪어야 할 여로이므로, 명민한 작가들은 다양한 메모들과 인과관계의 시퀀스 그리고 줄거리 동선들을 준비하는 데서부터 플롯을 짜기 시작한다. 심지어 진행 과정과 방향성의 윤곽을 세밀하게 스케치를 하기도 한다.

   현명한 작가의 작업은 다른 창작 분야의 예술가들과 다르지 않다. 우선 스케치 형태로 떠오른 착상의 밑그림을 대충 그려둔다. 그 착상이 반짝이면서 제 스스로 빛을 낼 수 있도록. 음악가는 나중에 멜로디로 자라날 음표 한 마디나 코드 한 가지부터 일단 꺼내놓는다. 화가는 전면적인 구도를 축조하기 전, 우선 일련의 스케치부터 시작한다.

   그러니 우선은 이렇게 스케치해가는 과정에서 뭔가를 잡아가도록 하는 편이 좋다. 플롯을 구상하는 글쓰기는 말로 하는 스케치라고 볼 수 있다. '이것은 **에 관한 이야기이다'라는 말을 윤곽선 삼아 출발해서 10분, 20분 혹은 반시간 넘게 이어갈 수도 있다. '이것은 **에 관한 이야기이다'라는 말을 한 번 이상 쓰게 될 수도 있다. 그런 뒤에는 한 걸음 더 내디뎌 '이것은 ~한 인물 **에 관한 이야기이다'라고 이야기 속에 등장시켜야 할 주인공에 초점을 맞추는 단계로 넘어갈 수도 있다.

   1~2주의 과정에서는 직선 구조의 플롯을 스케치하게 될 것이다. 대부분의 영화 대본에 자주 쓰이는 직선 구조 플롯은 클라이맥스로 응집해가는 3막 구조를 통해 사건의 동선을 일목요연하게 도표화할 수 있다.

   3~4주 과정에서는 순환 구조 플롯을 스케치하게 될 것이다. 여기에는 두 가지의 순환 구조가 있는데 그중 하나는 '영웅적 순환 구조'로써 출발, 입문, 귀환의 차례를 거친다. 다른 하나는 '신화적 여정'으로, 감금, 탈출,

탐색, 용, 그리고 귀향 등이 주된 구성요인이다.

  5~6주 과정에서는 지금까지 쓴 우리의 원고를 과감하게 뒤엎는 방식의 글쓰기―페이지에 불을 댕기는 속성 기술―를 실험하게 될 것이다.

1~2주:
직선 구조에 따른 플롯

다리를 하나 건설한다고 할 때, 가장 먼저 해야 할 일은 스케치이다. 스케치를 한다는 것은 여기에 이런 아이디어를 덧붙이고, 저기에 저런 아이디어를 내는 과정이다. 스케치는 청사진의 형태로 구체화되며, 청사진은 다리의 구조를 도식화해서 한눈에 보여준다.

짧은 이야기를 한 편의 장편소설로 완성시키고자 한다면, 각각의 사고 과정과 상상력을 최대한 발휘하고 확장시켜 대략 250~300페이지 남짓한 분량으로 늘어날 수 있을 만한 플롯의 스케치에 몰두해야 한다. 미지의 세계를 가로질러 결말에 도달하기까지 딛고 있을 서사의 발판이 소설의 발단―이야기를 여는 이미지나, 서사의 도입부를 이끌어갈 첫 번째 등장인물의 등장―에서부터 필요하다.

이런 구상은 우리가 추구하는 서사가 어떤 종류에 속하는지 확실히 파악할수록 쉬워진다. 우리가 채택한 습작 소설 『트로피 와이프』의 여주인공 베로니카는 꿋꿋하지만 끔찍한 덫에 걸려 있는 여자로, 가난한 집안 출신이며, 폴과 결혼하면서 한동안 신분상승을 이루는 데 성공했지만 결국 범죄의 파국에 휘말려들고 만다. 빈곤에서 풍족한 재화로 흘러가는 서사의 동선은 베로니카의 행로에 예기치 않은 파고를 일으킨다. 빈곤과 재화는 경제적인 척도이다. 은유적인 의미에서, 베로니카는 패자에서 승자로 발돋움한 셈이다. 여기서 패자란 빈곤한 처지의 인물을 가리킨다. 반면, 승자란 풍족한 재화를 누리는 인물이다. 공간적인 의미에서 보면, 베로니카는 낮은 데서 높은 데로, 즉 비천한 세상에서 상류층으로 올라간 셈이다.

이렇게 볼 때 『트로피 와이프』의 서사는, 어느 고아 소녀가 불우한 예속의 처지에서 벗어나 멋진 왕자의 손에 구원된다는 신데렐라 이야기와 일맥상통한다고 할 수도 있다. 신데렐라 이야기는 선형적인 플롯의 효과를 설명하는 데 유용한 예이다. 소설 전개의 세 가지 패턴(발단, 전개, 결말)을 다시금 떠올리면서 첫 번째 스케치 실습으로 들어가보자.

- **발단** : 이야기를 여는 관문. 무슨 일이 벌어지게 할 것인가? 어떤 상황을 택할 것인가? 독자들로 하여금 주인공에 대해 어떤 인상을 품게 할 것인가? 어떤 상징적 장치를 쓸 것인가? 주인공이 가장 먼저 해결해야 할 문제점은 무엇인가? 어떤 인물들로 이야기의 막을 열 것인가? 그들과 주인공의 관계 설정은 어떻게 할 것인가?
- **전개** : 이야기의 전개부에서는 어떤 일이 벌어지도록 할 것인가? 등장인물들이 휘말릴 만한 사건으로 어떤 게 적합할까? 상징적 장치들로는 무엇을 고를 것인가?
- **결말** : 어떤 방식으로 이야기를 끝낼 것인가? 결말이 행복해지도록 할 것인가? 아니면 비극적으로 끝낼 것인가? 어떤 인물이 온갖 우여곡절을 거쳐 이야기의 대단원까지 살아남을까? 어떤 상징성으로 이야기의 여운을 지속시킬 것인가? 상징적 장치들이 클라이맥스에 어떤 작용을 할 것인가?(그리스 비극에서 클라이맥스란 얽히고설킨 사건의 정점을 가리키는 말이다. 그 지점에 이르면 모든 갈등 국면이 해소된다.)

문체와 관련된 사안들, 즉 문장, 단락, 문단 등으로 넘어가기 전에 우선 주인공이 패자에서 승자로 넘어가는 신데렐라 서사의 골자부터 도표로 정리해보자. (그림 1 참조) 그림 1은 이야기가 시작될 때 불우한 처지였던 주인공을 보여준다. 일련의 사건들—무도회 복장으로 갈아입고 왕자와 춤을 추다가 계단에서 유리 구두를 잃어버린 후 클라이맥스에 이르자 그 구두를 되찾으려고 시도하는 과정—을 거치면서 그녀는 승자로 향해 가는 경제적 신분상승의 사다리를 오르게 된다. 이 이야기의 발단은 빈곤의 도탄에 빠진 주인공으로부터 시작된다. 하지만 결말은 아궁이 재를 뒤집어 쓴 부엌데기에서 왕궁의 영광을 수중에 넣은 왕자비로 뛰어오른 그녀의 극적인 변화와 함께 대단원을 향해 간다. 우리의 소설을 순조롭게 풀어가고 싶다면, 이와 같은 플롯의 구조를 스케치하는 데 많은 시간을 할애해야 한다.

직선 구조로 플롯을 짜기 위한 가이드라인

상승하는 선의 기울기는 주인공 신데렐라의 인생행로를 나타낸다. 신데렐라는 낮은 데서 시작하지만 결국 높은 곳에서 끝을 맺는다. 이런 선분의 궤적은 신데렐라를 주인공으로 한 서사 유형으로, 멜라니 그리피스가 주연한 영화 〈워킹 걸〉과 줄리아 로버츠가 주연한 영화 〈프리티 우먼〉 등과도 일치한다. 〈워킹 걸〉의 여주인공은 자신의 서류가방을 해리슨 포드가 연기한 멋진 왕자의 아파트 안에 깜박 두고 나온다. 주인이 전문직 여성임을 드러내주는 핸드백 대용품인 서류가방은 여기서 신데렐라 이야기 속에 등장하는 유리 구두의 업데이트 버전이다. 또한 〈프리티 우먼〉에서 여주인공은 엑터 엘리존도가 연기하는 호텔 매니저에게 의상에 관한 조언과 도움을 얻는데, 여기서 호텔 매니저는 요정 대모의 변주에

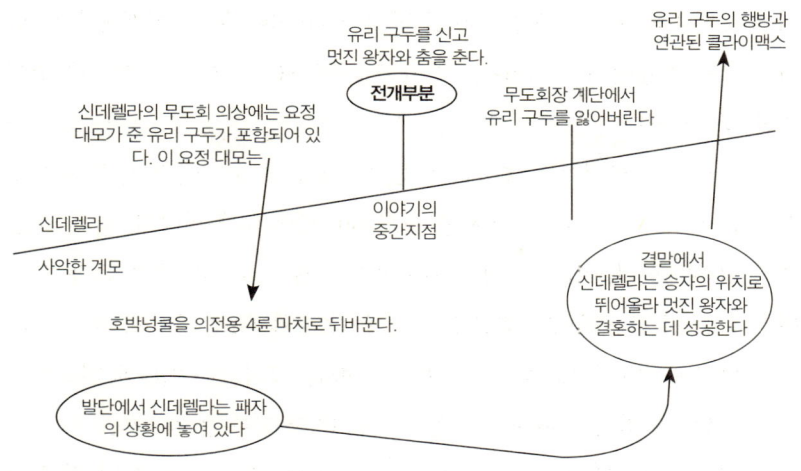

그림 1. 주인공이 패자에서 승자로 옮겨가는 신데렐라 이야기의 상승선

해당된다고 할 수 있다.

　이런 식으로 일단 스케치에 착수하기만 하면 얼마든지 아이디어들이 연달아 쏟아져 나올 수 있다. 그럴 때 우리는 그 아이디어들을 스케치의 형태로 갈무리해둬야 한다. 여기 한 예가 있다. 우리들이 채택한 교본 작품의 하나인 『캐벌리어와 클레이의 놀라운 모험』에서 두 주인공 중 하나인 프라하 출신의 요제프 캐벌리어 또한 패자에서 승자로 옮겨 간 전형이다. 고향을 떠난 요제프는 관 속에 실려 프라하에서 리투아니아로 탈출한다. 때는 1935년, 나치가 그의 고향 마을을 점령할 즈음이었다. 그의 부모는 그를 약속의 땅인 미국으로 떠나보낸다. 요제프는 빈털터리 신세로 뉴욕에 도착한다. 신데렐라와 마찬가지로 그는 비천한 세상의 거류민이다. 하지만 그 역시 신데렐라처럼 상류사회로 발돋움하게 된다. 경제적 신분 상승의 사다리를 오를 수 있도록 요제프에게는 요정 대모에 해당하는 인물이 필요하고, 그 필요에 따라 그의 사촌 샘 클레이가 나타난다. 샘 클레

이는 요제프의 비범한 붓질 솜씨를 단박에 알아본 후—그에게는 놀랄 만한 예술가적 재질이 흘러넘친다—만화잡지의 주인공들을 작화하는 일에 그를 끌어들인다.

『캐벌리어와 클레이의 놀라운 모험』은 제법 긴 소설이다. 전체 6부 구성에 75장으로 쪼개져 있으며 분량도 600페이지가 넘는다. 글자 수는 200,000여 개 이상이고 타이프 원고매수만 해도 8~900장쯤 된다. 그럼 여기서 한 번 상상해보자. 손으로 직접 쓴 초고와 퇴고, 타이프 원고, 보존해둘 원고 수정본 등에 들어간 공력과 경험을. 그러고는 이렇게 자문해보자. '도대체 이 작가는 어떻게 그런 과정을 다 거칠 수 있었을까?'

그 대답은 간단하다. 비결은 직선의 서사 구조에 있다. 책을 다 읽고 나서 그 구조를 한 번 스케치해보자. (그림 2 참조) 그러고 나서 600페이지가 훌쩍 넘어가는 이 책과 신데렐라의 구조 사이에 보이는 유사성에 주목해볼 것.

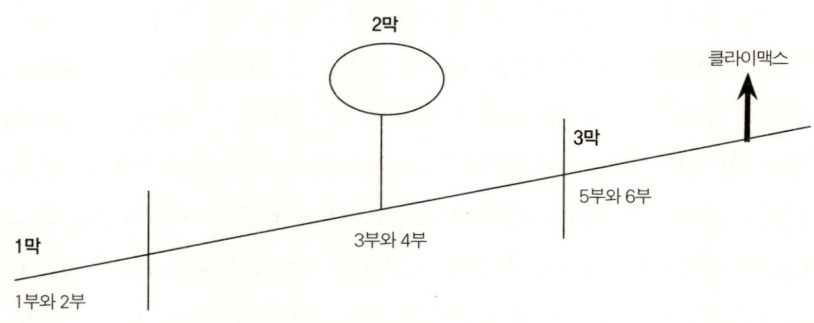

그림 2. 『캐벌리어와 클레이의 놀라운 모험』의 서사구조

• 『캐벌리어와 클레이』의 1막(발단)은 1부와 2부까지이다. 작가 셰이본이 나눈 각각의 부에는 소제목이 붙어 있다. 1부는 '탈출 묘기 전문가'

이고, 요제프와 샘의 협력관계가 예고되는 2부는 '한 쌍의 천재소년'이다.

• 2막(전개)은 3부와 4부이다. 3부의 소제목은 '만화 전쟁'인데, 여기서 작품은 예술가(샘과 요제프로 대표되는)와 기업집단(만화잡지 산업의 부흥에 매진하는 거물들로 대표되는) 사이에 벌어지는 사생결단의 투쟁을 예리하게 파헤쳐 보인다. 실제 전쟁—제2차 세계대전—이 유럽을 휩쓸고 있는 동안, 두 소년은 미국 사회의 탐욕과 부패에 맞서 싸운다. '황금시대'로 명명된 4부에서는 해외에서의 전쟁이 본격화되려는 동안 소년들이 고향 땅의 전쟁에서 승리하는 상황이 펼쳐진다. 4부는 진주만에 위치한 미국의 해군기지를 일본이 공습하는 대목과 함께 마감된다. 때는 1941년 12월이다.

• 3막(결말)은 5부와 6부이다. '라디오 맨'이라는 소제목이 붙어 있는 5부에서는 이야기의 흐름을 압축하는 서술방식이 두드러진다. 이는 남극 지방의 고립된 빙해 기지에서 해군 전신기사로 활약하는 요제프 캐벌리어(여기서부터는 '조'로 등장)의 모험을 가파르게 따라가기 위해서이다. 조가 무고한 독일 지질학자에게 총격을 가하면서 5부는 클라이맥스로 향하는 계단을 쌓아올리게 된다. 그러한 조의 동기는 복수이다. 그는 프라하로 돌아간 직후 죽은 자기 가족의 앙갚음을 원한 것이다. 그리하여 그는 자신이 찾아낼 수 있는 단 한 사람의 독일인을 살해한다.

'황금열쇠 연맹'이라는 소제목의 6부는 이 소설의 마지막 부이다. 조가 5부에서 독일인을 살해한 지 10년이 지난 1954년에 이야기는 다시 시작된다. 이런 기법을 두고 흔히 점프컷이라고 한다. 이는 영화감독들이나 시나리오 작가들이 한 장면에서 다른 장면, 또는 한 시대에서 다른 시대로 건너뛰고자 할 때 신속한 카메라 컷과 함께 애용하는 방식으로 우리에게 친숙하다. 점프컷 기법의 적절한 한 가지 예를 익히기 위해서라도 이 긴 소설은 끝까지 공부할 만한 가치가 있다.

이제는 다음 스케치를 끄집어낼 차례다. 여기서 우리는 간단한 도표에 세부 정보들을 추가하는 식으로 연습해볼 수 있다.(그림 3 참조)

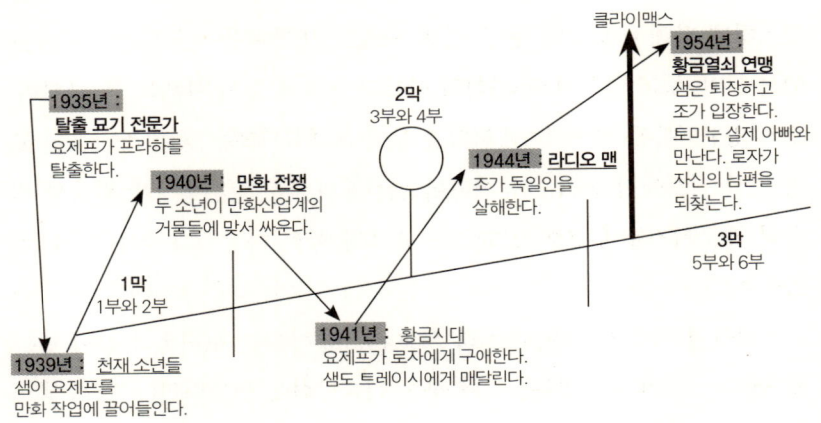

그림 3. 『캐벌리어와 클레이의 놀라운 모험』에 나타난 시간과 구조

그림에 선 하나를 긋는다고 할 때 우리는 지면 위에서 사고하고 있는 셈이다. 막의 분할(연극 무대에서 막이 내려오는 시점이나 TV 방송중에 광고가 삽입되는 시점과 비슷하다)을 표시하기 위해 그 지면 위로 교차하는 수직선과 수평선을 그리면서, 우리는 흰 백지 위에서 구조를 구성하는 작업을 하는 셈이다. 구축하려는 것이 다리이든 소설이든 간에, 구조란 부분들을 배치하고 조율하는 것이다.

소설을 쓰기 위한 준비 과정으로 스케치에 집중할 때, 이처럼 『캐벌리어와 클레이』의 서사구조에 착안하여 우리의 작업을 진행시켜보도록 하자. 우선 상승선을 그린다. 다음으로 발단·전개·결말의 부部로 그 선을 나눈다. 그리고 그다음엔 각각의 부에 막의 개념을 적용한다. 이런 과정을 거치면 이야기를 펼치기가 한결 수월해진다. 그러고는 각각의 뼈대에 나름대로 짜둔 세부적인 정보들을 덧붙인다.

우리가 덧붙여야 할 정보들의 유형은 작업의 진행과정이 어디에 도달했느냐에 따라 다를 수 있다. 아래『캐벌리어와 클레이』의 경우, 시기들을 정한 후, 각각의 시기에 작품의 큰 마디들을 결부시켰다. 1935년에서 1954년까지의 시기를 따라가다보면, 20년 동안 구구절절이 펼쳐진 이야기들이 일목요연하게 눈에 들어온다. 그리고 그 기간 사이에 활동한 등장인물의 이름(샘, 요제프, 토미, 트레이시 베이컨)을 정하고, 소설의 부部들을 큼지막한 사건들로 압축하여 거기에 덧붙인다.

1935년 : 요제프가 프라하를 탈출한다.
1939년 : 샘이 요제프를 만화산업에 끌어들인다.
1940년 : 두 소년이 만화산업계의 거물들에 맞서 싸운다.
1941년 : 요제프가 로자에게 구애한다. 샘도 트레이시를 만난다.
1944년 : 조가 독일인을 살해한다.
1954년 : 샘은 퇴장하고 조가 입장한다. 토미는 실제 아빠와 만난다. 로자가 자신의 남편을 되찾는다.

이야기의 뼈대를 간략히 스케치함으로써, 우리는 이제부터 써가야 할 소설의 흐름을 달랑 한 장짜리의 한 줄 직선 스케치로 압축할 수 있다.(컴퓨터에 코렐드로나 쿼크 익스프레스처럼 쓰기 편한 드로잉 프로그램이 깔려 있다면, 공책에 대강의 스케치를 해둔 후 이를 컴퓨터에 옮길 수도 있다.)

『캐벌리어와 클레이』의 스케치에서 벗어나기 전에, 소설의 1941년도 대목만 잠시 들여다보자. 여기서는 무슨 일이 벌어지는가? 4부 1장의 첫 번째 문단 첫 줄을 확인해보면, 1941년이라는 연도와 58,832.27$라는 액수가 등장하는 걸 볼 수 있다. 이 수치의 조합에는 어마어마한 부가 암시되어 있다. 헐벗고 가난했던 두 주인공 소년들은 만화계에서 거둔 성과를 통해 이런 부를 이루는 데 성공했다. 다시 말해 그들은 패자에서 승자로 올라선 셈이다. 하늘 높은 줄 모르고 수직상승한 그들은 최상류층의 호화로운 세계에 근접해 있다. 요제프는 로자라는 배필감을 찾았고, 샘도 트레이시라는 연인을 발견했다.

이제 우리의 도표를 다시 확인해보자. 여기 힌트가 있다. 4부는 2막 절반 뒷부분의 위치에 해당된다. 소설이든 영화대본이든 혹은 희곡이든 간에, 서사구조에서 2막은 이야기의 성패를 좌우하는 시험과정이라 할 수 있다. 작가에게 가장 어려운 시험과정은 2막의 절반 이후 지점이다. 바로 그 지점에서 작가는 3막과 클라이맥스로 다가갈 전략을 세워야 한다.

연습과제

1. 소설의 구조
클라이맥스를 향해 치닫는 사건을 나타내는 상승선으로 플롯의 뼈대를 스케치해본다. 상승선을 발단·전개·결말의 3부로 분할한다. 그리고 각 부를 1막, 2막, 3막에 대응시키고, 클라이맥스는 화살표로 표시한다.

2. 자잘한 것들 처리하기
이야기의 골조를 지면 위에 스케치한 후, 등장인물 또는 보석, 차량, 무기, 의상 아이템 등과 같은 주요 소품들과 돈이 등장하는 장면의 액수를 정한다. 그리고 호수, 숲, 산, 절벽, 동굴, 도시, 거리, 학교, 교회, 초고층 빌딩, 묘지, 결혼식이 거행되는 예배당 등과 같이 공간적 설정에 필요한 배경의 윤곽을 잡아둔다. 달리다, 느끼다, 떠맡다, 싸우다, 던지다, 넘기다, 저미다, 때리다, 깁다, 감치다, 떨어지다, 빠지다, 오르다, 솟아오르다, 날다, 들어올리다, 향상시키다, 떨다 등과 같이 주인공의 동선을 나타낼 수 있는 동사들을 떠올려둔다. 자잘한 부분에 공력을 들이는 일이야말로 이런 창작 과정의 핵심임을 잊지 말자. 완벽한 디테일의 힘은 메모에서 나온다.

3. 발단
아래와 같은 출발선을 응용해 쓰기 시작한다.
'이 소설이 시작되는 곳은 (숲속, 어느 도시, 욕실, 교실, 감방, 고해소, 공중전화 부스, 경주용 차량 안, 어느 행성으로 향해가는 우주선 등등)이다……'

4. 전개
아래와 같은 출발선을 응용한다.
'이 소설의 전개에서 주인공(이미 정해둔 이름을 쓰면 더욱 좋다)은 불현듯 거리에서 발길을 돌리더니 상대방과 똑바로 마주선다. 그 상대방은……'

5. 결말
아래와 같은 출발선을 응용한다.
'이 소설의 클라이맥스가 향해 가야 할 목표지점은 ……과 비슷하다.'

습작 소설 : 『트로피 와이프』

아래 제시될 직선 구조의 스케치는 우리의 습작 소설에서 따온 것으로, 소설의 뼈대를 찾아 고심하는 작가의 노력을 보여준다. 글을 쓰고자 하는 사람들은 영화나 TV를 보면서 이야기의 흐름에 나름의 분절이 있다는 사실을 파악하게 된다. 한 시간짜리 TV 드라마 앞에 앉아 있다보면, 15분 간격으로 광고방송이 튀어나오기 직전까지 이야기의 흐름이 점진적으로 강렬하게 고조된다는 사실을 깨달을 수 있다. 이런 마디는 소설의 뼈대를 설계할 때 긴요한 하나의 힌트라 할 수 있다. 아래의 스케치에서 작가는 베로니카라는 주인공을 내세워 신데렐라 스토리를 발전시킨다. 이 시점에서 작가가 파악하고 있는 것은 주인공 베로니카가 지적이고 매력적인 이십대 중반의 젊은 여성이지만 어딘가 망가져 있다는 사실이다.

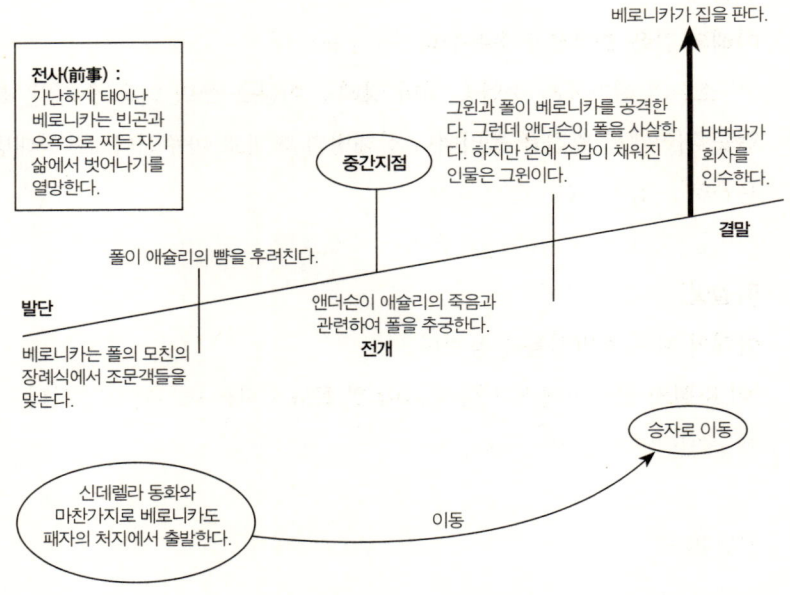

그림 4. 『트로피 와이프』는 패자가 승자로 발돋움하는 서사구조를 살짝 비튼 이야기이다.

그리고 도표를 보면, 누군가가 죽는 것으로 설정돼 있다. 또한 폴, 애슐리, 앤더슨, 그윈 등 기타 인물들의 이름도 정해져 있다. 하지만 아직까지는 일단 플롯 짜기에만 집중하는 게 좋다. 캐릭터를 설정하고 구축하는 작업은 일단 미뤄놓는다. 베로니카는 신데렐라와 같은 행로를 따라간다. 패자에서 승자로 발돋움하는 경제적 신분상승의 사다리를 타고 오르는 것이다. 이 이야기는 도표와 함께 바로 여기에서 시작된다(그림4 참조).

주인공 베로니카가 플롯을 좌우한다. 동화 속 신데렐라처럼 그녀의 성장 과정도 불우하다. 스케치에서 작가는 패자에서 승자로 올라가는 상승선으로 베로니카의 운명을 묘사한다. 서두에서 그녀는 헐벗은 삶으로부터 결혼을 통해 부유해진 삶으로 이미 도약해 있다. 그녀가 남편 모친의 장례식에서 조문객을 맞는 곳은 대저택의 입구이다. 하지만 소설이 진전됨에 따라 서두의 상황은 바뀌게 되고, 현관문 앞에서의 장면은 그 첫 번째 암시일 수도 있다. 그러자면 베로니카와 다른 인물들 사이의 연결고리를 더 튼튼하게 다지는 작업 과정이 필요하다. 다섯 명의 캐릭터에 베로니카까지 더해서 『트로피 와이프』의 작가는 인물들이 서로 긴밀히 얽힐 수 있도록 다섯 가지 서브플롯을 짜야 했다.

3~4주:
곡선 구조에 따른 플롯

    1~2주 동안 우리는 결말 부근에서 클라이맥스로 치닫는 직선 구조의 플롯을 공부했다. 직선 구조의 서사는 주인공의 행로가 상향식으로 흐르는 소설을 쓸 때 요긴하다. 이런 소설에서 스토리를 이끌어온 온갖 문제점들은 극적 긴장감이 최고조에 달하는 순간에 사건과 함께 해소된다. 청중들이 신데렐라 이야기를 좋아하는 건 갈등의 해소가 후련하고 결정적이기 때문이다. 클라이맥스에서 유리 구두가 그녀의 발에 꼭 들어맞는 순간, 신데렐라는 왕자비의 자리에 올라 그동안 사악한 계모에게 당한 온갖 설움과 모욕을 말끔히 씻어내기에 이른다. 클라이맥스에서의 사건—유리 구두에 발을 맞춰 보는 일—은 빈곤과 학대에 허덕이는 신데렐라의 문제적 상황을 일거에 해결해준다. 왕자비로 변신하자마자 신데렐라에게는 더 이상 '다른 세계'에서 건너온 요정 대모 같은 존재가 필요치 않게 된다.

    직선 구조의 플롯이 차용된 작품들의 예는 상당히 다채롭다. 『위대한 개츠비』 『롤리타』 『모비 딕』 『말타의 매』 『우연한 방문객』 『하얀 이빨』

그리고 장장 600페이지에 달하는 『캐벌리어와 클레이의 놀라운 모험』 같은 다양한 작품들이 모두 이 경우에 속한다고 할 수 있다.

『위대한 개츠비』의 직선 플롯은 제이 개츠비가 웨스트 에그의 자기 집 수영장에서 살해당할 때 클라이맥스에 다다른다. 그가 죽음을 맞이한 대목 이후에는 곧바로 빗속에서 거행되는 장례식 장면이다. 개츠비의 무덤 장면에서부터 직선을 그어본다면, 그 반대편 끝은 소설의 서두, 즉 화자 닉이 새하얀 드레스를 입고 이스트 에그를 가로질러 불어오는 산들바람을 타고 둥실 떠오르듯이 방 안에 나타난 데이지를 보는 대목이다. 계절은 여름이다. 이스트 에그에 있는 톰의 호화 저택이 배경으로 설정돼 있다. 닉은 만 건너편, 개츠비의 옆집에 세들어 산다. 개츠비의 이름이 대화 중에 튀어나온다. 톰이 전화를 받으러 가자, 데이지는 흥분한 나머지 그만 이성을 잃는다. 데이지의 친구인 조던 베이커는 닉에게 톰이 뉴욕에서 여자를 만난다는 말과 함께 그 외도 상대가 머틀 윌슨일 거라는 말을 전한다. 데이지는 머틀 윌슨이 누군지 모른다. 그녀는 개츠비가 노란 차를 몰고 다닌다는 사실도 모른다. 개츠비는 톰과 서로 모르는 사이이다. 그는 머틀과 얽힌 톰의 외도 사실에 대해 아무것도 알지 못한다. 그뿐 아니라 머틀의 남편이자 나중에 총으로 자신을 쏘게 될 조지 윌슨도 알지 못한다.

여기서 귀띔 한 마디 : 직선 플롯은 주인공을 격리시켜 서브플롯에서 비밀스러운 음모를 진행시키기에 좋은 구성기법이다. 블라디미르 나보코프의 『롤리타』에 구사된 직선 플롯은 소설의 화자이자 유럽 교양인의 표상처럼 등장하는 험버트 험버트가 자신에게서 롤리타를 앗아간 무뢰한 클레어 퀼티를 권총으로 살해하는 대목에서 클라이맥스로 치닫는다. 화자 험버트는 롤리타가 매혹적인 소녀라는 이유 때문에 시종일관 시간에 쫓길 수밖에 없다. 한 여성이 매혹적인 소녀로 남아 있는 시간은 그리 길지 않은, 기껏해야 10살에서 16살 사이뿐이다. 클레이 퀼티는 험버트의 삶에서 유일한 사랑을 탈취한 것으로도 모자라 소녀로서 그녀의 마지막 순간까지 가로챘으니, 죽어 마땅한 인물이다.

이와 같은 직선 플롯은 알바트로스 호, 타운-호 호, 제로보엄 호, 버진 호, 로즈버드 호, 새뮤얼 엔더비 호, 배철러 호, 레이철 호, 딜라이트 호 등 아홉 척이나 되는 포경선들의 지속적인 등장을 통해『모비 딕』에도 나타난다. 각각의 배는 에이해브 선장이 자신의 한쪽 다리를 앗아간 숙적 모비 딕에게 조금씩 가까워져 가는 과정을 표시하는 중간기착지처럼 제시된다. 배를 몰고 바다로 향할 때마다 에이해브는 같은 질문을 되풀이한다. "당신은 백경을 본 적이 있는가?" 알바트로스 호의 선장이 질문에 답하려는 순간 그의 트럼펫이 바다에 빠진다. 아홉 번째 배인 딜라이트 호는 모비 딕의 공격으로 산산이 부서져 난파당할 위기에 처한다. 에이해브가 묻는다. "당신이 내 고래를 처치할 수 있을까?" 딜라이트 호의 선장이 답한다. "모비 딕을 처치할 수 있는 작살은 아마도 이 지구상엔 없을 거요." 하지만 에이해브의 수중에는 특별한 고래잡이용 작살이 있고, 그래서 그는 그토록 무모한 도전을 멈추지 못한다. 이처럼 직선 구조는 모비 딕을 향해 똑바로 조준되어 있는 셈이다.

앞서 두 번의 주말 동안에는 클라이맥스까지 고조되는 직선 구조로 플롯을 짜는 기술을 연마할 실습 기회가 있었다. 3~4주 동안에는 곡선 구조의 플롯 짜기를 공부하게 될 것이다. 곡선 플롯은 처음과 끝이 같은 곳에서 맞닿도록 휘어지는 서사구조이다. 직선 플롯이 적용된 서사구조의 본보기로「신데렐라」와『위대한 개츠비』『햄릿』같은 작품들을 거론할 수 있다면, 원형 구조의 예로 가장 대표적인 이야기는『오디세이아』일 것이다. 이런 서사구조에서 주인공은 고향을 떠나 숱한 모험을 거친 후 결국 다시 고향으로 귀환한다. 원형 플롯의 또 다른 예로는 '성배를 찾아 떠난 기사들' 이야기를 들 수도 있다. 성배를 상징하는 은쟁반이나 주발 또는 매혹적인 술잔 등을 찾아 성에서 출격한 떠돌이 기사들의 무용담은 황야를 거친 후 용과 사투를 벌여 재앙에 처한 소녀를 구출한다는 내용으로 펼쳐진다. 그러고는 마침내 안낭에 담아온 보물과 함께 기사가 출발지로 되돌아오면 이야기가 막을 내린다. 우리의 주인공이 뉴욕에서 출발한다고 할 때, 캘리포니아에서 모험담을 펼친다 하더라도 다시 뉴욕으로 돌아오기만 하면, 이 또한 원형 구조를 차용한 플롯 짜기라고 할 수 있다. 신화 연구가 조지프 캠벨은 대표작『천의 얼굴을 가진 영웅』에서 이런 원형적 여정을 '단성 신화Monomyth' 또는 '영웅적 순환'이라는 용어로 규정했다. 이런 서사구조 안에서는 출발, 입문, 귀환의 세 단계가 공통적으로 나타난다. 이런 원형적 여정의 3단계는 직선 플롯의 3막 구조에 상응한다고 볼 수도 있다. 그러니 3부 구조로 작업할 때마다 우리는 『시학』에 명시되어 있는 아리스토텔레스의 다음과 같은 이야기 구조론에 귀를 기울여야 할 것이다. '모든 이야기는 발단, 전개, 결말을 지녀야 한다.'

추구의 플롯을 위한 가이드라인

직선 구조가 우리의 이야기에 적합지 않아 보인다면, 원형 구조의 플롯으로 작업을 대신할 수도 있다. 그것에 맞춰 대강의 밑그림을 그려보면 세 가지 움직임이 드러난다.

1. 주인공이 고향을 떠난다.
2. 주인공이 어떤 경계를 넘어 다른 세계로 입문한다.
3. 다른 세계에서 돌아온 주인공이 고향으로 귀환한다.

이런 모험담을 채택한다고 할 때, 소설에는 특정한 구조가 필요하다. 그림 5의 구조는 캠벨이 『천의 얼굴을 가진 영웅』에서 제시한 것으로, 이야기의 흐름이 시계반대방향을 따르고 있다. 주인공이 고향을 떠나는 1단계는 '출발'이다. 주인공이 어떤 경계를 넘는 2단계는 '입문'이다. 그리고 주인공이 고향으로 귀환하는 3단계는 '귀환'이다.

그림 5는 우리가 영웅적 순환을 통해 많은 현대소설의 구조에 눈 뜰 수 있다는 사실을 보여준다. 여기서 일례로 택한 소설은 줌파 라히리의 퓰리처 수상작 『이름 뒤에 숨은 사랑』이다.

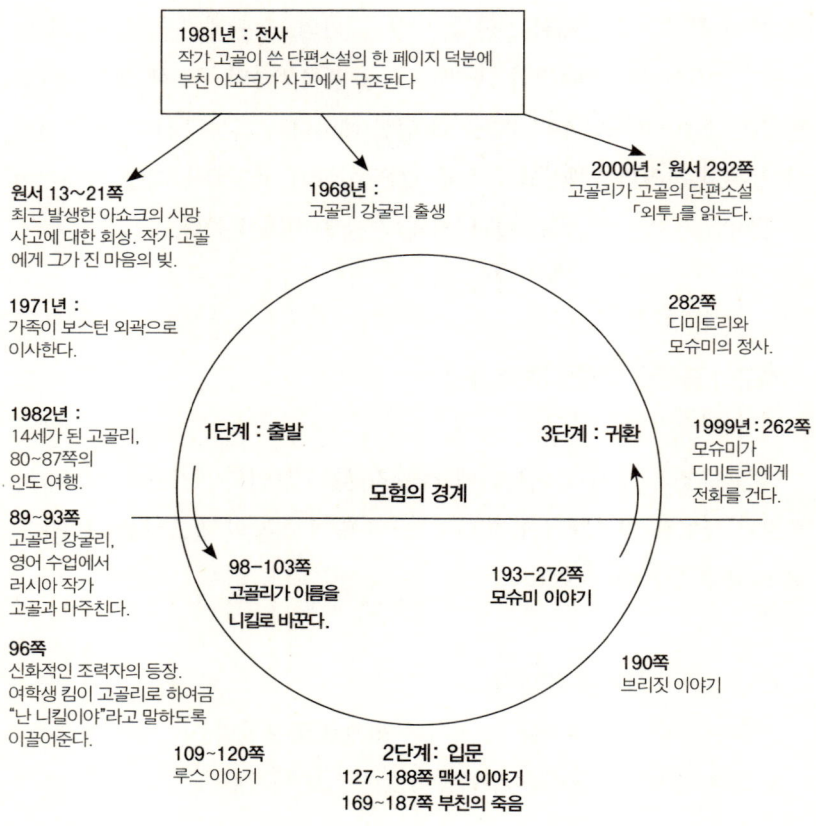

그림 5 : 『이름 뒤에 숨은 사랑』에 나타난 시간과 구조

예민하고 수줍음이 많은 주인공 고골리 강굴리는 이 소설에서 영웅적 순환 속에 놓인 삶을 산다. 1960년대 말에 태어난 고골리는 자기 이름이 전혀 마음에 들지 않지만 어쩔 수 없다. 부친이 러시아 작가 니콜라이 고골(1809~1852)을 좋아하다 못해 아들 이름도 그렇게 지었기 때문이다.*
도표는 출발, 입문, 귀환 등 영웅적 순환의 3단계를 거쳐가는 고골리의 이동 궤적을 보여준다. 차례대로 그 단계를 살펴보자.

출발

미국에서는 흔치 않은 이름을 지니고 태어난 고골리는 서로 다른 두 세계에 양발을 걸치고 있다. 하나는 자기가 태어난 미국이고 다른 세계는 인도, 구체적으로 말해 벵골이다. 그의 부모는 그곳 출신이다. 부모가 주인공의 이름을 고골리로 정한 까닭은 부친 아쇼크가 모국 인도에서 발생한 기차 폭발 사고로 폐허 아래 묻혀 있었을 때 고골의 단편소설 사본 한 부를 움켜쥐고 있었기 때문이다. 한 구조대원의 불빛이 아쇼크의 손에 들려 있는 책장을 비추면서 그는 기적적으로 생환할 수 있었다. 아들이 미국에서 태어나자 아쇼크는 소설에 등장하는 첫 출발―갑자기 옛 고국으로 돌아가는 여행―에 걸맞은 이름이 필요하다고 생각한다. 그리하여 고골리 강굴리는 니콜라이 고골과 동명이인이 된 것이다. 소년이 성장하면서, 그에게 출발의 개념은 자신의 이름을 뒤에 남겨두고 떠남을 의미하게 된다.

입문

그런데 그 이름을 떠나자면, 그리고 인도의 전통에서 벗어나자면, 고골

---

* 『이름 뒤에 숨은 사랑』 한국어판에서 주인공의 이름과 러시아 작가의 이름은 똑같이 '고골리'로 표기되어 있다. 이 책에서는 국립국어원 외래어 표기법에 따라 러시아 작가 니콜라이 고골은 '고골'로 표기했다.

리에게는 조력이 필요하다. 그때 신화적 조력자가 그에게 나타난다. 우연히 어느 파티에서 조우하게 된 '킴'이라는 이름의 동료 여학생이다. 그녀는 그에게 자기 이름을 말해준다. 그도 자기 이름을 말하지만, 고골리 대신 니킬이라고 대답한다. 킴은 입문 과정에서 고골리를 돕는 다섯 여인 가운데 최초의 인물이다. 즉흥적으로 이름을 니킬로 바꾼 후, 고골리는 루스를 만난다. 하지만 루스가 그를 홀로 남겨두고 영국으로 잠적하자 몹시 상심한 고골리는 뉴욕 일대를 어정거리다가 맥신과 만난다. 그녀는 고골리를 돕는 미국인 여신으로, 슬픔에 젖은 청년을 자기 가족의 둥지로 초대한다. 하지만 고골리의 부친이 급작스럽게 사망하면서 그녀와의 관계도 끊기고 만다. 이 대목에서 우리는 이 원형의 아래쪽에 와 있는데, 이곳은 조지프 캠벨이 '역정의 최하점'이라고 불렀던 밑바닥이다. 맥신과의 관계가 끝나고 나서 고골리는 브리짓이라는 유부녀와 새로운 교분을 맺는다. 그리고 브리짓 이후에는 모슈미와 만난다. 그녀는 입문 과정의 다섯 번째에 해당하는 여인으로, 실은 그가 어렸을 때 우연히 마주친 적이 있는 최초의 상대이기도 하다. 고골리와 결혼한 지 1년 후 모슈미는 그녀의 삶에 다시 나타난 디미트리 디자딘스에게 전화를 건다. 그는 사춘기 시절 그녀와 사귄 적이 있는 프랑스인으로 아주 능수능란한 사내이다. 모슈미의 전화로 그녀와 디미트리 사이에는 관계의 다리가 놓이게 되고, 이로 인해 고골리는 그녀와 결국 헤어지고 만다.

귀환

모슈미와 헤어지고 나서 고골리—아직 스스로를 니킬이라고 부르고 있지만—는 고향으로 돌아온다. 소설의 마지막 장면에는 니콜라이 고골의 단편소설에 몰두하며 어머니 집의 계단을 오르는 고골리의 모습이 그려져 있다. 그러면서 그는 부친이 자신에게 고골리란 이름을 지어준 이유를 처음으로 이해하게 된다.

주인공을 신화적 여정 속으로

영웅적 순환의 구조가 우리의 이야기에 그다지 마땅해 보이지 않으면, '신화적 여정'으로 플롯을 대신할 수도 있다. 이런 이야기 구조에서는 작가가 화자의 내면을 드러낼 수 있기 때문에 서술방식이 한결 유연해진다. 신화적 여정의 플롯에는 억류, 탈출, 탐험, 용과의 대결, 귀향이라는 다섯 마디의 정거장이 있다. 신화적 여정의 플롯을 취하면 서사구조가 조금 더 복잡해질 수는 있지만, 이야기의 결말을 찾기가 한결 수월해질 수도 있다. 각각의 정거장에는 특정한 기능이 주어져 있다. 이야기의 출발점에서 주인공은 어떤 울타리 안에 억류된다. 하지만 울타리는 주인공의 탈출을 이끌어내기 위한 배경에 불과하다. 탈출은 탐험으로 이어지고, 탐험은 이야기 속에 용을 불러들인다. 그리고 용과의 사투에서 승리한 후, 주인공은 집으로 향하게 된다.

1. 울타리는 주인공의 활동을 제한하는 억류이다. 감옥, 수도승의 암자, 결혼, 가난(경제적인 감옥), 학교, 규범, 사회, 교회, 우울증으로 저하된 마음 상태 등이 이에 해당한다.

2. 탈출은 구속의 반작용이다. 이를테면, 신데렐라는 사악한 계모의 학대에서 탈출한다. 수잔 미노트의 『저녁』의 주인공 앤 로드는 주말 동안 도시를 탈출한 후 어느 외딴 섬으로 가서 사랑에 빠진다. 버나드 맬러머드의 『내추럴』 1부에서 로이 홉스는 죽음으로부터 가까스로 벗어난다. 하지만 흉곽에 박힌 은색 탄환이 이 탈출을 가로막는 복병으로 도사리고 있다(비틀린 탈출의 예).

3. 탐험은 두 가지 층위로 나눌 수 있다. 외적 층위는 거리 표지판, 이정표, 건물, 음식물 등의 물질적인 지표들과 함께하는 물질적 여정이다. 내적 층위는 정신적 여정으로, 예를 들어 거리 표지판은 원형적 표상이 되

어 구원과 타락의 갈림길을 가리킨다. 참고할 만한 정신적 탐험의 모델로는 지옥을 가로질러 방황하는 단테, 손필드의 계단을 오르는 제인 에어, 모비 딕을 향한 복수욕으로 아홉 척의 배와 마주치는 에이해브, 마이클 온다치의 『잉글리시 페이션트』에서 '헤엄치는 자들'의 동굴을 찾아나선 알마시, 성배를 찾아 헤매는 중세의 떠돌이 기사, 살인범을 뒤쫓는 탐정 등이 있다. 탐험이 험난하면 험난할수록, 그것은 주인공의 공력을 시험하는 통과제의의 성격을 띠게 된다.

4. 용과의 대결은 신 대 악마, 빛 대 어둠 등과 같이 서로 적대적인 힘들이 충돌하는 장이다. 용은 주인공의 반대세력을 동화적으로 재현한 것이다. 우리가 쓰려는 작품이 미스터리 소설이라면, 용은 아무런 가책도 없이 무고한 인명들을 짓밟는 살인범이나 사이코패스에 해당한다고도 할 수 있다. 다양한 서사 장르에서 용은 그렌델이나 모비 딕 또는 늑대인간, 신데렐라의 사악한 계모 등과 같은 괴물로 변주되기도 한다. 셰익스피어의 『햄릿』에서 용으로 내세워진 인물은 음험하게 왕위를 찬탈한 클라우디우스 숙부이다. 엘시노어 성에 숨은 용의 정체를 밝혀내기 위해 햄릿은 책략을 꾸민다. 그리하여 시체, 무덤, 광기 등을 복잡한 미로를 가로질러 마침내 어머니의 배신과 맞닥뜨린다(이 작품에서 햄릿의 어머니는 죽음의 여신을 상징한다). 여러 원형적 요소들은 독자들로 하여금 명민한 지력을 발휘하여 각각의 정황에 대해 통찰해보도록 이끈다. 클라이맥스에서 햄릿은 위험을 무릅쓰고 숙부(와 그 공모자들)를 처단하려 한다.

5. 귀향은 안도의 한숨이자 고된 여정의 종막에 주어지는 보상이다. 신데렐라에게 그것은 언덕 위의 성이다. 히치콕의 영화 〈사이코〉의 주인공 미스터 노먼 베이츠에게 그것은 유폐이다. 제인 에어에게 그것은 로체스터를 돌볼 수 있는(그녀에겐 돈이 있지만 그는 그렇지 못하다) 한 채의 집이다. 영화 〈내추럴〉의 로이 홉스에게 그것은 농장으로 돌아가는 일이다(소설의 결말에서 그는 도시에서 대성공을 거둔다).

다른 작가들에게 도움 받기

그림 6은 파울로 코엘료의 『연금술사』에 드러나 있는 신화적 여정을 소개하고 있다. 이 작품의 플롯은 스페인에서 아프리카로 향했다가 다시 스페인으로 돌아오는 주인공의 궤적을 따른다. 주인공은 책을 좋아하는 양치기 소년 산티아고인데, 이는 스페인어로 야고보를 의미한다. '산티아고'라는 말은 '산토'로 축약되며, 산토는 스페인어로 '세인트' 즉 성자를 가리킨다. 그러므로 주인공이 사막 속으로 점점 더 깊이 들어갈수록 독자들은 사막에서 일어나는 성서적 사건들과 내밀한 영적 연관성을 느끼게 된다. 코엘료의 작품들은 밀리언셀러일 뿐 아니라 여러 다양한 언어들로 꾸준히 번역되어왔다. 이제 그림 6을 살펴보자.

산티아고의 울타리

『연금술사』의 주인공이자 대담한 양치기 소년인 산티아고는 스페인 향토 문화와 자신의 생업이라는 뒤얽힌 울타리에 갇혀 있다. 부모는 산티아고를 신학교에 보낸다. 그가 원하는 것은 여행이다. 그러나 부친이 말하기를 요즘 세상에 한가로이 여행이나 다니는 사람들은 오로지 양치기들밖에 없을 거라고 한다. 그래서 소년은 양치기가 된다. 그는 몹시 근면하고 성실했고, 그러다보니 이번에는 양들을 돌보는 일에 얽매이고 만다. 그러던 중 꿈속에서 들려온 목소리가 그에게 이집트의 피라미드 근처에서 보물을 찾아보라고 권한다.

산티아고의 탈출

그는 두 가지 방식으로 울타리를 탈출한다. 첫째, 어느 노인에게 60마리의 양들 가운데서 여섯 마리를 넘겨주고는 그 대가로 마법의 보석들을 얻는다. 둘째, 남아 있는 양들을 모조리 팔아치운다. 그런데 탕헤르에서 도둑이 산티아고의 돈을 훔쳐 달아나는 사건이 발생한다. 이 사건으로 인해 탈출하고야 말겠다는 그의 의욕이 저하된다. 하지만 다양한 인도자들이 그에게 이집트로 향하는 길을 알려준다. 양치기 소년 산티아고의 탐험은 이 지점에서부터 시작된다.

산티아고의 탐험

산티아고는 사막으로 향해가는 대상隊商들의 행렬에 합류한다. 그런데 그들 가운데 많은 책들을 소장하고 있는 영국인이 한 사람 끼어 있다. 산티아고가 짐스럽다는 이유에서 자기가 가진 단 한 권의 책을 버리려는 사이, 영국인은 여러 대의 수레에 책 더미를 운반해온다. 영국인은 길잡이이자 신화적 조력자이다. 그는 산티아고에게 연금술이나 연금술사들과 관련된 책들을 잔뜩 소개해준다. 산티아고는 그 책들을 읽으며 비금속을 금으로 뒤바꾼 엘베티우스, 엘리아스, 풀카넬리 등과 같은 연금술사들의 행적에 자극받는다. 그리고 영국인에게 철학자의 돌과 부의 원천 그리고 영생에 대해서 배운다. 연금술사들이 그들만의 내밀한 비의에 심취했음도 알게 된다. 그들은 세계의 영혼에 최초로 눈을 뜬 자들이다. 그리하여 그들은 철학자의 돌과 생명의 영약을 찾아 헤맸다. 책은 그들을 돕는 인식의 도구이다.

어느 오아시스에서 영국인이 연금술사를 찾으려 노력하는 동안 산티아고는 꿈속의 소녀 파티마와 마주친다. 파티마의 눈을 깊숙이 들여다보면서 그는 자기 내면에서 솟아오르는 세계의 영혼을 느낀다. 그리고 그 즉시 영혼의 언어가 사랑임을 깨닫는다. 소년은 매 한 마리가 다른 매를 공격하기 위해 하강하는 것을 본 후, 대상의 우두머리에게 사막의 도적 떼에 대한 경고를 보낸다. 매의 비행에서 이런 표지를 읽어내는 일은 특별한 지식에 해당된다. 덕분에 산티아고는 연금술사의 주의를 끌게 된다.

산티아고로 인해 오아시스의 전사들은 사막의 도적 떼를 무찌른다. 산티아고는 파티마와 작별인사를 나눈 후 연금술사를 따라 사막으로 들어간다. 그리고 그곳에서 그는 '자기 회의'라는 용과 대적할 지혜를 모은다.

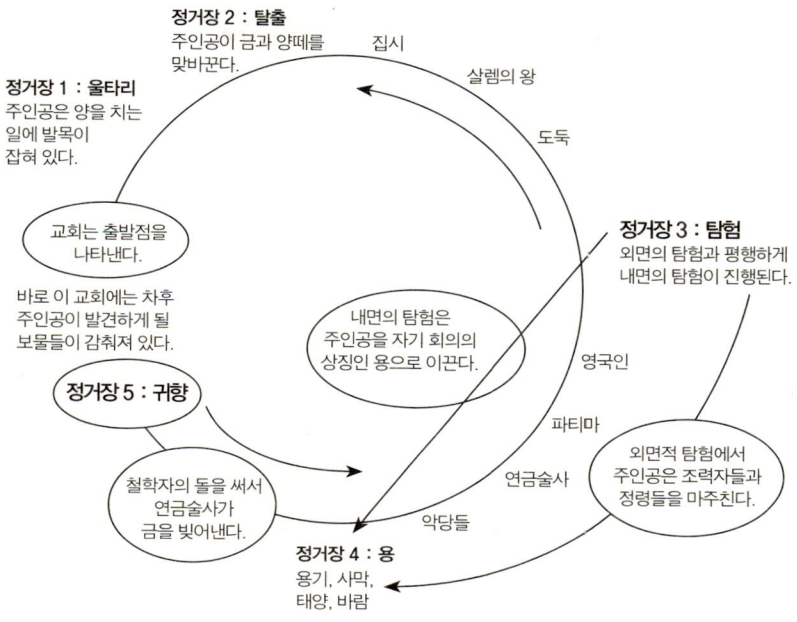

그림 6. 『연금술사』에 드러난 신화적 여정의 다섯 정거장

용과 대적하는 산티아고

　무장한 병사들에게 발길이 붙들린 연금술사의 짐에서 노란 유리알(철학자의 돌)과 맑은 액체가 담긴 작은 약병(생명의 영약)이 발견된다. 연금술사는 병사들에게서 3일의 시간을 벌기 위해 산티아고를 활용한다. 산티아고가 바람을 불러 올 수만 있다면, 그는 자신과 연금술사의 목숨을 구할 것이다. 산티아고는 사막에게 말을 걸고 사막도 그에게 응답한다. 그가 태양과 바람에게 말을 걸자 그들도 산티아고에게 응답해온다. 바람은 악당들이 일거에 쓸려나갈 수 있도록 모래폭풍을 일으켜 응답한다. 시로코, 레반트, 시뭄 등 바람에게는 여러 이름이 있다. 하지만 예정된 존재인 소년의 손이 바람에 맞닿자, 그는 그 이름들을 지나 이 세계의 영혼과 통하

는 모든 길에 가닿게 된다. 이는 궁극의 지식, 모든 이름들과 이름 없는 것들이 함께하는 권능이다. 모래폭풍이 그치고 먼지바람도 잦아든다. 그리하여 두 명의 탐험가들—산티아고와 연금술사—은 여행을 계속한다.

문득 뒤돌아본 산티아고는 그가 방금 전까지 '자기 회의'의 용과 대적하고 있었다는 사실을 깨우친다. 그렇게 여행은 끝나고, 이제는 집으로 향할 시간이다.

산티아고의 귀향

헤어지기 전, 연금술사는 노란 유리알을 얇게 잘라 납이 끓고 있는 냄비에 넣는다. 그러자 납이 금으로 뒤바뀐다. 보물을 찾아 파헤치던 산티아고는 그 금을 사막의 병사들에게 빼앗기고 만다. 산티아고의 금을 본 병사 우두머리는 그가 간밤에 꾼 꿈에 대해 털어놓는다. 꿈속에서 그는 무슨 이유에서인지 스페인으로 가야만 했는데, 거기서 양치기들이 그들의 양들과 함께 폐허로 변한 교회 앞에서 자고 있는 것을 보았으며, 교회 건물의 잔해 더미에서 무화과나무 한 그루가 자라고 있는 것도 보았다는 것이다. 그러고는 혹시 보물이 있나 싶어 그 나무의 뿌리를 파헤쳤다는 말도 덧붙인다.

스페인의 집으로 돌아온 산티아고는 무화과나무의 뿌리를 파헤쳐본다. 그러자 스페인의 황금주화들이 눈에 들어온다. 주화의 양은 그가 사막으로 돌아가서 파티마와 재회하기 위한 여비를 충당할 수 있을 만큼 넉넉한 액수이다.

산티아고에게는 파티마 또한 자신의 집이었던 셈이다.

연습과제

1. 신화적 여정으로 플롯 짜기

아래의 여섯 가지 출발선은 '이것은 ……한 인물을 다룬 이야기이다'로 시작하여 플롯의 구성을 만들어가는 준비운동 차원의 과제이다.

출발선 : "이것은 ……한 인물을 다룬 이야기이다."
출발선 : "주인공에게 주어진 울타리는 ……한 성격을 띠고 있다."
출발선 : "……할 때 결국 주인공은 그 울타리를 탈출한다."
출발선 : "시련의 통과제의를 거치면서, 주인공은 ……와 마주치게 된다."
출발선 : "용을 무찌르기 위해, 주인공은 ……을 해야만 한다."
출발선 : "……한 순간 주인공은 집에 도착한다."

각각의 출발선에 10분의 시간을 들여 글을 써본다.

2. 영웅적 순환 구조로 플롯 짜기

영웅적 순환 구조에는 출발·입문·귀환의 3부가 있다. 이는 원형을 그리는 3막 양식과도 흡사하다. 여러분이 직접 출발선을 정해 플롯을 짤 수도 있지만, 중요한 점은 주인공을 두 개의 경계를 넘게 한 후 다시 사회로 되돌려놓아야 한다는 점이다.

출발선 : "이것은 ……한 영웅적 인물을 다룬 이야기이다."
출발선 : "주인공은 모험의 호출에 응답하면서 고향을 떠나게 되고, 그러면서 ……한 일이 벌어진다."
출발선 : "첫 번째 경계를 뛰어넘은 주인공은 ……라 불리는 땅(세계,

우주, 사회)으로 들어서게 된다."
출발선 : "두 번째 경계를 뛰어넘은 주인공은 ······한 마음에 등져야 했던 세계로 되돌아온다."

각각의 출발선마다 10분의 시간을 들여 글을 써본다.

습작 소설 : 『트로피 와이프』

상승 직선 구조에 따라 습작 소설의 플롯을 짜두긴 했지만, 우리는 곡선의 양식으로도 같은 사건 상황들을 재구성해볼 수 있다. 그러면 이야기는 주인공 베로니카가 울타리 안에 갇혀 있다는 설정에서 시작되어야 한다.
 조력자의 도움으로 베로니카는 울타리를 탈출한다. 그러고는 나름대로 무기들을 찾기 위한 (물증) 탐험에 계속 열중한다. 그녀에게는 용과 대적할 수 있도록 그 무기들을 효과적으로 활용할 (전략과) 지혜도 필요하다.
 용은 가면 뒤에 숨어 있다. 탐험 과정에서 터득한 내공을 통해 베로니카에게는 그 가면을 벗길 만한 힘이 생겼다. 가면을 벗긴 후 그녀는 용의 진짜 얼굴을 마주한다.
 용과 대적하는 시련의 과정을 거친 후에는 이제 주인공이 홀가분하게 집으로 향하도록 할 수 있다. 곡선 구조에 따른 플롯의 강의 내용을 숙독한 후, 『트로피 와이프』의 작가는 소설의 구성방식을 다음과 같이 간략하게 스케치했다.(그림 7 참조)
 구성방식 스케치에 골몰하는 이유는 우리의 주인공을 이야기의 결말까지 이끌어가기 위해서이다. 발단에만 내내 매달리기 쉬운 작가 지망생들—이들의 경우, 작품의 첫 장에만 맴돌다 끝나는 글쓰기가 일종의 습관이 돼 있음을 알 수 있다—에게 신화적 여정의 구성방식은 주인공을 작품의 막바지까지 움직이게 하는 처방으로 꽤 유효하다. 결말에 가면, 모든 사건이 마무리되는 느낌이 필요한데, 작업을 계속하면서 이야기를 전개시키다가 필요하면 스케치로 되돌아와서 알맞은 디테일들을 채워 넣으면 된다. 『트로피 와이프』에는 작가가 염두에 두어야 할 다음과 같은 이야기 구성요소들이 있다.

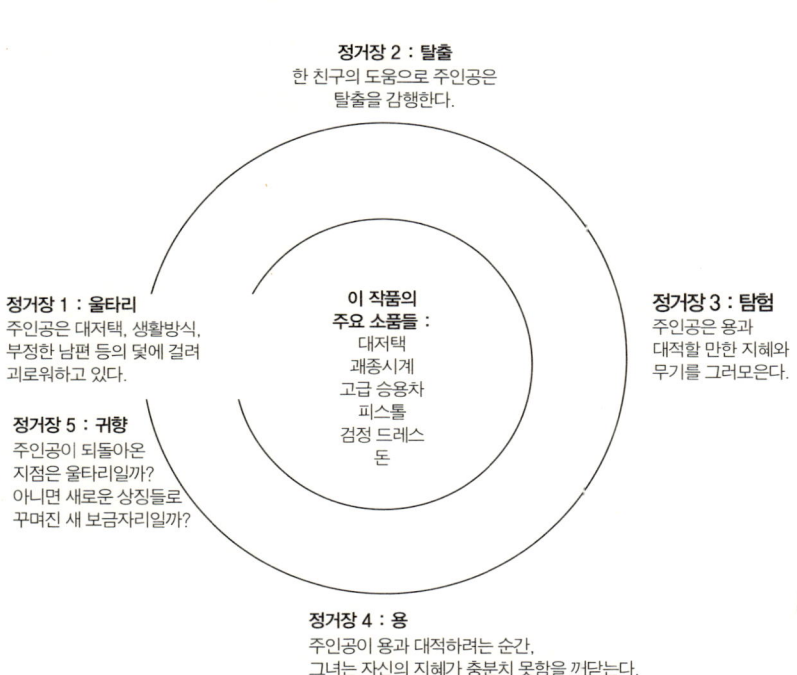

그림 7. 신화적 여정의 구성 방식이 반영된 『트로피 와이프』의 플롯

- 울타리 안에 갇힌 주인공
- 가면을 쓰고 있을지도 모를 조력자(가짜 조력자)
- 성질 나쁜 남편
- 피스톨
- 시체
- 거액의 돈
- 남매간의 불화
- 형사

이야기 안에서 이런 구성 요소들이 더욱 단단해질 수 있도록, 우리에게는 뭔가 다른 기법이 필요하다. 글쓰기를 더 자유롭게 풀어줄 수 있는 뭔가가 있어야 한다. 작가를 단락의 족쇄—또는 울타리—로부터 구출해줄 글쓰기 연장 같은 것이 필요하다. 시작詩作과 시나리오 쓰기로부터 차용해온 이런 기법은 '행갈이 쓰기'라고 불린다. 다음 장에서는 그것에 관해 공부해보기로 한다.

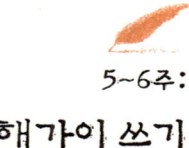

5~6주:
행갈이 쓰기

글을 한 줄씩만 쓰고 행갈이를 하여 써내려가면 글쓰기에 가속을 붙일 수 있다. 글에 가속이 생겨나면 우리의 뇌에 불꽃이 옮겨 붙는다. 뇌에 불꽃이 옮겨 붙으면 온갖 아이디어들도 덩달아 섬광처럼 작렬한다. 긴 문단이 아니라 짧은 단문을 행갈이를 하여 흰 여백을 남기며 글을 써내려가면 뇌로 하여금 움직일 여지를 주게 된다. 산문을 문단의 틀에 맞추지 않고 빈번한 행갈이로 이어가면 통사론적 규범—주어, 동사, 목적어를 쓴 후, 여기는 마침표를 찍고, 저기는 콤마를 찍고, 이 문장은 대문자로 시작해야 한다는 식—에서 자유로워진다. 영어식 표준 산문에 사용하는 구두점 표시만 건너뛸 수 있어도 우리의 글쓰기는 하늘 높이 날아오르는 자유를 누릴 수 있다.

구두점은 유용한 도구이다.
하지만 뭔가를 창조해야 할 경우에는 그렇지 않다.
구두점은 우리를 멈춰 세우고 생각하도록 강요한다.

한참 달아올라 있을 때 쓰고 있는 대목에 대해 사고하기 시작하면, 좌뇌의 검열과 편협한 시야의 재단과 내면의 비판을 불러들이게 된다.

그러면 잔뜩 달궈진 글쓰기는 냉각상태로 접어든다.

이는 그다지 바람직하지 않은 일이다.

스케치 직후에는 글쓰기에 에너지를 불어넣는다

'행갈이 쓰기'라는 글쓰기 방식은 시詩에서 유래했다. 시에서는 문장이 우측 끝에 닿기도 전에 한 문장을 끝내고 행갈이를 하여 좌측으로 돌아가서 새 문장을 시작한다. 이 책의 저자 중 한 사람인 로버트 레이와 잭 레미크가 글쓰기 강좌에서 고안했던 '압축형 전개' 방식도 이와 흡사하다. 압축형 전개는 다른 말로 '이미지와 액션'이라고 불리기도 한다.

'이미지와 액션'은 워싱턴 대학교(시애틀)의 개방 강좌에서 열린, 시나리오 작가 지망생들을 위한 3주간의 창작 프로그램 때 처음으로 도입되었는데, 이 프로그램은 '시나리오 작가 신병교육대'로 불릴 만큼 명성이 자자했다. '이미지와 액션' 기법은 시나리오에 매우 적절한 글쓰기법이다. 영화 시나리오는 행갈이가 빈번하고 여백이 많은 장르이기 때문이다. 읽는 이의 시선은 글줄을 끝까지 따라가지 않고 계속 아랫줄로 이동하게 된다.

시나리오 쓰기에서 가장 경계해야 할 적은 바로 '해설'이다.

해설이란 설명하기 위해 이야기의 흐름을 끊는 것이다.

이야기가 진전되던 어느 순간, 갑자기 작가가 무대 위로 올라온다. 조명이 환하게 켜진다. 작가는 스포트라이트 안으로 들어서서 마이크나 확성기를 움켜쥐고 이런 말을 늘어놓는다. "친애하는 독자 여러분, 여기서 우리는 한두 구절의 설명을 위해 이야기를 잠시 멈춰야만 합니다. 이런 설명이 없으면 독자 여러분들은 시대적 상황에 대한 아이러니로 넘쳐나고 복합적인 표현이 들끓는 이 복잡한 이야기를 온전히 이해할 길이 없으니까요……"

시나리오 쓰기에서 해설은 시간 잡아먹는 괴물이다.

영화 제작에서 시간은 곧 돈이다.

해설은 이야기를 잠식한다.

해설은 서술의 흐름 속에 잠복한 암초와도 같다. 우리가 애써 서술에서 그것을 걷어내더라도, 그것은 대사와 독백을 통해 다시 흘러 들어오기도 한다. 시나리오는 그런 식으로 얼룩지기가 무척 쉬운 장르이다. 대사가 석 줄만 늘어져도 해설이 그 틈을 비집고 대화 속에 침투하기 십상이다.

소설 장르에서는 정확히 무엇이 해설인지 가려내기가 쉽지 않다. 글줄이 두껍고 빽빽한 문단들이 무리지어 이어지기 때문이다. 하지만 '이미지와 액션'의 원칙에 입각해 훈련한 작가들이라면 해설의 욕구—이야기의 흐름을 설명하기 위해 이야기의 흐름을 중단하는—를 가려내어 쉽사리 물리칠 수 있다. 그리고 그러는 대신 이야기를 시각적인 액션(소년이 휘두른 배트가 볼을 정통으로 강타한다)와 더욱 미세한 시각적 이미지(소년은 쪽빛 티셔츠를 입고 있다)로 압축하는 데 신경을 쓴다. 그뿐 아니라 청각적(볼을 강타하는 배트의 충격음)이고 동적인 이미지(배트를 내던진 소년이 1루로 달려가는 순간 그의 팔뚝 아래로 떨어지는 땀방울)까지도 빚어낼 수 있다.

소설을 쓰는 이들은 행갈이 쓰기 방식에 난색을 표하기도 한다.

이는 좌뇌의 간섭 때문이다.

좌뇌는 한마디로 골칫거리다.

이 골칫거리를 해결하기 위해서는 불꽃같은 글쓰기가 답이다.

일단 그 불꽃에 휩싸이고 나면 우리는 좌뇌의 작용을 먼지 털듯 털어버린 채 자유로이 여행을 떠날 수 있다.

두 가지 선택 : '이미지와 액션' 혹은 행갈이 쓰기

행갈이 쓰기는 다음과 같은 두 가지 방법으로 연습해볼 수 있다. 첫째, 이미지와 액션에 해당하는 행을 한 번씩 번갈아 쓰면서 그 앞에 '이미지'나 '액션(행위)'이라는 용어를 명시한 후 콜론(:)이나 대시(-) 또는 각자의 취향에 부합하는 문장부호를 써서 표시하는 방법이다. 둘째, 간결한 행갈이와 함께 그냥 써내려가는 방법이다.

이미지와 액션

'이미지와 액션'의 한 예를 보기로 하자. 그러면서 이것이 무슨 책인지 혹은 무슨 영화인지 한번 알아맞혀보라.

아래의 예에서 K는 캐서린이라는 인물을 가리킨다. 전체 장면은 알마시라는 다른 인물의 시점을 통해 보여진다. 제프리 클리프턴은 K의 남편이다. 칸다울레스는 K가 읽는 헤로도토스의 책 속에 등장하는 리디아의 왕이다. 그와 결혼한 왕후는 아름다운 여인이며, 리디아 군대의 기수이자 용맹한 전사인 기게스라는 인물도 등장한다.

액션 : K가 비행기에서 걸어 내려온다.
이미지 : 카키색 반바지에 앙상한 정강이.
액션 : 타르 칠한 방수포를 묵묵히 응시하는 K.
이미지 : 뭔가를 골똘히 읽고 있는 K.
액션 : 남편이 이야기를 나누는 동안 K는 알마시를 바라본다.
이미지 : 그녀의 정강이와 발목 관절 그리고 팔뚝.
액션 : K가 헤로도토스의 책을 빌려 읽고 싶어한다.
액션 : K가 알마시에게 물잔을 건네준다.

이미지 : 클리프턴의 코냑 병.

액션 : K가 헤로도토스 책의 한 대목을 읽는다.

액션 : 기게스에게 자기 아내의 아름다움을 묘사해 보이는 칸다울레스.

액션 : K가 남편에게 손짓한다.(내 말 듣고 있어요, 제프리?)

액션 : K가 유사流砂 속으로 가라앉듯 낭송한다.

이미지 : 눈을 내리깔고 뭔가 읽고 있는 K. 결코 시선을 들어올리지 않는다.

액션 : 기게스의 시야에 왕후의 나신이 잡힌다.

액션 : 왕후가 기게스의 시선을 알아채고는 이내 침실을 빠져나간다.

이미지 : 왕후 앞에 무릎을 꿇는 기게스.

액션 : 기게스에게 주어진 양자택일. 왕을 죽이거나 자기가 죽거나.

액션 : 기게스가 결국 왕을 살해한다.

이미지 : 기게스의 이야기를 담고 있는 3보격 운율로 쓰인 시구.

이미지 : 사랑 이야기 속의 일개 부품처럼 기억되고 만 기게스.

액션 : K는 읽기를 멈추고 시선을 들어, 유사로부터 빠져나온다.

액션 : 알마시가 사랑에 빠진다.

이미지 : 카이로에서 함께 춤을 추는 K와 그녀의 남편.

이미지 : 벼랑 끝에 위태롭게 매달려 있는 한쪽 팔.

액션 : 책을 쓰고 있는 알마시.

이미지 : K의 모습이 그가 쓰고 있는 원고 위로 불쑥 침범해 들어온다.

이미지 : K의 신체 일부—입술, 무릎, 아랫배.

액션 : 알마시가 자신의 글 속에서 K의 옷을 벗긴다.

이미지 : 침대 위로 솟아올라 활처럼 휘어진 K의 몸.

이미지 : 하사네인 베이의 잔디밭.

액션 : K가 황홀했는지 묻는다.

이미지 : K가 알마시의 손에 단도를 쥐여준다.

아직 알아맞히지 못한 이들을 위해 알려드리자면, 위의 '이미지와 액션'은 마이클 온다치의 소설 『잉글리시 페이션트』의 장면들으로부터 따온 것이다. 유명 문학상 수상은 작품의 성공여부를 가리키는 하나의 기준이라 할 수 있을 터인데, 온다치는 영어권 최고의 문학적 영예라 할 부커상을 수상했다. 그리고 영국 영화감독이자 시나리오 작가인 앤서니 밍겔라가 각색한 동명 영화는 오스카에서 여러 부문을 휩쓸었다.

위와 같은 '이미지와 액션' 연습의 구문들은 하나의 완벽한 문장으로 이루어져 있기도 하지만('K가 황홀했는지 묻는다', '기게스의 시야에 왕후의 나신이 잡힌다.'), 간략한 어구들로만 제시되기도 했다('책을 쓰고 있는 알마시', '침대 위로 솟아올라 활처럼 휘어진 K의 몸'). '이미지와 액션'을 써내려갈 때 좌뇌는 핵심어들 뒤에 구두점을 갖다붙이느라 바쁘다. 이렇게 좌뇌가 콜론과 대시와 마침표를 배치하느라 분주한 사이, 우뇌—더 야생적이고 창의적인 피조물—는 더 자유롭게 이야기를 풀어갈 수 있다.

간단한 행갈이 쓰기

단문의 행갈이만으로 '이미지와 액션'을 이어가는 것도 좋은 방법이다. 위와 같은 방법에 따라 '이미지와 액션'에 몰두하던 중 슬슬 시동이 걸리면서 좌뇌를 잠재울 준비가 되었다고 느껴진다면, 곧장 단문의 행갈이로 옮겨가는 것도 좋다.

아래 제시되어 있는 보기에는 두 명의 주인공이 등장한다. 하나는 샘이고 다른 하나는 요제프이다. S&J는 샘와 조(요제프)를 의미한다.

이런 또 하나의 예시를 통해 행갈이 쓰기가 플롯에 어떤 도움을 줄 수 있을지 살펴보자.

샘과 요제프가 만난다/혈연관계의 수수께끼

요제프는 프라하에서 탈출하는 데 실패한다/도움을 필요로 한다

요제프는 사슬에서 벗어나는 데 실패한다/토미의 도움을 필요로 한다

요제프가 관계를 가진다/관에 누워 탈출할 수 있도록 도움을 받는다

샘과 요제프는 만화잡지를 창간하기 위해 힘을 합친다

S&J는 아나폴과 협상을 벌인다

S&J는 랫홀에 침입한다/내부 침입자

마이티 몰러큘은 샘과 엄마를 저버린다

요제프는 날아오른다/탈출 묘기 전문가가 탄생한다

요제프는 그림의 대가로 로자 작스에게서 3달러를 받는다

S&J는 탈출 묘기 전문가의 미래를 고민한다

맥스 메이플라워의 모험(토미, J의 동생)

요제프는 만화 그림칸 속에 자신의 생각을 배열한다

S&J는 랫홀 갱단을 모집한다/소년들 사이의 우정/끈끈한 팀워크가 탄생한다

S&J는 그들의 첫 번째 책을 낸다

S&J는 아나폴과 임금인상에 관한 협상을 벌인다

엄마의 편지에 요제프의 마음이 프라하로 되돌아간다

요제프의 부친이 사망한다/폐쇄된 독일 영사관

막스 슈멜링이 요제프를 때려눕힌다

토미는 요제프의 친동생이다. 샘은 뉴욕 시에 산다. 하지만 요제프와 토미 형제는 체코슬로바키아의 프라하에 있다. 때는 1930년대 중반이다. 로자 잭스는 샘과 조를 이어주는 여성이며 그녀가 사는 곳은 뉴욕 시이다. 뉴욕에 거주하는 사업계의 거물 아나폴은 샘(아이디어가 풍부한 글쟁이)와 조(마술사이자 화가)의 재능을 이용하여 20세기 중반까지 거대한

만화 재단법인의 제국을 세우고자 한다. 막스 슈멜링은 독일계 유명 복서이다. 실재한 역사적 인물인 막스 슈멜링이 등장하는 대목은 이야기 속에 실제와 허구가 복합적으로 뒤얽혀 있다는 느낌을 준다. 이 소설은 마이클 셰이본의 『캐벌리어와 클레이의 놀라운 모험』으로, 우리가 교본으로 삼은 다른 소설들과 마찬가지로 퓰리처상이라는 유수한 문학상을 수상했다. 현명한 작가 지망생이라면 이런 유수한 문학상 수상작을 읽을 때, 작가가 구사한 테크닉에 주목하는 게 지극히 당연하다.

연습과제

1. 심호흡하기

등을 뒤로 잔뜩 젖히고 편히 앉는다. 깊이 숨을 들이마셨다가 내쉰다. 10까지 숫자를 센다. 그러고는 다시 10부터 1까지 거꾸로 센다. 정신이 소설의 구조를 가로질러 마음껏 배회하도록 내버려둔다. 만약 음악을 듣고 있다면, 그 음악에 정신을 가볍게 싣는다. 사운드의 파동을 타고 허공으로 날아오른다.

2. 행갈이 쓰기

눈을 뜬다. 랩톱이나 공책을 손에 잡는다. 그러고는 곧바로 쓰기 시작한다. 문장이나 단어에 대해서는 신경 쓰지 않아도 된다. 문법이나 철자법을 지키기 위해 멈추거나 고민할 필요도 없다. 쓰기 시작한 글줄이 행의 중간쯤에 이르면, 엔터키를 치고 다른 행으로 옮겨 아래의 예처럼 계속 쓴다.

이것은 불우하게 성장한
베로니카라는 이름의
신데렐라를 다룬 이야기이다
그녀는 부유한 남자와 결혼한다
그녀는 편히 살기 위해 자기 몸을 판 셈이다
그녀는……

대략 2,30분쯤 이런 식으로 써내려간다. 타이머가 울리면 쓰기를 멈춘다. 랩톱으로 작업할 경우에는 프린터를 켜고 쓴 부분을 출력한다. 공책으로 작업한 경우에는 쓴 것을 타이핑해서 컴퓨터로 옮긴다. 단 한 자도 고치지 않는다. 옮기는 과정에서 말을 고치면 내부 검열을 불러들일 위험이 있다.

3. 휴식

잠시 휴식을 취한다. 커피 한 잔의 여유와 함께 지금까지 작업한 것을 되돌아본다. 동네를 한 바퀴 돌아보고 오는 것도 좋다. 하지만 아무에게도 말을 걸지 않도록 한다. 전화 통화도 삼간다. 이메일도 잊는다. 오로지 뇌가 글쓰기 모드에만 전념할 수 있게 한다.

4. 행갈이 쓰기로 작업한 것을 읽어본다

글 속에서 무언가가 되풀이될 때 생겨나는 패턴을 유심히 살펴본다. 어떤 이름들이 반복되고 있는가? 어떤 동사들이 반복되고 있는가? 어떤 대화가 반복되고 있는가? 어떤 소품들이 되풀이해서 등장하고 있는가? 어떤 장소들이 반복되는가? 동그라미와 선을 그어 그것이 더욱 확실하게 부각되도록 한다. 암암리에 되풀이하고 있는 것을 그와 같은 궤적으로 명시해본 후, 장소들이나 행위를 장면 속에서 일치시킨다. 숲, 길가, 교차로,

부엌, 욕실, 침실, 쇼핑센터, 커피숍, 더그아웃, 대피소, 동굴, 참호, 성문, 부두 등의 장소들을 출력된 지면에 표시해둔다. 그러고는 그 장소들에 번호를 매긴다.

5. 시간적 범위

서너 번 행갈이로 글쓰기를 반복해보면, 우리의 뇌는 불가분 이야기의 대부분을 쏟아내지 않을 수 없다. 하지만 그렇게 쏟아낸 이야기 속의 사건들은 가지런히 엮인 듯 보이지 않을 수도 있다. 그것들을 가지런히 엮기 위해서는 좌뇌의 편집력에 도움을 구하는 게 좋다. 우리 내면의 편집자들은 계산하고 재조직하고 자잘한 디테일을 미세하게 관리하기를 좋아한다.

현실의 시간대에 머물러 있는 내면의 편집자는 우리의 소설이 실시간으로 흐르기를 원한다. 1분이 지나면 2분이 되듯 시간은 선형적으로 흐르는 법이다. 『캐벌리어와 클레이』의 시간 간격은 20년이다. 이에 반해, 이언 매큐언의 『암스테르담』에 나타난 시간 간격은 2월에서 초봄까지 불과 몇 개월 안팎이다.

본인이 행갈이 쓰기로 쓴 것을 다 읽었으면 소설 속에서 흐를 시간을 구체적으로 설정한다. 며칠, 몇 달, 몇 년 또는 수십 년도 좋고, 단지 몇 시간도 괜찮다. 그리고 그다음에는 각각의 장면에 날짜를 매기고 일자와 장소까지 덧붙여 기입한 후, 사건의 연대기에 이 정보를 활용한다.

6. 연대기

연대기의 실례로는 일람표1을 참고한다. 이 일람표는 마이클 셰이본의 『캐벌리어와 클레이』 1부의 사건들에 일자를 기입한 것이다. 이런 방식이 마음에 든다면, 본인의 소설을 연대순으로 배열하고자 할 때 이와 동일하게 짜볼 수 있다. 사건을 연대순으로 배열할 때는 지나온 시간을 철저히 챙기는 게 중요하다. 그러니 행갈이 쓰기로 보낸 두 시간 동안 어떤 정보가 주어졌는지 점검해보는 과정을 잊지 않도록 한다.

장	연도	등장인물	소품	행위
1	1939	샘	잉크	샘와 요제프가 만화잡지를 창간하기 위해 힘을 모은다
2	1939	샘	라디오	S&J, 아나폴과 협상을 벌인다
3	1939	샘	담배	S&J, 랫홀을 침입한다
4	FB	샘	한증막	마이티 몰러큘, 샘과 엄마를 저버린다
5	1939	샘	사다리	요제프는 날아오르고, 탈출 묘기 전문가가 탄생한다
6	1939	요제프	로자 데생	요제프, 3달러를 받고 로자를 데생하기로 한다
7	1939	요제프	황금열쇠	S&J, 탈출 묘기 전문가의 미래를 고민한다
8	1939	S&J	황금열쇠	맥스 메이플라워의 모험 (트미, J의 동생)
9	1939	요제프	담배/껌	요제프, 자신의 생각을 만화 그림칸에 쏟아붓는다
10	1939	요제프	잉크 얼룩	S&J, 랫홀 갱단 모집/소년들 사이의 우정/팀워크
11	1939	샘	책	S&J, 첫 번째 책을 출간한다
12	1939	샘	돈	S&J, 아나폴과 임금인상에 대한 협상을 벌인다
13	1940	요제프	봉투	엄마의 편지를 받은 요제프, 프라하를 떠올린다
14	1940	요제프	편지	요제프의 부친 사망/폐쇄된 독일 영사관
15	1940	요제프	술	막스 슈멜링이 요제프를 때려눕힌다

일람표 1 .「캐벌리어와 클레이」의 연대기

습작 소설 : 『트로피 와이프』

두 가지 방식의 소설 구조를 스케치한 후, 『트로피 와이프』의 작가는 벽에 부딪히고 만다. 소설의 큰 단락들을 제시하는 도표를 통해 장면들을 만들어내는 데 실패한 것이다. 그리 놀라운 일도 아니다. 창작의 과정은 성공과 좌절, 막힘과 뚫림으로 점철돼 있는 법이고, 하루는 확 달아오르다가도 다음날에는 차갑게 가라앉기 일쑤이다. 상황이 여의치 않다면, 다른 수단으로 넘어가보는 것도 나쁘지 않다.

우리는 이제 구조에 관한 도표로부터 행갈이 쓰기(짧은 문장, 가속 밟아 써내려가기, 여백 남겨두기)로 이동했다. 이제 인물의 전사前事가 탄탄해졌으므로 소설의 서두에서 앞으로의 방향을 정리해볼 수도 있다. 우리의 주인공은 결혼했다. 그녀는 미국의 한 대도시에 있는 호화저택에서 남편과 함께 살기 시작한다. 이전과 마찬가지로 주인공이 조문객을 맞는 장면을 행갈이 쓰기 할 차례다. 그녀는 검은 상복을 입고 있으며 조문객도 마찬가지로 검은 옷을 입고 있다. 아무도 웃지 않는다. 주인공의 남편의 모친이 죽은 것이다.

첫 번째 장면은 대저택의 입구로 설정되어 있다.

작가가 행갈이 쓰기를 통해 나머지 장면들을 어떻게 처리하는지 지켜보자.

현관 앞. 샌프란시스코 노브 힐의 대저택.
검은 상복을 입은 베로니카,
조문객을 맞아들이며 현관 앞에 서 있다.
이렇게 와주셔서 감사합니다.
베로니카는 일손을 관리하기 위해 부엌으로 간다.
서재. 폴이 서재에 있는 자기 부친의 책상에 앉아 있다.

책상 위에 놓인 피스톨 한 자루.
애슐리 베넷이 서재 안으로 들어온다.
그녀는 등 뒤로 방문을 걸어 잠근다.
폴은 부친의 총을 자기 주머니에 감춘다.
괜찮아요?
우리 부모님들도 다 돌아가셨어요.
당신 생각이 나서 여기로 왔어요.
그녀는 그의 뒤로 향한다.
그러고는 그의 어깨를 감싸 안는다.
그는 자리에서 일어나 그녀에게 키스를 한다.
베로니카가 응접실을 가로지른다.
그녀는 폴의 누이 바버라 앞에 멈춰 선다.
어때요, 괜찮아요?
폴은 어디 있죠?
서재에.
움직임. 바버라가 먼저 나선다.
그녀는 부엌을 거쳐 큰 방으로 간다.
그러다 걸음을 멈추고 벽에 걸려 있는 그림을 똑바로 한다.
그러고는 서재의 여닫이문에 도착한다.
그녀가 노크를 하려는 순간, 안에서 애슐리 베넷이 나온다.
그들은 서로 부딪힌다.
베넷 양, 안녕하세요.
서재. 바버라가 서재 안으로 들어온다.
그러고는 자기 오빠를 향해 느물느물하게 웃어 보인다.
폴은 창가로 가서 한동안 바깥만 바라본다.
오빠는 그 여자를 믿어?

내가 너를 믿는 만큼.
침실. 베로니카는 침대 앞의 화장대에 앉아 있다.
폴도 들어와서 팔을 뻗는다.
베로니카는 일어나서 폴에게로 다가간다.
그에게서 향수 냄새 같은 게 풍긴다.
그는 손을 내밀어 그녀를 잡으려고 한다.
그녀는 뒷걸음치며 물러난다.
폴은 물러난다.
베로니카는 아침 일찍 깨어난다.
그녀는 재빨리 테니스 복장으로 갈아입는다.
테니스 클럽. 베로니카가 강사 대기실 안으로 들어온다.
준비되셨나요?
테니스 강사는 잘생겼고 호리호리하며 폴보다 젊다.
오, 반짝반짝 빛나는 나의 문하생이 오셨군요.
우선 연습부터 했으면 해요, 베로니카가 말한다.
원하신다면 그러셔야죠, 왓슨 부인.

문장을 짧게 넘겨 다음 행으로 넘어가는 글쓰기를 함으로써, 작가는 매 행마다 새로 시작되는 듯한 장면을 그려낼 수 있게 된다. 10분 정도 쓰고 나면 여섯 쪽 정도의 분량이 될 것이다. 장면들을 장소명—현관, 서재, 침실, 테니스 클럽 등—이나 베로니카나 바버라 등의 인물명에 따라 분류할 수도 있다. 작업의 첫 단계는 행갈이 쓰기이고, 두 번째 단계는 시간, 장소, 인물, 소품, 의식ritual으로 나뉜 이 책의 체크리스트에 맞춰 지금까지의 작업을 간단히 분석해보는 일이다. 아직 그 체크리스트에 세세한 질서를 부여하기 위해 애쓸 필요까지는 없다는 점을 명심하자. 그저 인물이나 의식을 통해 이야기를 풀어나가면서 여기에 소품을 가미하기만 하면 된다. 이제는 곧바로 장소에 착수할 차례이다.

장소 : 공간이 바뀌면 새로운 장면이 생겨난다. 현관에서 서재로, 서재에서 응접실로, 응접실에서 부엌으로 등. 여기서 사용된 점프컷 기법은 영화에서 주로 쓰인다.

시간 : 시간대는 오후 3,4시경이거나 오전 10시쯤이다.

인물 : 주인공은 베로니카이다. 그녀는 이십대 중반의 매력적인 여성으로, 폴과 결혼했다. 학력이나 기타 이력에 대해서는 아무것도 소개되어 있지 않다. 지금까지는 자녀들에 대한 언급도 없다.

그녀에게는 두 명의 적대인물이 있다. 적대인물1은 폴이다. 그는 30대 후반이거나 40대 초반의 남성으로, 외모가 준수하고 경제 형편이 부유하며 몹시 활달한 성격으로, 베로니카와 결혼해 살고 있다. 이 지점에서 우리는 폴이 나이에 비해 매우 부유한 것으로 보아 아마도 부모로부터 많은 재산을 물려받았으리라 추측해볼 수 있다. 그는 그동안 사업 경력을 쌓아왔을 것이다. 부부의 자녀에 대해서는 아직 아무런 언급도 없다. 그리고 현 시점에서 적대인물2는 능글맞은 성격인 폴의 여동생 바버라처럼 보인다.

테니스 강사는 어쩌면 그녀의 조력자로 활약할 수도 있을 것이다. 하지만 베로니카는 남성보다 여성을 더욱 신뢰할 듯하다.

의식 : 조문객 맞기, 키스하기, 의상 갈아입기, 테니스 치기.

소품 : 피스톨, 상복, 테니스 복. 만일 작가가 베로니카의 테니스 연습 장면을 그리기로 한다면, 그녀의 손에 들려 있는 라켓도 포함될 수 있다. 작

품 초반에 다양한 소품들을 적재적소에 배치하는 것은 꽤 중요하다. 초반에 어떤 소품 하나가 등장했다면, 작가는 반드시 작품의 전개과정 속에서 그 소품의 의미를 키워 가야 한다.

비밀 : 폴과 애슐리 사이에서 뭔가가 진행되고 있다.

체크리스트까지 마무리 짓고 나면, 아래의 일람표를 활용하여 지금까지의 정보를 효과적으로 압축할 수 있다.

일람표를 활용하여 가정 상황을 전개한다

저택 안에서 벌어지는 여섯 장면들은 서로 날이 서 있는 작중 인물들의 관계를 보여준다. 여기서 여러 가지 가정을 펼쳐볼 수 있도록 인물들 간의 관계를 활용하기로 하자. 폴과 바버라는 남매지간이다. 베로니카는 폴의 아내이다. 베로니카와 바버라는 원만치 못한 사이이다. 만일 그들 사이의 불화가 남매간에 은밀히 맺고 있는 근친상간의 질투에서 비롯되었다면? 그래서 만일 바버라가 폴의 여자들 모두에게 그런 식의 적개심을 품고 있다면? 그리고 회사 경리사원인 애슐리 베넷이 폴의 회계 장부를 주무르고 있다면? 그렇다면 애슐리는 폴을 제 수중에 넣고 휘두를 수 있을지도 모른다. 그리고 이런 문제는 폴이 부친의 권총을 사용하는 계기로 작용할지도 모른다. 이와 관련하여 우리는 계속 이 방에서 저 방으로 서성거리며 돌아다니는 베로니카의 모습이 썩 행복해 보이지 않을 뿐 아니라 마치 소외된 것처럼 보인다는 사실을 알아챌 수 있다. 그녀는 폴을 두려워하고 있는 걸까? 그리고 바버라에 대해서는 경계심을 늦추지 않고 있는 걸까? 베로니카는 애슐리의 존재에 대해 어느 정도까지 알고 있

장면	장소	인물	소품	의식
1: 현관	대저택	베로니카	아직 미정	악수/애도
2: 서재	대저택	폴/애슐리	피스톨	밀애
3: 응접실	대저택	베로니카/바버라	아직 미정	거리 두기
4: 부엌	대저택	바버라/애슐리	액자 그림	수색
5: 서재	대저택	바버라/폴	중간 삽입된 사진	형제간 대립
6: 침실	대저택	베로니카/폴	향수	거절
7: 강사 대기실	테니스 클럽	베로니카/테니스 강사	새하얀 테니스 복	테니스 소품은 무엇?
8: 코트 연습	연습장	폴/연습상대	염탐 활동	사교 활동

일람표 2. 「트로피 와이프」 체크리스트

을까? 침실 장면에서 베로니카는 침실에서 애슐리의 향수 냄새를 감지한다. 그녀는 과연 그 전에도 똑같은 향수 냄새를 맡은 적이 있을까? 만일 애슐리에게 증권거래위원회 같은 곳에 몸담고 있는 친구가 있다면?

일람표에는 한 가지 물적 토대—대저택—가 명확히 제시되어 있다. 이 정도 규모의 대저택을 유지하자면 필경 많은 돈이 들어갈 게 틀림없다. 그러니 만일 폴의 모친의 사망이 긴박한 결과를 야기하게 된다면? 폴의 부친이 시작한 가업이 이제는 폴과 바버라 남매의 손에 넘어가는 상황이 빚어진다면? 여기서 우리는 요사이 신문에 자주 보도되는 상황—재단 이사회가 주주들의 주식을 횡령하고, 경리부서가 회계 장부를 제멋대로 조작하는—을 플롯에 적용해볼 수 있다. 바버라는 애슐리에 대해 어느 정도까지 알고 있는 것일까?

이런 장면들과 인물들 그리고 가정 상황에 대한 질문들과 함께 우리는 이제 여러 주말에 걸쳐 인물 형성 작업으로 넘어가고자 한다. 베로니카는 폴을 어디서 처음 만났을까? 바버라와 결탁하고 있는 인물은 누구일까? 테니스 강사는 베로니카를 과연 도와줄 수 있을 것인가? 또는 온갖 흉계를 꾸미고 있는 가짜 조력자가 과연 그녀 앞에 나타나게 될 것인가?

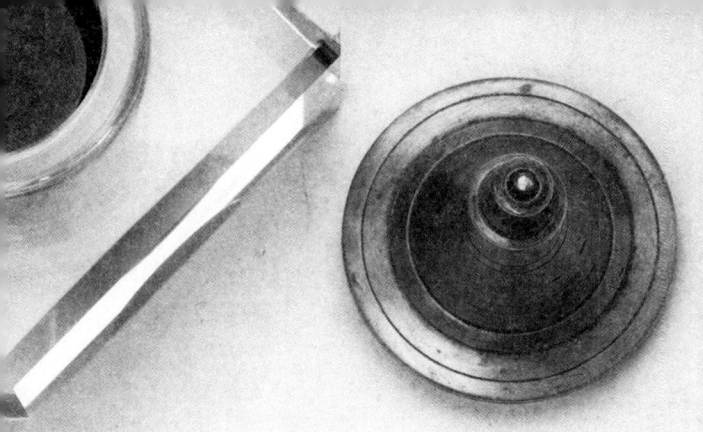

3부

7~14주
등장인물 만들기

작품을 시작하면서 소설에 대한 아이디어를 메모해갈 때, 우리는 먼저 작품 전반의 콘셉트를 잡음으로써 첫걸음을 내디딜 수 있다. 가령 '이것은 가난의 수렁에서 헤어나 경제적 성공(돈, 상류층 가정, 물질욕)을 거둔 사람의 이야기이다'라는 식으로. 또는 다음과 같이 독자들을 가까이 끌어당기는 세부의 정밀묘사로부터 시작할 수도 있다. '지저분한 난롯재를 잔뜩 뒤집어쓴 넝마쪼가리들이 달궈진 난로 옆 돌무더기 위에 널려 있다.' 또는 다음과 같이 친근한 이야기꾼의 어조로 시작해볼 수도 있다. '옛날 옛적 서유럽의 한 왕국에 잉걸불의 그을음이 너무도 싫은 부엌데기 아가씨 하나가 살고 있었어요. 그녀의 이름은……'

머릿속의 아이디어가 소설 첫 줄의 이미지로 바뀌는 이런 변화는 3단계의 간편한 과정을 거치게 되는데, 이를 통해 우리는 소설의 서두를 손쉽게 풀어갈 수 있다. 중심 아이디어를 서술해둔다. 주인공이 어른이 된다든가, 살인범을 뒤쫓는 상황이 이어진다든가, 패자에서 승자로 발돋움하는 상황 등의 내용을 명시함으로써 아이디어와 결부된 이미지를 머릿속에 떠올리며 그 상황을 탐험해본다. 그리고 등장인물을 소개하는 서두를 쓰기 시작하면서 어릴 때 익히 들었던 이야기꾼의 목소리를 흉내 내본다. 물론 이는 개고하는 과정에서 바꿀 수도 있다.

신데렐라는 이런 작업을 할 때 참고하기에 좋은 인물에 속한다. 그녀의 행로에는 파란만장한 굴곡과 도저한 집념과 불가사의한 저력이 깃들어 있다. 패자에서 승자로 발돋움하는 그녀의 사연은 신분상승이라는 긍정적 방향성을 이야기의 이동 궤적에 부여한다. 그 윤리관(열심히 일하고 정직하면 사람은 누구나 성공한다)은 대다수 청중들과 독자들에게 충분한 호소력을 발휘할 수 있다.

이런 신데렐라 신화는 다채롭게 변주되어 여러 이야기 속에 각기 다른 형태로 나타난다. 『마이 페어 레이디』에서 신데렐라는 일라이저이다. 그녀는 요정 대모 역을 맡은 헨리 히긴스 교수와 만나면서 새침하고 도도한 런던 아가씨로 변신하고, 그러고 난 뒤에는 그를 핸섬한 왕자님으로 변모시키기까지 한다. 〈프리티 우먼〉에서 줄리아 로버츠는 자신의 극중 이름을 통해 이미 신데렐라 캐릭터를 암시하고 있다. 신데렐라는 여러 나라의 문화적 경계를 넘나든다. 독일에서 그녀는 아셴브뢰델Aschenbrödel이라 불리며, 프랑스에서는 라 프티트 상드리옹La Petite Cendrillon이라 불린다.

여성 캐릭터를 창조하고자 할 때 우리는 의식적이든 무의식적이든, 신데렐라 캐릭터와 마주칠 가능성이 높다. 그 이유는 다음과 같다.

- 첫째, 난롯불의 그을음이라는 메타포가 깨끗이 씻겨 나간 뒤에 그녀가 획득한 눈부신 미모.
- 둘째, 여러 겹의 의상에 둘러싸여 있어도 신데렐라는 두려움을 느낀다는 점. 그녀는 외롭다. 부친은 일찌감치 사망해 곁에 없다. 그녀는 다시는 누군가를 사랑하지 못할지도 모른다는 불안에 시달린다. 또한 계모의 압력을 두려워한다. 그녀가 구태여 밝히지 않아도 주변 환경 때문에 그녀

가 탈출하고 싶어하리라는 것은 충분히 납득 가능하다. 이제는 사악한 계모의 수중에 들어간 부친의 저택은 그녀에겐 덫에 불과하다. 문제를 해소하기 위하여, 그러니까 덫에서 탈출하기 위하여 그녀에게 남은 단 하나의 돌파구는 왕자를 차지하는 일뿐이다.

• 셋째, 왕자를 차지함으로써 그녀가 안전한 항구에 정박한다는 점.

등장인물은 무엇을 원하는가

몇 가지 핵심적인 문답만으로도 우리는 일찌감치 각각의 등장인물에 생명력을 불어넣을 수 있다. 나의 등장인물이 원하는 게 무엇일까? 그것을 구하려는 과정에서 어떤 요소가 그녀의 욕구를 가로막고 있는가? 어떤 방법으로 그녀는 원하는 것을 얻어낼 수 있을까? 그녀는 누구를 배신하게 될까? 무슨 수를 써서라도 자기가 원하는 것을 얻어내려 할 만큼 그녀의 욕구는 과연 절실한가? 그런 탐구가 심화될수록 캐릭터 작업은 빠르고 커다란 성취를 거둘 수 있을 것이다. '원한다'는 말이 마음에 들지 않는다면, '욕구하다' 또는 '갈망하다'라는 표현으로 대신해볼 수도 있다.

우선은 주요인물들의 '욕망의 목록'을 짜는 일로부터 인물 작업을 시작해보자. 거기에 10분을 할당한다. 등장인물 각자가 품었음직한 욕망을 세세하게 작성한다. 돈, 음식, 주거지처럼 간단한 것들부터 시작하여, 사랑, 섹스, 숙명의 수용과 같은 심화 과정으로 나아간다. 더 깊이 들어가면 모성애, 죄책감 없는 삶, 중독으로부터의 해방과 같은 것들이 있다. 이런 예는 어디서든 찾아볼 수 있다. 가령, 어떤 여자는 자신의 양육 방식에 대해 어머니가 긍정해주길 원할 수 있다. 그리고 어떤 남자는 마음속으로 결정한 자신의 진로를 아버지가 포용해주길 원할 수도 있다. 이러한 욕망들은 등장인물들에게 극적인 결과를 야기하게 된다. 그것들이 충족되지 않는다고 할 때, 우리의 등장인물은 무엇으로 그 욕구를 채우려 할까? 욕구 불만을 해소해가는 과정에서 과연 어떤 장애물이 나타나 그 앞길을 가로 막을까? 이런 상황에서 생겨난 이야기의 흐름과 굴곡이 독자들을 웃기고 울리고 소리 지르게 하는 정서적 이입을 극대화할 수 있다. 독자들의 흥미를 촉발하고 유지하는 것도 바로 이런 부분이다. 책에 돈을 지불한 독자들의 만족도 역시 여기서 판가름 난다.

소설의 극적인 요소들은 바로 등장인물로부터 시작된다. 그녀가 원하는 것은 과연 무엇인가? 그녀는 그것을 얼마나 애타게 원하는가? 그 과정에서 결정적인 장애 요인은 무엇인가? 그것을 이루고자 그녀는 무엇을 포기할 것인가? 그녀의 강박관념은 무엇인가? 실패하면 그녀는 어떻게 할 것인가? 성공하면 그녀는 무엇을 할 것인가?

캐릭터와 동기를 이해하기

등장인물들이 원하는 것을 일단 결정하고 나면, 이제는 '왜?'라는 회심의 질문에 답해야 할 차례이다. 라틴어 '모베레movere'라는 단어에서 유래한 모티브, 즉 동기는 우리의 등장인물이 작품 내용을 가로질러 달리게 하는 원동력이다.

동기는 한 인물로 하여금 무엇을 행하도록 북돋는 감정 또는 욕구이다. 예를 들어, 자신의 정부를 살해한 유부남은 공포에 내몰리지 않을 수 없다. 1장에서 그의 정부는 화가 잔뜩 나 있다. 유부남이 아내와 아이들을 버리고 싶어하지 않기 때문이다. 2장에서 라스베이거스 행 주말여행 동안 술에 잔뜩 취한 정부는 당장이라도 그의 아내에게 달려가서 불륜사실을 폭로하겠노라고 협박한다. 3장에서 라스베이거스 경찰은 쓰레기 트레일러 속에서 알몸으로 목이 졸린 채 숨겨 있는 그녀의 시신을 발견한다. 유부남은 혼자 집으로 돌아간다. 이때 그가 원한 것은 정부에게서 자유로워지는 일이다. 반면, 정부가 원한 것은 유부남이 그의 아내를 떠나는 일이다. 결국 유부남은 원하는 것을 행동으로 옮기고 만다. 동기란 말 그대로 행동을 일으키는 계기이다.

두 인물 사이의 상충된 욕망은 이야기의 흐름에 자극적인 묘미와 갈등 요인을 부여한다. 그들은 각기 다른 과거의 삶을 영위해오다가 현재에 맞닿게 된 사람들이다. 정부의 동기는 소유할 수 없을지도 모를 유부남과 함께 그녀만의 가정을 꾸리고 싶다는 꿈이다. 이 두 인물의 행로가 엇갈리거나 각자의 욕망을 충족하는 것이 불가능할 때, 우리의 소설에는 가속이 붙기 시작할 것이다. 그리고 독자들은 인물의 갈등에 생생히 동참하기 시작할 것이다.

그러니 인물 간의 관계가 삐걱거릴수록 우리의 소설에서는 최상의 극적 효과가 빚어질 수 있음을 기억하자.

등장인물과 인물의 역할을 계발하기

역할에 맞게 움직이는 등장인물은 독자들의 기대에 부응한다. 이는 소설의 구성에서 가장 섬세하게 처리해야 할 부분이기도 하다. 한 편의 소설에서 주도적인 역할을 맡은 인물은 역시 주인공이다. 전통적으로 대부분의 경우 주도적인 인물은 선량한 남자들이거나 선량한 여자들이다. 인디아나 존스, 해리 포터, 브리짓 존스, 신데렐라 같은 예만 보더라도 그렇지 않은가. 그들은 모두 히어로이거나 헤로인들이다. 그들의 마음은 맑고 깨끗하다. 그들은 항상 정의를 위해서 싸우며 결말에서는 끝내 승리를 거둔다. 용—주인공의 앞길을 가로막고 그 여정(욕구, 소망, 욕망)을 방해하는 상대역—은 적대인물 Antagonist이다. 안티 Anti는 뭔가에 맞선다는 의미인데, 소설의 극적 효과는 선을 상징하는 주인공이 악을 상징하는 적대인물과 맞서다 역경에 몰릴 때 생겨난다.

어린이와 청소년 독자들을 위한 시리즈물의 주인공인 해리 포터는 평범한 소년이 되길 원하지만, 무시무시한 마법사들의 학교인 호그와트에 다닌다. 잉글랜드의 마녀와 마법사들은 그곳에서 마법의 세계를 이루고 있다. 표면적으로 읽어내기가 그리 어렵지 않은 해리의 욕망은 볼트모트에 의해 제지당한다. 원형적 적대인물인 그는 J. K. 롤링이 창조해낸 판타지 세계에 놀랄 만한 극적 효과를 빚어낸다.

우리가 염두에 두고 있는 갈등이 더욱 흥미진진해지도록 거기에 육체성과 깊이를 더하자면, 조연급 캐릭터들을 적절히 포진시켜놓는 방법이 있다. 조연들은 몇 가지 크고 작은 일거리들을 부담함으로써 주인공과 적대인물을 뒷받침해줄 수 있다. 적대자들의 패거리가 주인공 편을 수적으로 압도할 경우, 그보다 더 많은 조력자들이 이야기 속에 투입되어야 한다. 볼드모트와 '죽음을 먹는 자들' 같은 그 추종자들에 의해 수적으로 열세에 몰린 해리 포터는 친구들과 호그와트 교사들에게 도움을 구한다. 무대에 끌어들일 만한 역할들의 비중은 절도 있고 효율성 있게 활용되어야 한다. 따라서 이야기 줄기가 더욱 풍성해지고 장면의 배경을 장식하는 디테일의 의미망이 강화될 수 있도록 주변 인물들에 더욱 깊이 파고들어야 한다. 해리와 가장 가까운 친구인 론 웨슬리는 키가 크고 호리호리하며 생뚱맞긴 하지만 이따금 진실로 판명되기도 하는 아이디어들로 머리가 꽉 들어찬 소년이다. 조연급 인물의 발굴은 이야기에 범상치 않은 디테일들을 끌어들일 수 있고, 이런 디테일들로 인해 이야기의 풍미를 더욱 높일 수도 있다. 개성적인 인물의 특색을 효과적으로 활용하기 위해서는, 조연급 인물들이 주인공이 욕망하는 바를 이미 차지하고 있는 걸로 설정해두면 요긴하다. 해리 포터는 자신을 사랑해주는 가족들과 함께 평범한 소년으로 지내기를 원한다. 그런데 론 웨슬리가 딱 그런 경우에 속한다. 론의 가정은 비록 가난하지만, 그에게는 다섯 형제와 누이동생 그리고 그들을 금지옥엽처럼 아끼는 양친이 있다. 해리가 웨슬리네 가족들과 함께 있는 장면을 끼워넣음으로써, 작가인 롤링은 해리의 소망을 더욱 부각시켜 보여준다.

작가는 평범한 삶에 대한 해리의 갈망 같은 캐릭터적 특색을 철저히 점검한 후, 스스로 이런 질문을 던질 필요가 있다. 나는 어떤 방식으로 이런 특색을 내 이야기 속에 그려넣을 것인가? 등장인물의 소망과 욕구가 과연 극적 효과를 빚어낼 수 있을 것인가? 예를 들어, 우리의 인물이 동물을 좋아하지 않는 동물원 사육사라면 어떨까? 아이들을 달가워하지 않는 학교 선생님이라면? 상품을 팔 줄 모르는 영업사원이라면? 자녀들이 생긴 것을 후회하는 엄마라면? B급 영화의 인기 스타라면?

작가 엘모어 레너드는 'B급 영화의 인기 스타'라는 위의 마지막 예를 자신의 컬트 클래식 『겟 쇼티』에서 완벽한 조력자 캐릭터로 내세웠다. 그녀의 이름은 캐런 플로레스. 그녀가 무대에 등장하는 것은 주인공 칠리 파머가 캐런의 집에서 해리 짐을 찾아내는 대목이다. 그녀는 저질 공포물로 명성을 드높인 빨강머리 글래머이다. 그녀는 칠리가 거친 액션 연기에 능하다는 것을 알아보면서도, 그가 명작을 찍을 수 있을 만큼 영특한 배우라는 점 또한 간파한다.

캐런 플로레스를 불러들임으로써, 엘모어 레너드는 영화 전문가로서의 교량 역할, 또는 이성의 목소리를 독자에게 제시한다. 캐런은 영화 산업이 얼마나 고된가를 잘 파악하고 있다. 그녀는 해리 짐처럼 몽상에 젖어 있지 않다. 플로레스는 덧없는 허언을 늘어놓는 대신, 칠리가 현실을 깨달을 수 있도록 직설적인 고언을 던진다. 그녀의 배우자인 마틴 와이어는 A급 리스트에 오른 무비 스타로, 나중에 칠리의 영화적 성공을 보증해주게 된다. 캐런 플로레스를 통하여 칠리는 자신의 소망을 충족시킬 수 있는 수단에 접근한다. 그녀는 계속해서 칠리에게 영화의 성패 여부를 꿰뚫어볼 수 있는 통찰력을 심어주고자 노력한다. 우리의 관점에서 보자면, 그녀는 주인공을 할리우드의 영화제작 시스템 속으로 안내하는 조력자 역할에 해당하는 셈이다.

조력자 캐릭터들은 주인공이 플롯의 중요 지점에서 다른 지점으로 옮겨 갈 수 있도록 이끌어준다. 이토록 중대한 운반을 떠맡은 동시에 그들은 이야기가 더욱 풍성해질 수 있도록 끊임없이 '잡담'을 떠벌여댄다는 특징이 있다. 그게 주인공이 자신의 욕망을 충족하는 이야기의 중심 줄기에 필요하든 아니든 관계없이.

인물에 적합한 동기를 찾아내기

'원한다'라는 동사—그가 원한다, 그녀가 원한다, 적이 원한다—는 잠겨 있는 동기를 열어줄 열쇠이다. 동기는 등장인물들로 하여금 행동에 나설 이유를 배당해준다. 그들의 행위—그들이 행하는 일—는 자기 자신이나 다른 인물들, 혹은 이 세계와 갈등을 겪게 되는 요인으로 작용하는데, 갈등은 한 편의 소설을 술술 전개시키는 구동장치와도 같다.

캐릭터를 심화하는 데 공들여야 하는 까닭은, 바로 갈등 요인에 내재된 핵심 동기를 탐사해보자는 데 있다. 우리의 인물에 대해 파내려가기 전에 우선 그녀에게 이름을 부여하여 베로니카라고 부르도록 하자. 그러고는 다음과 같은 질문을 던져보자. 베로니카가 원하는 것은 무엇인가? 그녀는 아이들을 원하고 있는가? 가족? 돈? 로맨스? 흰색 울타리를 두른 대저택? 아니면 해변에 있는 아파트 한 채? 나중에 대통령이 될지도 모를 정치인과 결혼해서 혹시 영부인의 자리에 오르려는 게 아닐까? 이번에는 각각의 물음에 차근차근 답해보자. 그리고 나서 그에 합당한 동기들을 유추해보기로 하자. 만일 베로니카가 지지리도 가난한 집에서 태어났다면? 그래서 마음속 깊은 곳에 경제적 안전만이 능사라고 여기는 욕구가 멍울져 있다면? 만일 그녀의 표적 1순위가 부유하고 잘생긴 남자라면? 그리고 외모와 상관없이 부유한 남자가 2순위라면?

이와 같은 몇 가지 가정을 통해 우리는 허구적 상황과 직결된 인물의 동기를 발견해낼 수 있을지도 모른다. 가령, 신데렐라 유형인 베로니카가 자기의 헐벗은 과거에서 벗어나기를 원한다는 사실 같은 것.

발견을 통한 캐릭터 구축

이러한 발견을 진전시킬 에너지를 모으기 위해서는, 현재 쓰고 있는 원고에 이미 나타난 내용들과 함께 작업하는 게 좋다. 만일 우리의 인물이 연습량이나 의상이 절반쯤만 준비된 상태로 무대 위에 불려 나와 있고, 그러다보니 뭘 해야 할지 알지 못하는 상황이라면, 설령 그녀가 대사에서 실수를 거듭하더라도 당황해서는 안 된다. 여하튼 이미 무대에 나와 있는 상황이니, 그녀가 잘해낼 수 있도록 주의를 집중해야 한다. 그녀는 손으로 무슨 동작을 하고 있는 것일까? 테니스 라켓의 그물을 매만지는 중이라면, 그녀는 곧 테니스 코트에 나설 수도 있다. 빗속에서 쇼핑백을 실어 나르고 있다면, 테니스 코트는 사라지고 주차장이 나타나야 한다. 계절은 겨울이고 날씨는 습하고 추우며 비가 내린다. 거센 바람이 그녀의 머릿결을 헝클어뜨린다. 그사이에 쇼핑백을 바닥에 떨어뜨린 그녀는 소리를 지른다. 이 인물의 내면 역시 계절만큼이나 황량할 것이다. 겨울이라면 그녀는 어떻게 차려 입고 있을까? 만일 유명 브랜드의 디자인 의상을 입고 있다면, 그녀는 유복할 게 틀림없다. 하지만 헐겁고 빛바랜 청바지를 입고 있다면 그렇지 못할 수도 있다. 진상을 알아보기 위해 특정 상황에 대해 그녀가 어떻게 반응하는지 지켜보자. 자기는 청바지와 구멍 난 레인코트를 걸치고 있는데 포르셰에서 내린 누군가가 버버리와 메피스토 구두를 착용하고 있는 게 보인다면 어떤 느낌일까? 이로 인해 그녀의 기분이 우울해질까? 혹은 이것을 연료 삼아 곤궁한 현재 상황에서 벗어나고 싶다는 욕망으로 불타오르게 될까?

쓰기 시작한 원고의 서두에서 이런 유형의 인물에 착안하게 되면, 그들이 하고 있는 일이 무엇인지 그리고자 노력하면서 다음과 같은 질문들을 던져본다. 이 사람들은 누구인가? 그들은 어디로 가려는 것인가? 무엇을 원하고 있는가? 그들을 막아 세우고 있는 것은 무엇인가? 그들의 지능은 어느 정도인가? 그들은 어디서 왔는가? 그들은 서로에 대해 얼마나 잘 알고 있는가? 이것은 누구의 이야기인가? 그러면서, 마치 새장을 우연히 빠져 나온 한 마리 카나리아처럼 글쓰기가 자유로이 흘러갈 가능성에 눈을 뜨자.

캐릭터가 심화되면 대화를 가다듬는 데도 도움이 된다. 관능적인 여주인공을 무대 위에 한 번 세워보자. 그녀는 손으로 무엇을 할까? 그녀가 신고 있는 구두는 어떤 종류일까? 그녀가 공식적인 파티에 참석하게 될 때는 아르마니 정장이나 곡선을 살려주는 미니 드레스를 입을까? 혹시 그녀는 의사의 부인을 질투하고 있는가? 그녀는 자신의 피부 상태에 만족하는가?

이런 발견 속에서 우리는 인물의 욕망과 동기 그리고 동기부여까지도 파헤칠 수 있을 것이다.

7~8주:
인물 스케치

    인물 스케치는 소설에 본격적으로 등장할 인물의 스냅사진이라 할 수 있다. 스케치의 촘촘한 세목들은 작가 자신의 일상적인 경험에서 비롯된다. 가령 슈퍼마켓 계산대 앞에서 자기 차례를 기다리는 여자, 변기를 고치러 온 절름발이 배관공, 버스정류장에서 혼잣말을 웅얼거리는 남자 등 작가는 자신이 본 것을 놓치지 말고 공책에 기록해두면서 각각의 인물에 대해 상상해야 한다. 그 인물들의 키, 몸무게, 인종, 체격, 머리 모양 등과 같은 디테일들을 놓치지 말아야 한다. 그리고 그녀가 자주 취하는 몸짓, 그녀가 입고 있는 옷가지 등에 관해서도 꼼꼼히 적어두는 게 좋다. 되도록 이런 작업들은 빠른 속도로 해치울 것. 그 특징이 응집될 만한 핵심어나 사람들에게 널리 알려져 있는 유행어도 사용한다. 캐릭터 스케치는 완결된 문장으로 쓸 필요가 없는 영역이다. 그저 소설의 기초공사에 필요한 자재를 마련한다는 태도로 임하면 된다.

    캐릭터 작업에 몰두하는 동안 우리는 실제 현실의 디테일(일상생활의 관찰)을 허구적 현실의 디테일(관찰을 토대로 끄집어낼 수 있는 여러 가설들)로 치환하는 작가로서의 안목을 키울 수 있다. 이는 창조적인 유추의 과정으로, 이 과정에서 작가는 타인의 생활방식에 관해 여러 가설들을 세워보게 된다.

캐릭터에 대한 가설은 작가가 실제 현실에서 목격한 디테일과 그 특성들을 결합한다. 작가는 공책에 옮겨 적은 내용들을 작중 인물의 형성에 반영한다. 이 과정에서는 무엇보다 타인을 꼼꼼하게 관찰하는 일이 우선이다. 예를 들어보자. 그녀는 카시오 시계를 차고 찢어진 청바지와 나이키 운동화를 착용하고 있다. 그녀는 낡은 혼다 시빅 차량을 향하여 바삐 걸어간다. 그녀는 한 손에 하나씩 두 개의 봉지를 옮기는 중이다. 빗줄기가 쏟아진다. 하지만 그녀는 멈춰서거나 발길을 늦추지 않는다. 차 앞에서 그녀는 열쇠를 찾기 위해 잠시 더듬거린다. 순간 봉지 하나가 바닥에 떨어지면서 마요네즈 병이 깨진다. 그녀는 허리를 굽혀 봉지를 주워든다. 하지만 봉지에서 쏟아져 나온 내용물은 이미 빗물에 젖어 있다. 그녀는 그것들을 한쪽으로 밀쳐둔 후 깨진 유리 조각을 주워 담고 어질러진 것을 말끔히 치운다. 그녀는 괜찮은 사람이지만 가난하다. 그녀의 숙소는 상가 도로 아래쪽에 있다. 그녀는 대학에 다니기 위해 자기 차로 도심을 오가야 한다. 그런데 차에 시동이 걸리지 않는 날이면 스케줄이 완전히 엉클어질 우려가 있다. 차를 수리할 만큼 돈이 넉넉지 않기 때문이다. 그녀에게는 생활 여건을 향상시킬 수 있는 새 차가 필요하다. 이것이 그녀의 동기가 된다.

우리 눈앞에 이런 여자가 있다 치고, 상상 속에서 그녀에 대한 스케치를 시작해보자. 항상 휴대하고 다녀야 할 공책 속에 다음과 같은 사항들을 메모해야 한다. 혼다 시빅, 카시오 시계, 찢어진 청바지, 슬픈 모습. 남을 배려하고 자기가 저지른 일은 말끔히 치우는 정갈한 성격도 함께. 그녀는 행복하지 않다. 귀엽게 생긴 편이지만 자신의 외모에는 무심해 보인다. 그녀는 생활 형편이 나아지기를 원한다. 지금 같은 생활 형편이 그녀의 도전 의지를 북돋운다. 이번에는 그녀의 집에 대해서도 그려보자. 비좁고 누추하다. 숙소 건물은 그녀가 다니는 대학에서 멀찍이 떨어져 있다. 다행히 집세가 싸서 근근이 감당할 수 있는 정도다. 하지만 그녀는 여기서 벗어나고 싶어한다.

캐릭터 스케치는 신속히 끝내야 할 과제이면서도 가장 중요한 과제 중 하나다. 디테일들을 나열하고 나서는 그것들 사이의 관계망을 짜는 데 착수한다. 인물은 우리가 써야 하는 소설의 중핵이다. 그들의 삶이 극적 요소를 산출하고, 극적 요소는 작품에 신명을 불어넣을 수 있다. 여러 가지 디테일들이 모이는 순간, 의식에서 무의식으로 건너가는 출구가 열린다. 우리의 작중 인물들이 원하는 바가 무엇인지 전해지기 시작한다. 그 순간 그들에게는 비로소 개연성이 생겨난다. 그리고 실제적인 인물이 된다.

15분을 정해두고 쓰기 시작한다. 한 인물에 대한 밑그림을 그려보자. 그녀는 주인공이 될 수도 있고, 평범한 조력자에 그칠 수도 있다. 아직은 무엇이 될지 알 수 없다. 우리는 그녀에 대해 조금씩 더 알아가야 할 필요가 있다.

습작 소설 : 『트로피 와이프』

아래의 스케치 예시는 『트로피 와이프』의 여주인공 베로니카에 대한 디테일들이다. 우리는 슈퍼마켓 주차장에서 그녀를 만난 적이 있다. 여기서는 편의를 위해 그녀의 위치를 커피숍으로 바꿔보자. 그녀는 거기서 독서를 하며 황색 괘선노트에 뭔가를 적고 있다.

베로니카 스케치

키 : 165cm
체중 : 54kg
성별 : 여성
나이 : 24세
출생일자 : 1980년 7월 1일
출생 장소 : 몬태너 주 브라우닝 블랙풋 인디안 보호구역
헤어스타일 : 검은색 생머리
복장 : 단순하고 평범하며 약간 낡은 행색
신발 : 무료 의복 보급소에서 받은 중고 나이키 운동화
장신구 : 유일한 장신구는 어머니가 물려준 구슬 목걸이
경제 형편 : 가난하게 태어나 부자 남편과 결혼하지만 결국 그 대가를 치르게 됨
건강 : 늘 쪼들리는 탓에 스트레스를 많이 받고 쉽게 피로해지는 편
중대한 결함 : 너무 깊이 사랑에 빠지는 점
심성 : 똑똑하고 실용적이며 정확하고 예민하나 연애에 대해서는 주저하는 성향
얼굴 : 이목구비가 또렷함. 도드라진 광대뼈에 큰 입
눈 : 청색, 예리한 눈매, 상대와 시선을 똑바로 맞추는 습관, 신뢰를 잘 보이지 않는 눈빛
평소 몸가짐 : 당당하게 편 어깨와 똑바른 자세를 통해 자기 형편을 감추고 싶어함
체형 : 호리호리함. 균형이 잘 잡혀 있음. 아주 말랐음. 어딘가 아파 보일 정도로 가냘픔
팔 : 단단하고 매끄러워 보이면서도 야윈 편

다리 : 그을린 편, 육상선수의 다리를 연상시킴, 매끈하고 육감적임

외모상의 흠 : 뺨에 난 상처

주거상황 : 오클랜드의 협소한 숙소, 과히 좋지 못한 이웃관계. 혼자 거주. 모친이 자살한 후 그 집으로 이사하여 살기 시작

좋아하는 공간 : 컴퓨터와 책들 그리고 필기도구 등으로 사무실처럼 꾸며진 자기 침실

창가의 전망 : 주택가 골목 안

습관 : 머리 꼬기, 손바닥 비비기

교통수단 : 1986년 출고된 혼다 시빅 해치백

이름 : 베로니카

우선적인 동기 : 가난의 굴레에서 벗어나는 것

스케치 작성을 위한 가이드라인

　캐릭터 스케치는 등장인물과 함께하는 여러 디테일들—여성, 보기 좋은 체형, 흑발, 나이키 운동화, 찢어진 청바지—의 틀을 짜는 일이다. 그 디테일들을 통하여 창조적인 유추 과정이 가능하다. 그 지점에서부터 우리는 캐릭터 작업의 심화과정으로 넘어가기 위해 상상력을 발휘해야 한다. 몇 가지 디테일들도 추가해야 한다. 예컨대 오클랜드의 남루한 숙소나 주택가 골목 안이 내려다보이는 창가의 전망, 또는 자살한 그녀의 모친 등에 대해서.

　소유욕은 생활방식과 관련된 이야기의 실마리이다. 베로니카는 가난하다. 그녀가 소유한 것이라고는 시동이 걸릴지 안 걸릴지 모를 고물 차량 한 대와 이웃관계가 원만치 않고 협소한 숙소뿐이다. 그녀는 도심에 위치한 대학에 다니는데, 그녀의 경제 형편으로는 집 근처에 있는 대학교의

등록금을 감당하기가 버겁기 때문이다. 왜 그녀는 혼자 남은 걸까? 이제 그녀는 어디로 향해야 할까? 이런 디테일들과 함께 스케치에 몰두하다보면, 우리가 그려내게 될 인물의 모습이 주변으로 밀려난 아웃사이더에 가깝다는 사실을 알 수 있다. 일단 외모에 스케치의 초점을 맞추자. 디테일들을 메모하는 데 많은 시간을 들이지 않는다. 10분에서 15분이면 족하다. 하지만 아직 우리가 파악하지 못한 게 수두룩하다. 가령, 우리는 그녀의 친구관계나 가족사항이 어찌 되는지 알지 못한다. 또한 그녀가 어떻게 생긴 방에서 잠자리에 드는지도 모른다. 그리고 그 집에 같이 사는 누군가가 있는지 어떤지에 대해서도 아는 바가 없다.

이 점이 중요하다. 아직 뭔가를 파악하지 못했다는 것은 우리가 그것을 밝혀내야 한다는 과제를 던져준다. 아직 파악하지 못한 것들을 알아내기 위해 우리는 상상력을 동원해 디테일의 이면에 남아 있는 의문점을 파고들어야 한다. 그녀는 항상 혼자 살아왔던 것일까? 왜 그녀는 주차장에서 어질러진 것들을 말끔히 치우고 간 것일까? 그녀에게 남자가 있을까? 그녀는 어째서 그렇게 우수에 젖어 있는 걸까?

여러 가지 내용들을 스케치하면서 철저히 물리적인 디테일들에 초점을 맞출 수 있도록 작가로서의 안목을 조련해보자. 이런 연습과정을 통하여 우리의 실력은 날로 향상될 것이며, 결국에는 오랫동안 작가로 살아온 것처럼 스케치를 해내게 될 것이다. 작업은 유기적으로 이루어져야 한다. 눈으로 보고, 손으로 기록하는 것이다. 스케치를 통해 우리는 세상에 널려 있는 디테일들을 세세히 기록하고 활용함으로써 세상을 글로 옮길 수 있다는 사실을 깨닫게 된다. 이런 각각의 스케치와 함께 우리가 한 인물, 베로니카를 창조해낼 수 있다는 가능성이 솟아난다. 그렇게 창조된 인물들은 우리의 소설에 극적인 요소를 몰고 올 것이며, 아울러 플롯까지도 이끌어낼 수 있다.

연습과제

창조하고 있는 인물에 구체적인 육체를 부여하는 단계를 밟아가기 위해 아래의 연습과제들을 활용해본다. 원고 지면을 가득 메워가게 될 인물들을 깊이 들여다볼 수 있도록 이와 같은 단계를 활용한다. 성공한 소설들은 대부분 효과적인 캐릭터 운용에 힘입었다고 할 수 있다. 그러므로 우리도 인물의 창조 과정에서 혹독한 수련을 거칠 필요가 있다. 단단한 캐릭터 형성을 위해 많은 시간을 할애하자. 그러면 그 보답으로 그들 주변에서 벌어지는 이야기를 창작하는 게 한결 수월해진다.

1. 눈앞의 낯선 사람

커피숍, 레스토랑, 바, 도서관, 대기실, 공원 등 사람들로 북적거리는 공공장소에서 습작노트를 펼치고 앉는다. 눈에 들어오는 타인들 가운데서 세 명 정도에 대해 스케치해본다. 그러고는 각각의 인물에 대해 아래의 신상명세를 기입한다.

키 :
체중 :
성별 :
나이 :
출생일자 :
출생 장소 :
헤어스타일 :
복장 :
신발 :
장신구 :

경제 형편 :

건강 :

중대한 결함 :

심성 :

얼굴 :

평소 몸가짐 :

체격 :

팔 :

다리 :

외모상의 흠 :

주거 상황 :

좋아하는 공간 :

창가의 전망 :

습관 :

교통수단 :

이름 :

최우선의 동기 :

2. 만일?

 '만일?'이라는 질문은 상황 속에서 등장인물들이 어떤 행동을 할지 상상하게 한다. 그러니 황당무계한 질문을 던져봐도 좋다. 우리의 등장인물이 해결하기 힘든 문제를 떠안도록 가급적이면 뜬금없는 각본을 짜본다. 만일 그녀가 차에 치인다면? 만일 그녀가 파티에 갔을 때 누군가와 만난다면? 만일 그녀가 좀도둑질에 사로잡혀 있다면? 만일 그녀가 감방에서 또는 낯선 침대 위에서 눈을 뜨게 된다면?
 또는 이야기의 순서에 부합하는 질문을 준비해볼 수도 있다. 만일 그녀가 가난하게 태어났다면? 만일 그녀가 부유한 연인과 만나 임신한다면? 만일 그녀의 남편이 아내 몰래 부정을 저지르고 있다면? 만일 남편의 정부가 어디론가 사라진다면? 만일 그녀의 시누가 가족들의 재산을 빼돌리려 든다면? 만일 남편이 감방에 가게 된다면? 만일 아이들이 조부모와 살아야 한다면? 만일 남편을 체포한 형사가 뇌물을 원한다면? 만일 그 뇌물이 성적인 거라면? 만일 형사와 시누 둘 다 바라는 게 똑같이 돈이라면?

이와 같은 질문을 던져본 후, 만일 그 질문들이 이야기의 발전과 인물들 간의 유기적 연관관계에 대단히 유익하다면 그것들이 제멋대로 가지를 뻗치도록 놔둔다. 우리가 스케치하기로 한 세 사람의 인물들에 대해서도 '만일 ……하다면?' 하고 질문을 던져본다.

3. 중심인물의 배정

세 사람의 스케치를 끝냈고, '만일 ……하다면?'에도 답을 했다면, 인물들에게 역할을 배정해본다. 그중 한 인물은 주인공을 맡기에 적합할 수 있다. 그리고 또 다른 한 인물은 훌륭한 조력자/약방의 감초 같은 역할이 어울릴 수도 있다. 하지만 적대인물에 어울리는 사람을 고르기는 생각보다 쉽지 않을 수도 있다. 그러니 '만일 ……하다면?' 하는 질문을 더 해볼 필요가 있다. 그래도 캐릭터의 형체가 또렷하게 다듬어지지 않는다면, 다른 스케치를 시도한다. 앞으로 40여 일 이상의 주말 동안 이 인물들과 함께 생활해야 하므로, 그에 합당한 역할을 배정할 수 있도록 노력해야 한다.

작가들의 예를 참조하기

애니타 슈레브의 『포춘스 록스』의 주인공은 올림피아 비드퍼드라는 이름의 소녀이다. 15세 되던 1899년 7월, 올림피아는 평생 단 한 번뿐인 사랑에 빠져 그만 임신을 하고 만다. 아기의 아버지는 그녀 나이에 갑절을 곱하고도 열 살이나 더 많다. 게다가 슬하에 자식을 셋이나 두고 있는 유부남이기도 하다. 올림피아의 아이가 태어난 해는 1900년이다. 이제 16세에 불과한 올림피아는 아이의 아버지와 결혼을 꿈꿀 처지도 아니다. 결국 아이는 다른 곳으로 보내진다. 어느 정도 여력이 생기자 올림피아는 잃어버린 아이를 찾아 하염없이 나선다.

이 작품은 직선 플롯을 공부하기에 좋은 교재이다. 주인공의 전사를 짜기에는 올림피아의 나이가 너무 어리기 때문에 플롯은 선형적일 수밖에 없다. 올림피아의 캐릭터 스케치에는 우리의 주인공을 조형하는 데 응용할 수 있는 한 가지 비결이 숨겨져 있다.

이름 : 올림피아 비드퍼드
성별 : 여성
나이 : 15세로 시작해서 27세에서 끝난다
키 : 173cm
체중 : 54kg
외모상의 흠 : 감정이 고조되면 얼굴과 목덜미에 반점이 생겨나 병에 걸린 것처럼 보인다

신체적 특징
입 : 그녀의 입은 그 자체만으로도 하나의 초상화를 이룰 만하다
발 : 첫 페이지에 그녀의 맨발이 묘사되어 있는데, 그녀는 발가락 사이에 모래알을 끼우는 것을 좋아한다
헤어스타일 : 풍성하나 굵고 거칠어서 머리핀을 많이 쓴다. 머리 색깔은 참나무빛인데 포춘스 록스에 있을 때는 햇살을 받아 반짝거린다
팔 : 작년보다 1인치가 더 길어졌다. 한창 성장할 나이

아래턱 : 가족사진을 찍는 동안 해스킬의 손이 닿았던 곳

목젖 : 1부에서 해스킬은 그녀의 아래턱부터 목젖까지 손을 댄다

의상

첫 페이지, 바닷가. 맨발의 올림피아는 물가로 걸어간다. 리넨 모자도 쓰지 않은 모습이다. 그녀의 부츠는 방파제 위에 남아 있다. 물가에 다다른 그녀는 잠시 머뭇거린다. 바다에는 남자들만 득시글거리고 있기 때문이다. 맨발과 복숭앗빛 드레스 자락이 바닷물에 젖는다. 드레스 밑으로 그녀는 스타킹을 신고 있다.

침실, 저녁 시간을 위한 옷단장. 그녀는 흰 바탕에 네이비블루가 가미된 세일러복을 내팽개친다. 그 옷은 몸통 주위에 해군 군복 같은 테두리 장식과 세일러 칼라가 달려 있다. 그녀의 머릿결은 리본으로 느슨하게 묶여 있다. 나이는 열다섯이지만 실제 나이보다 더 노숙해 보인다.

침실, 저녁 시간에 또다시 옷단장. 그녀는 리넨 블라우스 위로 새하얀 손수건을 두른다. 그리고 검고 긴 모직 스커트를 입은 후 허리 높이에 맞춘다. 그녀는 머리에 달린 리본을 내팽개친다. 너무 소녀 취향이다. 대신 머리를 위쪽으로 둥글게 말아 올린다.

침실, 잠자리를 위한 옷단장. 그녀가 입고 있는 옷은 얇고 하얀 리넨 나이트드레스이다. 그 드레스를 입고 나서 그녀는 자기 팔이 소맷자락보다 1인치 정도 더 길어졌다는 것을 알아챈다. 우리의 주인공은 한창 성장할 나이이다.

침실, 생일 파티를 위한 옷단장. 체형의 곡선에 꼭 달라붙는 실크 드레스. 그녀가 고른 옷은 많은 것들을 암시하고 있다. 그녀의 나이는 이제 열다섯을 넘어 열여섯에 이르렀다. 그녀는 현재 임신중이다. 햇살이 쏟아져 내리는 그녀의 머리칼에서 눈부신 섬광이 작렬한다. 진주로 만든 비녀로 두 번 쪽 지어올린 머리칼을 단단히 고정했다. (의상과 소설 구조 사이의 연

관성 : 이 의상과 함께 작가는 중간지점을 구성하는 장면들을 열어간다.)

좋아하는 공간

첫째, 일광욕실. 이곳은 그녀의 연인인 해스킬 박사가 포춘스 록스의 바닷가에 짓고 있는 저택의 한쪽을 차지하는 별도의 공간이다. 해스킬의 아내가 멀리 떨어져 있는 동안, 올림피아와 박사는 그 방에서 정사를 나눈다.

둘째, 그녀의 침실. 그녀가 몸단장을 하는 곳으로 그녀만의 내밀한 성역이다.

셋째, 포춘스 록스의 저택 안에 아버지가 따로 설치한 사설 예배당. 그녀는 이 예배당을 은닉처로 활용한다. 16세가 되던 생일날 밤에 그녀는 해스킬과 이곳에서 만나 마지막으로 사랑을 불태운다.

인물이 원하는 것 : 올림피아는 해스킬 박사와의 삶을 원한다. 그녀는 그가 이루고 사는 가정의 테두리를 침범하고 있다. 그는 그녀가 자신의 품속으로 뛰어드는 것은 기꺼이 반기지만, 그렇다고 해서 삶에까지 끼어들기를 바라지는 않는다. 그녀는 사회생물학의 법칙에 따라 행동한다. 즉 그녀는 유전학적인 성공을 바란다. 그녀의 유전자는 훌륭하다. 자녀들을 통해 입증해 보인 해스킬 박사의 유전자도 훌륭하다. 그의 자녀들은 모두 건강하고 영리하다.

장애물 : 올림피아의 장애물은 사회이다. 그녀는 누군가와 결혼하기에는 너무 어리다. 그녀는 규율을 깨뜨렸다. 부모와 다른 성인들이 이루고 있는 사회 속에서 그녀는 사랑의 대가를 치러야 한다.

적대인물들

1. 적대인물1은 코트라는 이름의 잘난 체하기 좋아하는 시인이다. 소설의 중간지점에서 그는 해스킬 부인에게 사설 예배당에서 올림피아와 해스킬 박사가 벌이는 마지막 정사에 대해 폭로한다.
2. 적대인물2는 아내이자 어머니로서 올림피아의 앞길을 가로막는 해스킬 부인이다.
3. 적대인물3은 사회적 규율의 강건한 수호자로 등장하는 올림피아의 부친이다. 그는 돈과 재산의 토대를 관리하고 있다.
4. 적대인물4는 올림피아의 모친으로, 그녀는 침실에서 대부분의 시간을 소일하며 자신의 미모를 가꾸는 데만 열중한다.
5. 적대인물5는 올림피아의 자궁에 자기 정자를 기증하고 싶어하는 매사추세츠 서부의 한 농부이다.
6. 적대인물6은 올림피아의 잃어버린 아이를 입양한 양부모이다.
7. 적대인물7은 잃어버린 아이에 대한 올림피아의 양육권 회복을 저지하려 하는 변호사이다.

좋은 캐릭터 스케치는 작품을 쓸 때 효과적으로 활용할 수 있는 디테일들을 풍성하게 제공한다. 옷단장의 의식적 반복 속에 소설이 중간지점에 이르는 순간, 해스킬 박사와 벌여온 그녀의 정사가 드러난다. 일곱 가지의 적대인물들은 1부에서 3부 법정 장면의 클라이맥스에 이르기까지 올림피아가 거쳐가는 여정 사이사이에 등장한다. 의상과 의식ritual에 관한 디테일들을 놓치지 말고 수집하도록 한다. 그것들을 공책이나 하드 드라이브에 고스란히 옮겨두면 여러모로 유용하다.

9~10주:
인물의 전사

　우리가 작업하고 있는 인물에게는 과거, 즉 그가 지금까지 살아온 내력이 있다. 허구의 창작에서 과거의 내력을 정리해두는 것을 전문용어로는 '전사 만들기'라고 한다. 전사는 인물이 이야기 안에 등장하기 전에 일어난 일이다. 창작과정에서 한 인물의 내력 전체를 지어낼 필요까지는 없다. 하지만 동기와 굵직한 사건 등을 설정해두는 것은 필수적이다. 나무랄 데 없이 잘 차려 입은 그녀가 무대에 등장하여 우리의 캐릭터 스케치에 따라 움직이기 전, 그녀(베로니카)는 어딘가 다른 곳에 있었을 것이다. 아마도 그녀는 목욕을 하고 옷단장을 한 후 거울로 자신의 머리를 점검해보았을 것이다. 그러고 나서는 황색 패션노트를 들고 방에서 나와 문단속을 한 다음 커피숍으로 향했을 것이다. 우리는 그녀의 출발선이 정립될 수 있도록 공간뿐 아니라 시간에 대해서도 창조적인 추리력을 발휘해야 한다. 그녀의 과거에는 과연 어떤 일이 있었을까? 그녀에게 어떤 일이 일어났기에 이제 우리가 소설 속에서 그리려는 것처럼 잔뜩 주눅 든 캐릭터가 된 것일까?

그 내막은 언제나 과거 속에 도사리고 있다. 외견상 그녀는 차분해 보인다. 공책에 뭔가를 끼적이면서 조용히 차를 마시고 있다. 그러나 그녀에겐 어떤 비밀이 숨어 있는 걸까? 이 인물에게 동기를 부여하기 위해 캐내야 할 흥미만점의 이야깃거리는 무엇일까? 그것을 밝혀내기 위해 '만일 ……하다면?'을 적용해보자. 만일 그녀의 유년시절이 몹시도 기구했다면? 만일 그녀가 원치 않는 상황에서 태어난 거라면? 만일 그녀의 모친이 업소 종업원이나 파출부로 일해왔다면? 만일 그녀가 열심히 공부하려는 동안 모친이 그 누추한 아파트로 외간남자를 끌어들였다면? 만일 그녀가 여배우의 꿈을 안고 대학에 진학한 거라면? 만일 그녀가 아내를 떠나 자기와 결혼하겠다고 약속한 유부남 교수와 잠자리를 같이했다면? 만일 그 유부남 교수의 아내에게 함께 있는 모습을 발각당했다면?

극적인 긴장감이 더욱 고조될 수 있도록 주인공의 고통을 가중하는 것도 좋은 방법이다. 만일 그녀가 낙태를 하다가 생명이 위태로워질 지경에 처한 적이 있다면? 혹은 그녀의 캐릭터 스케치에 스산한 육체노동이라는 배경을 끼워넣고 그 부분을 확장해보는 것도 좋다. 만일 돈도 다 떨어지고 그로 인해 학교에 다닐 수 있는 방법까지 막막해진 그녀가 남자들의 데이트 상대로 일해야만 했다면? 만일 그녀가 몸까지 팔았다면? 만일 그녀가 남성들을 향한 복수심을 발휘하기에 적합한 상대들만 골라 돈벌이를 해온 거라면? 그렇다면 그녀가 복수에 매달려 있는 이유는?

'만일 ……하다면?'이라는 가정하에 질문을 던지는 일은 요컨대 동기의 탐색과 맞닿아 있다. 전사 쓰기는 인물의 동기를 구축하는 과정이다. 우리는 임상전문의가 환자의 우울증 원인을 규명하는 것과 유사한 방식으로 등장인물들의 동기를 추적해야 한다. 즉 질문을 던지고 과거를 헤집으면서 트라우마에게 다가가야 한다. 유년시절의 트라우마는 우리에게 속수무책의 정신적 장애를 남긴다. 공포는 우리를 얼어붙게 한다. 우리는 움직일 수 없고, 그저 비명만 질러댈 뿐이다. 그리고 자신의 내면에 숨어 잔뜩 웅크리고 있을 수밖에 없다. 셰이본의 『캐벌리어와 클레이의 놀라운 모험』에서 조 캐벌리어의 동기는 동생에 대한 죄책감이다. 조는 부모와 동생을 남겨둔 채 나치 독일에서 탈출한다. 소설이 이어지는 동안 작가 셰이본은 이런 조의 죄책감을 모든 행동의 동기로 활용한다.

이런 식으로 전사를 활용하는 셰이본의 시범을 따르도록 하자. 아래 제시될 장면은 베로니카의 과거에서 비롯된 한 순간을 집중해서 조명해 보이고 있다.

예시를 통한 학습 : 베로니카의 전사

베로니카가 슈퍼마켓을 빠져나온다. 빗발이 내리친다. 그녀는 물끄러미 내리는 비를 바라본다. 빗방울이 얼굴 위로 떨어진다. 그녀는 숨을 깊이 들이쉰다. 그녀의 쇼핑백은 종이이다. 그녀의 머릿결이 빗물에 뒤엉킨다. 차로 뛰어가는 동안, 빗물이 그녀의 두 뺨을 콕콕 찌른다. 발치의 물웅덩이 앞에서 그녀는 발끝으로부터 번져오는 추위를 느낀다. 그런데 차가 보이지 않는다. 그때 어디선가 들려온 목소리가 그녀에게 말을 건다. '아가씨, 괜찮아요?' 하지만 그녀는 걸음을 멈추지 않는다. 순간 악력이 약해진 손아귀에서 쇼핑백이 빠져나가려는 게 느껴진다. 결국 차를 찾아내서 더듬거리는 손길로 열쇠를 찾으려고 할 때 쇼핑백 하나가 땅에 떨어진다. 유리 깨지는 소리가 난다. 허리 숙여 떨어진 쇼핑백을 주워 드는 그녀의 시야에 검정색 승용차가 들어온다. 차종은 빈티지 포르셰이다. 빗속에서 한 남자가 그녀에게 다가온다.

그녀는 차문을 연다. 운전대를 거머쥔 후 잠시 좌우로 흔들어본다. 키를 돌리자 날카롭게 끼끼거리는 소리가 난다. 시동이 걸리지 않는다. 차창 밖을 바라본다. 남자는 거기 그대로 있다. 트렌치코트를 입은 장신의 남자이다. 패션잡지에서 본 적이 있는 버버리 브랜드의 트렌치코트다. 그는 차창을 두드리지 않는다. 그저 빗속에서 우두커니 서 있을 뿐이다.

그녀가 손잡이를 돌려 차창을 내린다.

"무슨 문제 있으세요?" 그가 묻는다.

"시동이 안 걸려요."

"제가 기계에 대해서는 잘 모르지만" 남자가 말한다. "도움을 청하는 전화를 해드릴 수는 있을 것 같은데요."

"모르겠어요." 그녀가 말한다.

"많이 젖으셨네요." 그가 말한다. "괜찮아요?"

"잘 모르겠어요."

"잠시만 여기 계세요." 그가 말한다. "차에 전화기가 있어요."

베로니카는 고개만 끄덕일 뿐 아무 대답도 하지 않는다. 그러고는 기다린다. 잠시 후 돌아온 그가 그녀에게 커피 한 잔을 사겠다고 제의한다. "차를 마시자고요?" 그녀가 묻는다. 그녀의 삶은 너무 우중충하다. 우선 몹시 춥다. 남루한 레인코트는 방수가 되지 않는다. 축축하게 젖은 머리칼이 이마를 가로질러 얼굴 위로 뒤엉켜 있다. 그녀는 헐거운 스웨터와 무릎에 구멍이 나 있는 청바지를 입고 있다. 무릎이 얼어붙을 정도로 시리다. 커피숍에 가서도 그녀는 여전히 오들오들 떨고 있다. "뭘 드시겠어요? 여기 에스프레소가 아주 진한데." "그냥 차요." 그녀가 말한다. "커피는 끊었어요." "그럼 차로 하시죠." 그는 자기 이름을 폴이라고 소개한다. 고개를 끄덕이면서 그녀는 그를 그냥 '그 남자'쯤으로 부르겠다고 마음먹는다. 그녀는 칸막이 좌석 안에 벽을 등지고 앉아 창밖으로 계속 쏟아져 내리는 빗줄기를 바라본다. 그러면서 이곳이 꽤 아늑하다고 느낀다. 아늑하고 따뜻하다. 방금 전까지 차가운 빗줄기에 시달려서인지 눅진한 피로가 몰려온다. 커피숍 여종업원이 남자에게 눈길을 준다. 그는 매우 훤칠해 보인다. 그는 그녀보다 훨씬 나이가 많은 남자다. 삼십대 중반이나 사십대 초반일 것이다. 그는 메피스토 브랜드의 구두를 신고 있다. 그가 자리로 돌아왔을 때 베로니카는 레인코트를 벗기 위해 어깨를 움직인다. 그 바람에 주머니에서 책 한 권이 바닥에 떨어진다. 『제인 에어』의 염가판 문고본이다. 그녀가 고개 숙여 주워 들기도 전에 그가 먼저 책을 테이블 위로 집어올린다.

그녀가 책장을 펼쳐본다. 여백에 스며든 물기로 페이지들이 축축하다. 여백에 꼼꼼히 기입해둔 메모에서 파란 잉크가 번져 나와 페이지 위에 얼룩져 있다. 베로니카는 울음을 터뜨리고 만다. 차갑고도 뜨거운 눈물이 뺨을 타고 흘러내린다. 남자가 그녀에게 티슈를 내민다. 그녀는 감사의 표시로 고개를 끄덕이고는 티슈로 코를 푼다. 불쌍한 제인 에어. 차는 뜨겁다. 베로니카는 찻잔을 두 손으로 받쳐 들고 얼굴에 갓다대본다. 자신의 인생이 정말로 답답하다. 남자가 『제인 에어』 문고본을 가리킨다.

"좋은 책이지요. 이야기도 슬프고."

"제 이야기나 다름없어요." 그녀가 말한다.

"제가 최고로 치는 작가는 헤밍웨이죠."

"저는 이 책을 열 살 때 처음으로 읽었어요. 책장을 열고 들여다보니 주인공 제인의 나이도 똑같이 열 살이었어요. 그래서 그녀의 이야기가 꼭 내 이야기 같았어요."

"페이지에 적어놓은 것들은 전부 뭔가요?"

"리포트 때문에."

"그럼 학생이에요?"

"그렇긴 한데, 거의 다 마쳐가요."

"잘됐네요. 학업은 중요한 거니까요." 그가 말한다. "차 맛은 어때요?"

"덕분에 아까보다 한결 나아진 것 같아요. 고맙습니다."

"학업을 계속할 생각인가요?"

"네. 그러려고 도서관에서도 일했어요."

"무슨 일을 했는데요?"

"주로 도서 정리를 했어요, 안내데스크에서."

그들은 계속 대화를 나눈다. 그의 부친은 바로 얼마 전 작고했다. 그는 부친이 창업한 회사의 경영에 매달려 있느라 몹시 바쁘게 지낸다. 그들은 차 한 잔씩을 더 시켜 마신다. 그가 책장을 펼치더니 거기 쓰여 있는 문장을 소리 내어 읽기 시작한다. 목소리가 좋다. 하지만 그의 눈은 어쩐지 슬프다. 그녀에게 마음을 열어가고 있는 듯 보이기도 한다. 그녀는 여종업원의 시선을 느낀다. 여종업원의 외모는 귀엽게 생긴 편이고 머릿결도 탐스러운 금발이다. 순간 베로니카는 기분이 어두워지면서 까닭 모를 위축감을 느낀다. 밝은 눈망울을 초롱초롱하게 뜬 금발머리 때문에 자신의 존재가 지워지는 것 같다. 찻잔을 반만 비운 그녀가 이윽고 자리에서 일어난다.

"태워다드릴까요?" 그가 묻는다.

"그래주시면 저야 감사하지요." 그녀가 말한다.

남자가 그녀를 포르셰로 데려온다.

차 안에서 남자는 그녀에게 자기 명함을 내민다. 그러면서 요즘 자기에게는 성실하고 유능한 연구원 한 사람이 필요하다고 말한다. 정보를 통합하고 보고 내용들을 분석할 수 있을 만큼 두뇌가 명석한 인재가. 그러면서 보수가 아주 많지는 않겠지만, 꽤 안정된 일거리가 될 거라는 말도 덧붙인다.

베로니카는 아무 말도 하지 않는다. 지금 그녀에게 필요한 것은 돈이다. 남자는 꽤 유복해 보인다. 이 사람에게 일을 한다는 것은 어떤 의미일까? 그녀는 제대로 된 일자리를 위해 입을 옷이 없다. 그녀는 숙소 근처의 모퉁이까지 그의 차를 이끈다. 그녀는 지금의 자기 삶이 지긋지긋하다. 포르셰가 멈춰 선다. 그녀는 오늘 당장 돈이 필요하다. 그녀의 머리가 뱅글뱅글 돈다. 그는 그녀를 위해 차 문을 열어준다. 그러고는 집 앞까지 바래다주겠다고 제의한다. 그녀가 말한다. "아니요, 괜찮아요. 이미 해주신 것만으로도 충분한 걸요."

건물 입구에서 그녀가 뒤돌아본다. 남자가 여전히 그녀를 바라보고 있다. 베로니카는 열병 같은 파문에 휩싸여 온몸을 떤다. 그녀의 모습이 건물 안으로 사라질 때까지 그는 그 자리에 남아 여전히 베로니카를 지켜보고 있다.

전사 쓰기의 가이드라인

전사를 쓸 때는 메모를 하고, 한두 장면의 윤곽을 그린 후, 거기에 등장시킬 소품들의 목록을 뽑아본다. 우선 작성 과정에서 가장 먼저 두드러지는 소품을 주목한다. 베로니카의 전사는 빗속에서 시작된다. 그녀의 옷은 젖어 있다. 양손에 들려 있는 쇼핑백들은 무겁다. 게다가 그녀의 차는 시동이 걸리지 않을 것이다. 쇼핑백 하나가 땅에 떨어질 때 유리병이 깨진다. 깨진 유리병은 상징적으로 전환될 수 있는 소품이다. 유리병의 파손은 베로니카의 삶에 생겨난 균열을 나타낸다고 할 수 있다. 그녀는 고장 난 차 안에 갇혀 있는 신데렐라이다. 온몸이 흠씬 젖은 채, 베로니카는 이런 요소들과 악전고투한다.

깨진 유리와 시동이 걸리지 않는 차는 다행히도 어느 멋진 왕자의 주의를 끌게 된다. 그의 소유 차량은 빈티지 포르셰이다. 그는 버버리 레인코트를 입고 있다. 그는 그녀를 악운의 극단에서 부와 힘의 반경 안으로 끌어들이기 위해 마술적인 소품—뜨거운 차 한 잔—를 사용한다. 동화 속의 신데렐라와 마찬가지로 눈부신 그녀의 미모는 가난과 절망의 그늘로도 가려지지 않는다. 그녀가 레인코트를 벗으려 할 때 마침 『제인 에어』 문고본이 바닥에 떨어진다. 그녀를 구해준 왕자는 영화만 보았을 뿐 원작을 따로 읽은 적은 없다. 이 간단한 소품—『제인 에어』의 염가판 문고본—은 두 사람 사이에 대화의 실마리로 주어질 뿐만 아니라 베로니카의 꿈을 실어 나르는 운송수단의 역할까지 떠맡는다. 그녀의 말에 따르면, 『제인 에어』는 그녀의 삶을 그린 이야기이다. 이런 대화의 흐름은 그녀의 레인코트(소품)에서 떨어진(행위) 소설(소품)에 의해 가능해진 셈이다. 빗물에 잔뜩 젖은(날씨) 레인코트를 계속 입고 있자니 오히려 더욱 추워져서(통각) 그녀는 그것을 벗으려 한다. 이 책의 체크리스트에 맞춰 여기까지의 전개과정을 일목요연하게 간추려보자.

시간 : 오후.
장소 : 샌프란시스코. 작중 인물들이 만나는 장소는 주차장 안이다. 주차장은 빗물에 잠겨 있다.
등장인물 : 베로니카(우리의 주인공)와 폴이라는 이름의 남자. 폴에 관해 쓸 때 작가는 조심스럽게 그를 '남자 또는 그 남자'로 지칭한다. 폴이라는 이름을 사용하지 않음으로써 작가는 시점을 조정할 수 있고, 그로부터 적당한 거리감을 유지할 수 있다.
소품 : 주요 소품들은 구입한 물건, 봉지, 레인코트, '폐차 직전'인 그녀의 차, 남자의 번쩍이는 차, 책, 찻잔, 탁자, 의자, 서빙 바 등이다.
대화 : 대화의 주제는 베로니카의 학업 문제이다. 그 화젯거리는 『제인 에어』의 문고본에 그녀가 메모를 해둔 데서 시작된다. 책은 그녀의 호주머니에서 튀어 나온 주요 소품이다. 이들의 대화에서는 학업을 마치고 싶다는 그녀의 꿈이 드러난다. 도서관 안내데스크에서 근무했다는 걸로 보아 그녀는 사무 능력이 꽤 좋을 수도 있다. 어쩌면 컴퓨터를 다루는 데도 꽤 능숙할 것이다. 남자는 당장 회사로 달려가서 그녀의 채용 절차를 밟으려 할 수도 있다. 이렇게 대화는 상호관계가 성립되는 의식ritual을 이끌어낸다.
의식 : 상호관계가 성립되는 의식은 필요와 욕망에서 비롯된다. 베로니

카에게는 돈이 필요하다. 남자는 자기 자신을 위해 그녀를 원하고 있다. 만일 그들이 거래를 하게 된다면?

주석 : 현 시점에서는 아직까지 남자가 진실을 말하고 있는 건지 아닌지 알 수 없다. 그는 기본적으로 매매의 원리를 체득하고 있는 사람이다. 어쩌면 베로니카를 손쉬운 정복대상쯤으로 여길 수도 있다. 조금 더 알아보기 위해서는 계속 글쓰기를 이어가는 수밖에 없다. 쓰기 전에 먼저 주인공과 주변 상황의 연대기부터 정리하고 넘어가기로 하자.

주인공의 연대기

인물의 동기가 무엇인지 밝혀내기 위해 우리는 그들의 과거를 샅샅이 파헤쳐야 한다. 그러자면 우선 탐구를 시작할 시발점이 필요하고, 등장인물의 상황을 연대에 따라 작성하기 위해 주말 동안 얼마간의 시간을 할애해야 한다. 우선 주인공의 출생연도에서부터 시작한다. 우리의 여주인공 베로니카는 이십대 중반이므로, 그녀의 출생연도는 1980년대 초반일 것이다.

1980년 : 몬태너 주 브라우닝 블랙풋 인디안 보호구역 출생.
1983년 : 부친 행방불명.
1985년 : LA로 이주한 후 모친이 TV 프로듀서의 가정부로 취업하다.
1996년 : 실직한 모친이 남성들의 데이트 상대로 일하기 시작.
1997년 : 숙모의 애인과 첫 번째 성경험. 이때 그녀의 나이는 열다섯.
1998년 : 부유한 집안의 아들과 첫사랑에 빠지지만 상처만 받고 끝나다.
1998년 : 산타클라라 대학에 진학.
2003년 : 산타클라라 대학도서관의 안내데스크에서 일하다.

2004년 : 비에 젖은 슈퍼마켓 주차장에서 미래의 남편 폴 왓슨과 만남.
2004년 : 연상인 그와 결혼. 노브 힐의 대저택으로 이주.
2004년 : 남편의 모친 사망.

이런 연도별 목록은 주인공의 과거로 통하는 출구를 열어주면서 그녀의 심리에 깔린 동기를 제시해줄 것이다. 전사를 쓸 때는 가능성을 되도록 다양하게 열어두는 게 좋다. 주인공의 삶이 우리의 삶과 마찬가지로 시간의 흐름에 따라 흘러가는 연속체임을 잊지 말자. 각각의 일자는 그 연속체 위에 찍힌 하나의 점이며, 우리의 이야기는 커다란 일정의 조각들이 합쳐져 이뤄진 셈이다.

전사는 작가를 위한 것이지 독자를 위한 게 아니다. 인물의 내력을 대화나 회상, 지문 등에 반영하는 것은 좋지만, 중요한 것은 의미심장한 디테일들을 놓치지 말아야 한다는 점이다. 전사는 작가가 인물의 동기를 발견할 수 있도록 돕지만, 그 동기는 독자들이 실제로 이야기를 즐기는 데 그다지 핵심적인 역할을 하지 못한다. 책 안에서 핵심적인 역할을 하는 것은 인물의 활동과 행위이다.

아래의 연습과제들에서 작업중인 소설의 전사를 더욱 다듬어본다.

연습과제

1. 연대기 : 출구로서의 날짜들

각각의 인물에 해당하는 일자별 연대기를 작성한다. 주요 일자들은 우리에게 과거로 통하는 출구를 열어준다. 그러니 곧장 과거로 달려들기 전에 인물에 따라 일목요연한 연대기를 정리해둬야 한다. 일자별 목록은 등장인물들을 과거와 이어주는 징검다리와도 같다. 그 징검다리를 건너 그들은 우리의 이야기 안으로 입장하게 되는 것이다. 인물들의 출생연도를 확정하자면, 우선 소설의 이야기가 펼쳐지는 현재 시점에서 그들의 나이를 빼야 한다. 그 출생연도를 기점으로 해서 인물들의 삶 속에서 벌어지는 여러 가지 사건들의 일자별 목록을 메모한다. 예컨대 학교에 처음 입학한 날, 첫 키스, 첫 번째 짝사랑, 부모의 이혼, 조부모의 죽음, 친구의 죽음, 군 입대 후나 결혼해서 보낸 첫날밤 등등. 그 이미지들을 우리가 구성해둔 과거에 적용해서 굴러가게 한다.

옛 시대의 문화나 역사에 대한 개연성—작품에 당대의 디테일을 표현하는 데 필수적인 참고사항—을 확보하려면 해당연도의 연감이나 그 시대를 다룬 참고문헌들을 조사해볼 필요도 있다.

2. 전사 쓰기

연대기에 나와 있는 날짜 중 주요 일자 하나를 골라 인물들 각자의 전사를 쓴다. 먼저 대강의 얼개를 짜는 데서부터 시작해서, 인생의 전환점이 될 만한 장면으로 내용을 점차 심화해간다. 알람을 켜두고 쓰기 시작하는데, 공책에 인물 각자의 전사를 쓰는 데 주어진 시간은 15분이다. 이때 미각, 촉각, 청각, 후각, 시각의 오감 중 반드시 한두 가지를 내용에 포함시켜야 한다.

그러고 나서 짧은 휴식을 취한다. 잠시 두 눈을 감고 심호흡을 해본다. 그다음 자신이 쓴 것을 읽어본다. 그에 관해 아무런 판단도 내리지 말고 그냥 특이한 디테일들을 덧붙인다. 우리가 잊고 있는 것은 무엇일까? 어떤 순간에 주인공은 행복해하는가? 그리고 무엇이 그들을 슬프게 하는가?

3. 욕망의 목록

이제 욕망의 목록으로 넘어가자. 인물 A는 무엇을 원하고 있는가? 인물 B가 원하는 것은 무엇인가? 어떻게 해서 그들은 서로 충돌을 일으키게 되는가? 그들의 욕망이 서로 맞부딪히는 것은 이야기의 어느 대목에서인가? 참신한 생각들이 뇌 속으로 유입되어 빅뱅을 일으킬 수 있도록 욕망의 목록을 계속 추가한다.

4. 유기적인 연관관계를 지속시킨다

이제는 우리가 앞서 스케치해둔 모든 캐릭터들의 전사 작업을 마무리한다. 작업이 유기적으로 유지되도록 그 작업물은 각각의 인물별 폴더에 보관해둔다. 각각의 인물에 관한 모든 요소는 서로 얽혀 있어야 한다. 이 과정에서 재미를 느끼자. 그들의 삶을 더욱 흥미롭고 역동적으로 만들자.

작가들의 예를 참조하기

창조된 인물의 전사에 관한 연습과제를 풀어가는 동안 본인이 가장 좋아하는 작가들의 작품을 주목해보는 것도 좋다. 이야기가 시작되기 전 우리의 주인공들은 과연 어디에 있었을까? 어떤 동기로 인해 그들은 행위에 나서게 된 걸까?

작가 자신의 베트남 전 참전 경험을 다룬 팀 오브라이언의 『그들이 가지고 다닌 것들The Things They Carried』은 전사의 위력이 돋보이는 소설이다. 작중 인물들이 정글을 수색하고 다니는 동안, 독자는 각각의 인물이 지참하고 다니는 것들과 그 까닭이 무엇인지 알게 된다. 전쟁은 시간의 단절을 형성한다. 이 젊은이들은 미국에서의 삶과 동떨어진 전쟁터에 끌려 나와 있다. 작가 오브라이언은 인물의 동기를 드러내기 위해 이들이 영위한 민간인으로서의 삶과 군대 생활을 대비해서 보여준다.

지미 크로스 중위는 고향에 남겨두고 온 연인 마사의 사진을 지참하고 있다. 그러면서 동시에 그녀가 그에게 보내준 조약돌도 가지고 다닌다. 하지만 그와 마사는 이미 헤어진 사이이다. 그런데 그가 그런 사랑의 징표에 주의를 기울이는 사이, 부하 병사들이 죽어나가게 된다. 독자는 지미 크로스가 뉴저지에 살던 시절의 모습을 결코 보지 못하지만, 그가 사진과 조약돌을 가지고 다닌다는 사실로 인해 지미 크로스가 자신의 연인과 강력하게 결속되어 있음을 느낀다.

이 소설의 또 다른 인물인 키오와는 삽화가 그려진 신약성서를 가지고 다닌다. 아울러 백인을 향한 조모의 불신과 조부의 깃털 달린 손도끼 등도 그에게서 떨어지지 않는다. 키오와에 대한 이런 디테일들은 독자에게 키오와의 내적 동기가 무엇인지 알려준다. 이 소설이 시작되기 전, 키오와의 내력에는 몹시도 고통스럽고 복잡한 1960년대 아메리카 원주민들의 삶이 담겨 있다.

이 소설의 막바지에 우리는 크로스 중위가 마사의 사진을 불태웠을 뿐 아니라 그녀가 보낸 조약돌도 내버렸다는 사실을 알게 된다. 베트남에 오기 전(그의 전사) 자신의 삶에 관해 돌아보면서 그는 극도의 회한을 느끼고, 그로 인해 전쟁의 위험에 주의를 기울이지 못한다. 그의 욕망과 동기는 극적인 요소를 빚어내고, 그가 소설 속에서 출중한 캐릭터로 대두되도록 이끈다.

허구가 아닌 실제 현실에서도 우리는 각자 마음속에 간직하고 있는 생각과 느낌들을 갑자기 외부로 표출하는 사람들과 마주칠 수 있다. 목숨을 건 전투 속에서 굳게 다져진 부대의 결속관계를 직접 체험하지 않는 한, 오브라이언이 표현한 것과 같은 종류의 디테일을 파악하기는 어렵다. 하지만 우리가 속한 사회 안에서도 그런 전사가 특징적으로 드러날 만한 다른 디테일을 포착할 수 있다. 한 친구의 아내에게는 크리스마스 때만 되면 돈을 흥청망청 쓰는 버릇이 있다. 그런데 알고 보니, 성장과정에서 그녀의 부모는 자녀들에게 단 하나의 선물을 사주기도 벅찰 만큼 빈곤했다. 어떤 상사는 크리스마스 회식 때만 되면 신경이 과민해진다. 알고 보니,

그의 부모는 그들의 결혼이 성공적임을 주변에 과시하기 위해 크리스마스 때마다 그를 일가 친목회에 끌고 다녔다.

우리가 창조해낸 인물에 대해서도 이와 같은 동기를 한 번 떠올려본다. 등장인물을 사로잡고 있는 과거는 어떤 방식으로든 현재의 삶 속에 투영되는 법이다.

11~12주:
인물의 꿈

꿈에 관해 쓴다는 것은 인물들의 무의식으로 향하는 문을 여는 일이다. 이는 캐릭터 스케치에서 얻은 디테일들과 좋은 균형을 이룰 수 있다. 캐릭터 스케치 과정에서 가장 중요한 디테일은 의상, 소유물, 공간적 배경 등 외적인 요소들이다. 반면 꿈은 욕망, 동경, 신경, 트라우마 등 내면의 비밀을 탐사한다.

최소한 세 가지 이유 때문에라도 우리는 등장인물의 꿈에 관해 써야 한다.

• 첫째, 꿈은 지름길이다. 그것은 영혼으로 난 창문으로, 우리가 등장인물들에 관해 더 세밀히 파악하도록 돕는다. 꿈은 소설에 등장하는 인물들과 밀착할 길을 터준다. 작가 척 팔라닉이 『파이트 클럽』에서 타일러 더든의 꿈을 쓰지 않았다면, 그는 지하세계의 싸움과 아나키 상태로 점철된 꿈의 세계를 결코 발견하지 못했을지도 모른다.

• 둘째, 꿈에 관한 글쓰기에서는 이미지나 상징을 통한 실험이 가능하

며, 그럴 때 글쓰기의 힘은 더욱 배가될 수 있다. 만약 이것이 상징주의와 최초로 접촉하는 순간이라면, 사고를 대대적으로 전환할 마음의 준비를 하는 게 좋다. 우리는 다채로운 상징으로 충만한 세계에 살고 있지만, 대부분의 상징들은 인식되지 않고 우리를 그냥 스쳐가기 일쑤이다. 꿈에 관해 쓰고자 할 때는 '꿈속에서 나는……' 같은 출발선을 이용한다. 이런 식으로 10분 동안 문장을 완결 짓기 위해 애쓰지 않고 써내려간다. 내면에 고인 에너지가 실컷 분출되도록 놔둔다. 어쩌면 자신의 활기찬 언어적 표현력에 깜짝 놀라게 될 수도 있다. 그 언어에는 정묘하고 찬연한 이미지들이 넘쳐날 수도 있다. 그러므로 꿈에 대해 쓰는 동안, 우리는 독자를 다른 세계로 몰고 갈 상징으로 무엇이 있을지 탐구할 수 있다. 일단 몇 가지 꿈 내용들을 공책에 적고 나면, 그후에는 디테일을 적절히 배치하고 그 꿈들을 언어적으로 변환해서 처리하는 과정이 중요하다. 그런 장면을 빚어내기 위해 계속 실습해본다.

- 셋째, 꿈에 대해 쓰면서 우리는 모든 것을 턱 내려놓을 수 있다. 온갖 억압기제에서 벗어나 언어의 날개를 달고 하늘 높이 날아오를 수 있다. '꿈속에서 나는……' 하고 출발선을 긋고 나면, 내면의 검열자가 입을 다물게 만든다. 그러고는 그 친구를 되도록 멀리 떠나보낸다.

예시를 통한 학습 : 베로니카의 꿈

지금 베로니카는 혼자다. 숨 쉴 때마다 구름 같은 입김이 자꾸만 입 안에서 새어나온다. 돈이 없으니 방에 온기가 없다. 일거리가 없으니 돈이 없다. 방은 길쭉하다. 가구는 낡았다. 베로니카는 자기 모습을 거울로 비춰본다. 거울 테두리에는 서리가 어려 있다. 그녀는 젊어 보이지만 어느새 잔뜩 늙고 만 것 같다. 그녀의 검은 머리칼이 회색으로 변해가고, 이내 하얕게 탈색될 것처럼 보인다. 그녀의 얼굴도 점점 해골처럼 변해간다. 손을 자기 얼굴에 가져다대본다. 뺨이 차갑다. 그녀는 바닥으로 곤두박질할 것만 같다. 그녀의 침실 슬리퍼는 발가락이 다 드러날 만큼 너덜너덜해져 있다. 그녀의 발끝은 창백하다. 발끝뿐 아니라 발과 다리도 백지장 같다. 발목과 정강이와 무릎 위쪽까지 핏기라곤 전혀 보이지 않는다. 그녀의 거무스름한 피부는 어느덧 하얗게 탈색되고 말았다. 그런데 그때 문이 열리더니 엄마가 한 남자와 함께 안으로 들어온다.

그녀의 엄마는 암사슴가죽으로 만든 드레스를 입고 있는데, 드레스의 가죽 재질은 화톳불에 둘러앉은 그녀의 인디언 부족 여성들이 노동요를 부르며 사슴가죽 표피에 치아를 박아넣듯이 잘근잘근 씹어서 다진 것이다. 베로니카가 엄마를 포옹하는 순간 엄마에게서는 엷은 피비린내가 풍겨오는 것 같다. 엄마는 그녀에게 미소 지으며 초롱초롱한 눈빛으로 이렇게 말한다. "안녕 우리 딸. 여기는 찰리 씨란다. 엄마가 제복을 갈아입는 동안 이분과 편히 얘기 나누렴." 그러자 베로니카가 외친다. "엄마, 나 좀 봐. 내가 엄마보다 더 늙어버린 것 같아. 거울을 한 번 들여다보라니까." 어금니 사이로 시가를 피워 물고 있는 찰리는 거구의 뚱보로, 그의 시가에서는 매캐한 연기가 허공으로 돌돌 말려 올라가고 있다. 사내가 시가를 지팡이처럼 한 손에 옮겨 쥐자, 불 붙은 필터의 끝이 베로니카에게 향한다. 그러고는 잠시 후 그가 그녀의 얼굴에 연기를 내뿜는다. 거울에 비춰보니 그녀의 얼굴이 시가 연기로 변해가는 것 같다. 그녀는 전기난로 위에 올려져 있던 냄비를 움켜잡은 후 제자리에서 빙빙 돌며 두 손으로 그것을 야구방망이처럼 휘둘러대는데, 그 모습은 학교에서 그녀를 놀리려고 사내아이들이 던진 공을 후려갈겨 녀석들의 쭉 뻗은 팔 너머로 힘껏 날려 보냈던 때와 비슷하다. 은제 냄비가 찰리의 머리통을 강타하자 시뻘건 핏줄기가 터져 나오고 그때 그녀의 엄마가 출구 앞에 서 있는 게 보인다. 엄마는 어느새 목선을 따라 작은 핑크빛 꽃송이들로 장식되어 있는 발레복으로 갈아입었다. 꽉 끼는 엄마의 발레복 밑으로 몸의 곡선이 고스란히 드러나고, 핑크색 발레 스커트가 검정 타이즈 위로 펑퍼짐하게 퍼져 있다. 엄마가 말한다. "우리 딸, 놈이 깨어나기 전에 우선 돈부터 챙겨야지. 그러고 나면 여기서 곧장 헤어지기로 하자." 베로니카는 서둘러 사내의 뒷주머니를 뒤져보지만 아무것도 나오지 않아 이번에는 재킷 안주머니를 노려보는데, 줄무늬 셔츠 아래로 쿵쾅거리는 사내의 심장 박동이 느껴지지만 그녀는 거기에 개의치 않고 열심히 더듬은 끝에 결국 돈다발로 꽤 두툼한 가죽지갑 하나를 찾아낸 후, 엄마의 손을 붙잡고 사내를 바닥에 내팽개쳐둔 채 함께 문 밖으로 달려 나간다. 그런데 거리에서는 요란한 사이렌 소리가 들려오기 시작하고, 베로니카는 뒤쪽에서 V자 대형으로 몰려오는 백 대가량의 경찰차들과 차 지붕 위에서 번쩍거리는 빨간 불빛의 명멸을 본다. V 대형이 베로니카를 포위하려는 참에 엄마는 뒤로 처지고 마는데 그래도 베로니카는 도주를 멈추지 않고, TV 미니시리즈에서처럼 타이어의 격한 마찰음과 총탄의 폭음이 들려오는 와중에 엄마가 소리친다. "다 저년이 한 짓이에요. 저년이 한 짓이라고요." 하지만 베로니카는 어느새 얼음의 회랑을 따라 달려가고 있다. 그녀의 발밑이 타오르고 그녀의 폐부에서는 불길이 너울거리는 것만 같다. 그녀는 언덕 꼭대기로 통하는 비탈길을 달려 올라간다. 거기에는 구름에 뒤덮인 저택 한 채가 있다. 그녀가 통과할 수 있도록 저택의 황금 문이 열린다. 그리고 현관문이 열리더니 위아래로 온통 새카맣게 차려입은 여인이 두 손을 맞잡은 채 나타나 베로니카에게 말한다. "여기까지 이렇게 와주셔서 대단히 감사합니다. 당신이 조의의 메시지를 남겨두고자 하신다면, 저희 남편은 계속 면학에만 전념할 수 있을 거랍니다." 상복을 입은 이 여인은 오래전 찍은 엄마의 사진 속 모습과 똑같아 보인다. 블랙풋 족 특유의 툭 불거진 광대뼈는 할머니에게서 엄마로, 엄마에게서 딸로 대물림된 외모상의 특징이다. 이제 그 딸은 사슴가죽 드레스를 입고 대저택을 가로질러 긴 주랑을 달려간다. 하지만 사방은 철저히 봉쇄되어 있고 각 방향의 문도 모두 잠겨 있다. 그런데 한 여인의 이름이……

베로니카의 꿈에 대한 해석

이 꿈은 『트로피 와이프』의 주인공 베로니카가 지닌 내면의 무의식으로 우리를 몰고 간다. 짧은 문장들의 연속으로 시작되는 꿈은 등장인물(베로니카와 그녀의 엄마)과 장소(긴 방) 그리고 소품(서리 낀 거울) 등을 제시한 후, 난데없이 찰리라는 남자를 베로니카 어머니의 집 안으로 끌어들인다.

꿈은 주인공이 영화 속에서 시간이 급속도로 흐르는 장면처럼 갑자기 늙어가면서 거울 속에서 얼음으로 변해가는 장면으로 시작한다. 얼음은 얼어붙은 그녀의 마음 상태와 함께 비에 젖은 주차장에서 폴 왓슨을 만났을 때의 수줍음을 동시에 표현하고 있다. 주인공 내면의 얼음은 플롯에 추진력을 더해주는, 해결책이 시급한 문제—어떻게 해야 베로니카는 그 얼음에서 벗어날 수 있을 것인가?—를 암시한다. 아울러 그것은 이후에 극적인 갈등이 배태될 가능성도 더불어 함축하고 있다. 어떤 인물이 베로니카의 얼음을 녹일 수 있을 것인가? 그리고 어떤 인물이 더욱 극심한 결빙 상태 속으로 그녀를 몰아넣을 것인가?

두 번째 문단부터는 단문이 사라지고 대신 한 문장 안에 500개에 달하는 단어가 줄달음치는 만연체가 이어지기 시작하면서, 우리가 인물의 꿈에 관해 쓸 때 한 번쯤 시도해봐야 할 의식의 흐름이 혼란스러운 구문 속에서 너울거리고 있다. 이 만연체의 구문들은 블랙풋 족의 일원으로서 베로니카가 이어받은 유산들—가죽 드레스, 불가에 둘러앉은 아낙네들, 하얀 치아, 사슴가죽, 사슴의 피—을 한 무더기의 이미지로 표현하면서 시작된다. 그녀가 만일 소설 속에 제시된 이 이미지들의 세계로 되돌아올 수만 있다면, 그녀는 이 여인들로부터 마법적인 힘을 얻을지도 모른다.

둘러앉은 여인들의 원은 모친이 베로니카에게 찰리를 잘 대해주라며 요구하는 대화로 이어진다. 그러니까 이 순간 베로니카는 엄마와 역할을 바꿈으로써 통제력을 가지려 한다. 거울에 비친 그녀의 얼굴이 늙어 보였던 것은 그런 이유에서다. 그녀의 모친이 어린 소녀들이나 입을 법한 발레복을 입고 그녀 앞에 다시 나타났을 때 역할의 전도는 다시 반복된다. 뭔가를 암시하는 듯한 시가를 피워 물고 있는 찰리와 홀로 남게 된 상황에서 베로니카는 자기 얼굴이 연기로 변해가는 것을 보며 겁에 질린다. 그리하여 결국 찰리의 머리를 냄비로 내리치고 만다. 그러자 찰리의 머리통에서 시뻘건 핏줄기가 터져 나온다. 발레복을 입고 나타난 그녀의 모친은 딸의 살인에 개의치 않고 화제를 돈 문제로 돌린다. 마치 그게 찰리를 집으로 데려온 이유라는 듯이. 여기서 알 수 있는 것은 베로니카가 탐욕스러운 어른들의 규칙으로 점철된 혼돈의 세계에 사로잡혀 있다는 점이다.

찰리의 두툼한 돈지갑을 탈취하고 나서 베로니카는 어머니와 함께 탈출한다. 그런데 뜻밖에도 어머니는 찰리가 피를 흘리며 죽었다는 이유로 자기 딸에게 심한 욕설을 퍼붓는다. 하지만 그녀는 어머니의 욕설에 아랑곳하지 않고 구름에 휩싸인 언덕 위의 저택으로 달려 올라간다. 그리고 그곳의 큰 방 안에서 그녀 자신과 마주하게 된다. 이 장면은 이 책의 앞쪽에서 제시했던 장면이기도 하다. 그 대목에서 베로니카는 폴과 그의 누이 바버라를 위로하기 위해 찾아온 문상객들을 맞으며 저택의 현관 앞에 서 있다. 그런데 꿈의 막바지에 등장하는 두 가지 의상—하나는 검은 상복이고 다른 하나는 사슴가죽으로 만든 인디언 드레스—은 주인공의 둘로 쪼개진 자아를 재현하고 있는 듯 보인다. 그러니까 작가는 베로니카 왓슨의 분열을 형상화하기 위해 꿈을 사용한 셈이다. 그녀는 가난하다. 그녀는 젊다. 그녀는 늙었다. 그녀는 새하얗다. 그녀는 아메리카 원주민의 혈통을 타고났다.

앞으로의 습작에서 인물의 꿈에 관해 쓸 때는 항상 베로니카의 예를 참조하자. 그녀는 우리에게 많은 것들을 가르쳐주고 있다.

꿈을 쓰는 데 도움이 될 만한 가이드라인

여기서 우리의 목표는 인물의 내면을 탐사할 수 있는 꿈에 관해 쓰는 일이다. 캐릭터 스케치에서의 출발점은 나이, 성별, 출생지, 직업, 수입, 취향의 호불호, 욕구 등 신상명세 정보에 따른 인물 구축이었다. 이 신상 정보를 활용함으로써 우리는 인물의 전사에서 비롯된 장면의 구성에 관해 공부한 바 있다. 즉 과거에 벌어진 사건은 이야기의 현재시점에 있는 주인공에게 소설의 처음부터 끝까지 영향을 미치는 것이다. 이 과정을 심화해서 공부하면, 캐릭터 스케치와 전사는 서로 긴밀히 연결될 수밖에 없다는 점이 확연하다. 가령 베로니카에 대한 스케치에서는 그녀가 매우 가난하게 살아왔다는 점이 강조되어 있는데, 이 같은 전사는 그녀가 돈을 매개로 한 남자와 맺어지도록 유도하고 있다. 그녀에게 가장 절박한 문제는 학업을 마치려는 사이 생활이 송두리째 뒤흔들릴 수도 있는 빈곤이다. 꿈에서 『트로피 와이프』의 작가는 그 절박한 문제(빈곤)와 진정한 해결책이라고 보기 어려운 하나의 해결책(남자에게서 돈을 탈취하는 것. 하지만 이 과정에는 냄비 같은 흉기와 피, 경찰차 등과 같은 부정적 요소들이 개입돼 있다)을 형상화하고 있다. 꿈속의 주인공은 대저택 안에서 분열된 자아로 결말을 맞는데, 이 대저택은 소설이 시작하자마자 등장하는 첫 번째 공간적 배경이다. 베로니카의 꿈을 통해 우리는 작업에 참조할 만한 세 가지 글쓰기 전략을 얻었다. 그것은 반복, 논리 연결의 전복 그리고 자유방임 등이다.

반복

어떤 구절 안에서 몇 가지 말들이 반복되면, 주의를 반향하는 효과를 자아낸다. 음악에서 코드를 생성하는 순환악절처럼 말들이 글쓰기 속에서 자유로이 표류할 수 있도록 내버려두자. 반복된 말들이 길게 늘어지고, 틀어진 옷솔기의 실처럼 질질 끌릴 때쯤 되면, 비로소 소설 속 사건에 유효한 언어의 직물이 짜이게 되는 것이다. 즉, 반복된 말들이 응집될 때야 비로소 독자의 시선을 잡아끌 수 있는 이미지들이 전면에 나타난다. 어떤 말을 반복하면, 그것은 그 대상에 대한 강조로 작용한다. 하지만 어떤 말을 효과적으로 반복하는 데 실패하면, 우리는 말들의 숲속에서 그것을 잃어버릴 수도 있다. 혹시 반복을 남용하는 게 아닐까 싶어도 너무 염려하지 말자. 원고를 손질하는 과정에서 지나친 것을 쳐낼 시간은 얼마든지 있다. 여기서 우리가 익혀야 할 트릭은, 반복을 적절히 통제할 수 있을 때까지 어떤 말을 반복해서 사용하는 데 달려 있다.

베로니카의 꿈속에서 반복되는 말들—거울, 연기, 얼굴, 사슴, 엄마, V자 대형, 베로니카, 냄비, 피, 변하다, **해 보이다, 샅샅이 뒤지다—은 '꿈의 왜곡'에 따라 다른 각도로 보이게 되는 일상적 용어들이다. 그것은 꿈의 원심력을 타고 이성의 통제 밖으로 튕겨져 나간다. 이를테면 거울에 비친 베로니카의 얼굴이 연기로 변할 때, 그녀가 촐리를 냄비로 후려갈길 때, 그리고 엄마가 모친의 역할에서 벗어나 핑크색 발레 치마를 입은 모습으로 나타날 때 그런 특성들이 두드러진다. '변하다'처럼 단순한 동사를 반복하는 것만으로도 변형의 착상은 강렬하게 표현될 수 있다. 또한 '거울' 같은 낱말의 반복에 의해서 우리의 눈앞에서 늙은 모습으로 변해가는 주인공의 끔찍한 이미지를 창출할 수 있다. 반복의 문제에서 가장 흥미로운 지점은 실제로 그런 작업을 해보기 전까지는, 똑같은 말들을 끊임없이 줄기차게 지속적으로 반복해보기 전까지는 그 위력을 전혀 실감할 수 없다는 점이다.

논리 연결의 전복

인과관계의 법칙은 우리에게 익숙한 현실세계의 이치를 공고히 다져준다. 열쇠를 돌리면 자물쇠는 당연히 열린다. 목이 춥다고 느껴지면 사람은 찬 공기에 잔뜩 움츠러들면서 코트 깃을 여미게 마련이다.

그런데 인과관계를 조금이라도 비틀어보면, 거기서 새로운 글을 쓸 기회가 생겨난다. 예컨대, 꿈속에서 베로니카는 찰리가 피워대는 시가가 그녀의 얼굴을 연기로 변형시키자 그를 때려죽인다. 이 과정에서 그녀는 어떠한 감정도 표출하지 않는다. 공포도 없고 분노도 없다. 오로지 침입자를 때려죽이는 행위만 드러나 있으며, 그것은 그녀의 어머니가 핑크색 발레 치마를 등장할 '꿈의 세계'를 준비하는 과정에 불과하다. 엄마가 옷을 갈아입으려고 퇴장하기 전—성인 여성이 장난감 무용수로 변형되는 과정—에 베로니카는 거울에 비친 자기 얼굴을 엄마에게 가리켜 보인다. 이는 어쩌면 장면 연결의 논리적 순차에서 이탈하려는 신호이자 젊은 아가씨가 노파로 변해버리고 마는 꿈의 세계를 장면 속에 끌어들이려는 몸짓일 수도 있다. 베로니카의 꿈속에서 인과관계의 법칙에 따라 장면 진행을 뒤쫓다보면, 엄마와 사내와 돈 등에 관한 추악한 진실이 폭로될 뿐이다. 그렇게 볼 때 찰리는 결국 베로니카 모녀에게 돈을 털리기 위해 부득불 이 누추한 방 안에 와 있는 셈이다. 그렇다면 엄마는 찰리의 손아귀에서 벗어나고자 딸에게 도움을 청하여 함께 그자의 돈을 강탈했다는 식으로 받아들여질 수밖에 없다. 하지만 이것이 정말로 베로니카, 즉 버버리 코트를 입은 폴 왓슨을 슈퍼마켓 주차장에서 우연히 만나 여러 가지 가능성을 저울질하는 이 가난한 아가씨의 이야기일까?

꿈에 관해 쓸 때는 일상적인 논리를 뒤엎고 비논리적인 방식으로 탈주할 수 있어야 한다. 그래도 논리 정연해 보이는 행위와 반응의 배합에 따라 어느 정도 적절히 균형을 유지할 수는 있다. 베로니카가 찰리를 폭행하는 장면에서 연기를 뿜어대는 찰리의 소행은 결국 그의 머리가 피범벅으로 변하는 참극으로 이어진다. 그 순간 그녀는 현관 출구 앞에 다시 나타난 엄마를 보고, 엄마는 베로니카에게 찰리의 돈부터 챙기라고 명한다. 인과관계는 경찰을 불러들인다. 그런데 엄마의 책임전가와 비난("다 저년이 한 짓이에요.")은 베로니카로 하여금 홀로 달아나게 한다. 그녀의 꿈은 괴물들로 채워져 있다. 찰리는 시가를 든 괴물이다. 엄마는 해괴한 핑크색 발레 스커트를 입고 나타난 괴물이다. 이런 세계라면, 탐욕과 빈곤으로 얼룩진 지하세계에서 부가 기다리는 지상의 세계, 즉 구름에 휩싸인 대저택으로 달아나고 탈출하고 대피하는 게 논리적이다.

꿈의 논리는 반복되는 언어로 수놓은 이미지들의 연속으로 이뤄져 있다. 그리고 그것은 결국 베로니카를 피난처로 인도한다.

자유방임

꿈의 첫 문단에는 명확한 무대가 제시되어 있다. 즉 방에 혼자 있는 베로니카의 모습이다. 문장은 짧막하고 글투는 일상적인 산문체에 가깝다. 첫 번째 문단은 두 번째 문단('그녀의 엄마는 암사슴가죽으로 만든 드레스를 입고 있는데……'로 시작되는)을 위한 일종의 준비운동이라고 할 수 있다. 두 번째 문단에서는 한 문장에 500개 이상의 단어가 동원되는 만연체가 이어지기 시작한다. 이처럼 길게 늘어지는 장문을 오늘 당장 시도해보자. 숨을 한 번 깊게 들이마신 후 시작한다. 그러는 사이에 내면의 검열자가 나서서 "여기서 그만 멈춰"라고 충고하면, '그리고', '그러면', '그리고 나서는', '……하려는 때에', '그래서', '그러나' 같은 접속사로 두 단문 사이를 연결해버린다. 그런 방식으로 페이지를 가로지르며 말들이 쉬지 않고 질주하도록 호흡을 유지할 수 있다. 숨 가쁜 장문이 질주하는 동안, 앞서 우리가 꿈속의 감각으로 받아들인 변형의 감각이 생겨날 수 있도록 말들을 반복해서 활용한다.

확장을 거듭하던 장문의 문장은 결국 가속이 붙어 마지막 이미지를 향해 고조돼간다. 상복을 입은 젊은 여인이 언덕 위의 대저택 현관문 앞에서 사람들을 맞아들이는 모습. 그것은 『트로피 와이프』의 도입부와 동일한 이미지이다. 작가가 쓴 꿈을 통하여 이제 우리는 수수한 상복을 차려 입고 있는 이 인물에 관해 더욱 잘 이해할 수 있게 되었다. 너무도 가난하게 자란 그녀는 결국 돈과 결혼한 셈이다. 꿈속에서 돈은 눈여겨볼 만한 상징일 뿐 아니라 폴과 결혼함으로써 안정을 찾은 그녀의 실제 현실에서도 그와 비슷한 비중을 차지하고 있다. 돈에 대한 그녀의 욕구나 돈으로 살 수 있는 것들—안전, 온기, 편의, 안정감, 세계적인 명소 등—을 감안할 때, 과연 폴이 가난했더라도 그녀가 그와 결혼하려 했을까?

글쓰기를 자유로이 방임할 때 우리는 이야기가 형상화되는 기점들을 다양하게 늘릴 수 있다. 꿈의 전언은 명백하다. 즉 엄마가 섹스를 돈과 교환했다는 것이다. 의도 또한 명백하다. 즉 베로니카에게서 도움을 얻고자 엄마가 찰리를 집으로 데려왔다는 것이다. 이렇게 글쓰기를 자유로이 놓아주면 단순히 글의 부피만 두툼해지는 게 아니라, 소설가로서의 자긍심에 부합할 만한 양질의 결실을 맺을 수도 있다. 과연 베로니카는 엄마가 사내에게서 쉽사리 돈을 훔쳐낼 수 있도록 공모했을까? 엄마는 베로니카에게 낯선 사내를 성적으로 접대하라고 강요하지는 않았을까? 베로니카는 과거 언젠가 불결하고 냄새나는 방에 놓인 냄비를 휘둘러가며 엄마의 폭압적인 군림을 끝장내려 든 적이 있지 않을까? 혹은 그녀는 정말 꿈속에서만 찰리란 사내를 공격했던 걸까? 베로니카의 꿈은 이런 질문까지도 열어놓는다. '그녀가 거기서 도망치게 될 시점은 과연 언제쯤일까?'

작가는 오로지 자신의 글을 통해서만 작품의 수수께끼에 다가갈 수 있다. 여기서 '자신의 글을 통해서'라는 말은 결국 자유로운 의식의 흐름에 글쓰기를 맡긴다는 것과 같은 뜻이다.

연습과제

1. 꿈에 관해 쓰기

　두 눈을 감고 숨을 몇 번 깊게 들이마신다. 정신이 이미지와 상징 속에서 유희하듯 자유로이 배회하도록 놔둔다. 호흡과 오르내리는 흉곽의 들썩임 그리고 숨결이 빠져 나가는 콧잔등의 한 지점에만 집중한다. 그러면서 호흡의 진행과정이 고른지 느껴본다. 다소나마 심신이 이완된 듯 느껴지면 그때 두 눈을 뜨고 상징과 이미지들의 목록을 작성한다. 수월하게 참고할 수 있도록 별도의 파일을 만들어 간직한다. 더 이상 그에 관해 아무 생각도 떠오르지 않으면, 새로운 꿈으로 다시 시작해본다. 목록 작성에는 몇 분 정도만 할애하자. 인물 가운데 한 명의 꿈을 써내려가고자 할 때는 아래의 세 가지 출발선 가운데 하나를 골라 활용한다.

　'꿈속에서 나는……'
　'꿈속에서 그는……'
　'꿈속에서 그녀는……'

　내면의 개입이 차단될 수 있도록 자명종을 켜놓고 10분에서 15분 사이에 다 쓴다. 막힐 경우에는 언어로 감침질을 하듯 출발선에서 다시 시작한다. 그런 식으로 해서 글쓰기가 궤도에 오르면, 가속이 붙을 만큼 문장을 길게 늘려가며 확장한다.
　자명종이 울리면 잠깐 동안 휴식을 취한다. 동네를 한 바퀴 돌면서 심호흡을 한다. 하지만 그러는 사이 누구와도 말을 나누지 않도록 한다. 뭔가를 읽지도 말고 TV 같은 것도 보지 말라.

2. 자신의 언어에 더 가까워지기

휴식에서 돌아와 가장 먼저 해야 할 일은 색연필로 꿈의 내용에서 찾아낸 핵심어들에 강조의 동그라미를 치는 일이다. 핵심어들(반복된 말들)에 동그라미를 치면 나 자신의 언어에 더 가까워질 수 있다. 핵심어들에 동그라미를 친 후에는 공책 위에 그 말들을 옮겨 적는다. 그 맨 위에는 '상징과 이미지'라는 제목을 기입한다.

글 쓰는 도중 새로운 상징 또는 이미지가 나타난다 싶을 때는 어김없이 그것을 이 목록에 추가한다. 이 목록과 함께 우리는 등장인물들의 꿈에 관해 쓸 준비를 갖춘 셈이다.

3. 나머지 인물들의 꿈에 관해 쓰기

이번에는 주요인물들 각각의 꿈에 관해 써보자. 그러기 전에 일단 호흡을 깊이 들이마신다. 만일 첫 번째 대상이 여성이라면 그다음은 남성으로 정하는 게 좋다. 살인광에 대해 쓰게 될 경우, 그 꿈의 핵심은 무엇보다도 광기를 탐구하는 데 있다. 그 대상이 십대 소녀로, 내심 친구들이 경험한 것 같은 성적 황홀경이나 섹스 파티를 경험하고자 바라는 상황이라면, 그 꿈은 선택과 자신감 그리고 자립심 같은 내용을 반영하게 될 것이다.

꿈의 도입부는 글쓰기가 흔들리지 않도록 고정하는 닻이다. 원하면 언제든 도입부로 되돌아가라. 하지만 동아줄을 잘라낸 후 내면의 심해 속에서 마냥 떠돌아 다니는 것도 나쁘지 않다. 동일한 출발선('꿈속에서 그는……')을 활용한다. 제한시간은 15분. 첫 번째 꿈에서 호흡이 긴 문장을 시도하지 못했다면, 이번엔 그것에 도전할 시점이다. 핵심어들을 반복한다. 그러면서 주인공이 꾸는 꿈의 파동을 느껴본다.

작가들의 예를 참조하기

댄 브라운의 『다 빈치 코드』에서 주인공 로버트 랭던은 해박한 지식으로 성배를 찾는 데 골몰하는 기호상징학자이다. 작가는 행위의 추동력을 유지하기 위한 플롯의 장치로 상징을 활용한다. 또한 그는 그것을 등장인물 사이에 다리를 놓는 이음줄로도 활용하고 있다. 레오나르도 다 빈치의 작품에 대한 그의 설명과 분석은 종교 회화에 드러나는 상징성의 핵심에 가닿는다. 브라운은 논리적 연결선이 어떻게 해서 플롯의 추동장치로 응용될 수 있는지 보여준다.

『다 빈치 코드』는 또한 허구적인 꿈을 활용한 하나의 예시로도 적합한 작품이다. 루브르 박물관의 큐레이터 자크 소니에르가 첫 장에서 살해당한 후, 그의 손녀 소피 느뵈는 살인사건의 해결과 성배의 발견을 위해 로버트 랭던과 힘을 합친다. 이 두 사람이 소설 속을 가로질러 가는 동안, 소피는 자신의 과거와 마주치면서 조부의 이교도 체험에서 야기된 착잡한 생각과 감정들에 사로잡힌다.

브라운은 독자가 작중 인물들의 현재 상황을 더욱 잘 이해할 수 있도록 이에 관한 몇 가지 아이디어와 정보를 도입하기 위해 회상 장면에 느뵈의 유년시절을 도입한다. 그뿐 아니라 인물 간의 갈등이 고조되도록 희미한 기억이나 꿈 등을 이용하기도 한다. 이는 훌륭한 극적 긴장을 조성할 뿐 아니라 읽을거리로서의 재미도 한결 높여준다.

습작 소설 : 「트로피 와이프」

나머지 주요인물들의 꿈에 관해 써보자는 조언에 따라, 『트로피 와이프』의 작가는 폴의 꿈을 쓰기로 한다. 작품 초반인 현 시점에 작가는 폴과 베로니카에게 각각 동등한 비중을 할애하기로 했다. 이는 캐릭터가 더 견고해질 때까지 인물들을 연구하고 속속들이 파악할 수 있으므로 좋은 방법이다.

폴의 꿈은 마치 그의 몸이 땅 위로 솟아오르기라도 한듯 허공에서 시작된다. 꿈의 주제는 죽음이거나 어쩌면 살인일지도 모른다. 작가는 브라이틀링 브랜드의 손목시계와 헤클러&코흐 피스톨과 같은 폴의 소지품들을 핵심 소품으로 반복한다. 원래 이 두 소품의 주인은 폴의 부친이었다. 아래의 꿈 이야기를 읽어가는 동안 우리가 특히 주목해야 할 것은 반복되는 말들이다. 거기에 동그라미를 치자.

꿈속에서 폴은 새카맣게 차려입은 한 떼거리의 사람들, 잔디밭의 구덩이 주위에 둥그렇게 모여 있는 문상객들 위로 높이 떠올라 발밑의 푸른 잔디밭을 내려다보며 허공을 떠다닌다. 구덩이는 관의 모양새와 동일한 직사각형이다. 폴은 하강하려고 두 팔을 직각으로 구부린다. 두 발이 잔디를 내딛자 그는 애슐리 베넷 옆에 서 있게 된다. 그녀는 빨간 드레스와 빨간 스타킹에 작고 빨간 모자를 착용한 모습이다. 그녀의 흰 손은 폴의 부친이 내민 팔을 붙잡고 있다. "지금 몇 시죠?" 애슐리가 묻는다. 폴과 그의 부친은 각자 눈가로 팔목을 들어올린다. "11시 30분이야." 그들이 입을 모아 대답한다. "내 시계 말이다." 그의 부친이 말한다. "나는 이 손목시계가 무척 마음에 든다. 하지만 이젠 네 차지다. 다른 것들과 함께 잘 간수하려무나." 그러면서 부친은 폴에게 자기 시계를 넘겨주려 한다. "너도 알다시피 이건 태엽동력이 위쪽에 달린 브라이틀링이란다." "지금 몇 시예요?" 애슐리가 다시 묻는다. 폴과 부친은 각자 얼굴로 팔목을 들어올린다. 그리고 나서는 함께 큰 소리로 외친다. "지금은 동부 하절기 기준으로 12시 30분이야." 그의 부친은 상어가죽 시곗줄을 끌러 팔목에서 시계를 벗겨낸다. 그러고는 관에서 일어나 폴에게 그 브라이틀링 시계를 내민다. "잘 보관해라. 달빛이 크리스털과 사파이어에 반사되는 걸 봐라. 결코 깨지지 않지." 이리듐으로 새겨진 숫자가 표면에 빛을 발하고, 그 빛이 스테인리스 강철의 모서리를 비춘다. 브라이틀링을 넘겨받은 폴은 커프스 단추가 달린 소매를 걷어 올리고 팔목에 그것을 찬 후, 다시 소맷부리를 끌어내린다. 됐다. "그리고 이것도. 너한테는 아마 이것도 필요할 게야." 그의 부친은 재킷 안주머니에서 헤클러&코흐 피스톨 한 자루를 끄집어낸다. "윌리 맥기니스." 그가 말한다. "누구요?" "이 총은 내가 윌리 맥기니스와 카드게임을 해서 따낸 거란다. 정말 좋은 녀석이었지." 부친은 폴에게 손수건 한 장을 내민다. "먼저 얼굴부터 한 번 훔치려무나." "왜요?" "네 얼굴에 피가 묻어 있구나." "왜요?" "그 여자가 너를 할퀴는 바람에 피를 흘려서겠지." "그게 누군데요?" 부친의 얼굴에도 피가 묻어 있다. 그리고 피스톨을 건네주는 손에도. 폴이 피스톨을 넘겨받는 순간 피로 얼룩진 권총 손잡이가 그의 손을 검붉게 물들인다. 검붉은 핏물은 어느새 폴의 바지로도 흘러내린다. 오늘 잿빛으로 골라 입은 게 그나마 다행이다. 잿빛은 소멸의 색깔이니까. 아버지와 아들 뒤로는 판사, 상원의원, 시장, 단체 회원들, 그들의 아내들 그리고 눈시울을 붉힌 미망인들이 있다. "이리 들어오렴, 폴." 폴은 관 속으로 엉금엉금 기어내려가 부친의 옆자리에 나란히 몸을 눕힌다. 애슐리 베넷이 허리 숙여 금발머리를 관 아래로 들이민다. "여러분, 이제 가야 할 시간이에요." 그러자 폴이 피스톨을 치켜든다. 하지만 애슐리는 날렵하다. 그녀는 판자 뚜껑을 내려, 먹먹한 소음과 함께 관을 덮으려 한다. 폴은 방아쇠를 당긴다. 폭음이 관 속을 가득 메운다. 눈앞에 총구의 섬광이 번쩍하고 작렬하자 그는 약실에서 튀어나온 탄환 위에 올라타고서 화약 냄새와 열기를 동시에 느낀다. 이제 폴은 쇠 파이프에서 맹렬히 치솟아 오른 산탄이 된다. 자기 몸의 생체조직이 그것과 이어져 있다는 게 느껴진다. 뼈마디는 와해되고 두개골은 으스러지고 있다. 폴은 자신의 앞길을 잿더미 속에 밀어넣은 셈이다. 여기서 무슨 일이 벌어졌던 걸까? 어째서 두개골 안쪽의 뇌는 그를 팔아치운 걸까? 그때 애슐리의 손과 얼굴이 나타나더니 그녀의 입이 말을 건넨다. "방금 전 증권거래위원회에서 일하는 내 친구한테 전화를 걸었어요. 그랬더니 나를 증인보호대상자로 지정해주겠대요. 이제 정말 잘들 가요." 관 뚜껑이 닫힌다. 그녀는 마법의 황금열쇠로 그것을 꽁꽁 잠가버린다. "아버지는 돌아가셨어요." 폴이 말한다. "그런데 저 여자는 정말이지 너무 사악하군요." 부친이 말한다. "너희 엄마를 만나기 전에는 나도 딱 저런 여자를 알고 지냈지." 애슐리 베넷은 관의 봉인을 마치려는 참이다. 그녀는 황금열쇠로 관 뚜껑을 닫아걸기 시작한다. 그녀는 왼손으로 관을 문지른다. 그러고는 가볍게 톡톡 두 번 두드린다. 목사가 매장절차에 따라 성서의 시편에서 몇 절을 낭독한다. 애슐리 베넷이 장미꽃 몇 송이를 구덩이 안으로 던져넣는다. "지금 몇 시죠?" "1시 30분이야." 폴이 대답한다. 브라이틀링에 박힌 크리스털이 반짝인다. 헤클러&코흐는 그의 오른손에 있다. 총구가 불을 뿜는다. 약실에서 튀어나온 탄환이 애슐리의 목과 쇄골 사이를 관통하자 그는 언젠가 자기 입술이 저 부위에 닿은 적이 있다는 것을, 저 목 아래에 작은 상처가 나 있었다는 것을 문득 떠올린다. 애슐리는 숨이 막혀 헉헉댄다. 그녀의 입에서 피가 쏟아져 나온다. 축 늘어진 애슐리의 몸이 구덩이 속으로 굴러 떨어진다.

폴의 꿈에 대한 해석

폴 왓슨의 부는 베로니카의 빈곤에 대한 해결책이 된다. 하지만 그 해결책에만 파묻혀 있다 보면 또 다른 문제가 생겨난다. 그는 부정을 저지른 남편이기 때문이다. 그렇다면 이번에는 그 부정에 대한 발상을 한 번 따라가본다. 꿈은 폴과 애슐리 베넷 사이의 내연관계에 초점을 맞추고 있다. 그는 그녀를 사랑한다. 하지만 그녀는 그를 배신하려 든다. 그래서 그는 그녀를 살해한다. 동기를 찾아내는 방법으로 우리는 '만일 ……하다면?'의 가정을 여기에도 적용해볼 수 있다. 만일 베로니카의 남편이 순수함에 이끌리는 성향이 있다면? 만일 그가 실컷 여자들을 이용하고 나서 한순간에 차버리는 인물이라면? 만일 베로니카와 만났을 때 그가 애슐리와의 관계를 정리하던 중이라면? 만일 애슐리와의 관계에 싫증을 느낀 그가 다른 대상으로 갈아 탈 궁리를 하는 거라면, 그리하여 그녀가 그에게 적대적으로 돌아선 거라면, 그런데 그의 회사에서 중요한 직위를 차지한 그녀가 그에게 타격을 입힐 만한 비밀을 손에 쥐고 있는 거라면?

'만일 ……하다면?' 같은 가정의 게임이 언제 어느 때든 요긴하다는 점을 기억하자. 그것은 소설을 쓸 때 밟을 수 있는 페달과도 같다. 언제 어느 때 기발한 가정 하나가 불현듯 떠올라 등장인물의 비밀을 풀어줄 열쇠를 우리 손에 쥐여줄지는 아무도 알 수 없는 일이다.

13~14주:
인물의 의상

　이번 장에서 우리의 등장인물은 꿈과 전사 같은 내면 탐사에서 다시 제자리로 돌아가게 된다. 우리는 그가 누구이고 어디로 가는 길이며 무엇을 원하는지에 대해 어느 정도 파악하고 있다. 이제는 그에게 알맞은 복장을 입혀 외양을 다듬어줄 차례다. 변화해가는 그의 개인적 취향과 개인적인 이력을 표현하기 위해서. 의상을 통해 새로운 무대—우리가 창조한 배경—를 준비하면서 우리의 인물은 일종의 의식을 수행한다. 이런 의식을 통해 그의 성격과 나이 그리고 생활방식 등이 명확해진다. 다음과 같은 질문들로 의식의 성격을 더 명확히 해보자. 그는 얼마나 오랫동안 샤워를 하는가? 면도를 하거나 거울로 눈을 들여다보는 동안 주로 어떤 생각들이 그의 마음을 훑고 지나가는가? 갈색 머리카락에 새치가 무성해지면 그는 어떻게 반응하는가?
　평소에는 오로지 실용적인 편의만을 고려하여 옷을 대강 입는 편인가? 아니면 넥타이와 구두 그리고 혁대까지 맞춰 코디네이트하느라 야단법석을 피우는 편인가? 그는 깔끔한 캐주얼 복장으로 차려입기를 좋아하는가? 노동자의 제복을 선호하는가? 슈트를 기성복이 아니라 재단해서 입는 편인가? 똑같이 생긴 핀스트라이프 셔츠들을 무더기로 쌓아놓고 그중에서 가장 깨끗한 것을 찾기 위해 일일이 냄새까지 맡아가면서 조사하는가? 그가 차고 있는 손목시계는 어떤 종류의 것인가? 정밀한 작동으로 이름난 스위스제 오메가인가? 아니면 여기저기 홈집이 나 있는 카시오인가? 그의 옷을 세탁소에 놔두고 깜박한 아내에게 저주를 퍼부으면서 반쯤 헐벗은 차림으로 계단을 달려 내려간 적이 있는가?

만일 그가 효율성을 따져 옷을 사 입는 편이라면, 그는 실속 있는 소비자인가? 만일 그가 자신의 하루일과를 철저히 통제하는 편이라면, 나중에는 그 통제력을 잃게 될 수도 있을까? 계단을 황급히 달려 내려가다가 바닥에 흩어진 장난감에 발이 걸려 넘어지는 일이 있을까? 그의 아내는 이미 집을 벗어나 형편이 좀 더 나은 직장으로 향하고자 기차에 몸을 싣지 않았을까? 그는 그녀의 디자이너 브랜드 의상에 의혹의 눈길을 던지지 않았을까? 그의 아내는 전업주부일까? 그녀는 최상부 승진을 위해 경합을 벌이고 있는 건 아닐까?

인물의 외적 요소들은 조심스럽게 다루어야 한다. 문장으로 등장인물들의 외양을 정교하게 꾸미는 데 공들이는 일은 분장사가 이제 무대에 나설 배우의 겉모습을 배역에 맞게 준비하는 것과 비슷하다. 그러니 공들여 꾸밀 인물의 외양이 독자에게 어떤 반향을 일으킬지를 숙고한다. 그들의 외관이 되도록 배역에 부합하면서 신뢰감을 줄 수 있게 한다. 내면에서 비롯된 상징성이든, 아니면 광범위한 외부 세계의 일부인 모조 보석이든 간에, 꿈에 관한 글쓰기에서 확인한 바와 마찬가지로 의미는 디테일을 통해 형성되는 법이다. 의미를 생성하는 한 가지 방법은 반복의 주술이다. '작업용 장화'를 세 번 반복해보자. 그는 집 안에 진흙이 묻지 않도록 작업용 장화를 현관문 뒤편에 놔두었다. 하루 동안의 벅찬 일과에 대비하기 위해 그는 작업용 장화의 끈을 발에 꼭 맞도록 동여맸다. 그의 작업용 장화는 경찰에게 결정적인 물증으로 채택되고 말 분명한 발자국을 남기고 말았다.

우리는 작가로서 한 편의 이야기를 쓰고 있다. 그리고 그 이야기에 탑승한 몇몇 인물을 창조하는 중이다. 지금은 무엇을 반복할지 골라야 할 순서다. 우리가 반복하기로 한 것들은 독자에게 무엇이 중요한지 넌지시 알려줄 수 있다.

소설에 등장할 인물들은 이미 준비되었다. 우리는 스케치를 했고 꿈과 전사도 썼다. 이제는 각자의 삶과 일치하는 의상으로 그들을 성장盛裝시켜야 할 차례다. 그들의 외모를 꾸며주고 옷단장을 해준다. 그리하여 당장이라도 무대에 나설 준비를 갖추게 한다. 인물의 의상은 그들의 목적지—사무실에 가는지 아니면 클럽에 가는지, 휴가중인지, 감옥에 끌려가는지 아니면 학교에 다녀오는 길인지—에 대해서뿐 아니라, 그들이 품고 있는 기대나 욕망 같은 속마음에 대한 많은 실마리를 꺼내 보일 수 있다. 베로니카의 남편 폴을 일례로 들어보자. 아래의 예시에서 그는 집을 나와 회사 사택에서 생활하는 중이다. 사십대 초반의 그는 요새 들어 부쩍 회사 생활의 스트레스와 나이가 주는 압박감에 시달리고 있다.

예시를 통한 학습 : 폴과 그의 옷차림

폴의 드레싱 룸은 L자 형이다. 카펫은 암회색이고 벽은 온통 희다. 천장에 난 채광창은 수납장 옆 벽에 달린 버튼으로 여닫을 수 있다. 수납장은 모두 붙박이로, 각각의 서랍은 나지막하고 값비싼 느낌의 소리와 함께 부드럽게 열리고 닫힌다. 수납장 대각선에는 슈트, 캐주얼 바지, 재킷 등이 길게 걸린 옷걸이식 벽장이 있다. 폴은 세 벌의 턱시도와 네 벌의 야회복 재킷을 소유하고 있다. 야회복 재킷들 중 두 벌은 흰색이고 하나는 자줏빛 그리고 나머지 하나는 비둘기색이다. 옷걸이막대 위에는 폴의 신발들을 모아놓은 선반이 있다. 신발들은 용도별로 가지런히 분류되어 있다. 사무용, 산보용, 테니스용, 조깅용, 예식용, 등산용, 골프용 등. 그뿐 아니라 잠깐 집 밖에 나갔다 올 때 신을 수 있는 편리화에서부터 비치 샌들과 보트 슈즈 그리고 아버지에게서 물려받은 구두도 있다. 그는 아버지에게서 어떤 방식으로 구두에 광택을 내야 하는지, 손가락에 구두약을 얼마나 묻혀 문질러야 하는지를 배웠다. 노인이 작고하기 얼마 전, 그들은 차고에 마주앉아 함께 구두를 닦을 예정이었다. 폴의 기억에 문득 구두약과 가죽용 비누의 냄새가 떠오른다. 그는 부친의 장례식 이후부터 구두를 닦지 않았다.

 폴이 널찍한 여닫이 유리문을 지나 드레싱 룸 안으로 들어온다. 흰 창틀로 테두리를 두른 여닫이 유리문에는 반질거리는 놋쇠 손잡이가 달려 있다. 판유리로 밝은 햇살이 쏟아져 들어온다. 그는 지금 맨발이다. 그가 걸치고 있는 옷은 잿빛의 두꺼운 타월 재질 가운이다. 옷걸이를 따라 훑는 사이, 그는 피로감을 느낀다. 법정에 갈 때는 무슨 옷을 입어야 할까? 쥐새끼 같은 판사 녀석에게 좋은 인상을 심어주려면 어떤 분위기를 풍기는 게 유리할까? 그냥 후줄근한 재킷을 걸치고 넥타이도 매지 말까? 녀석을 엿 먹이는 뜻으로 테니스 복이나 입고 나갈까? 취향이 나빠 보이게 고동색으로 차려 입을까? 우리는 모두 서서히 죽어가는 존재가 아니겠느냐는 의미로 잿빛도 괜찮겠지? 혹은 아예 검정색 상복을? 아니면 내 힘이 얼마나 되는지 똑똑히 일러둘 수 있도록 청색 재킷은 어떨까? 검정색 법복이 있었다면 폴은 그것을 걸치려 했을지도 모른다. 그는 숨을 깊이 내쉰다. 숨결에서 악취가 난다. 5년 전쯤 부친에게서 선물 받은 잿빛 슈트를 골라잡는다. 그리고 나서 부친의 단골 세탁소에서 전해 받은 흰색 셔츠도 함께 챙긴다. 셔츠 전문 세탁소의 주인은 찰리 리이다. 하지만 이내 브룩스 브라더스의 잿빛 셔츠로 바꾼다. 넥타이도 잿빛으로 통일하기로 한다. 그러고는 신장을 뒤져 에코 시티 브랜드의 검정색 워커를 찾아낸다. 그 브랜드가 유명해지기 훨씬 전부터 부친은 에코를 즐겨 신었다. 에코의 구두들은 유난히 광택이 좋아, 아마도 부친은 그렇게 말했을 것이다. 이제 차려입기의 마지막 단계. 옷차림의 조화를 위해 잿빛 양말을 골라 신기로 한다. 잿빛은 근조를 뜻하는 검정과도 가깝다. 부친은 병원 침상에서 논란의 소지가 있는 일종의 경고를 남겨둔 채 작고했다. "그 여자를 잘 살펴봐라, 폴. 머리가 좋고, 옷 입을 줄도 알고, 숫자도 잘 다루더구나. 하지만 그 사악한 구석을 조심해야 할 거다. 손톱 다듬는 칼 따위에 당하지 않으려면."

폴은 고른 슈트를 전신 거울의 적갈색 마호가니 테두리 위에 걸어둔다. 거울은 프레스노의 협소한 아파트에 살 때부터, 폴이 태어난 오클랜드의 단층집과 샌프란시스코 외곽의 아파트를 거쳐 결국 노브 힐의 대저택에 이르기까지 내내 양친과 함께해온 세간 중 하나였다. 노브 힐의 대저택에 사는 동안 폴은 침실 슬리퍼 같은 일상용품은 물론, 노쇠해가는 몸과 얼굴 등 부친의 모든 것을 마주했다.

폴의 부친은 늘 승마용 반바지를 즐겨 입었다. 그러다보니 폴에게도 그런 취향이 생겼다. 그는 통이 넓은 사각팬티를 선호하는 편으로, 삼각팬티는 입지 않는다. 그의 흉곽 너비는 45인치에 달해서 T셔츠를 살 때는 엑스라지 사이즈를 골라야 한다. 두 번만 세탁하면 사이즈가 잔뜩 오그라든다는 걸 아닌가. 폴리에스테르를 입으면 피부가 가려워져서 면직물만 입는다. 그는 거울로 자기 모습을 비춰본다. 183cm의 키가 훤칠하지만, 얼굴이 피로에 찌들어 보이는 데다 놀랍게도 밤새 아랫배가 불어난 듯 보인다. 그는 거울에서 떨어져 나와 저울 위에 몸을 싣는다. 크롬과 강철로 만든 저울에는 두 개의 눈금 막대가 있다. 폴의 부친은 평소 다니던 헬스클럽이 현대식 기기들로 새 단장을 했을 때, 남성 탈의실에 방치되어 있던 저울을 10달러에 사들였다. 그는 기본 막대를 68kg에 맞춰둔 후 위쪽 눈금을 우측으로 조금씩 옮긴다. 35, 40, 44. 수치를 조정할 때마다 찰칵하는 소리가 난다. 막대가 50에 다다르자 작은 철제 화살표가 움직이지 않는다. 폴은 혀를 끌끌 차며 아래쪽 막대를 90kg까지 밀어젖힌다. 그리고 위쪽 막대를 20, 19, 15, 13으로 되돌리기 시작한다. 화살표가 평형을 이룬다. 샌프란시스코 노브 힐에 사는 미스터 폴 왓슨의 체중은 96kg으로 측정되었다. 6주 전만 해도 그의 체중은 81kg이었다. 그때는 몸이 지금처럼 무겁게 느껴지지 않았다.

잿빛 바지가 아랫배를 꽉 조이는 것만 같다. 그는 혁대를 풀어버리고 대신 잿빛 멜빵을 착용한다. 그러고 나니 꼭 새로운 고객에게 신용을 얻기 위해 애쓰는 주식중개인 같다. 단추를 끼우는 폴의 손이 버벅거린다. 그는 어색하게 걸음을 옮겨 소파로 향하더니 자리에 털썩 주저앉는다. 등줄기를 타고 식은땀이 흘러내리는 게 느껴진다. 어느새 오한까지 몰려온다. 이 자산 관리인에게 지금 필요한 것은 술이다. 그리하여 법정에서 혀 꼬인 소리로 이런 말을 주절거려보면 어떨까. 안녕하세요, 존경하는 재판장님, 좋은 아침입니다. 우선 제가 쥐새끼 같은 당신 면상에 한 방 갈길 수 있도록 허락해주시지요.

오케이. 한 번 더 거울을 들여다본다. 셔츠의 색깔이 괜찮아 보인다. 멜빵 단추도 채웠다. 그의 부친이 멜빵을 항상 미국식으로 '갤러시즈galluses'라고 불렀던 게 기억난다. 바지 주름도 반듯하게 잘 잡혀 있다. 잿빛 넥타이는 오늘 아침 잿빛으로 가라앉은 그의 안색과 잘 어울린다. 그는 다시 소파로 돌아온다. 구두가 발에 너무 꽉 끼는 것 같다. 아마도 6주 전부터 지속되어온 음주로 인해 그동안 다리 근력도 약해지고 발도 퉁퉁 부어올랐나 보다. 그는 자신을 돌아보며 고개를 절레절레 흔든다. 그의 모친이 여기 있었다면, 아마도 새 구두를 꺼내주려 했을 수도 있다. "폴, 사람이 나처럼 늙으면 말이다, 이런 문제를 도와줄 누군가가 필요해지는 법이란다." 폴은 상체를 숙여본다. 그사이 아랫배가 정말 불룩해진 것 같다. 순간

머리가 어지러워서 소파 모서리를 붙잡는다. 다시 몸을 추스르고자 깊이 숨을 들이마신다. 그러고는 거울에 비친 자기 얼굴을 물끄러미 응시한다. 그는 아버지가 넘겨준 또 하나의 유산인 브라이틀링을 손목에 차고 있다. 시계는 자신의 손목에 잘 맞는 듯 느껴진다. 요사이 잘 맞는다는 느낌을 주는 단 하나의 물건이다. 그는 옷걸이에서 잿빛 슈트와 코트를 꺼낸다. 그러고는 걸쳐 입기 시작한다. 그때 바깥에서 차 문이 쾅하고 닫히는 소리가 들려온다. 그는 동작을 멈추고 창가로 가서 바깥을 내려다본다. 진입로의 모퉁이에 푸른색 캐딜락 한 대가 서 있다. 그의 변호사가 몰고 온 차량이다. 변호사는 폴을 법원까지 편히 모셔가기 위해 그의 택시기사를 자처하기로 한 모양이다. 폴의 몸이 오들오들 떨린다. 뭉게구름이 해를 가리자, 자욱한 안개가 뼛속까지 파고드는 듯한 느낌이다.

등장인물의 의상을 위한 가이드라인

인물들의 의상을 선택할 때는 작가가 마음대로 달려들 수 있는 실험의 여지가 크다. 우리는 색상, 옷의 조화, 외관의 짜임새, 상표명 등으로 여러 착상, 즉 디테일에 대한 실험을 감행해볼 수 있다. 작가의 의도에 따라 등장인물의 육체, 감정의 분출, 생활스타일이 결정된다. 등장인물이 이제 곧 막이 오르는 무대 앞으로 나서기 위해 의상을 갖춰 입는 순간, 장면에 옛일의 회고나 반추를 끼워넣는 식으로 작업하면 된다. 소품을 통해 기억이 환기된다거나 과거의 대화 내용들이 불현듯 떠오르는 식으로. 예컨대 등장인물이 싸구려 모텔에서 몸단장을 하는 중이라면 작가는 욕실의 누수로부터 연상 작용을 시작할 수도 있다.

옷을 갖춰 입는 장면에서 폴은 법정에 출두해야 하는 현재 상황으로 인해 과거의 여파에 시달린다. 이제 그는 노브 힐 저택에 혼자 남았다. 그러다보니 부친에 대한 기억을 곱씹지 않을 수 없다. 그의 부친은 꿈에 관한 글쓰기의 마지막 부분에서 폴의 꿈을 살펴보았을 때 강력한 힘을 지닌 형상으로 나타났다. 이제 폴은 잔뜩 의기소침해 있고 신경이 곤두서 있을 뿐 아니라 발작적인 불안까지 드러낸다.

등장인물이 옷 입는 장면을 효과적으로 쓰기 위해서는 지난 주 공책에 작성한 목록에서 공간배치도와 선반의 내용 그리고 의상 등에 관한 메모들을 끄집어낼 필요가 있다. 등장인물의 생활방식을 은유적으로 드러내기 위한 매개수단으로서 드레싱 룸에 초점을 맞춰보자. 그곳은 온갖 의복들로만 가득 채워져 있는가? 귀퉁이에 먼지가 쌓여 있지는 않은가? 구두들은 처음 사온 박스에 그대로 담겨 보관되고 있을까? 드레싱 룸의 크기는 대략 어느 정도일까? 커다란 방 같은 형태인가, 아니면 좁은 복도식인가? 혹은 두 대의 캐딜락을 들여놔도 충분한 정비소 크기쯤 되는가? 바닥에는 무엇이 깔려 있는가? 반들거리는 목재합판이라면 사람들이 그 위를 걸을 때 크고 작은 소음이 날 수도 있다. 그러니 푹신푹신한 카펫이 좋겠다. 이쯤에서 동화 속 신데렐라의 예를 기억하기 바란다. 그녀가 입은 옷은 파티 드레스였고, 그 덕분에 무도회에 입장할 수 있었다. 올바른 의상 선택은 그녀가 그 관문을 통과할 수 있도록 허락해준 티켓이었던 셈이다. 파티 드레스를 빼놓았다면 그녀는 왕궁 파티에 참석할 수 없었다. 폴이 법정 출두에 적합할 만한 옷을 고르면서 느끼는 압박감도 이와 유사하다. 현재까지의 시점에서 『트로피 와이프』의 작가는 전체적인 내용이나 폴이 옷을 갈아입는 장면이 향후 어떤 사건으로 이어질지에 대해 아직 꿰뚫고 있지 못했을 수도 있다. 그냥 한 문장 한 문장을 충실하게 써내려가면서 향후의 실마리가 손에 잡히기를 기대하고 있는 것이다. 생각하고 검열하기에 앞서서 먼저 손을 움직여야 하는 이유는, 바로 그런 과정에서 이런 실마리가 손에 닿을 수 있기 때문이다. 그러니 우선은 각각의 문장들 사이로 튀어오르는 디테일들에 주목한다. 그러면 이야기는 자연스럽게 향상될 수밖에 없다. 옷 갈아입는 장면은 폴을 법정 장면으로 앞당겨 데려간다. 이와 같이 다음 장면을 미리 꺼내 보이면서 두 장면을 결부시킴으로써 작가는 또 다른 인물을 무대에 등장시킬 수도 있다. 여기서 그런 인물은 '쥐새끼처럼 생긴' 판사와 푸른색 캐딜락을 타고 온 변호사이다. 이들은 누구인가? 무엇을 원하는가? 그들은 무슨 옷을 입고 있는가?

등장인물의 의상을 고르는 일은 비단 의상을 통해 외양에 생생한 현실감을 줄—가면 씌우기의 기술—뿐 아니라 다음 장면을 준비하는 데도 효과적이다. 의상 선택은 하나의 의식적 행위이다. 등장인물은 승마복을 입고 말에 오른다. 그런가 하면 철갑 무장을 한 후 전장으로 향하기도 한다. 파티에 가려고 곱게 단장한 드레스의 지퍼를 올리기도 한다. 테니스 클럽에서는 규정에 맞는 테니스 복으로 갈아입어야 한다. 학교에 지각하지 않도록 교복을 서둘러 입는다. 많은 시간을 들여 이 분야에서 구체적인 디테일을 찾아내도록 한다. 그러면 우리의 등장인물은 정말로 이 세상에 속한 듯 지금 여기의 현실과 이어질 수 있다.

폴은 백만장자의 대저택에서 살고 있다. 그는 올해 40세이다. 신체적으로도 나이의 표징이 드러나고 있다. 그가 살아 숨 쉬는 인물로 나타날 수 있도록, 상황 설정에서 정한 디테일들이 그의 신체적 외양에 관한 디테일들과 합쳐진다. 오감은 보는 이의 시선을 못 박아두기 때문에 글을 쓸 때는 감각 지각에 의존해서 작업하는 게 유리하다. '한 번 더 거울을 들여다본다. 셔츠의 색깔이 괜찮아 보인다. 멜빵의 단추도 다 채웠다. 그의 부친이 멜빵을 항상 미국식으로 '갤러시즈'라고 불렀던 게 기억난다. 바지 주름도 반듯하게 잘 잡혀 있다. 잿빛 넥타이는 오늘 아침 잿빛으로 가라앉은 그의 안색과 잘 어울린다. 그는 다시 소파로 돌아온다. 구두가 발에 너무 꽉 끼는 것 같다.' 그런 후에는 그 감각을 심화하는 단계로 넘어간다. '폴은 상체를 숙여본다. 그사이 아랫배가 정말 불룩해진 것 같다. 순간 머리가 어지러워서 소파 모서리를 붙잡는다.' 폴은 지금 과도기에 있다. 그의 삶은 주위로부터 서서히 허물어지기 시작했다. 그는 법정에 출두해야 하는 입장이다. 다음에는 무슨 일이 벌어지게 될까?

등장인물의 의상을 선택할 때는 마음속에 이와 같은 질문을 항상 유지한다. 이 인물이 지금 원하는 것은 무엇인가? 그는 과연 그것을 얻게 될까? 문 밖으로 나설 때 그는 누구와 만나게 될 것인가? 다음 장면에서는 누가 그를 기다리고 있을까?

작가들의 예를 참조하기

제이디 스미스의 『하얀 이빨』 속에서 등장인물들은 각자의 정황과 수준에 맞춰 옷을 입는다. 아치는 코르덴바지와 단추 달린 셔츠 그리고 반팔 상의 등을 입고 다닌다. 사마드가 주로 입고 다니는 의상은 사촌의 레스토랑에서 식탁보로 쓰이는 것과 똑같은 천으로 가봉된 턱시도이다. 노브라로 돌아다니는 클라라는 '중력에서조차 자유로울 만큼 아무 데도 얽매이지 않는' 영혼의 소유자이다.

스미스는 독자들에게 풍부한 통찰력을 제시하는 여러 디테일로 등장인물들을 섬세하게 다듬는다. 아치는 아늑하게 머물러 있을 곳을 찾는 블루칼라 떠돌이다. 사마드는 자신에게 주어진 삶을 증오한 나머지 런던에 간다. 런던으로 이주한 덕분에 그는 인도에 있을 때보다 한결 풍족한 생활방식을 누리게 된다. 하지만 그는 거기에 만족하지 않고 더 많은 것을 갈구한다. 그가 입고 다니는 턱시도는 그를 숨막히게 한다. 클라라는 모친이 고집하는 종말론적 종교관의 신념에서 벗어나 자유롭게 살아간다. 그녀는 자신의 딸도 같은 방식으로 양육한다.

의상을 관찰하게 함으로써 스미스는 독자들이 인물의 내면을 들여다보게 한다. 독자들은 외양을 통해 그들의 삶과 느낌 그리고 동기를 깨닫게 된다. 제이디 스미스는 등장인물들에 관하여 독자들에게 이러쿵저러쿵 설명하는 대신 그들을 직접적으로 보여주는 작가의 훌륭한 본보기라고 할 수 있다.

연습과제

지금까지 우리는 아주 잘해왔다. 벌써 14번의 주말 실습을 거쳐서 여기까지 이르렀다. 우리는 살아남은 것이다! 쉬지 않고 글을 쓰면서 소설가들의 작업 전략을 터득해왔다. 언어의 반복과 리듬에 관해서도 공부했다. 지난 8주의 주말 동안엔 등장인물들을 창조했다. 그러니 이제 그들은 무대에 나설 준비를 마치고 자신의 이야기를 시작하게 될 것이다.

설령 아직까지 배역 선정을 끝내지 못했다 해도, 일단 준비된 배역들부터 철저히 해두도록 하자. 만일 시작부터 암초에 부딪힌다면 인물 작업으로 돌아가서 놓친 자료들과 디테일들을 꼼꼼히 챙긴다. 튼튼한 인물 구성은 좋은 소설의 초석이다. 그러니 언제든 그 지점으로 돌아가서 기초를 다진다.

우선은 한 사람의 주인공과 한 사람의 적대인물을 확정해야 한다. 그다음에는 한 사람의 조력자/안내자/중개인을 정하자. 이름, 나이, 성별, 인종 등 그들의 인적사항을 공책에 명확히 정리해두자. 그리고 그들에게 각각의 구체적인 소임을 부여한다. 그들이 그 소임을 받아들일 시간을 충분히 할애하자. 진정으로 잘 빚어진 인물들은 작품 안에서 스스로 성장하고 생동한다. 그러므로 그들이 그 소임을 받아들이고 소화하는 데는 어느 정도의 시간이 필요한 법이다. 우리가 할당해준 소임에 따라 곧바로 움직이리라고 기대하는 건 성급한 일이다. 인물에게 배역을 선정해주면, 그들은 소설의 첫 장면에서 어떻게 등장해야 할지의 과제를 부여받은 셈이다.

1. 드레싱 룸을 묘사해보자

각자 집의 드레싱 룸 바닥에 앉아보자. 그러고 나서는 호흡을 가다듬는다. 무슨 냄새가 나는가? 손을 내밀어 벽과 바닥, 구두, 옷 등을 더듬어보자. 그 표면에서 각기 느껴지는 질감이 무엇과 비슷하게 느껴지는가? 어떤 소리가 나는가? 눈을 크게 뜨고, 눈에 띄는 다섯 가지의 사물을 목록에 적는다. 이는 일종의 사전준비 작업이다. 자, 이제 '내 드레싱 룸의 바닥에 앉으니 눈에 들어오는 것은……'처럼 간단한 출발선 문장을 활용하여 10분 동안 써본다.

2. 주요인물의 의상 선택

이야기의 무대에 등장할 준비가 이뤄지도록 이제 주인공에게 의상을 갖춰 입혀보자. 디테일을 고려하여 자신이 가지고 있는 옷들로 시작하는 것도 괜찮다. 그 옷들로 시작하면 아무래도 옷감의 재질이나 색상 그리고 향취 등의 사실성을 가장 잘 살릴 수 있을 테니까. 그렇지 않으면 패션 잡지(《보그》 〈엘르〉 〈코스모폴리탄〉)나 홍보 우편물(슈피겔, 시어스, 니먼 마커스, 랜스 엔드, 빅토리아스 시크릿, 제이 크루 등) 같은 데서 접한 의복들(상표와 가격까지)로 가상의 소유 의상을 꾸밀 수도 있다. 여하튼 인물의 현재 상황과 부합하고, 그들을 독자에게 효과적으로 소개할 수 있는 의상을 선택하는 게 바람직하다.

우선 장롱에 보관되어 있거나 벽장의 옷걸이에 걸려 있는 옷 등 주인공의 소유 의상부터 그러모아 정리한다. 드레싱 룸의 내용물들로 목록을 짜는 데 주말 동안 10분을 쓴다. 아래의 예는 베로니카의 목록이다. 노브 힐의 대저택에 살다보니 이제는 의상이나 세간 등이 꽤 풍족해진 것 같다.

마호가니 캐비닛, 서랍장들
여닫이문

라 펄라 브랜드의 속옷, 스타킹

침실용 어그 슬리퍼

실크 천을 씌운 소파

콜롬비아 산 에메랄드

조깅, 수영, 헬스를 위한 스포츠용품들을 넣어둔 중간 옷장

마놀로 블라닉 슈즈

나이키 운동화

돌체 & 가바나 스커트

베라 왕 드레스들

버버리 레인코트

3. 기타 인물들의 의상 착용

각각 5분씩만 할당해서 기타 인물들의 복장도 꾸며보자. 여기서는 그들이 소유한 의상의 내용을 구태여 완료하지 않아도 무방하다. 인물에 부합하는 정보들을 꺼내 보일 수 있으면 된다. 어느 정도 연습을 거치다보면 아주 빠른 시간 안에 의상들을 확정할 수 있을 것이다. 다 하고 나면 각 인물의 폴더에 여기서 완료된 작업 결과를 추가한다.

4. 각 인물의 습관적인 행위를 목록으로 작성하자

습관적 행위—아주 사소하지만 일관되게 반복되는 행동들—는 독자들에게 진행과정에 대한 정보를 알려주는 동시에 그 인물이 어떤 사람인지를 규정해준다. 우리가 세상에 보여지는 이미지와 관련된 부분이기 때문에 의상 선택은 꽤 중요하다. 이는 '상대방의 얼굴과 마주하기 위한 얼굴의 준비'라고 했던 T. S. 엘리엇의 표현과도 일맥상통한다. 우리의 인물을 규정짓는 데 도움이 될 만한 기타 습관들(세면할 때, 면도할 때, 양파 껍질을 깔 때, 총에 탄알을 재워 넣을 때, 작살 촉을 벼릴 때, 상자를 살 때)

의 목록을 작성한다. 글을 써가는 과정에서 우연히 튀어나온 습관적인 행위들도 이 목록에 추가한다. 그리고 이 목록을 이미 만들어놓은 인물 폴더에 끼워넣는다.

5. 장면 전환을 시도해보자

몇 분의 시간을 할애하여 장면 전환을 시도해보자. 우선 주인공이 드레싱 룸 혹은 침실—사적인 안전지대—에서 나와 다른 공간적 배경, 즉 위험과 모험으로 가득한 공공의 영역으로 옮겨가게 해보자. 이때 일관성을 유지하기 위해 그녀의 옷차림은 동일하게 지정한다. 효과적인 연습이 될 수 있도록 다른 인물의 시점에서 주인공의 모습에 관해 써본다.

캐릭터 작업은 우리의 인물이 무기나 돈, 보석, 가구, 주방용품, 차량, 그리고 의복 등의 아이템을 어떻게 다루는지를 지켜보는 일이기도 하다. 이따금 등장인물들은 무대 중심이나 각광에서 벗어나 그림자 속으로 피신해 있을 수도 있다. 우리는 그와 같은 예를 F. 스콧 피츠제럴드의 주인공 제이 개츠비에게서 찾아볼 수 있다. 제이 개츠비는 동부의 여자 데이지 뷰캐넌을 사로잡고 싶어하는 서부 출신의 남자다.

『위대한 개츠비』를 탈고한 후 피츠제럴드는 그 원고를 출판사 스크리브너스의 전설적인 편집자 맥스 퍼킨스에게 보낸다. 퍼킨스는 작품을 마음에 들어하긴 했지만, 개츠비라는 캐릭터가 모호하고 흐릿해서 명징하지 않다고 여겼다. 퍼킨스에 따르면, 개츠비는 실제 나이보다 자기가 더 늙었다고 느낀다. 개츠비의 엄청난 경제적 성공에 대해서는 만족할 만한 설명이 존재하지 않는다. 뉴욕 플라자 호텔에서 발생하는 톰 뮤캐넌(데이지의 남편)과 개츠비 사이의 대결—개츠비의 노란 승용차를 빌려 타고 가던 데이지가 머틀 윌슨을 치어 죽이는 사건 앞 장면—은 톰이 그늘에 가려진 적대자와 격투를 벌이기 때문에 그만큼 긴장감이 떨어진다.

우리는 작품이 시간에 맞서 영원히 살아남을 수 있는 비결을 알아내기 위해 고전명작들을 읽는다.『위대한 개츠비』는 지금으로부터 4반세기 훨씬 전인 1925년에 출간되었다. 당시 어림잡아 55,000부가 팔려 나갈 정도로 인기였지만, 그 선풍적인 인기는 광란의 1920년대 중후반에 대공황의 직격탄을 맞고 사그라졌다. 하지만 오늘날에도 여전히『위대한 개츠비』는 연간 판매부수가 30만부에 달할 정도로 스테디셀러의 반열에 올라 있을 뿐 아니라 네 번이나 영화화되기도 했다. 가장 최근 버전에서는 닉 역에 폴 러드가, 데이지 역에 미라 소르비노가 출연한 바 있다. 인기 작가를 꿈꾸는 이들이라면 누구나 이 시대에 영화가 발휘하고 있는 위력을 잘 안다. 어떤 책이 한 번 영화화된다는 것은 작가에게 반가운 일이다. 두 번 영화화되는 더 기꺼운 일이다. 그런데 자그마치 네 번이나 영화화되었다면 그 작품은 레전드 급에 속할 수밖에 없다. 우리는『위대한 개츠비』가 여전히 많은 사람들의 입에 오르내린다는 사실을 잘 안다. 자, 그러면 방금 전의 화제로 되돌아가서, 작가 피츠제럴드는 어떻게 개츠비를 다시 무대의 중심으로 되돌려놓았을까? 어떻게 해서 그는 그림자처럼 흐릿한 인간이 스포트라이트에 환히 노출되도록 처리한 것일까?

피츠제럴드의 해결방식은 인기 작가를 꿈꾸는 이들에게 하나의 교본으로 받아들여질 만하다. 그는 원고를 출판사에 보내고 나서도 작품 수정을 멈추지 않았다. 그는 개츠비가 '돈' 같은 단어를 입 밖에 내게 될 때까지, 그리고 거기서부터 개츠비의 말문이 새로 트일 때까지 대화를 계속 다듬었다. 그리고 소품들을 주요인물들과 결부시켰다. 개츠비에게는 저택과 노란 승용차, 그리고 슈트, 넥타이, 구두, 무지갯빛 셔츠들 같은 의복들이 주어졌다. 소설 내용을 기억해보면, 무지갯빛 셔츠들은 소설의 전개부 쯤에서 개츠비의 침실 장면에 등장한다. 여기 세 명의 등장인물들이 있다. 그들은 개츠비와 데이지 그리고 닉(소설의 화자)이다. 시간대는 오후이고 방금 막 비가 그쳤다. 개츠비와 데이지는 수년간 헤어져 있다 해후하여 다시 사랑을 불태우려는 참이다. 개츠비는 행복하다. 그의 여인을 다시 얻었기 때문이다. 사라진 데이지가 다시 그의 곁으로 돌아온 것이다. 그녀는 그의 저택으로만 되돌아온 게 아니라 그의 침실로도 복귀했다. 불꽃을 쏘아 올리는 기분으로 뭔가 과시하고 싶어진 개츠비는 자신의 알록달록한 셔츠들을 움켜잡더니 그것들을 허공으로 내던진다. 그 모습은 책의 지면 위에서 마치 폭죽처럼 작렬한다. 셔츠들이 풍선처럼 허공으로 떠오르고, 그것을 보며 데이지는 환성을 내지른다. 그녀는 스펙터클한 것을 좋아하기 때문이다. 하지만 닉은 신경쇠약 직전이다. 개츠비는 이 셔츠들을 모조리 또 한 번 세탁소에 맡겨야만 할 것이다.

  늦은 오후의 햇살 속에서 작렬한 셔츠의 폭죽은 데이지의 마음을 사로잡기에 이른다. 닉이 조용히 그들 곁을 떠난 후에도 개츠비와 데이지 사이의 성행위에 대한 직접적인 언급은 등장하지 않는다. 하지만 침실에서는 내밀한 암시가 그런 언급보다 더 효과적이다. 그리하여 날이 어스름 속으로 저물어가자마자 두 연인은 한몸을 이뤄 뒤엉킨다.

  우리의 작업에서 어떤 인물이 잘 풀리지 않으면 일단 작업을 멈추고 몇 번 심호흡을 한다. 그리고 나서 어떤 소품을 그 인물에 연결시킨다. 우선 의상 아이템에 착안하는 게 좋다. 그러니 개츠비의 알록달록한 셔츠들을 꼭 새겨두도록 하자.

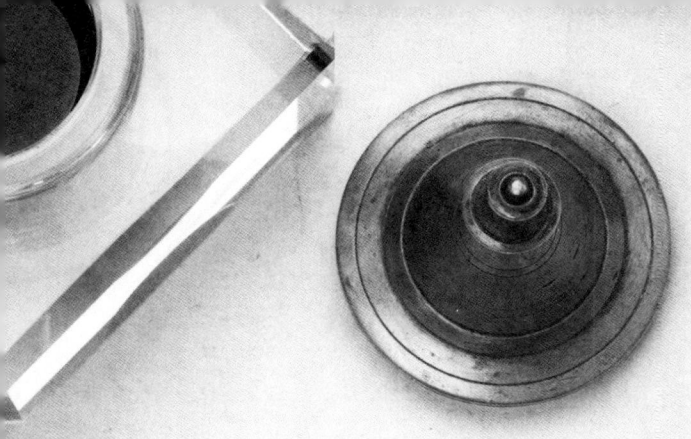

4부

:

15~20주

플롯 짜기 2

지난 1~4주 주말 동안 공부한 대로, 소설의 플롯 짜기는 하나의 발상으로 출발하여 개념, 문제를 떠안고 있는 인물, 그리고 이야기 자료들의 도표화를 통한 장면 구성 순으로 이어진 바 있다. 그에 따라 선을 그어 주인공의 행로를 나타냈다. 그 선은 좌측에서 우측으로 향할수록 상승하다가 클라이맥스에서 정점에 다다르는 직선이다. 우리가 공부한 또 하나의 선은 주인공의 여정이나 탐색을 재현한 원형의 선이다. 그런 원형구조는 『연금술사』 같은 작품을 쓸 때 요긴하다. 작품에서 주인공은 결말에 자기가 출발했던 지점으로 되돌아온다.

  곡선 구조든 직선 구조든 간에, 우리는 이와 같은 지면의 선 위에 자주 오르내리는 비중 있는 인물들의 이름을 기입해둘 수 있다. 도표에 소품들을 추가할 수 있다는 것도 잊지 말아야 할 사항이다. 허구의 작품에서 소품들은 질량과 형태 그리고 실체감 등을 통해 가시적으로 표현될 수 있는 대상이다. 돈, 보석, 무기, 차량, 가구, 의류 등이 다 여기에 속한다. 현찰 다발에 코를 가져다대면 종이와 잉크와 다른 손에서 묻어온 땀냄새까지도 맡을 수 있다. 시퍼렇게 벼려진 칼날에 손을 가까이 대보기만 해도 그게 얼마나 예리한지를 촉감으로 확인할 수 있다. 소품들은 작가로 하여금 지각의 세계를 장악하여 독자에게 제시할 수 있게 한다. 이토록 간명한 방식을 통해 우리는 작품 속에서 더욱 생생한 리얼리티를 확보할 수 있다.

작품의 한 부분을 쓸 때는 소품들을 두 가지 항으로 나눌 수 있다. 하나는 작가의 재량에 따라 움직이고 옮겨지면서 때론 숨겨지거나 비축되는 것들이다. 그리고 또 다른 하나는 붙박여 있거나 어느 한 장소에 고정되어 있어서 좀처럼 움직이기가 어려운 것들이다. 움직이는 게 가능한 소품으로는 돈, 보석, 무기, 차량이 있다. 반면 고정돼 있는 소품은 집, 마천루, 성채, 동굴, 정원, 수영장, 나무, 산, 초대형 암석 등이다. 여기서 알 수 있듯이 공간적 지표들은 대개 이동이 불가능한 소품이다. 예컨대 『위대한 개츠비』에서 재의 계곡을 따라가던 한 여행객은 닥터 T. J. 에클버그의 검안 서비스를 홍보하는 대형광고판 앞에 멈춰 서서 그것을 바라본다. 광고판에 그려진 에클버그 박사의 모습은 계곡의 황무지를 마치 신처럼 굽어보고 있는 듯하다. 안경을 쓰고 있는 박사의 눈은 달걀처럼 둥글다. 그런데 달걀 같은 눈이라는 상징은 작품을 관통하고 있는 두 가지 상반된 공간적 지표를 암시하기도 한다. 먼저 구시대의 부를 상징하는 이스트 에그가 있다. 그리고 그다음으로는 개츠비의 호화저택이 있는 웨스트 에그가 있다. 그 저택은 그가 루이스빌 시절의 연인 데이지 뷰캐넌에게 매혹적인 인상을 심어주기 위해 일부러 빌린 집이다. 그리고 그 집에서 개츠비는 거의 매일 밤마다 춤과 음악 그리고 술이 함께하는 파티를 벌이며 그 사랑의 자기장에 이끌린 데이지가 만의 길목에 나타나기만을 소망한다. 소품들은 반복과 주의 깊은 운용을 통해 나중에 강력한 상징으로 발전할 수 있으므로, 크든 작든 간에 글을 쓸 때 매우 중요하게 다뤄야 한다.

『제인 에어』를 읽어본 독자라면 손필드 저택의 무시무시한 마력을 느끼지 않을 수 없었을 것이다. 손필드 저택은 미스터 로체스터가 소유하고 있는 영국의 지방 가옥으로, 제인에게는 자신을 여러 위험요인들로부터 보호해줄 온기와 위로와 안전의 상징으로 여겨진다. 이와 같은 두 채의 집—손필드 저택과 개츠비의 렌트 하우스—에서는 반복을 통하여 확장된 의미작용이 생겨난다. 그 집들은 모두 작품 속에서 귀향의 의미를 함축하고 있는 공간적 지표로 계속 제시되고 있다. 그러므로 반복의 힘 때문에라도 그것들은 독자의 마음속에서 뿌리 깊은 심상으로 자라지 않을 수 없다. 만일 우리가 소품의 배치를 반복하지 않는다면, 크게 보아 세 가지 난관 앞에 가로막힐 수 있다. 첫째, 필요한 상징성을 창출하는 데 실패하게 된다. 둘째, 상징성의 창출에 실패한 작품은 텍스트로서의 깊이가 결여될 수밖에 없고, 그렇게 되면 독자들은 작품이 허술하다고 여기게 된다. 셋째, 작품에서 유기적인 밀도가 전혀 느껴지지 않게 된다.

　초반 여섯 주 동안 소설의 플롯을 짜는 데 골몰하면서 우리는 앞으로 써야 할 소설의 구조를 모색하기 위해 선을 긋는 방식을 사용했다. 그리고 그다음에는 간결한 문장을 행갈이하여 쓰기로 내용을 보강했다. 그러는 사이 장면들이 발전했고 소품들이 표면 위로 떠올랐다. 인물들도 이야기 속에 진입했다. 그들은 꿈을 꾸었고 상황에 따라 의상들을 골라 입었다. 또한 현재 행위의 동기를 발견하기 위해 과거도 헤집어보았다.

　이제 다음 여섯 주 동안에는 다시 한 번 플롯에 대해 공부할 예정이다. 첫째, 우리는 소품들이 스스로 이야기를 풀어내게 하는 방법을 연습해볼 것이다. 둘째, 주인공을 정하는 문제와 관련하여 신중한 결정을 내리게 될 것이다. 『제인 에어』처럼 주인공을 한 명만 내세울까? 아니면 『암스테르담』이나 『캐벌리어와 클레이의 놀라운 모험』처럼 두 명의 주인공이 좋을까? 혹은 제이디 스미스의 『하얀 이빨』처럼 세 명의 주인공은 어떨까? 『잉글리시 페이션트』의 경우를 따라 네 명이나 등장시켜도 괜찮을까?

　이 책의 조언은 한 명의 주인공으로 뚝심 있게 밀고 나가라는 것이다.

한 명의 주인공만으로도 이야기를 충분히 끌어올리는 데는 아무 지장도 없기 때문이다. 하지만 우리의 글쓰기 코스에서 참고하고 있는 대다수 작품의 작가들이 여러 명의 주인공들을 기용하고 있으니, 작가들이 어떤 방식으로 한 명 이상의 주인공을 운용하는지도 배워야 할 것이다.

   소품과 주인공에 대한 작업을 마치고 나면, 이제는 시놉시스를 작성하는 데 필요한 자료들(그리고 많은 질문들과 열린 결말)을 넉넉하게 모아야 할 차례이다. 시놉시스의 작성은 구조를 짜는 과정이라 할 수 있다. 창작열이 솟구칠 때마다 새로운 시놉시스를 계속 쓰는 게 좋다. 시놉시스 쓰기는 소설을 마무리 짓기 전, 작업에 대한 개요와 전체적인 느낌을 미리 제시해줄 수 있다. 그러니까 시놉시스 작성을 통해 우리는 한 걸음 뒤로 물러나서 지면의 언어들에 고착되어 있던 근시안에서 벗어나, 큰 그림을 조망하게 될 것이다. 이럴 때는 잘 쓰인 시놉시스 견본들을 구해서 읽는 것도 도움이 된다. 뛰어난 시놉시스들을 읽고 싶다면, 명작 오페라의 플롯을 간추린 책도 좋다(『The Wordsworth Book of Opera』를 추천한다). 혹은 『옥스퍼드 영미 문학 안내서』에 빽빽이 적힌 요약 플롯들을 공부해도 좋다.

15~16주: 소품으로 플롯짜기

소설을 위한 완벽한 소품의 선택

　고래잡이용 작살은 『모비 딕』에서 절대적으로 필요한 소품이다. 이 소설에서 고래잡이용 작살을 뺀다고 가정해보자. 그러면 광기 어린 복수욕에 불타오르는 주인공 에이해브가 백경을 찾아 헤매는 상황의 위력이 반감될 수밖에 없다. 전사에서 백경은 그의 한쪽 다리를 앗아간 것으로 제시돼 있다. 다시 한 번, 이 소설에서 고래잡이용 작살을 뺀다고 가정해보자. 그러면 소설의 클라이맥스는 힘을 잃고 말 것이다. 그 대목에서 에이해브는 고래잡이용 작살을 자신의 숙적에게 던지며 외친다. "이리하여 나는 나의 작살과 영영 작별하련다."
　유리 구두는 신데렐라 이야기에서 절대적으로 필요한 소품이다. 이 이야기에서 유리 구두를 빼면 이야기의 커다란 덩어리가 통째로 사라지는 셈이다. 첫째, 신데렐라가 옷단장을 하는 장면. 그 장면에서 신데렐라는 가냘픈 발을 유리 구두 속으로 밀어 넣는다. 둘째, 무도회 장면. 그 장면에서 신데렐라는 멋진 왕자님과 왈츠를 춘다. 셋째, 자정을 알리는 종소리가 울릴 때 신데렐라가 무도회에서 빠져 나오는 장면. 그때 그녀는 시간에 쫓겨 성의 계단을 서둘러 내려오다 유리 구두 한 짝을 잃어버린다. 넷째, 유리 구두를 신어보는 클라이맥스 장면. 월트 디즈니의 애니메이션 버전은 이 장면을 사악한 계모가 유리 구두를 망가뜨리는 것으로 처리했다. 그런데 놀랍게도 신데렐라─지금까지는 빈곤과 잿속에서 허덕여왔지만 총명하기 그지없는 우리의 여주인공─가 유리 구두를 또 하나 만들어내고, 이로 인해 그녀는 하층민의 세계에서 상류세계로 일약 발돋움하게 된다.

『신데렐라에 관한 설화 사례집』에 따르면, 신데렐라 이야기는 약 4,000여 종 이상의 판본으로 변주되었다고 한다. 이 판본들의 대다수는 구두가 발에 맞느냐는 테스트를 거쳐 천한 신분에서 높이 발돋움하는 소녀를 내세우고 있다. 몇몇 판본들에서는 모피로 만든 구두가 등장하기도 하지만, 대체적으로 구두의 재료는 유리로 설정되어 있다. 그게 모피든 유리든 상관없이 구두는 특별한 소품에 해당된다. 그 소품은 이야기 속에 왕자를 데려오는 매개체로 작용할 만큼 강력하다. 거기에는 한 치의 오차도 허용되지 않는다. 이야기 속에서 유리 구두가 분실되거나 망가지는 것은 오로지 결말의 지연으로 이야기의 흥미를 더욱 고조시키기 위해서이다. 유리 구두라는 소품은 3장의 클라이맥스뿐 아니라 1장과 2장에도 일찌감치 등장한다. 작가들 사이에 이것은 '소품 심어두기'라는 용어로 불린다.

이처럼 몇몇 소품들이 중요해 보일 때는 작품 초반에 일찌감치 심어두는 게 좋다. 어떤 소품들이 이야기를 풀어가는 데 도움이 될지 결정하기 전에, 필요해 보이는 것보다 더 많은 소품들을 심어둬야 한다. 소설의 결말에 다다라 처음부터 끝까지 전반적인 흐름을 조망할 수 있을 때까지는 그게 뭔지 알아내기가 결코 쉽지 않기 때문이다. 따라서 조망이 가능해지는 지점에 이르면, 소설의 첫 부분으로 돌아가서 연필을 손에 쥐고 주요 소품들의 목록을 꼼꼼히 정리하는 과정이 필요하다. 일단 지금은 여러 소품들로 원고의 지면을 가득 채운다. 어차피 타이머에 맞춰 빨리 써야 하므로 그럴 수밖에 없긴 하지만, 그래봐야 잃어버릴 것도 없다. 그 과정에서도 편집은 금물이다. 그저 말들이 빚어내는 소품들의 이미지에만 집중하라.

　새로운 인물을 창조할 때는 한두 가지 소품들과 결부된 습관 하나씩을 설정해보자. 언뜻 간단한 작업처럼 보이긴 해도, 창작수업 시간에 수강생들에게 본인과 친근한 소품이 무엇인지 점검하라고 해보면, 혹은 지금 이 강의실 안에 있는 소품들에 관해 물어보면 다들 예상 외로 난감해하기 일쑤이다. 몇몇 수강생들은 창밖만 바라보고, 어떤 이들은 책상 밑으로 눈을 내리깐다. 실내는 삼삼오오 무리지어 웅성거리는 소리로 가득 찬다. 그리고 갑자기 수강생 하나가 손을 번쩍 들고 이런 질문을 한다. "선생님, 소품 하나를 그냥 정해주시면 안 될까요?" 바보 같은 질문이지만, 매번 반복해서 맞닥뜨리게 되는 질문이기도 하다.

　그럴 때면 우리는 『모비 딕』에 등장하는 소품들을 떠올려보라고 조언해준다. 예컨대 고래잡이용 작살, 포경선, 보통 작살, 돛폭, 육분의, 고래 턱으로 만든 키 손잡이, 고래 뼈대로 가공한 상아색 의족, 에콰도르에서 유통되는 스페인 금화, 널쪽 등.

　소품들을 바꿔보라. 그러면 처음과 전혀 다른 이야기를 늘어놓을 수밖에 없다. 신데렐라 이야기에 나오는 소품은 파티 드레스와 유리 구두 그리고 마차로 변하는 호박과 자정을 알려주는 괘종시계 등이다. 그림 형제의 판본은 여기에 신데렐라 생모의 무덤가에서 자라나는 신목神木 한 그루를 추가하고 있다. 『잉글리시 페이션트』의 주요 소품들로는 알마시의 책 헤로도토스의 『역사』를 포함하여 다음과 같은 것들이 있다. 책갈피 사이에 꽂아두어 알마시가 그 대목들과 자신의 심정을 동일시했던 말린꽃들, 남자들과 한 여자가 사막의 모닥불 앞에서 벌이는 캠프파이어, 그녀를 향해 치켜든 샴페인 한 병(1930년대 사막에 벌어지는 작중 현실의 삼각관계[알마시, 캐서린 그리고 그녀의 남편 제프리]를 비쳐주는 거울이나 다름없는 책 속의 성적인 삼각관계[기게스, 칸다울레스 그리고 옴팔 여왕]를 여자로 하여금 옳게 만드는), 치명적인 무기로 돌변하는 노란 비행기, 사막의 모래 밑에 묻혀 있는 유전, 유전의 위치를 가리키는 사막의 사진들, '헤엄치는 자들'의 동굴, 그것이 그려진 벽화, 사막의 지도, 그 지도의 지형에서 연상되는 여인의 몸.

우리들의 일상생활은 여러 소품—의류, 장신구, 무기, 필기구들, 은제식기, 유리그릇, 가구, 차량, 서적, 종이, 컴퓨터, 마우스, 커서, 모니터, 스피커, DVD, 숟가락, 포크, 나이프, 찻잔, 캠코더, 아이팟—으로 가득 차 있다. 하지만 글 쓸 때는 종종 그것에 관해 무심해지는 경우가 많다. 소품 없는 글쓰기는 추상적인 단계에 머무른다. 구체성과 접촉하고 그것을 유지하려면, 정신이 소품들을 끊임없이 실어 나르는 컨테이너가 되게 해야 한다. 그 적재함이 차고 넘치도록 각자의 컨테이너에 소품들을 그득 채워 넣는다. 그것이 가득 찼다 싶으면 그 내용물들을 지면에 우르르 쏟아낸다. 그리고 다음의 예와 같이 소설의 구조를 대충 잡아본 도표에도 반영한다. 일단은 소품들이 아무 데나 쏟아지도록 놔둔다. 그러고는 위 아래로 두 개의 선분을 긋는다. 다른 데 신경 쓰지 말고 그저 지면 위에 선을 긋기만 한다. 그런 다음 물끄러미 바라보자. 그러면 방금 그어둔 선들이 소품들과 어울리며 그 주위에 어떤 움직임이 형성되는 게 보일 것이다. 그 조화 속에서 이야기가 풀려 나오게 된다. 다음 소품의 예는 신데렐라 이야기에서 따온 것이다. 그 소품들이 어떻게 놓여 있는지 관찰해보자.

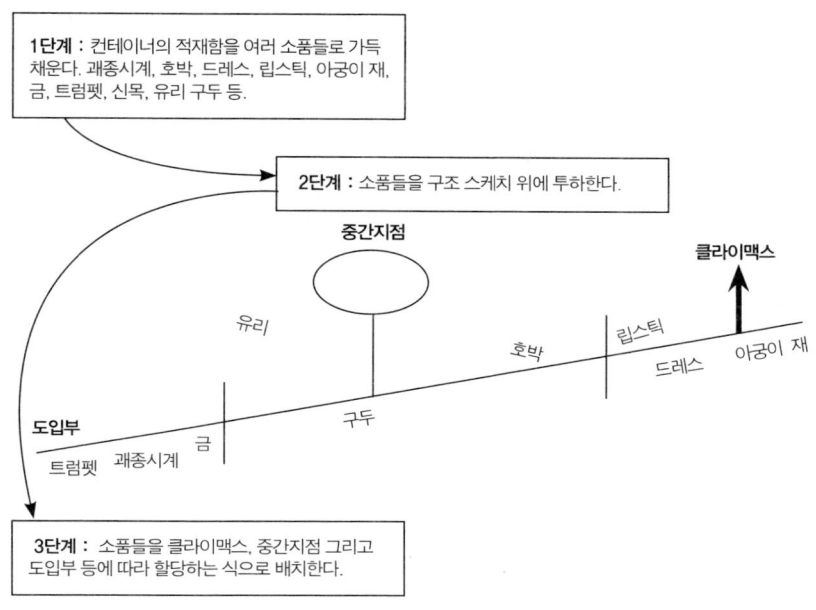

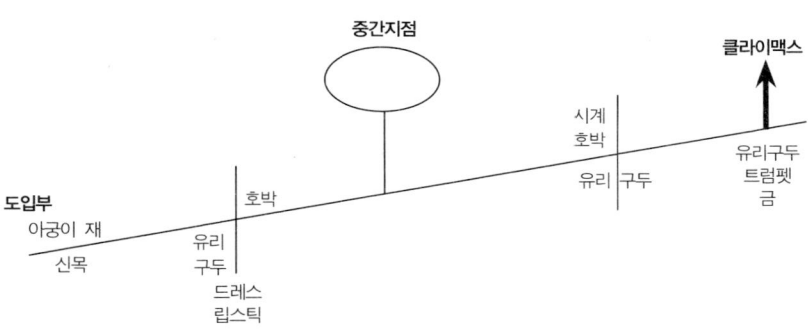

그림 8 : 신데렐라 이야기의 소품 배치

 이야기를 풀어갈 수 있도록 소품들을 가지런히 배치해보면, 신데렐라의 유리 구두는 1장의 말미쯤 요정 대모가 그녀에게 가져다준 여러 의상 소품들 중 하나로 이야기에 처음 등장한다. 신데렐라 이야기의 일부 다른 판본에서는 생모의 무덤가에 자라는 신목이 그녀를 위해 만들어낸 선물로 그려져 있기도 하다. 그림 형제 판 『신데렐라』에서 그녀는 앞날을 내다볼 줄 아는 소녀로 등장하여 부친이 귀가하는 도중 쓰고 있던 모자에 부딪혀 꺾인 나뭇가지 하나를 땅에 심고 자신의 눈물로 물을 준다.

유리 구두는 깨지기 쉽다. 그런데도 신데렐라 이야기를 주관하는 것이 바로 이 소품이다. 〈워킹 걸〉이라는 영화판 신데렐라 이야기에서 잃어버린 유리 구두(뒤에 남겨진 소품)에 해당되는 것은 멜라니 그리피스가 완벽하게 연기해낸 테스 맥길의 서류가방이다. 그 가방은 해리슨 포드가 연기한 멋진 왕자님을 그녀에게 선사하기에 이른다. 그가 서류가방을 전해주면서 그녀에게 멋진 왕자님과 재회하는 행운이 찾아오는 것이다. 적확한 손길로 다뤄진 적재적소의 소품들은 이처럼 이야기를 빚어내게 된다.

소품들이 이야기를 풀어놓은 경우 : 『위대한 개츠비』

『위대한 개츠비』를 읽어본 독자라면 아마도 노란 차를 기억할 것이다. 그 차는 컨버터블 형으로 개츠비가 닉의 저택 진입로에 도착하는 4장부터 등장한다. 때는 7월이다. 개츠비의 파티는 데이지의 관심을 끄는 데 실패했다. 그리하여 그는 닉에게 도움을 요청한다. 닉은 데이지의 사촌이다. 노란 차는 누구의 눈길이라도 끌 수 있을 만큼 화려하고 특이한 외관을 자랑한다. 차의 앞 유리에는 마치 태양이 붙잡혀 걸려 있는 듯 보일 정도이다. 개츠비는 그것을 '천 개의 태양들이 빚어낸 미로'라는 말로 묘사한다. 차의 실내 공간을 이루고 있는 재질은 푸른색 가죽이다. 개츠비의 노란 차는 분명 지나칠 정도로 외관이 화려하다. 하지만 서부 변두리 출신의 가난한 청년 개츠비는 그 차를 자신이 마침내 여기에 도착했다는 상징으로 여기고 있다. 그런 탓에 그는 노란 차가 앞으로 치명적인 무기로 돌변하리라는 사실에 대해 전혀 예감하지 못한다.

이 소설에는 두 개의 클라이맥스가 있다. 첫 번째 클라이맥스는 윌슨의 정비소가 있는 재의 계곡에서 벌어진다. 그 대목에서 데이지는 머틀 윌슨—데이지의 남편 톰과 불륜의 관계를 맺고 있는 노동계급의 정부—을 그 노란 차로 치어버리고 만다. 두 번째 클라이맥스는 웨스트 에그의 렌트하우스에 있는 풀장에서 발생한다. 거기서 개츠비는 수영을 즐긴다. 계절은 늦여름의 끝 또는 초가을의 시작이다. 풀장 수면 위로 고엽들이 떠다닌다. 개츠비는 혼자 고무튜브 매트리스에 누워 있다. 대저택에는 시종들이 있다. 노란 차는 차고에 숨겨져 있다. 한 시종이 방금 총성을 들었음을 기억해낸다. 한 방은 개츠비를 겨눈 것이고 다른 한 방은 살인자가 자살하기 위해 스스로에게 쏜 것이다. 살인자는 조지 윌슨이다. 그는 자동차 정비사이자 애시 계곡에 있는 윌슨 정비소의 사장이다. 데이지에게 희생당한 머틀의 남편이기도 하다. 조지는 개츠비가 노란 차를 소유하고 있다는 이유에서 그를 살해한다. 그러면서도 그 차로 아내를 죽인 게 데이지라는 사실을 전혀 모른다. 데이지 본인은 물론 톰도 알고 있고, 화자 닉도 알고 있다. 개츠비는 한 소품과의 연관성으로 인해 결국 죽임을 당한다.

소설의 플롯을 짤 때는 소품들이 연이어 등장하게 만든다. 인물들과 소품들이 밀접하게 결부되어 있어야 한다는 점을 기억해두자. 그리고 장면들 사이에서 소품들이 서로 긴밀하게 연결되게 한다. 『위대한 개츠비』에서 노란 차는 윌슨의 총—둘 다 치명적인 무기이다—과 결부돼 있다. 또한 그 노란 차는, 그것의 기능과 차체 크기와 외관에 관한 묘사 때문에 다시 다른 차량과 연결된다. 이 소설에서 세 가지 소품들(일반적인 차, 총, 노란 차)을 따라가다보면, 우리는 아래와 같이 반복되는 소품들의 결속력을 느끼게 된다.

- 2장에서 닉은 조지 윌슨이 톰의 차를 사겠다고 요청하는 것을 우연히 엿듣는다. 이 장면은 나중에 잘못 받아들여진 암시의 순간을 예비하게

되는데, 그 장면에서 머틀은 톰이 노란 차를 몰고 다니는 줄 안다. 그 차는 결국 클라이맥스에서 그녀를 죽음으로 몰아간다.

• 3장에서 파티에 참석한 올빼미 안경의 손님이 개츠비의 저택 정면에 차를 들이받는다. 다행히 충돌이 크지 않아 아무도 다친 사람은 없다. 하지만 데이지가 노란 차로 머틀을 살해할 때는 사정이 다르다.

• 4장에서 노란 차가 요란한 경적을 울리며 이야기에 처음 진입한 후, 개츠비가 마이어 울프심과의 점심에 닉을 동참시키기 위해 태우러 가는 동안, 차에 대한 정밀묘사가 이어진다. 마이어 울프심은 개츠비의 동업자로, 그들의 주력 업종은 밀주이다. 또한 그는 월드시리즈를 정착시킨 장본인이기도 하다. 여기서 작가 피츠제럴드는 개츠비를 부패와 결부짓기 위해 차를 내세우고 있다.

• 4장에서 노란 차를 타고 시내로 들어가는 도중 개츠비와 닉은 영구차 한 대와 엇갈린다. 영구차는 죽음을 나타낸다. 노란 차는 속력을 다해 그냥 지나쳐 간다. 적어도 이번만은.

• 4장 후반부에서 조던 베이커는 회상을 통해 데이지의 흰색 2인승 승용차를 떠올린다. 전사에서 그녀는 흰색 드레스를 입고 있는 데이지의 모습도 기억한다. 흰색은 데이지가 취한 위장술이다. 실제로 그녀는 나중에 자기 남편의 정부를 살해하게 되는 죽음의 화신이다. 조던 베이커는 캘리포니아에서 톰의 차가 호텔 여종업원의 팔에 부상을 입혔다는 사실 또한 기억해내는데, 알고 보니 그녀 또한 톰의 여자 중 한 명이었다.

• 7장에서 데이지의 남편 톰 뷰캐넌은 시내로 드라이브를 나서는 길에 개츠비와 서로 차를 맞바꾼다. 노란 차의 운전대를 잡은 톰은 기름을 넣으려고 애시 계곡에서 차를 멈춰 세우는데, 2층 창문에서 내려다본 머틀 윌슨(톰의 정부)은 뒷좌석에 앉은 조던 베이커를 데이지로 착각한다. 톰은 윌슨에게 노란 차를 팔겠다고 말하면서 자기가 차의 진짜 소유주인 척한다.

• 7장에서 시내에 있던 개츠비와 데이지는 이스트 에그의 집을 향해 출발한다. 운전대는 개츠비가 잡기로 한다. 데이지는 개츠비와 톰 사이의 격렬한 언쟁을 목격하고 만 까닭에 안절부절못하고 있다. 노란 차가 애시 계곡에 다다르기 전, 개츠비는 데이지에게 운전대를 넘겨주기로 한다. 잔뜩 곤두 서 있는 그녀의 신경을 가라앉히고 싶어서다. 이 교대 운전으로 데이지는 이제 그녀의 남편이 시내로 갈 때 앉았던 자리에 앉게 된 셈이다. 그런데 톰이 아직도 운전중이라고 생각한 머틀이 그 차를 멈춰 세우려고 하다가 데이지 때문에 차에 치이고 만다.

• 8장에서 닉은 개츠비에게 노란 차를 어딘가에 숨겨놓고 마을을 떠나라고 충고한다. 하지만 비틀린 사랑에 눈이 먼 로맨틱 히어로 개츠비는 거절한다.

• 8장은 다시 윌슨의 정비소로 돌아온다. 아내를 여의고 홀몸이 된 조지 윌슨은 범죄 상황을 분석해본다. 그러고는 노란 차의 운전자에 대한 복수를 다짐한 후 톰의 집으로 찾아간다. 톰은 윌슨을 웨스트 에그에 있는 개츠비의 저택으로 보낸다.

• 8장 후반부에서 머틀의 죽음을 애통해하던 남편 조지 윌슨은 웨스트 에그의 풀장에서 개츠비를 살해하고 만다. 그는 톰이 준 힌트에 따라 노란 차를 추적한 끝에 결국 개츠비를 찾아낸 것이다. 이 대목은 참으로 아이러니하다. 자기 아내와 통정해온 사내를 살해하는 대신, 그는 엉뚱하게도 톰의 아내와 통정한 사내를 죽였기 때문이다. 개츠비는 희생양이 되고 만 것이다. 초대장 없이 이스트 에그의 상류층 세계에 발을 들인 대가로 자기 목숨을 내준 셈이다.

• 9장에서 개츠비가 죽은 오후를 떠올리며 톰은 윌슨에게 노란 차의 소재지가 어디인지 말해준 자기 행동을 정당화한다. 그는 윌슨이 미쳐 있었다고 말한다. 톰은 자기 아내 때문에 두려워했다. 그래서 윌슨에게 사실을 털어놓을 수밖에 없었다. 노란 차의 진짜 소유주가 개츠비라고.

소품을 적극적으로 활용한 글쓰기는 좋은 결실을 맺을 수 있다. 그 소품들이 장면 사이를 원활하게 연결할 수 있도록 도울 뿐 아니라, 어떤 소품을 각각의 인물에게 배당했을 때 인물이 배역과 함께 성장하는 효과가 배가될 수도 있다. 개츠비의 노란 차는 신데렐라의 유리 구두에 대응한다. 소품의 주인이 바뀌면 인물은 곧장 행위에 진입하게 된다. 톰이 개츠비의 차를 타게 되면서, 신데렐라의 사악한 계모가 유리 구두를 손에 넣자마자 왕비가 되려는 신데렐라의 희망을 짓이기겠다는 생각에 그것을 바닥에 내팽개쳤을 때와 비슷한 극적 긴장감이 파도친다. 주요 소품은 관심을 끄는 데 탁월하다. 노란 차는 이 소설을 영화화한 네 가지 버전에서 모두 클라이맥스를 차지했다. 깨지기 쉽지만 마법과도 같은 유리 구두가 없었다면 신데렐라는 과연 어찌 되었겠는가?

이와 같은 반복 기법이 아무것이나 낡아빠진 소품에도 통용될 수 있을까? 그 질문에 답하기 위해 제이디 스미스의 『하얀 이빨』에 나오는 소품 하나를 눈여겨보자.

작가들의 예를 참조하기

작가 제이디 스미스의 『하얀 이빨』은 한 남자가 차에 타고 있는 장면으로 시작하여 세 명의 주인공이 등장하는 소설의 서막을 연다. 스미스가 이 작품에서 그리는 인물들의 주요 의식ritual은 자기 처형의 의미를 띤 자살 시도이다. 소설 도입부에는 두 가지 소품이 등장한다. 자동차와 탄환이 그것이다. 유해한 배기가스를 내뿜는 차는 생명을 앗아가는 치명적인 무기로 등장한다. 한 등장인물의 넓적다리에는 2차 세계대전 때 당한 총격으로 인해 여전히 탄환 하나가 박혀 있다. 결국 자살 시도에 실패하면서 이 소설의 서막을 여는 인물은 아치 존스로, 이 소설에 등장하는 세 주인공 중 하나다. 서두 장면의 공간적 배경은 런던의 한 거리이지만, 작품 전반을 흐르는 주인공들의 회상 장면은 독자를 이탈리아와 인도 그리고 자메이카에서 보낸 한 시절로 이끈다. 여느 훌륭한 소설가들과 마찬가지로, 스미스 또한 이 복잡다단한 작품 속에서 시간 이동의 밀도를 극대화하기 위해 한 가지 반복되는 소품(탄환)을 활용하고 있다.

소설의 첫 머리를 여는 것도 남자의 넓적다리에 박혀 있는 탄환이다. 여기에는 다른 사연이 있다. 독자는 1부의 말미에 이르러 그게 무슨 이야기인지를 회상 장면을 통해 접하게 된다. 그리고 또 하나의 탄환이 4부 말미에 등장하며 소설의 막을 닫는다. 그 대목은 『하얀 이빨』의 클라이맥스에 해당한다. 거기서 어느 미치광이 살인마는 아치를 살해하려고 시도한다. 흥미로운 것은 이 작품의 서두에서 아치가 자살을 시도했다는 점이다. 클라이맥스에 등장하는 흉기는 피스톨이고, 공간적 배경은 공동체 회합이 있던 런던 근교이다. 하나는 결말에, 다른 하나는 발단에 전략적으로 배치되어 있는 두 발의 탄환은 우리에게 소품의 중요성에 대해 다시금 이야기해준다.

작가가 세 명의 주요 화자(사마드, 아치, 그리고 아이리)를 내세울 뿐 아니라, 클라이맥스를 향하여 치닫는 작품 결말에 이르러서는 여러 명의 군소 화자들에 의해 스토리텔링이 여럿으로 분할되는 전개방식을 택한 까닭에, 탄환은 독자에게 의미심장한 메시지를 던져준다. 말하자면, 총탄을 맞게 되면서부터 아치는 독자가 한동안 생각해온 것보다 훨씬 더 중요한 인물임이 판명된다. 충격을 당한 경험으로 인해 아치 존스는 사마드나 아이리보다 한층 높은 비중을 차지한다. 그 탄환은 이 왁자지껄한 인도식 말투와 이국적인 억양으로 뒤덮인 이주와 유랑의 세계를 충격과 경악의 도가니로 몰아넣은 셈이다.

여기에서 탄환은 대응할 방안을 토의하기 위해 런던의 외곽 지역에 다 함께 모인 사람들 사이를 비집고 들어간 폭력의 칼날이다. 또한 그것은 하나의 행위이다. 그것은 토의를 끝장내고, 사회의 얼굴에서 가면을 벗겨낸다.

『하얀 이빨』 같은 작품들은 우리에게 다음과 같은 교훈을 제시한다. 짧은 단락, 가령 대여섯 줄 정도의 글 속에서 하나의 소품을 반복하여 등장시키면 글쓰기의 밀도가 강화된다는 점이다. 반복되어 등장하는 소품은 작품이라는 천을 짜는 굵은 실과도 같다. 『하얀 이빨』의 각 장처럼 하나의 소품을 좀더 긴 분량 안에서 반복해가면 이 같은 성과에 다다를 수 있다.

화이트브레드 문학상을 수상한 이 작품의 클라이맥스에 등장하는 탄환은 1부와 2부를 마감하는 사건들과 클라이맥스의 사건을 연결해준다. 그러면 여기서 소설을 관통하는 탄환의 궤적을 한 번 따라가보자.

소품 1: 1945년도의 탄환

『하얀 이빨』에서 첫 번째 탄환은 2차 세계대전 중에 등장한다. 당시 권총의 오발 사격으로 세 명의 화자 중 하나인 사마드 익발이 중상을 당한다. 이 탄환은 작품의 1부에 등장하는데, 1부의 부제는 '아치, 1974년과 1945년'이다. 아치의 등장 부분 말미에 종전 직전 이탈리아 행의 긴 회상 장면이 이어지면서, 1945년은 중요한 해로 남는다. 탄환은 사마드 익발이 아치에게 자신이 권총 오발 사고로 어떻게 다쳤는지에 대해 술회하는 회상 장면 안에서 얼핏 나타났다가 사라진다.

사마드는 벵골 출신의 무슬림이다. 그의 손을 마비시킨 탄환은 인도 군대의 시크교도가 쏜 총에서 날아왔다. 그 회상 장면을 통해 1부의 화자인 아치 존스는 시크 박사라는 이름의 전범을 처단하려는 자신의 의도를 털어놓는다. 기나긴 준비 기간 이후—이 대목은 전쟁에 대한 아이러니와 정묘하게 다듬어진 익살 등의 여담들이 쏟아지는 폭풍 전야라 할 수 있다— 아치는 결국 시크 박사를 제거하기에 이른다. 하지만 이 장면은 직접적으로 묘사되지 않고 독자들의 시선에서 벗어나 있다. 이런 처리방식은 그리스 비극과 비슷하다. 그리스 비극에서는 등장인물이 희생자의 머리를 베거나 눈알을 뽑는 장면에서 폭력성이 노출되지 않도록 어김없이 무대 바깥으로 이동하곤 한다. 작가는 재빨리 사마드의 시점으로 이동함으로써 우리의 눈앞에 그런 처단 장면이 노출되는 것을 숨긴다. 길고 아슬아슬한 한 순간이 지나갈 때까지 독자는 사마드와 함께 기다릴 수밖에 없다. 그동안 시크 박사와 아치는 서로 약간의 대화를 나눈다. 아치가 결국 그를 살해할 것인가? 아치는 '그럴 것 같군' 하고 대답한다. 시크 박사는 목숨을 구해달라고 간청해도 되냐고 묻는다. '원한다면' 하고 아치는 박사를 떠밀며 대답한다.

시간이 흐른다. 사마드는 지프차에 멀거니 앉아 기다릴 뿐이다. 총성한 방이 들린다. 총성이 들리자 사마드는 소스라치게 놀란 몸짓으로 독자에게 자신의 반응을 전한다. 5분이 경과한 후, 사마드는 아치가 이야기로 복귀하는 모습을 묵묵히 지켜본다.

아치는 피를 흘리고 있다. 또한 다리를 절뚝거리고 있다. 야심한 시각이다. 아치의 모습은 지프차의 전조등 불빛 안팎을 드나들며 나타났다 사라졌다 한다.

아치가 등장하는 1부가 끝날 때까지도 시크 박사의 처형에 대한 언급은 한 마디도 나오지 않는다. 우리가 알고 있는 대로라면, 총구를 떠난 탄환은 멀리 날아가더니 초고속으로 회오리치며 시크 박사의 몸통을 꿰뚫었다. 독자는 과연 아치가 왜 피를 흘리며 나타났는지 알 수 있게 될 것인가?

소품 2 : 1857년도의 탄환

두 번째 탄환은 또 다른 회상 장면을 통해 이야기의 표면으로 떠오른다. 그것은 소설 2부의 화자로 나선 사마드의 시점을 통해 이루어진다. 2부의 부제는 '사마드, 1984년과 1857년'이다.

이런 부제에는 패턴이 있다. 1974년과 1945년, 1984년과 1857년 같은 연도의 사용으로 제이디 스미스는 과거로 통하는 통로를 열어놓는다. 작가는 두 개의 부에서 클라이맥스를 효과적으로 창출하기 위해 회상 기법을 구사하고 있다. 1,2부를 잇는 공통의 소품 역시 탄환이다.

시크교도의 권총에서 날아든 탄환은 사마드의 손을 망가뜨린다.

아치의 총구를 빠져나간 탄환은 부메랑처럼 아치에게 되돌아온다. 1857년의 탄환은 인도 태생의 영웅이 쏜 총에서 날아든 것이다. 그의 이름은 만갈 판디. 여러 편의 시와 러디어드 키플링 같은 작가의 소설에 의해 서구에 널리 알려진 이 시대에 영국군 병사로 복무한 인물이었다.

1857년의 탄환은 무대의 중심을 차지할 수밖에 없는데, 이는 식민지 대륙의 수월한 정복과 통치상의 편의를 위해 영국인들이 시크 교도와 무슬림 그리고 힌두교 추종자들로 하나의 군대를 조직했기 때문이다. 이 부대에 속한 병사들은 기마용병으로 불렸다. 새로운 유형의 영국제 탄환이 도입될 거라는 풍문이 모든 부대 구성원들에게 퍼져 있을 무렵, 만갈 판디는 기마용병으로 복무중이었다.

이때는 1857년도였으므로, 탄환들은 모두 외피에 싸여 있었다. 기마용병이 총기에 탄환을 장전하려면 반드시 그 외피를 이로 물어뜯어 벗겨내야 했다. 그런데 부대 구성들 사이에 퍼져 나간 풍문에 따르면, 그들에게 지급된 탄환 외피의 재질은 동물 기름이라는 거였다. 그리고 탄환을 에워싸고 있는 이 동물 기름의 출처—영국 식민지 군대에 충분한 탄환을 지급하기 위한 방책으로 무슨 수를 썼을까 하는 상상과 함께—가 돼지와 소라는 말도 나돌았다.

돼지라면 돈육을 뜻한다. 무슬림들은 돈육을 먹지 않는다. 그리고 소는 힌두교도들이 신성시하는 동물이다.

탄환은 급기야 싸움의 지형까지 바꿔놓기에 이른다. 이들은 더 이상 기계조직의 부품, 대영제국만 풍요롭게 살찌우는 기계붙이의 톱니바퀴로 남아 있을 수 없었다. 기마용병들의 눈에 이 탄환은 인도 고유의 풍습을 파괴하려는 대영제국의 흉계처럼 비치기 시작했다. 동물 기름을 물어뜯도록 강요하는 것은 인간의 존엄성을 짓밟으려는 의도였다.

동물 기름으로 외피를 싼 탄환에 심한 분노와 모욕감을 느낀 만갈 판디는 술에 취해 영국 장교인 자신의 직속상관을 그만 총으로 쏴 죽이려 든다. 하지만 탄환이 빗나가는 바람에 만갈 판디는 상관을 상처 입히는 데 그치고 만다. 기마용병들이 그를 말리려고 몰려오는 동안, 만갈 판디는 머리에 소총을 겨눈 후 엄지발가락으로 방아쇠를 당기려고 시도한다. 하지만 자살 시도는 실패로 돌아간다. 대영제국의 군사법원은 만갈 판디에게 교수형을 선고한다. 형 집행을 앞두고 기마용병들이 뜻을 합쳐 반란의 불씨—안 그래도 동물 지방으로 포장한 탄환 때문에 다들 투쟁심이 들끓던 참인데—를 피워 올리면서 대영제국의 지배력을 위협한다.

다음의 도표(그림 9 참조)는 『하얀 이빨』의 핵심 소품인 탄환의 이동경로를 나타내고 있다. 그 경로는 아치가 화자로 나오는 1부에서부터 사마드가 화자를 맡은 2부를 거친 후 클라이맥스에 이른다. 클라이맥스의 시점은 밀라트(사마드의 아들 중 하나)에서 아치로, 아치에서 사마드로, 그리고 다시 1945년을 회상하는 아치로 빈번하게 이동한다. 그 대목에서 우리는 다음과 같은 사실을 발견하게 된다.

아치 존스는 1945년에 시크 박사를 총으로 쏘지 않았다.
하지만 시크 박사는 아치를 쏘았다.

바로 이와 같은 비밀을 유지하기 위해 작가는 그 대목의 시점을 사마드에게 넘겨줬던 것이다.

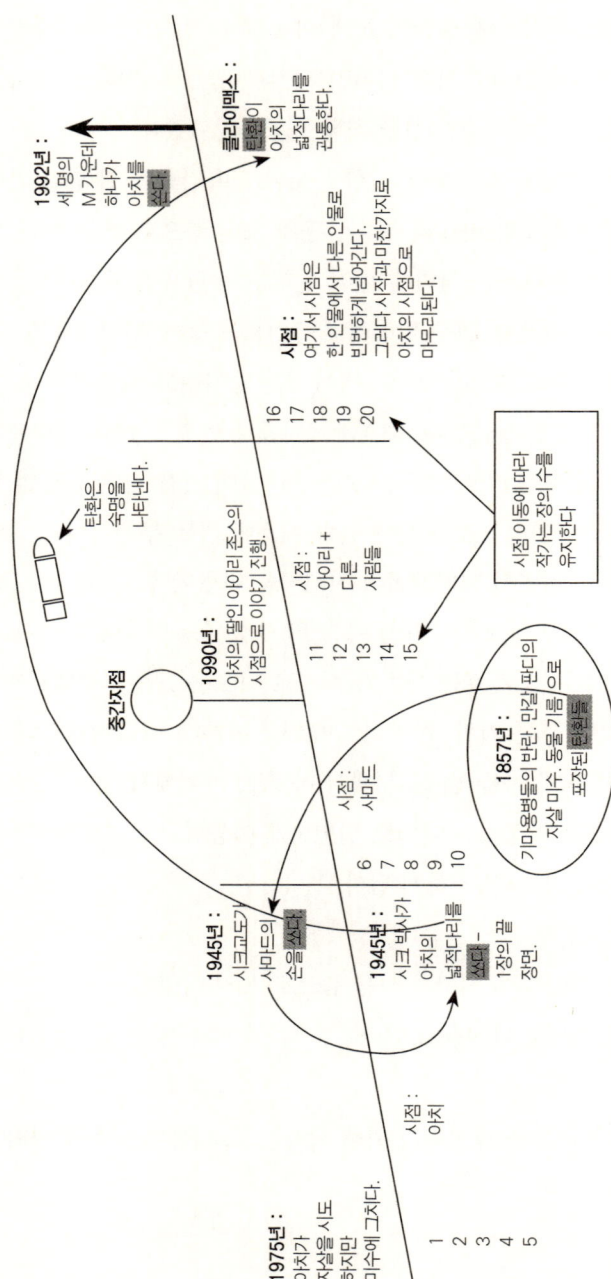

그림 9. 『하얀 이빨』의 미술적인 소품으로 탄환의 이동

소품 3 : 서스펜스를 빚어내는 2000년도의 탄환

이제 '마기드, 밀라트, 그리고 마커스, 1992년과 1999년'이라는 부제가 붙은 4부로 넘어오면, 밀라트가 쏜 탄환이 혼란의 한복판을 관통한다. 그 탄환을 발사한 밀라트는 '대부'라는 이름의 이탈리아 카페에서 경찰 간부를 저격하는 순간 알 파치노를 떠올린다.(이 대목에 긑줄을 그어두자. 현대의 소설가들은 19세기 작가들이 고대 그리스·로마 비극들을 참조했던 방식으로 영화 속 장면들을 활용한다. 여기서 작가는 분석과 함축을 통해 이 시대의 폭력성을 강조하고자 미국 영화의 이 같은 폭력 장면을 차용한 것이라 볼 수 있다.)

그런데 작가는 이 순간 발사된 탄환의 이동 속도를 극도로 느리게 묘사하면서 그 와중에 시점을 바꾼다. 늘어진 순간의 흐름 속에서 아치 존스는 명상의 시간을 얻는다. 그는 탄환이 근접해오는 동안 어떤 결정을 내리고자 한다. 그 결정은 자기 자신은 물론 군대 시절의 옛 동료인 사마드 익발에게도 영향을 미치게 될 것이다. 아치 존스의 생각은 인종주의적 갈등 속으로 빠져든다. 아치 존스는 백인이자 영국인이다. 갈색 피부로 태어난 익발은 벵골 출신의 무슬림이다.

아치가 구체적으로 어떤 생각에 몰두하고 있었는지 알아내기 위해 이 장의 마지막 페이지로 넘어가기 전에, 일단 거기서 멈추고 1857년부터 1945년도를 거쳐 21세기 초입에 이르도록 탄환의 이동을 따라 그려본 구조 스케치(그림 9)를 공부해보자.

그림 9에서 알 수 있듯이, 이 소설의 플롯은 3막의 극적인 구조로 짜여 있으며, 우리가 이 책의 초반에 실습해본 것과 동일한 직선 구조의 변주로 이루어져 있다. 도표와 같이 이 소설은 또한 4부—아치, 사마드, 아이리(아치의 사랑스러운 딸), 그리고 세 명의 M(마기드, 밀라트, 마커스)이 등장하는—로 펼쳐지는데, 작가는 각 부마다 다섯 개로 분할된 장을 두면서 각 부의 균형을 고르게 안배하고 있다.

도표의 하단에서 수직으로 이어진 네 곳의 일련번호(1,2,3,4,5)는 각 장을 가리킨다. 장에는 각각 부제가 붙어 있다. 이렇게 부제를 붙여두면 해당 장의 내용을 통제하기가 편하다. 『하얀 이빨』에 매겨진 장들의 수(20개)는 앤 타일러의 『우연한 여행자』와 같다. 3막으로 나뉜 이 작품 역시 직선 구조를 택하고 있다. 『하얀 이빨』에서 네 개의 부는 극적인 구조에 부합할 수 있도록 완벽한 균형을 유지한다. 2막의 길이와 부피와 함량은 대략 1막이나 3막과 동일하다. 소설의 플롯을 짤 때는 글쓰기와 그림 그리기를 잠시 멈추고 좌뇌의 편집자를 불러내어 이지적으로 대처해야 할 필요가 있다. 적어도 이때만은 좌뇌의 편집자가 플롯의 효과적인 구축 방법을 찾아 헤매도록 놔둔다. 하지만 그렇다 해도 너무 심하게 설치지 않도록 경계의 끈을 늦춰선 안 된다. 이 순간엔 좌뇌의 도움이 불가피하다 해도, 여전히 그것을 억제할 줄 알아야 한다. 그러고 나면 아래와 같이 소설의 얼개를 말끔하게 정리할 수 있을 것이다.

- 1막, 1부 : 1~5장
- 2막, 2부와 3부 : 6~15장
- 3막, 4부 : 16~20장

주요 소품을 수반한 플롯 짜기의 가이드라인

1. 소설에 등장시킬 소품의 목록을 작성한다

우리가 라스베이거스에 있는 두 연인에 관해 소설을 쓴다고 가정해보자. 그러면 우리의 소품 목록에는 당연히 슬롯머신과 주사위, 카드 테이블, 룰렛 회전판 등이 포함되어야 한다. 그리고 노름꾼들에게 돈을 밀어주는 데 사용하는 딜러의 지팡이도 올려야 할 것이다. 인물들 중 하나가 술꾼이라면, 술병과 맥주 깡통, 담배, 위스키 잔 등도 추가할 수 있다. 이번에는 19세기의 고래잡이에 대해 쓴다고 하자. 그러면 목록에는 고래잡이용 작살과 일반 작살, 동아줄, 포경선, 선원들의 술병, 그리고 기름을 증류하는 데 쓰이는 가마솥 등이 포함되어야 한다. 고래잡이 소설의 전범이라 할 『모비 딕』에서 에이해브 선장은 백경을 최초로 발견하여 알리는 선원들에게 포상하겠다며 금화 하나를 메인마스트에 박아둔다. 에콰도르에서 얻은 그 스페인 금화가 소설 속에 처음 등장하는 것은 '뒤쪽 갑판'이라는 부제가 붙은 36장에서이다. 그러고는 '스페인 주화'라는 부제가 붙은 99장에서 다시 등장하는데, 이때 작가는 영화의 클로즈업 같은 묘사방식으로 주화에 새겨진 상징적 문양들을 독자에게 세밀히 그려 보인다. 그다음으로는 '사냥-첫날'이라는 부제가 붙은 133장에 또 한 번 등장시킨다. 거기서 선원들 가운데 백경을 처음으로 발견한 에이해브는 주화를 포상으로 가진다.

2. 소품을 인물에 결부한다

소품과 인물의 연결은 매우 간단해 보이지만, 지금까지 많은 작가 지망생들을 괴롭혀온 난항이다. 하지만 소품 하나를 개별적인 표지와도 같이 어느 한 인물에게 할당한다는 것은 가독성을 높이는 최선의 방법 중 하나다. 소품에 어떤 가치가 있을 때는 다른 인물이 그것에 대한 소유욕에 불탄 나머지 그것을 훔쳐 달아나려는 사건으로 연결되기 쉽다. 돈은 그 대표적인 소품이다. 『라스베이거스를 떠나며』에서 술주정뱅이면서도 돈이 많은 벤은 넉넉한 화대를 지불하면서, 짧은 생애 동안 그의 연인이 될 라스베이거스의 매춘부 세라와 친해진다. 벤은 대로변에서 세라를 자신의 상대로 점찍는다. 그러고는 차를 갓길에 급히 세운 후 이렇게 묻는다. "지금 일하는 중이에요?" 술기운에 잔뜩 절어 있는 이 질문은 세라를 '영업 중인 아가씨', 즉 매춘부로 명시하고 있다. 돈이 넉넉한 벤은 한 시간 동안 세라를 살 수 있다. 세라로서는 포주와 나눠 가질 화대만 염두에 두면서 한 시간 동안 그에게 육체적으로 봉사하면 그만이다.

구스타브 플로베르의 『보바리 부인』에서 주인공 에마 보바리에게 돈은 몰락의 지표이기도 하다. 1857년 출간된 이 고전 명작을 돈과 재산, 병원비, 불입, 채무관계, 그리고 경제적 파산 등에 초점을 맞춰 다시 읽어보자. 에마 보바리는 부친의 농가에서 탈출하기 위해 샤를과 결혼한다. 그런데 못 말릴 정도로 자유분방한 기질이 강한 그녀는 레옹과 로돌프 등 두 명의 사내와 깊은 육체관계를 맺기에 이른다. 환상과 현실을 혼동하는 탓에 에마는 이 사내들 중 하나가 자신과 함께 연인들의 파라다이스로 사랑의 도피행각을 벌이게 될 거라고 믿는다. 그러다보니 되도록 좋은 외모를 유지할 수 있도록 많은 고가의 의상들을 사 입는다. 돈이 바닥나자 에마는 거액의 신용대출을 약속하는 한 상인의 마수에 걸려들고 만다. 상인에게 돈을 빌린 그녀는 자기의 경제적 형편에 비춰볼 때 얼토당토않은 지출을 하게 된다. 하지만 상인이 상환을 압박하자 에마는 남편 환자들의 병원비를 선금으로 걷으러 다니기까지 한다. 그녀가 병원 운영으로 벌어들일 수 있는 액수보다 더 많은 돈을 모으려 한 탓에 남편은 결국 파산하기에 이른다. 현실과 환상 사이의 간극을 메우고자 발버둥쳐온 길목의 끝에서 보바리 부인이 무시무시한 숙명처럼 마주하게 된 것은 비소 중독에 의한 죽음뿐이다. 독은 죽음의 침상을 불러오고, 이것은 관과 연결되며, 관은 묘혈로 이어진다. 이와 같은 소품들의 연결고리에서 분명해지는 것은 주인공의 암담한 몰락이다.

에마 보바리의 주된 소품들은 옷과 돈이다. 그녀는 자기 삶이 향상된 것처럼 느끼고, 우울증의 어두운 구덩이로부터 헤어나 잠시나마 기분이 밝아지도록 주로 옷을 사 입는 데 많은 돈을 쓴다. 에마의 몰락은 그녀가 외간 남자들과의 불장난에 헌납하기 위해 자기 남편의 수입원을 건드리는 시점에 도래하고 만다.

3. 소품으로 인물의 행위를 창조하라

제이 개츠비가 노란 차의 핸들을 데이지에게 넘겨준 순간, 그는 데이지에 의해 이 차량이 흉기로 돌변하게 되리라는 사실을 까맣게 모르고 있다. 그렇다면 데이지는 자기가 벌일 일을 알고 있었을까? 아니면 그것은 불운한 뺑소니 사고에 불과한 것일까? 데이지가 알든 모르든, 그녀는 조지 윌슨이 개츠비를 살해하는 몇 분가량의 순간에 남편을 되찾는다. 노란 차 주위에서 회오리치는 인물들의 행위를 공부해보도록 하자. 이 대목은 7장에서 시작된다. 첫째, 톰 뷰캐넌은 개츠비의 운전석을 차지하게 되는데, 이는 일시적인 소유욕을 표출한 행위에 불과하지만 머틀(정부)과 조지(오쟁이 진 남편)로 하여금 그 차의 소유자가 톰이라고 믿게 한다. 둘째, 머틀은 뒷좌석에 앉은 조던 베이커를 톰의 아내인 데이지로 착각한다. 셋째, 뉴욕에서 개츠비와 격한 언쟁을 벌인 후 톰이 노란 차에 동승해 있던 데이지를 개츠비에게 남겨두고 떠나는 바람에 그녀는 개츠비와 함께 집으로 향하게 된다. 넷째, 이스트 에그로 돌아가는 길에 개츠비는 데이지와 운전을 교대한다. 그녀의 신경이 너무 곤두서 있는 까닭에 기분전환 삼아 드라이브를 즐기라는 낭만적 선의에서이다. 다섯째, 그런데 데이지는 이 노란 차를 치명적인 흉기로 뒤바꿔 머틀을 들이받는다. 여섯째, 데이지와 자신을 보호하기 위해 톰은 오쟁이진 남편 윌슨을 개츠비의 저택으로 보낸다.

『위대한 개츠비』의 노란 차는 대실 해밋의 『말타의 매』에 등장하는 검은 새 조각상에 비길 만한 비중을 차지하고 있다. 『말타의 매』는 20개의 장으로 구성돼 있으며, 조각상이 처음 나타나는 것은 이 장들 가운데 열네 번째이다. 검은 새가 야기한 행위의 결과는 많은 사람의 죽음이다. 작품의 전사로부터 일련의 죽음이 펼쳐지는데, 탐욕스러운 인물들은 바로 그 소품을 수중에 넣으려고 안달하다가 사망했다. 이런 사건은 책의 1페이지 이후부터 곧장 작품의 현재 내용으로 펼쳐지기 시작한다. '세 번째 살인자'라는 부제를 단 16장에는 진정으로 훌륭한 장면이 등장한다. 부제는 작중 인물이 그 새를 소유하고자 하는 순간 어떤 일이 벌어지는지를 암시하고 있다. 장면은 샘 스페이드라는 사립탐정의 사무소에서 발생한다. 사무소에서 샘은 자신의 충실한 비서인 에피 페라인에게 최근 벌어진 사건의 요점과 대처방안을 일러준다. 하지만 그때 한 방문객이 나타나 그 브리핑을 중단시킨다. 검정색 오버코트를 걸친 사내는 2미터도 넘는 거구인데, 축구공만 한 크기의 소포꾸러미를 들고 있다. 그는 샘의 출입문에 등장하자마자 입에서 피를 흘리기 시작한다. 시뻘건 핏줄기가 목덜미를 타고 흘러내리는데도 그는 여전히 양손으로 그 소포꾸러미만 움켜잡고 있다. 그러더니 이내 앞으로 고꾸라지고 만다. 그의 양손에서 빠져 나온 소포꾸러미가 바닥을 가로질러 구른다. 방문객은 죽었다. 검은 새에 손을 댔다는 이유로 누군가에게 살해당한 것이다. 통찰력이 남다른 사립탐정은 비상한 두뇌 회전으로 검은 새에 손을 대면 뭔가 위험한 일이 닥치리라는 사실을 직감적으로 알아챈다. 다음 장에서 그는 검은 새를 수하물 임시보관소에 맡겨둔다. 그러고는 자기 자신을 가명의 수취인으로 해서, 클라이맥스에 다다를 시점에 받을 수 있도록 우송한다.

『말타의 매』에서 얻을 수 있는 한 가지 가르침. 적절한 소품을 찾아내면 일약 유명작가로 발돋움할 수 있다는 사실이다.

연습과제

1. 소품들을 목록에 올린다
소품의 내용은 옷일 수도 있고 장신구일 수도 있으며 무기나 돈 또는 바위, 나무, 해변의 자갈, 바닷속의 진주일 수도 있다. 하나 이상의 목록을 작성해보자. 어떤 소품이 이야기에 가장 잘 들어맞는가?

2. 하나의 소품을 각각의 인물에 결부시킬 것

한 가지 소품을 주인공에게 할당한다. 한 가지 소품을 주인공의 적대인물에게 할당한다. 그리고 조력자에게도 하나를 준다. 그러고는 공간적 좌표 속에 인물과 소품을 구체적으로 배치해본다. 공간적 좌표는 방, 들판, 숲속, 비행기, 사막의 유전, 소호에 있는 바, 인디애나폴리스의 고급 음식점, 파리의 카페테라스 어디라도 좋다. 여전히 동일한 소품이 같은 인물에게 배속되어 있는가? 아니면 공간의 변화에 따라 다른 소품을 대입해야 할 필요가 생기지는 않는가?

3. 플롯의 구성에 관한 도표를 활용할 것

염두에 두고 있는 소품들을 가장 마지막에 정리해둔 구조 스케치 위에 던져놓고 자유로이 손을 놀려 이 소품들이 아무 데나 자리 잡게 한다. 각각의 소품에 맞는 자리가 어디일지 신경 쓸 필요도 없다. 흩날리는 눈발처럼 그저 아무렇게나 되는대로 던져둔다. 소품의 투하를 마쳤으면 잠시 휴식을 취한다. 휴식을 마치고 돌아오면 그 소품들을 도표 위에 옮겨보자. 그러고는 거기에서 어떤 이야기가 생길지 상상해본다. 주인공이 경제적 사다리를 타고 오르는 신분상승의 성공담인가? 원수의 핏자국을 뒤쫓아 가는 복수극인가? 지옥과도 같은 지하세계에서 꽃핀 어느 두 남녀의 러브스토리인가? 그를 원치도 않고 그가 속하지도 못할 신성불가침의 영역에 발을 들여놓으려 한 어느 주인공의 불우한 영웅담인가?

4. 소품들을 대화 속에 삽입해본다

두 인물 사이의 대화 장면이 나올 경우, 그 대화 속에 준비된 소품들을 삽입해보자. 등장인물들의 화젯거리에 소품을 끼워넣으면 된다. 예를 들면 이렇다.

A : 손에 쥐고 있는 게 뭐야?
B : 아무것도 아니야.
A : 좀 보여줘.
B : 아무것도 아니라니까. 내가 말했잖아, 아무것도 아니라고.

습작 소설 : 「트로피 와이프」

아래의 일람표는 『트로피 와이프』의 작가가 일목요연하게 갈무리해놓은 소품들을 제시하고 있다.

인물	역할	소품	욕구/필요	숙명
베로니카	주인공	『제인 에어』의 문고본/저택	독립 경제적 풍요 안전	생존
폴	적대인물	부친이 물려준 브라이틀링 손목시계 부친의 총	캘리포니아 반도체 산업을 장악하는 것	죽음
그윈	조력자	진흙 토양	사랑 안정 안정	죽음
바버라	적대인물	캘리포니아 반도체 총	캘리포니아 반도체 산업의 장악과 인가	생존
앤더슨	조력자	경찰 배지	범죄사건 해결	생존
애슐리	희생자	돈	성공적인 이력	죽음

일람표 3. 「트로피 와이프」에 등장하는 소품들

이 소품들을 함께 살펴보자. 폴 왓슨이 부친에게서 물려받은 소품 두 가지는 시계와 피스톨이다. 실제 현실에서는 잘 일어나지 않는 경우라 해도, 대강의 밑그림 속에서는 나쁘지 않은 소재로 보인다. 작가의 상상력을 촉진할 수 있기 때문이다. 시계는 묘지라는 공간적 배경과 함께 폴의 꿈에서 다시 나타난다. 그때 부친은 폴에게 자기 시계를 넘겨준다. 이 꿈에서 작가는 시계와 피스톨을 연결시키고 있다. 남편의 상속 재산에 대한 대응물로『트로피 와이프』의 작가는 베로니카에게 책을 할당한 바 있다. 『제인 에어』라는 작품은 베로니카의 삶이 반영된 이야기이다. 베로니카의 작고한 모친은 화려한 필기체로 겉표지 안쪽에 이런 말들을 남겨놓았다. '사랑하는 나의 딸 로니에게 지극한 사랑을 전하며, 엄마가.' 그 책은 커피숍에서 처음 등장한다. 거기서 베로니카는 주차장에 불쑥 나타난 폴의 도움을 받은 후 그와 함께 차를 마신다.

베로니카의 애장도서에 주어진 역할은『잉글리시 페이션트』에 등장한 책과도 유사하다. 그 책의 제목은『역사』로, 저자는 헤로도토스이고 책의 임자는 소설의 주인공이자 사막의 탐험가인 알마시 백작이다. 그는 그 책을 사막에까지 가져왔을 뿐 아니라 페이지 위에 수시로 이런저런 말들을 메모해두기도 한다. 동굴 소묘를 붙여두기도 한다. 그 책은 그의 벗이자 길동무이다. 그가 그 책을 아름다운 영국 여인 캐서린 클리프턴에게조차 주지 않으려 하는 대목에서 우리는 그 책이 앨머시의 마음에 얼마나 깊이 간직되어 있는지 알 수 있다. 나중에 그가 캐서린에게 그 책을 넘겨주려 할 때, 알마시는 그녀에게 자신의 마음도 함께 넘겨주겠다는 의중을 간단히 표출한 셈이다.

『제인 에어』가 주인공과 끈끈히 이어져 있으므로,『트로피 와이프』의 작가에게는 그 작품을 하나의 상징물로 빚어낼 여지가 생긴다. 바버라는 아직까지 이렇다 할 소품과 관련을 맺지 못한 상태로라도 일단 작업을 계속 진행해야 한다. 애슐리의 소품은 그녀의 컴퓨터이다. 그녀는 폴의 회사에서 근무하는 경리직원이다.

17~18주:
여러 주인공으로 플롯짜기

여기서 잠시 숨을 고르며 몇 가지 문학용어의 정의를 확인해두고 넘어가자. 프로타고니스트, 즉 주인공을 가리키는 말은 원래 그리스어로 '주도하는 자'라는 의미이다. 또 하나의 그리스어인 안타고니스트, 즉 적대인물이라는 말은 '맞서는 자'라는 의미이다. 하나의 주인공에 하나의 적대인물을 대응시켜두면, 그들의 분쟁(시험 또는 경합으로도 불릴 수 있는)이 극적인 갈등을 빚어내게 된다. 그리고 이런 갈등구조야말로 좋은 이야기에서 빠져선 안 될 핵심이라 할 수 있다. 예를 들어, 신데렐라 이야기의 주인공은 신데렐라 자신이고, 적대인물은 사악한 계모이다. 신데렐라는 요정 대모에게서 도움을 얻는다. 그런데 일부 다른 판본들에서는 이 요정 대모가 예전에 사망한 신데렐라 생모의 유령으로 나오기도 한다. 사악한 계모는 신데렐라가 왕궁 무도회에 오는 것을 한사코 막으려 드는데, 그녀의 친딸들도 이런 핍박에 가세한다. 그러면서 자기들이 왕자비의 자리에 오르려는 음흉한 속내를 품고 있다. 이런 대립구도(주인공 대 적대인물)

가 너무 단순해 보여 별다른 파괴력을 지니지 못할 거라고 회의하는 작가라면, 오늘날까지 영화나 문학작품들에서 질긴 생명력을 유지하는 신데렐라 모형에 주의해야 할 필요가 있다. 가령, 영화 〈프리티 우먼〉에서 줄리아 로버츠가 연기한 콜걸 주인공은 또 하나의 신데렐라로 볼 수 있다. 영화 〈이보다 더 좋을 수는 없다〉에서 헬렌 헌트가 연기한 식당 여종업원이나 〈워킹 걸〉에서 중개인이 되길 꿈꾸는 여비서도 마찬가지이다.

이제 갓 창작에 발을 들여놓은 작가 지망생이라면 단 한 명의 주인공에만 작업의 초점을 맞출 필요가 있다. 그럼에도 오랜 작가 워크숍의 경험에 비춰보면, 숱한 작가 지망생들이 결국 주인공을 둘(복수 주인공)이나 셋(삼중 주인공) 또는 넷(사중 주인공)으로 나누고 싶어했던 것이 기억난다. 대다수 작가 지망생들의 거듭된 질문들을 떠올려보면, 이들이 왜 한 명 이상의 주인공들을 내세우려는 충동에 휘말리는지 알 수 있다. 그런 충동의 저간에는 몇몇 유명한 영상매체들, 가령 〈프렌즈〉(6명의 주인공) 같은 TV 일일 시트콤이나 시카고 병원의 응급실을 둘러싸고 의사와 간호사, 환자들이 무더기로 나와 다중의 스토리라인을 전개하는 〈ER〉(6명 이상의 주인공) 같은 주말 드라마, 또는 〈우리가 살아가는 나날들〉 같은 소프 오페라가 굳게 자리하고 있다. 그뿐 아니라 두 명의 경찰 파트너가 스타로 떠오른 버디 무비 〈리썰 웨폰〉이나 두 명의 매혹적인 여성 주인공들이 어쩔 수 없는 상황 속에서 범죄의 파국으로 치닫게 되는 〈델마와 루이스〉 같은 영화의 영향력도 무시할 수 없다.

주인공이 한 명 이상이어야 한다는 충동을 만족시키기 위해 이제 우리는 두 편의 현대소설에서 그에 합당한 서사 전략을 분석해보고자 한다. 두 명의 주인공들이 등장하는 이언 매큐언의 『암스테르담』과, 이미 앞에서 언급한 대로 세 명의 주인공들이 등장하는 제이디 스미스의 『하얀 이빨』이다. 한 명 이상의 주인공을 취할 경우에는 독자의 주의(와 어쩌면 한 명의 주인공이 누릴 수 있는 권위까지도)가 분산될 수 있다. 그리고 '두 주인공이 이야기에 각각 등장해야 할 시점은 언제인가?' 같은 구조적인 문제도 대두될 수 있다. 그뿐 아니라 공간의 문제도 불거질 수 있다. 적대 인물에게는 늘 적대적 공존에 필요한 작업 공간이 필요한 법이기 때문이다. 또한 주인공들은 원래 태생적으로 많은 공간들을 휘젓고 다니는 법이다. 그러면 이제『암스테르담』부터 검토해보자. 밀도 높은 문체가 돋보이는 이 소설은 꽤 매력적인 작품으로, 복수의 주인공들을 내세울 때 어떤 처리방법이 있을지에 관해 참고해볼 여지가 풍부하다.

작가들의 예를 참조하기

부커상 수상작인 이언 매큐언의『암스테르담』에는 두 명의 주인공이 나온다. 주인공1은 클라이브 린리라는 작곡가로, 짐작건대 암스테르담 공연의 마감 시한을 지키기 위해 런던의 잉글리시 레이크 구역에서 격무에 시달리는 중이다. 주인공2는 버넌 홀리데이라는 인물로, 〈심판〉이라는 제호의 타블로이드 신문사에서 편집국장을 맡고 있다. 책상물림으로 뒷전에 눌러앉기 오래전, 그는 유려한 글 솜씨로 평판이 자자한 민완 기자였다.

주인공들은 서로 친구 사이이다. 둘 다 고등교육을 받았으며 안락한 집에서 편히 살고 있다. 클라이브는 아직 미혼이지만, 버넌은 맨디라는 여자와 결혼했다. 그녀는 마지막 장면에 이르러 드문드문 등장할 뿐이다. 그런데 그 마지막 장면에서 버넌이 막 숨을 거둔 순간 불현듯 초인종이 울리고, 그녀는 막 문간으로 달려 나가려 한다. 바로 이 지점에서 뛰어난 극적 아이러니가 생겨난다. 독자는 누가 초인종을 울렸는지 알고 있지만, 버넌의 미망인 맨디는 그게 누군지 모르기 때문이다.『암스테르담』의 마지막 장면은 복수 주인공의 서사 전략을 어떻게 짜야 하는지에 관해 좋은 참고가 된다. 극적인 아이러니가 생겨날 수 있도록 복수 주인공의 설정을 적극 활용하라는 것이다.

우리는 그리스 비극의 코러스를 통해서 극적인 아이러니를 만들어낼 수 있다. 여러 사람들이 한데 어우러진 그리스 비극의 코러스는 곧 도래하게 될 위험을 주인공에게 경고하기 위해 낭랑한 독소리로 시적 암시를 외친다.

"보라." 코러스가 외친다. "저곳에 스핑크스가 도사리고 있나니, 청년이여, 앞길을 살펴가며 걸음을 내딛도록 하라."

"내 마음이 흔들리지 말아야 할 텐데." 주인공이 말한다. "내가 꼭 만나야만 할 여인이 여기 있으니 말이야."

코러스가 말을 거는 상대는 주인공이다. 하지만 정작 주인공은 코러스의 말을 듣지 못한다. 그 말을 듣는 것은 청중들이다. 바로 여기서 극적인 아이러니가 유발된다. 현대에는 코러스가 전지적 작가 시점 속에 흡수되었다. 전지적 작가 시점은 이와 같은 전조의 암시를 설명이라는 방식으로 독자들에게 대신 전해준다. 이언 매큐언처럼 능수능란한 장인의 수중에서 이 같은 전달방식은 더욱 세련되게 다듬어져, 주인공들을 숨바꼭질의 윤무로 몰아가는 지그재그식 서사구조로 변형되었다. 주인공1의 이야기가 펼쳐지는 동안, 주인공2는 그 동선에 대해 아무것도 알아차리지 못한다. 한편으로, 독자들도 알고 있는 주인공2의 생각이 주인공1에게는 비밀로 부쳐질 수 있다. 거기서 독자들은 그들이 숨바꼭질의 윤무 속에 빠져 있음을 보게 된다. 우선 클라이브, 다음은 버넌, 그러고는 다시 클라이브, 다음에 다시 버넌. 시점이 다른 인물에게로 이동하는 순간에 따른 인지의 단절과 균열 속에서 이 같은 숨바꼭질이 거듭되는 것이다.

복수 주인공 설정이 지닌 폭넓은 가능성을 정확히 이해하려면 『암스테르담』에 나타난 시점 이동을 살펴봐야 할 필요가 있다. 『라스베이거스를 떠나며』나 『하얀 이빨』과 마찬가지로 『암스테르담』 또한 여러 부로 나뉘어 있으며 각각의 부는 여러 장으로 분할되어 있다. 『라스베이거스를 떠나며』와 『하얀 이빨』이 4부로 이루어진 반면, 『암스테르담』은 5부이다. 아래의 일람표는 부의 숫자와 부에 따라 나뉘어 있는 장들, 그리고 각각의 장을 차지하고 있는 인물의 시점 등을 정리해서 제시하고 있다.

부	장	시점	내용
I	1~2장	클라이브 린리	대 교향악에 열중하고 있는 작곡가
II	1~5장	버넌 홀리데이	추락한 판매부수와 사진에 골머리를 앓고 있는 편집국장
III	1~3장	클라이브 린리	레이크 구역에서 성폭행 목격
IV	1장	로즈 가머니	외무장관 줄리언의 아내
	2~4장	버넌 홀리데이	
	5장	조지 레인	몰리의 남편, 사진
	6장	프랭크 디번	편집국장이 되어 버넌의 자리를 차지함
V	1,2,4장	클라이브 린리	술주정, 경찰, 암스테르담
	2,5장	버넌 홀리데이	우울증, 암스테르담
	6장	조지, 가머니	결말을 맺는 동안 조지의 시점으로 진행

일람표 4. 한 명 이상의 주인공 : 『암스테르담』의 시점 이동

위의 일람표에 나타난 바와 같이, 소설은 일정한 패턴과 리듬에 따라 전개된다. 클라이브가 버넌에게 바턴을 넘기면, 버넌은 다시 클라이브에게 그 바턴을 돌려주는 식이다. 이런 리듬이 바뀌는 것은 4부에서부터다. 4부의 시점을 장악한 인물은 줄리언의 아내인 로즈 가머니이다. 로즈가 퇴장하고 나면 버넌이 다시 시점을 가져간다. 하지만 5장에서는 시점을

조지에게 넘겨주고 조지는 다시 다른 인물에게 시점을 넘겨준다. 6장에서 시점을 인계 받은 프랭크 디번은 버넌에게 해고를 통보한다.

5부에서, 버넌과 클라이브는 마지막 장에 이르기 전까지 시점을 주거니 받거니 한다. 그리고 마지막 장에서는 두 명의 G—조지와 가머니—가 두 주인공의 시신을 넘겨받기 위해 암스테르담으로 향한다.

복수 주인공의 작업을 위한 짧은 가이드라인

복수 주인공의 설정을 채택할 때는 다음과 같은 사항들을 명심하자.

1. 왜 이런 방식을 써야 하는지 그 이유부터 우선 파악한다.
2. 바로 작업에 착수하기보다는 먼저 시점의 변화를 통한 리듬과 패턴에 대해 고려해본다.
3. 전반적인 리듬과 패턴(시점은 그것을 소유한 인물에게 서술의 권한을 부여한다)의 조율이 마무리되면, 그다음에는 작품의 구조를 설계하는 데 집중한다.

『암스테르담』의 서사구조

『암스테르담』은 유약한 남성들보다 강한 여성의 힘에 관한 이야기이다. 몰리 레인은 죽었다. 하지만 그녀의 유령은 클라이브와 버넌을 비롯한 예전 연인들 곁에 출몰한다. 클라이브와 버넌은 화장된 몰리의 유골이 있는 런던 외곽에서 줄리언 가머니와 우연히 조우하게 된다.

『암스테르담』은 고학력의 두 전문직 남성이 서로를 죽이게 되는 이야기이다. 또한 사별한 아내의 옛 연인들을 찾아 복수하려는 한 남편의 이야기이기도 하다.

내리막으로 치닫는 두 주인공—신문사 편집국장 버넌 홀리데이와 작곡가 클라이브 린리—의 인생역정을 그림으로 나타내보면 원형 구조(그림 10 참조)가 가장 합당해 보인다. 또 서브텍스트에 등장하는 소품—몰리의 사진들—을 표시하기 위해서는 이너 서클, 즉 원 안의 원이 필요하다. 클라이브와 버넌이 화장 장면에서 퇴장하고 나면, 몰리의 남편 조지는 사진들을 챙겨 런던의 자택으로 이동한다. 거기서 조지는 〈심판〉지에 공개해 달라며 그 사진들을 버넌에게 제공한다. 그러면서 신문의 구독률 상승에 큰 보템이 될 거라는 말도 덧붙인다. 중간지점쯤에 가서야 그 내용이 드러나기 시작하는 사진들에는 영연방 외무장관인 줄리언 가머니가 드레스와 야들야들한 여성용 속옷을 입고 있는 모습이 담겨 있다. 원 안의 원을 쭉 따라가다 보면 〈심판〉지에 공개된 사진들이 나온다. 그리고 이 작품의 이중의 클라이맥스에서는—복수 주인공 설정을 채택했을 때는 이중의 클라이맥스가 불가피하다—몰리의 유령이 나타나 그녀의 옛 연인들로 하여금 오래전 기억을 떠올리도록 함으로써 그들을 괴롭힌다.

클라이브와 버넌 사이의 시점 교대는 지그재그 라인(그림10 우변의 작은 동그라미를 참조할 것)으로 나타내는 게 가장 타당해 보인다. 과거의 우정과 몰리의 육체를 토대로 하는 시점 교대는 두 남자 사이에 체결된 죽음의 협정으로 시작한다. 그들은 산다는 게 너무 끔찍해서 죽음의 순간을 함께 맞기로 동의한다. 네가 가면 나도 네 뒤를 따르겠다. 내가 가면 너도 그래야 한다. 죽음의 협정은 모든 것—사진들, 로즈 가머니의 남편에 대한 TV 해명, 망쳐버린 클라이브의 교향악, 버넌의 실직—을 관통한다. 그리하여 고대 그리스 비극 속 신탁의 저주처럼, 협정은 오랜 두 친구를 암스테르담으로 불러 온다. 그 죽음의 수단은 독극물로, 한 모금만 제대로 삼켜도 바로 그 자리에서 즉사한다.

그림 10 좌측 상단의 네모 칸은 전사의 관계망과 동선을 간결하게 요약한 것이다. 전사란, 앞서 공부한 내용을 떠올려보자면, 책의 첫 페이지—트라우마, 고통, 실연, 기쁨—가 시작되기 전에 벌어진 일들로, 등장인물

들로 하여금 이야기를 가로질러 달려가게 하는 사건들이다. 예컨대 『암스테르담』의 전사에는 클라이브와 버넌 그리고 가머니 등과 함께한 몰리의 정사가 주요 사건으로 자리 잡고 있다. 또한 그녀가 찍은 가머니의 사진들도 포함되어 있다. 그녀는 그 사진들을 총명하면서도 복수심에 불타는 자신의 남편, 조지 레인의 수중에 남겨둔다.

이제는 소설의 안정된 구조 파악을 위해 그림 10과 같은 서사구조의 스케치를 참고하면서, 시간, 장소, 인물, 소품, 의식 등 이 교재의 점검목록에 제시된 대로 각각의 항목에 대한 정보를 심화해보자. 아래의 내용은 『암스테르담』의 중점적인 체크리스트이다.

시간 : 『암스테르담』은 사진가 몰리 레인의 장례식이 열리는 2월에 시작된다. 날씨는 춥다. 소설이 결말을 맺는 계절은 새순이 싹트는 초봄이다. 여기서 시간은 장소에 비해 덜 중요하게 다뤄진다.

장소 : 소설의 막이 열리는 곳은 런던으로, 전개부에서 레이크 구역을 거쳐 암스테르담에서 클라이맥스를 맞게 된다. 소설이 결말을 맺는 곳도 역시 런던으로, 죽은 몰리의 남편 조지 레인이 버넌의 미망인 맨디를 방문한다.

인물 : 『암스테르담』에는 여섯 명의 주요인물들이 등장한다. 작업의 진척 여부에 따라 우리는 역학관계의 일람표를 작성하기에 충분한 정보들을 취합할 수 있을 것이다. 다음의 일람표는 이름, 역할, 관계, 소망/욕망, 등장 시점, 숙명 등과 같은 정보를 일목요연하게 정리한 것이다. 일람표를 검토해보고 나서, 지금 진행하고 있는 소설에 대해 이와 같은 도표를 직접 작성해본다.

이름	역할	관계	소망/욕구	등장 시점	숙명
클라이브	주인공 1	M의 옛 연인	성숙	1부	죽음
버넌	주인공 2	M의 옛 연인	부채 청산	1부	죽음
조지	적대인물 1	M의 남편	보복	1부	생존
가머니	조력자	M의 옛 연인	정체성의 변화	1부	생존
몰리	적대인물 2	M 본인	남성들에 대한 복수	1부	죽음
로즈	적대인물 3	M의 연적	아이들의 보호	4부	생존

일람표 5. 『암스테르담』의 역학관계 일람표

소품/상징/지표

사진들 : 전사에서 등장한 이 소품―몰리 레인이 촬영한 가머니의 여장 사진들―은 이 작품에서 가장 중요한 핵심 소품으로 떠오른다. 복수 주인공의 설정을 통해 펼쳐지는 소설일수록 소품의 비중은 더욱 높아질 수밖에 없다. 여기에서 소품들은 작품의 씨줄과 날줄이 되는 실을 다발이나 다름없다. 이들은 작품의 수면 위아래로 출몰하는데, 다시 나타나야 할 차례가 올 때까지 서브텍스트의 구성요소로 남아 수면 밑에서 움직이기도 한다. 영연방 외무장관의 사진들은 몰리가 죽기 전에 촬영되었다. 일단 조지는 자신의 아내와 성관계를 맺은 게 확실해 보이는 영연방 외무장관 가머니를 응징하고 싶어한다. 그러면서 내심 아내의 옛 연인들인 버넌과 클라이브까지도 응징하길 원한다.

TV/카메라/신문 : 버넌은 신문사에서 일한다. 그가 몰리의 사진들을 신문 지면에 싣기도 전에, 이미 TV를 통해 그 사진들이 공개된다. TV 인터뷰에 응한 로즈 가머니는 남편의 행태를 해명하면서 버넌을 극렬히 비난한다.

자연 : 자연의 세계에서 비롯된 소품들과 상징성이 소설의 3부를 전반

적으로 주도하고 있다. 3부에서 클라이브는 레이크 구역을 자유로이 둘러보기 위해 런던을 빠져 나온다. 자연의 세계가 클라이브의 창조성을 북돋는다. 회심의 작곡을 마무리 짓는 데 골몰하고 있을 무렵, 그는 한 여인의 고함소리를 듣는다. 그 소리에 악상의 흐름이 끊겨서는 곤란하다고 여긴 후 그는 커다란 바위(그 자신을 감추기 위해 자연의 소품을 사용한 경우) 뒤에 몸을 숨긴다. 하지만 그러는 동안 고함치던 여인은 레이크 지방의 치한에게 성폭행을 당하고 만다.

독극물: 버넌과 클라이브는 암스테르담에서 목숨을 끊기 위해 독배를 든다.

술: 클라이브는 술에 만취해서 자신의 교향악을 폐기한다.

의식ritual적 행위: 『암스테르담』에 반복적으로 나타나는 의식은 몰리의 사진 꾸러미로 대표되는 바턴 넘겨주기이다. 이를 통해 두 주인공은 삶에서 죽음까지의 거대한 문턱을 통과하는데, 고대 신화에서는 이런 통과제의의 대표적인 상징으로 스틱스 강을 내세우고 있다. 두건을 깊숙이 눌러 쓴 뱃사공 샤론은 죽은 자를 태우고 강을 가로질러 하데스로 넘어간다. 『암스테르담』에서 스틱스 강에 해당하는 것은 암스테르담이라는 이름의 도시이다. 또 다른 바턴은 독극물이다. 죽음의 협정은 이집트의 스핑크스에게서 들려온 신탁의 저주와도 같다. 일단 한 번 내려지면 신탁의 저주는 철회되는 법이 없다. 그리하여 암스테르담에서 펼쳐지는 클라이맥스를 통해 클라이브는 버넌을 독살하고 버넌도 클라이브를 독살하게 된다.

『암스테르담』에서 배워야 할 것들

이 작품에서 시점의 변화―클라이브에서 버넌으로, 버넌에서 다시 클라이브로―는 가독성에 알맞은 리듬감을 빚어낸다. 시점을 카메라 렌즈라고 상상한다면, 우리의 눈에 들어오는 이야기는 클라이브의 시점을 통해 펼쳐지는 셈이다. 그러고는 다시 버넌의 시점 숏으로 옮겨간다. 버넌이나 클라이브의 시점이 계속 유지되지 않고 변하면서, 안이하고 기계적으로 흘러갈 수도 있는 이야기 전개에 제동이 걸린다. 예컨대 4부는 로즈의 시점으로 펼쳐진다. 로즈 가머니는 영연방 외무장관 줄리언 가머니의 아내이다. 줄리언 가머니는 몰리가 한창 때 촬영한 사진들의 주인공으로, 당시 몰리와 줄리언은 불륜관계를 맺고 있었다. 내과전문의 로즈는 TV에 출연해 남편에 대한 해명도 불사할 만큼 성격이 꿋꿋하다. 또한 매사에 반듯하고 이타심도 강하다. 그녀의 일상은 환자 치료와 선행들로 채워져 있다. 그런 로즈의 눈에 남편은 측은한 인간으로밖에 보이지 않는다. 어리석은 십대 소년 같기도 하고 엄마의 보살핌이 필요한 아이 같기도 하다. 4부의 첫장에서 시점의 주도권을 인계한 로즈가 등장하는 것은 TV 출연을 통해서이다. 이 장면은 4장까지 이어지는데, 거기서 로즈는 남편의 사진들에 대해 해명한 후 버넌에게 맹공을 퍼붓는다.

텔레비전과 영상의 시대에는 눈에 보이는 영상매체의 힘이 맹위를 떨치기 때문에, 화면에 등장해서 쏟아낸 로즈의 비난과 저주에 급기야 버넌은 〈심판〉지의 편집국에서 쫓겨나게 된다. 다음 장에서는 버넌에게 그 사진들을 팔아넘긴 조지 레인마저도 최악의 시기를 맞이한 버넌을 규탄한다. 하지만 알고 보면 조지가 일부러 버넌에게 그런 시기가 닥치도록 조정했던 것이다.

다음 장에서 시점은 편집차장 프랭크 디번에게 넘어간다. 그는 필자들의 지면을 배분하기 위한 회의도 버넌 대신 주관한다. 프랭크가 버넌의 일거리까지 떠맡을 때쯤, 독자들은 버넌이 몰리의 사진 문제로 인해 신문사에서 해고되리라는 사실을 눈치 챌 수 있다.

많은 사람들이 얘기하는 시점 이동의 명장면은 작품의 결말―4부 6장―에 등장한다. 바로 조지 레인이 버넌의 미망인 맨디 홀리데이를 방

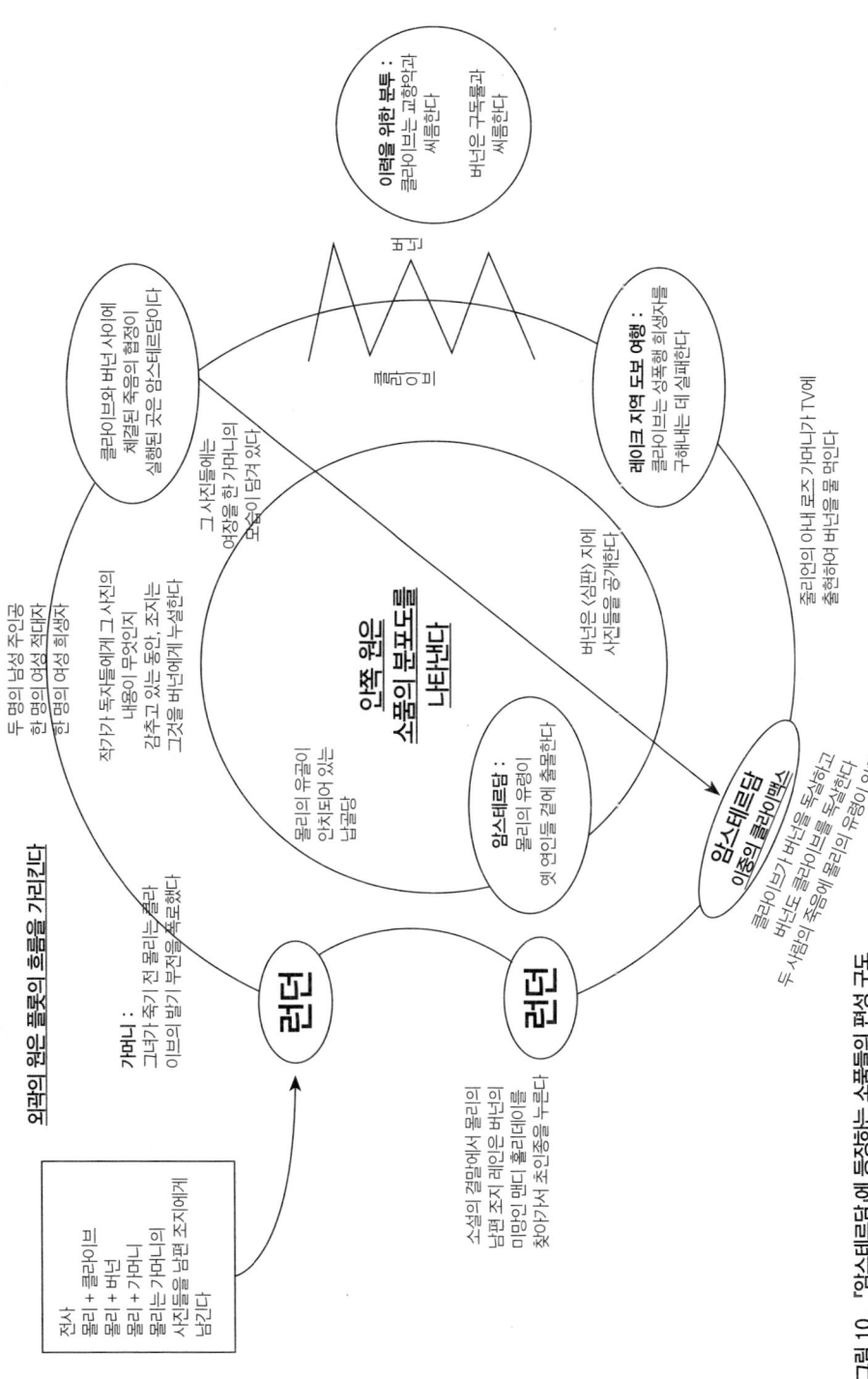

그림 10. 「암스테르담」에 등장하는 소품들의 편성 구도

문하러 가는 장면이다. 맨디의 집 앞에 도착하여 초인종을 누르는 순간, 그의 얼굴에는 미소가 번지고 있다. 작품은 뼈마디까지 시린 2월에 시작하여 초봄의 저녁나절에 막을 내린다. 작가는 마지막에 드러내기 위해 가장 큰 비밀 한 가지를 아껴놓고 있었다. 그것은 이 소설 『암스테르담』이 실은 살인 미스터리를 다루고 있으며, 조지 레인이 그 살인범이라는 사실이다. 몰리의 사진들을 팔아치움으로써 조지는 바람 난 아내의 남편 노릇을 스스로 말끔히 청산한 셈이다. 동시에 그녀의 치명적인 사진들과 함께 몰리에 대한 기억도 지워 없애고 만 것이다. 그 사진들을 넘겨받은 버넌은 일자리뿐 아니라 자신의 목숨과 아내까지도 잃게 된다. 그의 아내 맨디 홀리데이는 조지 레인이 초인종을 누르기를 기다리며 문 뒤에 서 있다.

이처럼 놀랄 만한 반전을 결말에 제시하려면, 독자에게 제공하는 정보를 적정선에서 통제할 수 있도록 시점을 교묘한 방식으로 다룰 줄 알아야 한다. 지금 우리가 살아가는 세계에서 시점은 TV 화면과 똑같은 방식으로 작용한다. 그리고 우리는 오직 그 화면에 비친 것들만 알 수 있다.

두 명 이상의 주인공으로 플롯 짜기

『하얀 이빨』에서 작가 제이디 스미스는 세 명의 주인공들을 내세우고 있다. 아치, 사마드, 아이리가 바로 그들이다. 한 명 이상의 주인공을 내세우고자 할 때는 인물들 사이에 상호관계를 잇는 과정이 반드시 필요하다. 『암스테르담』에서 클라이브와 버넌은 오랜 세월 단짝으로 지내온 사이이다. 그런 그들을 이어주는 주요 접점은 바로 몰리의 육체이지만, 죽음을 맞은 몰리는 이제 유령이 되어 그들 주위를 배회하고 있다.

스미스는 아래와 같은 방식으로 세 주인공들을 연결하고 있다.

- 아치와 사마드는 2차 세계대전에 참전한 이후부터 오랜 군 동료 사이로 지낸다. 그들은 둘 다 전투 도중 중상을 입고 후송당한 공통된 경험이 있다. 마비된 사마드의 손과 아치의 넓적다리가 그 흔적이다.
- 아이리는 아치의 딸이다. 아이리 조모의 이름은 호텐스이다. 호텐스 모친의 이름은 암브로시아다. '아이리, 1990년과 1907년'이라는 부제의 13장에서 암브로시아는 시점을 넘겨받아 호텐스의 출생에 관한 이야기를 늘어놓기 시작한다.
- 14장에서 사마드의 아들 밀라트는 이제 16세가 된 아이리와 시점을 공유한다. 이 장은 1990년부터 1991년까지 이어져 있다.
- 15장에서 아이리는 기타 인물 한 사람과 시점을 공유한다.

화자들 사이를 얽어매고 있는 것은 혈연관계이다. 가능하면, 이런 여러 목소리들 가운데 세 명의 독창자를 뽑아 그들이 눈에 잘 들어올 수 있도록 해보자. 인물 소개가 중심인 초반의 2부까지는 사마드와 아치가 무대를 독차지하고 있다. 3부에서는 아이리가 불현듯 독창자로 치고 나온다. 하지만 어느 순간부터는 다른 목소리들이 그녀의 무대를 대신 차지한다.

여러 목소리들—한 명 이상의 주인공들—로 소설을 꾸려 가려면 본격적인 글쓰기에 많은 시간을 할애하기 전에 주인공들을 어떻게 운용할지 골몰해야 한다. 우선 주인공들의 목록부터 짜보자. 소설의 구조를 그려둔 도표 위에 특정 위치를 지정한다. 그러고는 주인공1에게 한 부를 배당하고, 주인공2에게 다른 부를 배당하는 식으로 이어가 보자. 여기에 이야기의 일정 부분을 도맡아줬으면 싶은 그 밖의 목소리들을 추가한다. 서사구조의 스케치가 자잘한 글씨들로 빼곡해질 때까지 거기에 다른 인물들의 이름도 함께 기입해본다. 그런 다음에는 일목요연한 정리를 위해 구조 스케치 위에 적은 내용들을 일람표로 옮긴다. 다음 일람표는 스미스의 『하얀 이빨』에 나타난 시점의 이동을 제시하고 있다.

장	이름	공간적 배경	연도	시점
1부 : 아치, 1974년과 1945년				
1	아치 존스의 특이한 재혼	런던	1974년	아치
2	젖니가 나는 고통	런던	1974년	클라라
3	두 가족	런던	1974년	클라라/사마드
4	세 아이의 등장	런던	1974년	클라라/알사나
5	앨프리드 아치볼드 존스와 사마드 미아 익발의 이뿌리	그리스	1945년	아치/사마드
2부 : 사마드, 1984년과 1857년				
6	사마드 익발에게 찾아온 유혹	런던	1984년	사마드
7	어금니	런던	1984년	사마드/아이리
8	유사분열	런던	1984년	사마드
9	반란!	런던	1987년	알사나/사마드/아이들
10	만갈 판디의 이뿌리	런던	1984년 1857년	사마드
3부 : 아이리, 1990년과 1907년				
11	아이리 존스의 잘못된 교육	런던	1990년	아이리
12	송곳니, 찢는 이	런던	1990년	조이스, 마커스
13	호텐스 보든의 이뿌리	자메이카	–	암브로시아
14	영국인보다 더 영국적인	런던	1991년	밀라트/아아리
15	샬펜주의 vs 보든주의	런던	1991년	아이리와 기타 인물들
4부 : 마기드, 밀라트, 마커스, 1992년과 1999년				
16	마기드 마푸즈 무르셰드 무브타심 익발의 귀환	런던	1999년	마커스, 아이리
17	긴급 회담과 최후의 전술	런던	1999년	알사나, 밀라트, 아이리, 작가
18	역사의 종말 vs 최후의 인간	런던	1999년	작가, 아이리, 조슈아, 조엘리, 크립슨

19	최종 장소		런던	1999년	조슈아, 밀라트, 라이언, 아이리, 작가
20	쥐와 추억에 대하여		런던	1999년	아치, 밀라트, 사마드

일람표 6. 「하얀 이빨」에 나타난 시점 이동

　이런 일람표를 작성하려면 먼저 목차부터 살펴봐야 한다. 작가는 목차에서 이야기의 전개과정이 명시될 수 있도록 연도를 사용하고 있다. 이 작품의 연대는 20세기의 마지막 25년 동안 집중되는 한편, 회상 장면을 통해 만갈 판디가 등장하는 1857년도와 암브로시아 보든의 1907년까지 아우른다. 작가는 어금니, 젖니, 치근, 뻐드렁니 같은 치아에 대한 말장난을 장의 부제에 익살스럽게 반영하고 있다.

　20장의 부제인 '쥐와 추억에 관하여Of Mice and Memory'는 1937년 존 스타인벡이 발표한 『쥐와 인간에 관하여Of Mice and Men』라는 소설 제목을 익살스럽게 차용한 것이다. 존 스타인벡의 소설은 조지와 레니라는 인물들의 이야기이다. 길을 잘못 접어든 그들의 숙명은 독자들을 영문학의 영원한 등불인 스코틀랜드 시인 로버트 번스에게로 데려간다. 로버트 번스는 '한 마리 생쥐에게'라고 제목 붙인 시에서 '여럿의 중지를 모아 신중히 결정했다는 방안/사공이 많으면 배는 산으로 오르게 되는the best laid schemes o'mice and men/gang aft agley'라는 시구를 썼다. 이런 말장난이 어리둥절하다면, 20장의 내용을 참조하자. 거기서 마커스는 생쥐에 대해 고찰한 과학 논문을 읽고 있다.

　『하얀 이빨』에서 벗어나기에 앞서, 각 장의 부제를 구성하는 치아의 비유에 대해 짚고 넘어갈 필요가 있다. 5장의 부제인 '앨프리드 아치볼드 존스와 사마드 익발의 이뿌리'가 무슨 뜻인지 해석해보자. 10장의 부제인 '만갈 판디의 이뿌리'가 무슨 뜻인지도 풀이해보자. 12장의 '송곳니, 찢는 이'와 13장의 '호텐스 보든의 이뿌리'는 무슨 의미를 담고 있을까?

이는 부제의 표현을 통해 육화되어 나타난 외상—이뿌리의 고통, 덧나는 총상의 고통, 출산의 고통, 성장의 고통, 이향離鄕의 고통, 새로운 터전에서 뿌리내리는 고통—의 상징이다. '하얀 이빨'이라는 작품의 제목에도 그런 상징성이 담겨 있다.

플롯 짜기를 거치고 나면, 현재 진행하고 있는 작품에 어떤 제목이 적합할지 이것저것 메모해보면서 잠시 숨을 고르고 넘어가도록 하자.

연습과제

1. 목적을 분명히 할 것

왜 복수의 주인공을 내세워야만 하는가? 『라스베이거스를 떠나며』를 한 번 살펴보자. 일단 다음과 같은 질문에 답해본다. 알코올 중독자가 매춘부와 사랑에 빠졌을 때 과연 무슨 일이 벌어질까? 답 : 알코올 중독자는 죽는다. 그리고 매춘부는 살아남아 그 이야기를 전한다. 플롯의 목적은 독자들로 하여금 주인공과 친해지게 하려는 데 있다. 그러니 그들의 머릿속을 헤아릴 수 있어야 한다. 그들을 이해해야 한다. 함께 느끼고 같이 고생해야 한다. 그들과 동일한 입장에서 뭔가를 원할 줄 알아야 한다. 신데렐라는 언덕 위의 성채를 원한다. 독자들은 그녀가 그렇게 되기를 원한다. 그러니 신데렐라가 성공해서 사다리 위로 오를 수 있기를, 결코 실패하지 않기를 바라야 하지 않겠는가. 우리의 주인공에게 독자를 빨아들이는 신데렐라의 흡입력과 책략과 끈기가 부족하다면, 그런 식으로 독자들에게 신뢰감을 줄 만한 자질이 결여되어 있다면, 그녀처럼 유리 구두를 향해 가냘픈 발을 내보일 수 없다면, 차라리 처음부터 다시 쓰는 문제를 고민해보는 게 낫다.

2. 등장인물 목록

한 명 이상의 주인공을 내세운다는 것은 하나의 이상의 플롯이 필요하다는 말과도 같다.

하나 이상의 플롯을 짜야 한다면, 먼저 등장인물들의 목록부터 작성하는 데 시간을 들여야 한다. 기억에서 인물들의 목록을 끄집어내자. 우선은 머리에서 끄집어낼 수 있는 게 무엇인지 검토해본다. 그런 다음 인물 작업 부분으로 돌아간다. 원래부터 한 명 이상의 주인공을 내세울 계획이었나? 아니면 써가는 과정에서 어느 한 인물의 비중이 높아지더니 결국 두 번째 주인공으로 변한 것인가?

3. 등장인물과 시점

등장인물들을 일람표 속에 그러모은 후, 시점의 변화가 있었는지를 따져보자. 작품의 시점이 언제부터 주인공1에게로 향하게 되는가? 언제 그 시점이 주인공2에게로 넘어가게 되는가? 또 다른 누군가가 시점을 차지하는 않는가?『암스테르담』에 대해 적용한 바 있는 일람표를 교본 삼아 따라해본다.

4. 플롯 구축의 청사진

일단 리듬의 확장―한 인물에서 다른 인물로 옮겨가는 시점의 구조적 이동-에 자신감이 붙으면, 시간 속에서 이런 패턴의 움직임이 드러날 수 있도록 도표를 그린다. 마음에 두고 있는 작업 방향에 따라 원형이나 직선 중 하나를 골라 사용한다.

습작 소설 : 「트로피 와이프」

이미 언급했듯이 요즘 작가들은 TV와 영화 같은 영상매체의 서사뿐 아니라 영화적인 형식 그 자체에도 많은 영향을 받고 있다. 영화 〈델마와 루이스〉에는 두 주인공이 등장한다. 그리고 TV 시트콤 〈프렌즈〉에는 주인공이 여섯이다. 한 명 이상의 주인공을 적절히 다루려면 작가는 시점 이동에 능숙해져야 한다. 시점 이동으로 인해 소설이 삐걱거리고 독자들의 주의가 흐트러질 위험도 다분하므로 효과적인 실습이 필요하다. 최상의 실습법은 역시 우리가 쓰는 소설이 무엇에 관한 이야기인지를 꾸준히 되뇌는 일이다. 『트로피 와이프』의 작가 또한 아래와 같이 '이것은 …에 관한 이야기이다'를 출발선 삼아 소설의 흐름을 정리하고 있다. 아래의 글을 읽는 동안, 등장인물들의 이름이 나올 때마다 동그라미를 친다.

이것은 힘에 관한 이야기이다. 폴은 힘 있는 집안에서 태어났다. 베로니카는 폴과 결혼한 이후 샌프란시스코 노브 힐의 명문가에 속하게 되면서 그 힘을 나눠 가지게 된다. 그녀는 신데렐라와도 같다. 땡전 한 푼 없는 고학생에서 일약 부유층이자 피닉스 인베스트먼츠라는 대기업을 책임지는 대표이사의 안주인으로 올라섰다. 상당한 자산을 상속 받은 폴은 베로니카가 달라진 생활방식에 적응할 수 있도록 일깨워준다. 처음에는 넘쳐나는 돈에 아찔해하지만 그녀는 이내 거기에 적응하기 시작한다. 폴은 사치스럽고 향락적이며 절제하는 데 무관심한 부친의 생활방식을 본받아 살아왔다. 하지만 그의 모친이 죽었을 때 그의 세계에도 변화가 찾아온다. 그는 방황한다. 회사는 위태로워진다. 그 틈을 타 그의 누이인 바버라가 기회를 엿본다. 바버라는 회사의 경영권을 넘겨받기를 원한다.

그런데 폴의 정부가 죽은 채 발견되자 베로니카는 큰 충격을 받는다. 여러 가지 억측들이 폴의 어깨를 짓누르자 그는 우울과 고독의 나락 속으로 굴러 떨어진다. 위로 받고자 베로니카는 대학 시절부터 단짝 친구로 지내온 그윈에게 의지한다. 그윈의 도움으로 베로니카는 폴에게서 빠져나오기 위해 안간힘을 쓴다.

샌프란시스코 경찰국의 앤더슨 형사는 노동계급으로, 얌체 같은 부호 2세들을 매우 혐오한다. 그는 경찰 권력을 앞세워 폴의 자존심을 신랄하게 짓밟는다. 그는 노브 힐 저택의 재산규모를 조사한다. 그러면서 결정적인 증거가 될 만한 내용을 은밀히 조작해둔다. 그러고는 언론에 정보를 유출하며 폴이 회사 중역들과 분쟁을 일으키도록 조장한다.

소설의 중간지점에서 베로니카는 폴의 정부가 바버라의 손에 살해당했다는 사실을 알아낸다. 그녀는 수치스러운 결혼생활을 마감하기 위해 그 기회를 이용하기로 마음먹는다. 그러면서 그윈보다 돈을 택하게 된다. 그리하여 상황은 베로니카가 주도권을 쥐고 이 파워게임에 종지부를 찍을 수 있는 방향으로 전개된다.

클라이맥스에서 그윈은 헤클러&코흐 피스톨을 손에 들고 책상 앞에 앉은 폴을 발견한다. 그들을 서로 언쟁을 벌인다. 그러다 그윈이 방아쇠를 당긴다. 폴은 부친의 서재에 깔린 고급 융단을 피로 물들이며 그 자리에 쓰러진다. 그런데 총격이 발생한 바로 그 순간 앤더슨 형사가 도착한다. 서재에 뛰어든 그는 권총으로 그윈을 제압하려 한다. 하지만 그녀는 흥분하여 우왕좌왕한다. 그러자 앤더슨 형사가 그녀에게 총을 발사한다.

소설은 바버라가 베로니카의 주식 매입 선택권을 사들이면서 끝난다. 그 선택권은 폴의 재산 중에서 유일하게 혼전 각서에 포함되어 있지 않은 몫이다. 두 여인이 피닉스 인베스트먼츠의 사옥을 걸어 나오는 순간 폴의 은색 마이바흐(노브 힐의 차고에 있는 다섯 대 중 하나)가 바버라를 뒤따르다 멈춰 선다. 차 문이 열리더니 앤더슨 형사가 차에서 내려 바버라를 차 안으로 모신다.

초반 몇 차례의 주말 교습을 떠올려보면 『트로피 와이프』는 원래 부유한 남자와 그의 정부, 그리고 그의 아내 사이에서 벌어지는 삼각관계의 구도로 시작했다는 것을 기억할 수 있다. 교습이 여기까지 진행되는 동안 인물들은 여러 과정을 거쳐왔다. 그들은 의상을 갖춰 입었고 서로 대화를 나누었으며 이 방에서 저 방으로, 이 장면에서 저 장면으로 줄곧 움직여왔다. 부유한 남성의 아내인 베로니카는 빗속의 주차장에서 물구덩이에 쇼핑백을 떨어뜨리면서 난데없이 새로운 삶으로 튀어올랐다. 그녀는 낡은 『제인 에어』 문고본을 꺼내든 순간 더욱 단단한 캐릭터로 변모했다. 소설이 전개되는 과정에서 그녀는 또한 과거의 유산에 대해 자각했을 수도 있다. 그 유산이란 이를테면 아메리카 원주민 혈통을 타고난 그녀의 모친에게서 전해진 것일지도 모른다. 베로니카의 흉흉한 유년시절은 그녀의 꿈에 언뜻 나타난 바 있다. 그 꿈에서 모친은 그녀만 혼자 남겨두고 외간남자와 달아났다. 긴박한 전사의 상황은 아동학대와 성적 착취가 있었을 가능성을 제시한다. 베로니카의 또 다른 소품인 조악한 레인코트는 폴 왓슨의 세계—포르셰, 윤기 나는 새 구두, 고가의 레인코트—로부터 그녀를 분리시킨다. 폴의 꿈에서는 그와 부친을 연결해주기 위한 용도로 소품들—시계와 피스톨—이 사용되고 있다. 부친은 폴이 번쩍거리는 셔츠를 계속 입을 수 있게 하는 회사의 창업주이므로 매우 중요한 사람이다. 꿈은 폴을 주인공의 반열에 올려놓는다. 그리하여 이번 주말에 우리는 폴이 경찰서에 들락거리는 모습까지도 함께했다. 그러는 동안 그밖에 다른 인물들이 이야기에 발을 들여놓았다. 그원에게는 의외로 많은 비중의 역할이 주어졌다. 앤더슨 형사는 바버라와 내밀한 관계를 맺는 데 성공했다. 애슐리 베넷은 죽었다. 폴이 그녀를 죽인 것일까? 아니면 바버라와 형사가 폴을 모함한 것일까?

더 많은 작업을 필요로 하는 두 인물은 애슐리 베넷과 바버라 왓슨이다. 두 인물에 대해 파악하는 지름길은 그들을 한 장면에 모아보는 것이다. 그들의 차이가 무엇인지 보여주고 싶다면 소유 의상을 활용해보자. 또는 그녀들이 서로 얼마나 비슷한지 드러내기 위해서도. 카페나 레스토랑 같은 공공장소를 장면의 배경으로 설정해보자. 거기서 그녀들은 다정하게 점심을 함께하는 듯 보이지만, 그러는 동안에도 음모가 도사리고 있는 서브텍스트가 그 밑에서 꿈틀거리고 있을 것이다. 이런 장면을 써가는 동안에도 다음과 같은 질문은 필수적이다. 이 인물들이 원하는 것은 무엇인가? 원하는 것을 손에 넣으면 그녀는 무슨 일을 벌이게 될 것인가? 작품의 결말에서 그녀는 죽을 것인가 아니면 살아남을 것인가?

장면이 클라이맥스까지 고조되면 이 점심식사 장면에 앤더슨 형사 같은 제3의 인물을 끼워넣을 수도 있다. 그가 바버라와 은밀히 연결되어 있음을 보여주기 위해 인물의 제스처를 적극 활용한다. 만일 이 대목이 애슐리의 시점으로 펼쳐진다면, 바버라와 형사 사이의 관계가 얼마나 빨리 애슐리의 시야에 포착되는지를 통해 그녀의 눈이 얼마나 밝은지를 가늠해볼 수 있다. 이런 이야기를 꾸려가자면, 작가는 허다한 선택의 기로에 서서 머뭇거리지 않을 수 없다. 가장 먼저 선택해야 할 사항들 중 한 가지는 주인공들의 수이다. 주인공의 수는 시점 이동의 폭을 결정하기 때문이다. 여기서 잠깐 멈추고 지금까지의 작업을 쭉 살펴보면서, 이야기 구성요소들을 하나씩 분리하여 이 책의 체크리스트에 대입해보자. 그러면 오늘의 성과를 다음에 충분히 활용할 수 있다.

19~20주: 시놉시스 작업과 플롯 짜기

한 편의 이야기는 밑바탕에 깔린 욕망의 대상을 놓고 벌이는 주도권 다툼이라고 할 수 있다. 허구의 작품에서 '욕망의 대상'이란 작중 인물들이 원하는 것, 그들이 필요로 하는 것, 열망하는 것, 갈구하는 것을 의미한다.

여기서 키워드는 '대상'이라는 말이다. 그것은 작가의 뇌 안에서 맴도는 추상적 관념이 아니라 가시적인 것, 독자들의 시야에 또렷이 나타날 수 있는 무언가이다.

철저히 가시적인 방향에 맞춰 이야기를 펼치자. 그러면 작품으로 이름을 날릴 기회가 훨씬 높아질 것이다.

이야기하기

신데렐라는 언덕 위의 성을 원한다. 사악한 계모도 그것을 원한다. 이런 욕망의 충돌은 극적인 갈등을 빚어낸다. 성은 눈에 보이는 물적 토대다. 하나의 상징으로서 성은 이야기 안에서 왕과 왕자에 결부된 힘과 부를 나타낼 뿐 아니라, 가난한 고아 소녀 신데렐라에게는 안전과 온기와 안락한 삶의 등가물이다. 또한 왕자와 함께라면 아이를 낳아도 잘 보살필 수 있을 것이다. 플롯은 인물A가 신분상승의 사다리를 오르는 데 모든 초점이 맞춰져 있다. 이와 같은 신분상승 성공담은 '패자에서 승자로'라는 고유의 별칭이 붙어 있을 정도로 여러 이야기 구조들에 자주 나타난다.

19세기 영국의 신데렐라라고 할 수 있는 제인 에어는 잉글랜드의 전원 저택인 손필드를 원한다. 손필드는 안전하고 따뜻한 곳으로, 거기에만 머물 수 있다면 세 끼 식사가 해결되고 자기 침실을 소유할 수 있으며 서가와 피아노까지도 제공받을 수 있다. 그런데 이 빅토리아 풍의 대저택을 차지하자면 제인은 손필드의 소유자인 미스터 에드워드 페어팩스 로체스터와 결혼해야 한다. 막대한 부동산과 재산의 소유주인 미스터 로체스터에겐 여자가 많았다. 그는 정원 한구석에서 제인에게 프러포즈를 하고 제인은 이를 받아들인다. 그녀는 신분상승의 사다리를 올라서 이제 막 상류세계의 문턱에 발을 내딛으려는 참이다. 하지만 그녀는 곧 미스터 로체스터가 이미 결혼한 유부남이라는 사실을 알게 된다. 그는 그녀에게 첩살이를 제안한다. 제인은 거절한다. 그녀가 원한 것은 풍요로운 삶의 토대이다. 그러자면 반드시 정실이 되어야 한다. 패자에서 승자로 옮겨 가는 제인의 상승선은 예기치 않게 튀어나온 버사 메이슨 로체스터 부인이라는 존재에 의해 제지당한다. 부인은 손필드의 다락에 유폐된 채 살아간다. 제인의 플롯—우리가 시놉시스를 다듬을 때는 바로 이 부분에 신경 써야 한다—은 패자에서 승자로 발돋움하는 신데렐라 이야기를 살짝 비틀어놓은 것이다. 멋진 왕자 로체스터는 제인의 나이의 두 배나 되는 유부남이다. 사악한 계모는 다락에 유폐된 광녀의 형상으로 나타난다. 그런데 신데렐라와 달리 제인에게는 혈연관계가 입증된, 그녀를 구빈원과 노숙의 위험으로부터 건져낸 사촌들이 있다.

　20세기 미국 사회의 남성판 신데렐라라 할 수 있는 제이 개츠비는 이스트 에그에 받아들여지길 원한다. 이스트 에그는 뉴욕 주 롱아일랜드의 부촌이다. 그의 본명은 지미 개츠로, 제이 개츠비는 가명이다. 그의 직업은 차에 술통을 싣고 돌아다니며 '약방'으로 위장한 대도시의 상점들과 은밀히 거래하는 주류 밀매업이다. 그는 그렇게 해서 번 돈으로 이스트 에그의 건너편에 있는 웨스트 에그의 대저택을 빌린다. 그러고는 건너편의 번쩍거리는 부촌으로 건너갈 수 있도록 조력자 하나를 섭외한다. 그 조력자의 이름은 데이지 페이 뷰캐넌이다. 데이지—꽃에서 따온 그녀의 이름은 여기서 기만적인 의미를 띠고 있다—는 톰 뷰캐넌과 결혼한 여자다. 말하자면 톰은 에스트 에그로 건너가는 문을 가로막고 있는 용의 역할이라 할 수 있다. 서부 외곽에서 온 빈털터리 청년 개츠비는 신데렐라나 제인 에어와 동일한 '패자에서 승자로의 상승구조'를 공유하고 있다. 제인 에어의 경우에는 용이 하나였다. 신데렐라도 용이 하나밖에 없었다. 하지만 개츠비의 앞길을 가로막는 용은 최소한 셋(톰 뷰캐넌, 데이지 뷰캐넌 그리고 조지 윌슨)이다. 게다가 그는 자신의 욕망을 실행해가는 과정에서 여전히 천진난만한 태도에 머물러 있다.

시놉시스의 활용

　등장인물의 욕망의 대상을 정하게 되면 스놉시스는 저절로 풀려 나올 수 있다. 키워드는 '원하다'라는 동사다. 신데렐라는 원한다. 제인은 원한다. 제이 개츠비는 원한다. 우리의 주인공은 원한다. 한 명 이상의 주인공들을 내세울 경우에는, 복수의 주인공들이 원한다.
　시놉시스의 사전적 정의는 '간단한 요약 또는 윤곽'을 가리킨다. 하지만 시놉시스는 그 이상의 작업이다. 그냥 짤막하게 간추리기만 해서는 안 된다. 시놉시스의 분량이 길수록, 글쓰기를 이끌어가는 나침반으로서의 기능은 더욱 유효해진다. 분량이 길수록, 하나의 시놉시스에는 더 많은 구조가 필요하다. 우리가 써야 할 시놉시스가 한 페이지를 넘어간다면, 그것을 여러 부분들로 쪼개고 분할해야 한다. 그 분할 과정은 소설을 쓸 때와 거의 차이가 나지 않을 수도 있다.

직선 구조에 따른 시놉시스를 쓰는 중이라면, 1막·2막·3막의 세 토막 형식으로 작업하는 게 바람직하다. 영웅적 순환 구조(3~4주 내용 참조)에 따라 작업하는 중이라면, 이야기를 출발·입문·귀환의 3단계로 나눠 작업하는 게 효과적이다. 신화적 여정의 서사구조(3~4주 내용 참조)를 택했다면, 5부 또는 5단계로 나뉜 시놉시스를 짜야 할 것이며 처음에는 어떤 틀에 갇혀 있던 주인공이 이동해가는 과정을 그려야 한다. 그 이동 과정은 울타리·탈출·탐험·용과의 사투·귀향이다.

시놉시스를 순조롭게 풀어 나갈 열쇠는 '옵시스opsis'라는 단어의 부분적 음절에 깃들어 있다. 'Ops'라는 그리스어에서 유래한 이 말은 시야 또는 관망을 의미하며, 직접적으로는 '눈目'을 가리키기도 한다. 'Op'는 '볼 수 있도록' 또는 '보기 위하여'라는 의미의 부정사이다. 그리고 접두사 'Syn'은 '전체적으로'라는 의미이다. 그러니 '시놉시스'라는 말은 '전체적으로 일괄하기'라는 뜻이 된다. 따라서 시놉시스를 쓸 때는 무엇보다도 전체로서의 부분을 들여다보아야 한다.

신데렐라 이야기의 시놉시스 : 3막 구조

1막에서는 신데렐라가 처한 곤경을 내세운다. 그녀의 곤경이란 계모에게 노예 취급당하며 절망적인 나날을 보내는 상황이다. 왕궁에서 무도회가 열린다는 소식은 이런 그녀의 상황을 더욱 악화시킬 뿐이다. 우선 그녀에게는 입고 나갈 옷이 없다. 설령 옷을 갖춰 입고 집을 나선다 해도 그

다음에는 왕궁까지 찾아갈 교통수단이 없다. 신데렐라는 간절한 마음으로 도움을 바랄 수밖에 없다. 그때 나타난 요정 대모가 신데렐라에게 도움의 손길을 내민다. 요정 대모는 전지전능한 마법사와도 같이 신데렐라에게 여러 의복들뿐 아니라 유리 구두까지 마련해준다. 그러고는 요술지팡이로 호박을 마차로 둔갑시킨다. 신데렐라가 그 경이로운 마차에 오르는 대목에서 1막이 내린다. 그녀는 자정으로 향해가는 괘종시계의 초침 소리를 듣지 못한다.

극중의 장면이 바뀌어 2막은 성 안에서 펼쳐진다. 1막에서 깊은 도탄에 잠겨 있던 신데렐라의 형편과 극단적인 대조를 이루며 나타나는 것은 이곳을 환히 밝히고 있는 온갖 불빛들—촛불, 각등, 횃불 등—이다. 서스펜스는 신데렐라와 왕자가 춤을 추다가 자꾸만 엇갈리는 2막의 앞부분에서 형성된다. 하지만 결국 그들은 함께 춤을 춘다. 중간지점쯤에서 왕자는 그녀에게 홀딱 빠져든다. (신데렐라는 과연 동화 속의 여주인공다운 지혜로 왕자를 옭아매는 데 성공한다.) 그런데 어느덧 요정 대모의 마법이 끝날 시각이 가까워진다. 그리하여 괘종시계가 자정을 알리는 순간, 이 이야기에 또 한 번의 서스펜스가 발생한다. 마법으로 단장한 외모가 사라질까 두려운 신데렐라는 왕자의 품에서 떨어져 나와 벌써 호박으로 되돌아가고 있는 마차를 향해서 황급히 계단을 뛰어내려간다. 그러던 중 발에서 유리 구두 한쪽이 벗겨지고 만다. 왕자는 구두 한쪽을 손에 쥐고 어쩔 바를 모른다. 그러는 동안 2막이 마무리된다.

3막은 유리 구두를 신어보는 장면으로 압축되어 있다. 사악한 계모는 경우에 따라서 그 유리 구두의 사이즈에 맞출 수 있도록 자기 딸들의 발가락을 잘라낼 궁리까지 한다. 하지만 신데렐라는 조력자의 도움을 받아 그 유리 구두를 신어보게 되고, 예정대로 좋은 결과를 얻는다.

플롯은 왕궁의 결혼식 장면에서 종결된다. 연결 의식에 해당되는 왕궁의 결혼식은 상류세계로 향하는 문을 열어준다. 이로써 신데렐라는 이제

안전해졌다. 그녀는 자신의 순결한 처녀성과 수태할 수 있는 능력으로 양질의 삶을 얻어낸 셈이다. 또한 신분상승의 사다리를 타고 오르는 데 성공한 이야기로 수많은 독자들의 마음을 사로잡았다. 그녀의 성공적인 등정은 독자들에게 희망과 용기를 불어넣었다. 신데렐라는 경제적 상승의 본보기를 제시한다. 신데렐라를 움직이게 한 추동력의 바탕이 왕궁임을 되새기도록 하자. 이야기의 결말에 제시된 그녀의 운명은 그녀가 (오래도록 행복하게) 살아남았다는 것이다.

결말을 먼저 써보자

'이것은 ……에 관한 이야기이다' 같은 짧은 문장으로 시놉시스를 써나가보자. 계속 이어가기 위한 하나의 방법으로 타이머를 머리맡에 두고 결말을 어떻게 처리할지에 맞춰 써나가도록 하자. 시작하기 전에 우선 이 이야기를 어떻게 끝낼지를 떠올려보는 것도 괜찮은 방법이다. 누가 살아남고, 누가 죽으며, 누가 누구와 결혼하며, 누가 감옥으로 끌려가게 될까. 아직까지 결말(클라이맥스에 이후의 경과를 더한 것)의 처리를 확실히 해두지 않았다면, 이제는 그것에 파고들어야 할 시점이다.

『이름 뒤에 숨은 사랑』과 『연금술사』, 『암스테르담』 『캐벌리어와 클레이의 놀라운 모험』 『하얀 이빨』 같은 작품들의 결말 부분을 보기 삼아 살펴본다.

『이름 뒤에 숨은 사랑』의 결말에서 주인공은 오래전에 세상을 뜬 어느 백인 작가의 단편집에서 단편소설 한 편을 찾아 읽는다. 주인공은 벵골에서 태어나 미국에서 자란 고골리 강굴리이다. 그리고 오래전에 세상을 뜬 어느 백인 작가란 바로 니콜라이 고골이다. 「외투」라는 제목의 단편소설이 발표된 것은 1842년이다. 주인공은 수줍음이 많은 관료사무소의 서기

관으로, 자신의 외투를 도둑맞는다. 경찰은 도움을 거절한다. 그 바람에 주인공은 독감에 걸려 죽고 만다. 그의 유령이 외투를 훔치기 위해 이승으로 돌아온다. 이 단편집은 고골리의 부친 아쇼크가 물려준 유품이다. 그는 이 소설 「외투」의 한 페이지를 움켜쥐고 있던 덕에 열차 사고에서 간신히 목숨을 건진 생존자였다.

　이번에는 『연금술사』의 결말이다. 주인공은 퇴락한 교회의 옛터를 지키고 있는 한 그루 나무 밑동 아래에서 보물을 찾아낸다. 주인공은 양치기 소년 산티아고이다. 그는 기르던 양 떼를 팔아서 얻은 돈으로 이집트의 피라미드로 여행을 떠난다. 그런데 그곳에서 자기만의 보물을 발견한다. 실제의 보물 대신 그가 찾아낸 것은 진실, 마법 그리고 진정한 사랑이다. 그에게 마법의 비의를 알려준 사람은 연금술사이다. 단테 류의 조력자처럼 등장하는 연금술사는 산티아고가 양과 대화할 때처럼 바람과도 대화를 나눌 수 있을 때까지 끊임없이 정진하도록, 그리하여 궁극에 가닿도록, 벽에 부딪히도록 몰아붙인다. 진정한 지식으로 무장한 산티아고는 자기가 떠나온 원래의 출발점—스페인의 교회 옛터—에 묻혀 있는 보물을 찾아낸다. 그러고는 북아프리카에 남겨두고 온 소녀 파티마와 재회한다. 여행은 산티아고의 마음이 열리도록 일깨워주었던 것이다.

　다음은 『암스테르담』의 결말. 한 남자가 한 여인을 찾아 나선다. 장소는 런던 교외의 주택지구이다. 그 여인은 주인공2의 미망인이다. 주인공2는 죽음의 도시 암스테르담에서 얼마 전 숨을 거두었다. 주인공2가 죽은 것은 주인공1의 독극물 투여 때문이다. 주인공1도 주인공 2의 독극물 투여로 인해 죽음을 맞는다. 소설의 2부에서 주인공들은 죽음의 협정을 체결한 바 있다. 그래서 그들은 서로를 독살한 것이다. 주인공들이 마지막으로 숨을 내쉬자마자 몰리의 유령이 그들 곁으로 찾아온다. 죽음의 문턱에서 그들의 눈에 환영으로 나타난 것은 안락사를 멋지게 해치우려는 의사들의 주삿바늘이다.

그리고 『캐벌리어와 클레이의 놀라운 모험』의 결말. 주인공1은 주인공 3의 삶 속에서 주인공2의 위치를 대신 차지한다. 이러한 결말에서의 대체 의식은 2막 4부의 마지막 장면에 나오는 대체 의식을 뒤집어놓은 것이다. 거기서 주인공1의 아이를 임신한 주인공3은 주인공2와 결혼한다. 황금열쇠—이 소설에 등장하는 상징물—는 그 임신에서 새로 태어난 아이 토미 클레이이다. 그 아이의 이름은 체코슬로바키아의 프라하에서 미국으로 이주해온 주인공1 요제프/조 캐벌리어의 죽은 동생을 기리기 위해 지어졌다. 말하자면 토미라는 존재에는 세 명의 주인공들이 동시에 모여 있는 셈이다.

마지막으로 『하얀 이빨』의 결말. 주인공1은 주인공2에게 숙명과도 같던 탄환 하나를 집어든다. 그러는 사이 주인공3은 그 모습을 지켜보고 있다. 탄환은 이 소설의 핵심 소품이다. 그것은 작품 전반을 관통하고 있다. 1부에서는 참전중에 당한 부상을 통하여 주인공1과 주인공2를 연결해주고, 2부에서는 동물 기름의 탄환 외피에서 야기된 기마용병들의 반란(1857년)으로 이어진다. 4부(2000년)에서 그것은 미치광이 살인마의 암살 시도와 결부된다.

시놉시스 쓰기를 위한 가이드라인

소설의 구조 스케치를 다시 확인해보자.
행갈이 쓰기로 연습한 것을 면밀히 검토해본다. 소품, 인물들과 떨어지다, 후려갈기다, 저미다, 잘게 다지다, 잘라내다, 깁다, 감치다, 부드럽게 쓰다듬다, 쭉 뻗다 등과 같은 행위의 동사에 동그라미를 친다.
등장인물들의 욕망 목록을 열거해본다.
소설의 결말과 등장인물들의 운명을 세 문장 정도로 간략하게 적는다.

이로써 우리는 세심한 펌프질로 심층의 무의식을 길어 올리는 셈이다.

세 토막으로 나눠 시놉시스를 정리하면 작업이 체계적으로 이뤄지도록 만들 수 있다. 1막은 소설의 도입부이다. 등장인물들과 탐색전을 벌이고, 그들을 본격적으로 무대에 올려 그들의 욕망을 끄집어낸다. 2막은 주인공이 버거운 장애물과 마주하면서 동선이 복잡해지고 엇갈린 욕망들이 충돌하는 전개부이다. 외관상의 해결책들이 실패로 돌아가면 주인공은 그 대체 수단을 끊임없이 모색하게 된다. 3막은 해결의 장이다. 여기까지 오면 주인공은 지칠 대로 지치고 목표지점도 가물거린다. 그럼에도 주인공은 마지막 시도를 단념하지 않는다. (조 캐벌리어는 자기 아들이 누군지 알고 싶어한다. 산티아고는 모래폭풍을 일으켜달라고 바람에게 부탁한다. 신데렐라는 계모의 딸들이 성마르게 나서서 유리 구두를 내팽개치기 직전 마지막으로 용기를 내어 그것을 한 번 신어보기에 이른다) 그리하여 성공한다. 유명한 소설들은 대체로 문제가 해소된 상황에서 시놉시스의 결말을 맺는다.

1막

1막의 시놉시스를 쓸 때는 무엇보다 인물 소개―인물들을 이야기 속으로 끌어넣기―와 그들 사이의 연결에 초점을 맞춰야 한다. 실제 삶에서도 그렇지만 허구에서도 주요인물들 사이의 연결은 주로 혈연과 돈 문제를 통해 이뤄진다. 홀몸이 된 신데렐라의 부친은 한순간에 사악한 계모로 표변하고 만 여인과 결혼한다. 왕궁은 돈―부와 권력―과 그것으로 살 수 있는 것들의 메타포이다. 사회적 약자에게 필요한 안전과 처녀성, 불우한 고아소녀, 심지어 동화 속 여주인공의 지위까지도. 신데렐라는 도움을 얻기 위해 죽은 생모를 찾아간다(혈연관계). 죽은 생모는 그녀를 대신할 수 있는 어머니를 보내준다. 바로 요정 대모이다. 이제부터 교본 소설들에 나타난 1막의 예를 함께 살펴보자.

『이름 뒤에 숨은 사랑』의 1막에서 모친이 아들을 낳기 위해 병원으로 달려간 사이 부친은 죽음 직전의 경험에 대한 회상에 잠긴다. 이 세 인물—모친, 아들, 부친—은 핏줄로 맺어져 있다. 1막에서 가장 중요한 의식은 새 집으로 이사하는 일이다. 그리고 주인공이 18세를 넘었을 때는 여행이다. 새 집으로 이사하는 일은 돈이 많이 드는 일—부친과 모친은 벵골 출신의 이민자이다—이다. 1막에서 고향에 남겨두고 온 친지들과의 혈연관계를 끈끈히 하기 위해 양친이 택한 여행지는 그들의 고국인 인도이다.

『연금술사』의 1막에서 산티아고라는 이름의 양치기 소년은 모험에 나서라는 부름을 듣지만 일단 거절한다. 그러던 중 신비로운 조력자들과 만난다. 그들은 소년에게 북아프리카와 이집트의 피라미드를 향해 떠나도록 부추긴다. 그리고 그곳에서 그는 보물을 찾는다. 여기서의 연결지점은 돈이다. 소년은 여행 경비를 충당하고자 양들을 판다. 그리고 여행 정보를 얻기 위해 기르던 양 떼들 중 10분의 1을 포기한다(양 떼는 돈과 결부돼 있다). 하지만 북아프리카에 도착하자마자 돈을 도둑맞은 그는 어쩔 수 없이 수정 세공사로 일하게 된다.

『캐벌리어와 클레이의 놀라운 모험』의 1막에서 요제프는 동생 토미(혈연관계)를 고향에 남겨두고 미국 땅으로 떠난다. 그리고 그곳에서 사촌 샘 클레이(혈연관계)와 친하게 지낸다. 샘은 돈 버는 일에 눈이 밝은 지략가로, 큰 돈벌이에 유용할 사촌의 만화가적 재능을 알아본다.

『암스테르담』의 1막에서 주인공1과 주인공2는 가머니와 얼마 전 홀아비가 된 한 사내를 알게 된다. 사내의 죽은 아내는 주인공들의 옛 연인인 몰리 레인이다. 가머니는 주인공1에게 모욕을 준다. 주인공2는 가머니에게 복수하기로 결심한다. 가머니는 몰리 레인이 사망하기 전 촬영한 사진들의 주인공이다. 그 사진들은 남편의 손에 있다. 그는 돈과 바꾸기 위해 주인공2에게 그 사진들을 팔아넘긴다.

『하얀 이빨』의 1막에서 주인공1은 2차 세계대전 때의 부상을 통해 주인공2와 연결된다. 그들의 연결에 대한 이야기—그들을 공통적으로 묶고 있는 것은 바로 상처이다—가 1부의 클라이맥스를 이루면서 소설의 첫 막을 마감하게 된다.

2막

2막은 플롯이 서브플롯과 부딪히고 얽히면서 한결 복잡다단해진다. 명민한 작가라면 플롯과 서브플롯의 리듬감을 구분하여 안배할 수 있도록 중간지점—귀환 불능 지점—을 활용할 수도 있다. 『제인 에어』 같은 몇몇 소설의 경우, 중간지점은 여러 개의 장과 여러 날짜로 세분화된다. 브론테 작품의 중간 지점을 차지하는 핵심 사건은 결혼 프러포즈이다. 제인은 결혼하기를 원하지만 그녀의 경제 사정은 구혼자인 미스터 로체스터에 턱없이 못 미친다. 그러다보니 그에게 프러포즈를 받았을 때 그녀는 자기 귀를 의심할 수밖에 없다. 소설 작법의 관점에서 보면, 제인이 의심을 품는 것은 미스터 로체스터로 하여금 그녀를 진땀이 날 정도로 열렬히 설득하게 하기 위해서라 할 수 있다. 그런데 그는 위층에 숨겨둔 비밀 때문에 진땀을 흘리기도 한다. 손필드의 다락에는 그의 미친 아내가 감금되어 있기 때문이다. 이 같은 서브텍스트는 2막에 깊이를 더해준다.

『암스테르담』의 2막에서 가머니를 촬영한 몰리의 사진이 남편에 의해 주인공2에게 넘어가는 동안 주인공1은 런던에서 빠져 나와 레이크 구역으로 향한다. 그곳에서 그는 중단했던 교향곡 작곡의 실마리를 찾아내야 한다. 작곡이 중단된 것은 몰리의 죽음 때문이다. 그녀의 죽음은 과도한 음주를 몰고 왔을 뿐 아니라 결국 주인공2와 체결한 죽음의 협정이 실현되어야 할 순간을 재촉하게 된다.

악보에 몰두해 있던 주인공1은 살려달라는 여자의 외침을 듣는다. 잠시 작업을 중단하고 소리가 난 쪽으로 향한 순간 그의 눈에 들어온 것은 한 여인이 성폭행을 당하고 있는 모습이다. 그런 희생자의 모습에 몰리 레인이 겹쳐진다. 몰리는 이미 죽었다. 그러니 희생자는 그녀일 리 없고 작업은 마저 계속되어야만 한다. 그리하여 주인공1은 결국 성폭행의 희생자를 구조하러 나서지 않기로 한다. 한편 런던에서는 줄리언 가머니의 아내가 주인공2에 맞서 자신의 가정(과 부수적으로는 남편의 추문까지)을 방어할 태세로 나선다. 주인공2는 여장한 모습으로 찍혀 있는 가머니의 사진을 신문에 막 공개하려는 참이다. 2막은 두 주인공이 깊은 절망에 빠진 나머지—주인공1은 성폭행범의 신원 확인을 위해 경찰에 소환된다. 주인공2는 편집국에서 해고당한다—죽음의 도시 암스테르담으로 향하면서 끝난다.

시놉시스를 쓸 때는 중간지점의 행위가 2막의 결말을 결정 짓게 해야 한다. 『이름 뒤에 숨은 사랑』의 구조 스케치에서 지적한 바와 같이, 고골리 강굴리의 2막은 그가 학교 축제 때 만나게 된 여학생 킴에게 자기 이름을 니킬이라고 소개하여 깊은 인상을 남기는 데서 시작된다. 이렇게 얼토당토치도 않은 위장—부모가 물려준 이름을 받아들이지 않겠다는 뜻에서 가명을 내세우는—은 기계적인 혈통의 대물림과 단절하겠다는 의지의 표출이다. 이후 고골리는 네 명의 여성(루스, 맥신, 브리짓, 모슈미)을 거치는 여정에 오르게 된다. 이 과정은 중간지점에서 시작되어 여러 페이지에 걸쳐 전개된다.

작품의 중간지점은 맥신이 고골리의 양친 아쇼크와 아시마를 만나는 대목에서 절정에 이른다. 옷맵시가 좋은 맥신은 고등교육을 받은 데다 도시적이고 총명하며 섹시한 여인이다. 한마디로 현대적인 미국 여성의 표준이라 할 만하다. 그녀의 양친은 맨해튼에 살고 있다. 그들은 뉴잉글랜드의 한 호숫가에 여름휴가를 보내기 위한 별장도 두고 있다. 좋은 음식에 양질의 와인, 수많은 애장 도서들, 교양 있는 대화 등 그들의 생활수준은 꽤 높다. 그런 그들 가정은 맥신이 사랑하고 있다는 이유만으로 고골리를 받아들인다. 하지만 열등감에 사로잡힌 고골리는 자기 부모를 부끄럽게 여기고, 그러다보니 죄책감에 사로잡힌다. 그는 자신의 태생과 벵골 출신이라는 뿌리를 바꿀 수 없다. 그렇다고 해서 자신의 뿌리를 미국의 토양에 이식할 수도 없다.

소설의 중간지점이 매듭지어지는 것은 고골리의 부친이 사망하는 시점이다. 부친의 사망으로 인해 고골리는 맥신과의 관계를 단절하기로 결심한다. 하지만 관계의 유지를 원하는 그녀는 고골리와 결혼해서 그를 더욱 미국적으로 탈바꿈시키고 싶어한다.

중간지점이 끝난다. 이후 고골리는 브리짓과 새로운 교제를 시작한다. 하지만 나중에 그가 만나 결혼에 성공하는 여인은 모슈미이다. 2막은 모슈미가 옛 연인인 프랑스 사내와 다시 관계를 시작하면서 끝난다. 3막에서 고골리는 크리스마스 시즌에 모친이 기다리는 집으로 향한다. 주인공의 이동—루스와 사귀지만 그녀가 이 관계를 깬다. 맥신과 사귀지만 부친의 죽음이 그 관계를 깬다. 모친이 그를 모슈미와 맺어주지만 그녀는 옛 연인과의 관계를 재개하면서 관계를 깬다. 고골리는 모친이 있는 집으로 향한다—은 연이어 계속되는 삼각관계 구도를 통해 추동력을 얻고 있다.

루스 + 고골리 + 맥신
고골리 + 맥신 + 부친
맥신 + 고골리 + 모슈미
고골리 + 모슈미 + 디미트리
모슈미 + 고골리 + 모친

2막에 뛰어들 때, 이렇게 간단한 삼각구도의 도표를 작성하면, 플롯과 서브플롯이 작품 내부에서 벌이는 경합 때문에 점차 복잡해지는 서사구조를 효과적으로 정리할 수 있다. 예컨대 『이름 뒤에 숨은 사랑』에서 맥신의 서브플롯은 그녀와 고골리가 만나는 플롯을 둘로 갈라놓는다. 맥신이 그의 양친과 만나는 대목에서 그녀의 서브플롯은 그들 각각의 서브플롯과 충돌을 일으킨다. 전형적인 서구 여인 맥신은 동양 출신의 부모 아쇼크와 아시마를 이야기의 중간지점에서 만난다. 이와 같은 삼각구도는 고골리의 이동궤적에 따라 이 인물에서 저 인물로, 이 세계에서 저 세계로 옮겨간다. 고골리는 자기 자신을 찾고 싶어하고, 그러다보니 그가 속한 두 문화—미국과 인도, 서구와 동양—사이에서 계속 흔들린다. 맥신은 자기와 계속 함께할 배필감을 원하고, 그리하여 고른 상대가 고골리이다. 그녀는 수단과 방법을 가리지 않고 그를 서구세계의 주변인이 아니라 그 문화 속에 깊이 빠져 있는 사람으로 끌어들이고자 발버둥친다. 하지만 부친이 작고하자 고골리는 어떤 의무감—모친이 말한 대로—에 이끌려 동양의 세계로 돌아가고 만다.

 1847년에 출간되었으나 여전히 많은 사람들이 읽고 있는 『제인 에어』의 삼각관계를 한 번 살펴보자. 작품의 2막에서 제인은 로체스터와 그의 미쳐버린 아내 버사와 만나 삼각관계의 구도를 형성한다. 로체스터에게 버사가 있는 줄도 모르고 제인은 그와의 결혼을 꿈꾼다. 하지만 갑부인 로체스터는 제인과 만나 프러포즈를 하고, 웨딩드레스를 사러 그녀를 데리고 가는 그 모든 순간에 자신이 무슨 일을 하고 있는지 알았다. 2막이 끝나갈 즈음 혼례를 치르는 예배당에서야 비로소 제인은 자신이 예기치 못한 삼각관계의 구도 속에 휘말려 들었다는 사실을 깨닫는다. 버사와 비슷한 질환을 앓고 있는 버사의 오빠 리처드 메이슨이 로체스터의 중혼 계략을 지탄하고 나서면서부터다. 아직 순진하기만 한 제인은 큰 충격을 받는다. 난데없이 한순간에 자신이 로체스터 부부 사이에 얽히게 되었다는 사실이 드러난 것이다. 로체스터는 제인을 원한다. 강하고 꿋꿋하고 밝고 한참 어린 데다 아내와 달리 정신건강도 양호한 편이기 때문이다. 게다가 용기도 있고(그녀는 화재 사고 때 그를 질식사에서 구해낸 바 있다), 아직 순결한 처녀의 몸이라는 것도 중요하다. 상대가 순결한 처녀라는 것은 왕자가 신데렐라를 간택하는 조건과도 일치한다. 제인도 로체스터를 원한다. 외모가 늠름한 데다 연륜의 매력이 넘치고 무엇보다도 풍부한 재력을 갖추었기 때문이다. 그러니 로체스터 부인의 자리만 꿰찬다면 당시 거리에 들끓던 빈민의 수렁에서 헤어날 수가 있다. 이 로체스터라는 인물은 다소 뻔뻔한 데가 있다. 제인과 결혼하기 어려워졌음을 알고 나서 그가 그녀에게 제안한 것은 일종의 첩살이이다. 그리 되면 제인은 언제까지나 이 삼각관계의 질곡 속에서 살아갈 수밖에 없게 된다. 이 같은 제안에 제인은 그런 삼각관계에 갇혀 사느니 차라리 손필드를 떠나겠다는 말로 대답을 대신한다. 2막이 끝나기 전 제인은 결국 손필드를 떠난다. 그녀에게는 돈도 없고 마땅히 갈 데도 없으며 그녀를 맞아줄 친구도 없다. 게다가 사랑까지 잃고 말았다. 어쩌면 그녀는 광야에서 헤매다 목숨을 잃을 수도 있다. 이 대목에서 마음이 조마조마해진 독자들은 서둘러 3막으로 넘어가지 않을 수 없다.

『캐벌리어와 클레이』의 2막은 『암스테르담』(원서 분량 193쪽)나 『연금술사』(원서 분량 167쪽)보다 훨씬 긴 250쪽 사이에 펼쳐진다. 2막의 길이가 이렇게 길다는 것은 그만큼 중간지점의 분량이 두껍다는 의미이다. 중간지점에서는 숱한 서브플롯들이 메인 플롯(들)과 얽히거나 충돌하게 된다. 작품이 복잡다단해지면 작가는 우선 서브텍스트를 명확히 정돈해야 한다. 이 소설의 2막에는 두 가지 층위가 있다. 우선 표면적으로 독자의 눈에 들어오는 텍스트가 있고, 그 지층 밑에 깔려 스스로 드러나기 전까지는 작가만 알 뿐인 베일에 가려져 있는 서브텍스트가 있다. 서브텍스트는 강력하면서도 비밀스럽다. 표면상으로 등장인물들이 날씨 얘기를 하는 동안 작가는 그 대화 사이에 엿보이는 여러 감정선들, 예컨대 분노, 공포, 갈망, 탐욕, 증오 등을 암암리에 드러낼 수도 있다. 『제인 에어』에서 한 대목을 보기로 활용해보자. 순진하면서도 꿋꿋한 고아 소녀 제인은 메인 플롯을 따라간다. 하지만 그녀는 로체스터의 미친 아내에 대해 알지 못한다. 작가는 미친 아내의 비밀을 서브텍스트 속에 매설해둔 셈이다. 패자에서 승자로 발돋움하는 플롯 안에 갇혀 있는 제인은 미친 아내에 관해 아무것도 모른다. 이와 동일한 경우는 제이 개츠비에게서도 찾아볼 수 있다. 그는 머틀 윌슨과 톰 사이의 내연관계에 대해 전혀 알아채지 못한다. 이것은 비밀스럽게 묻혀 있는 톰의 서브플롯이다. 독자들은 톰이 소설의 화자 닉 캐러웨이를 소개하는 장면에서 일찌감치 머틀과 마주친다. 좋은 작가들은 서브플롯에 비밀을 매설해둠으로써 극적인 순간이 닥치기 전까지 그 비밀들이 주인공의 시야에 들어오지 않도록 숨겨두는 데 능하다. 『캐벌리어와 클레이』의 2막에서 이런 작업이 어떻게 이뤄지고 있는지 함께 검토해보자. 우선 간략하게 스케치를 해본다. (그림 11)

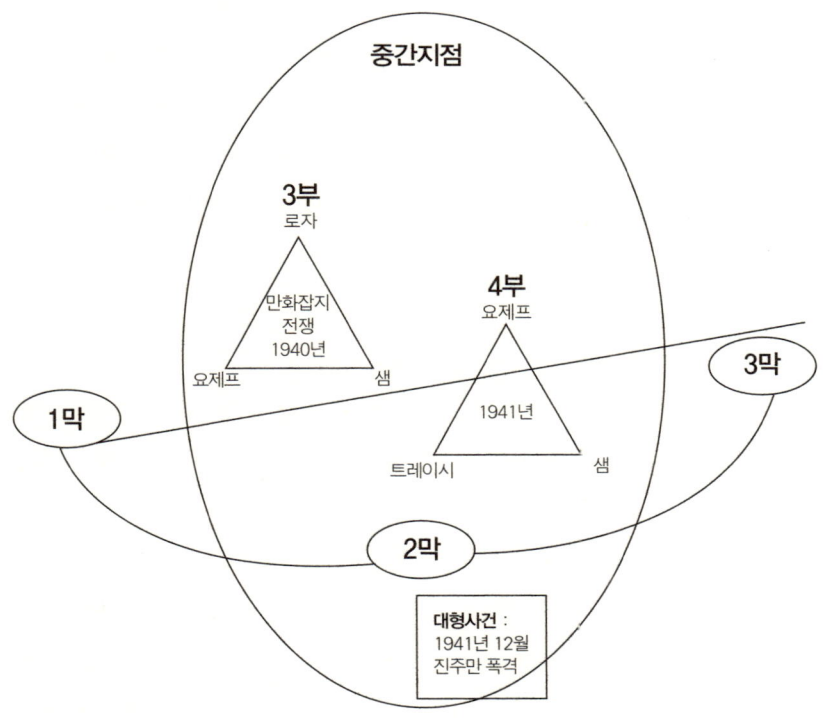

그림 11. 『캐벌리어와 클레이의 놀라운 모험』 2막

로자는 요제프를 사랑한다. 요제프도 그녀를 사랑한다. 샘 또한 그를 사랑하지만 성적인 의미는 아니다. 여하튼 이 세 명이 맺고 있는 삼각관계의 구도가 3부의 서브텍스트를 이루고 있는 것은 사실이다. 라디오에서 슈퍼히어로의 연기를 맡아 유명해진 트레이시 베이컨이란 남자가 샘을 사랑한다. 트레이시가 자신의 뒤꽁무니를 졸졸 따라다니자 샘은 이에 응해주기로 마음먹는다. 하지만 샘이 진정으로 사랑하는 상대는 요제프이므로, 4부의 서브텍스트를 지탱하는 두 번째 삼각관계의 구도가 여기서 형성된다. 2막은 샘과 요제프의 삶 속에서 2년 동안(1940~1941년)을 다루고 있다. 이 기간 동안 두 천재 청년들은 그들의 만화잡지를 통해 맹목적이고 무분별한 국수주의의 열정에 따라 전쟁을 선포한 유럽의 나치들을 공격하는 데 열중한다. 2막이 마감되는 것은 일본이 진주만 폭격을 감행할 무렵이다. 요제프는 해군에 입대한다. 트레이시 베이컨은 할리우드에서의 영화 제작을 위해 뉴욕을 떠난다. 샘은 로자와 결혼한다. 하지만 그녀는 요제프의 아이를 임신한 몸이다. 그림11에 제시된 삼각관계의 구도들은 작품의 중심에 놓인 감정의 힘을 도식화해서 보여준다. 세계가 전쟁으로 치달아가는 동안 작가는 사랑의 비애와 전쟁의 공포가 서로 균형을 이루게 한다.

『캐벌리어와 클레이』를 공부하면 어떻게 해야 독자를 서스펜스로 몰아넣을 수 있는지에 관해 많은 것들을 배울 수 있다. 인물들은 돈 얘기를 하기 시작한다. 요제프는 나치의 수상쩍은 파괴 활동을 주시한다. 샘은 아름다운 동성과 사랑에 빠져 상대가 남자임에도 모친에게 소개시키기 위해 집으로 데려가려 한다. 샘은 그 사랑에 관해 얼마나 자각하고 있을까? 우리는 모른다. 다만 작가가 표현한 대로라면 이와 같다. 2막의 중간에 다다르기 전, 담배를 붙여 물려던 샘이 라이터 불에 손을 데는 장면이 나온다. 그 화상을 가라앉히고자 트레이시 베이컨이 불에 덴 샘의 손가락을 입에 넣고 빤다. 그러고는 사랑의 불꽃이 너울거리게 되면서 서브텍스트, 즉 그

동안 암묵적으로 이어져온 트레이시 베이컨과 샘의 사랑이 작품의 수면 위로 떠오르게 된다.

여기서 얻을 수 있는 가르침 한 가지. 긴가민가할 때는 이야기가 효과적으로 전해질 수 있도록 상징을 활용하라는 점이다. 그리고 인물들이 구체적으로 움직이는 장면을 써야 한다. 행위를 설명하는 건 금물이다. 표면 아래 감춰진 것들에 대한 설명을 쓰고 싶어 죽을 지경이어도, 일단은 서브텍스트 속에 밀쳐둔다. 만일 우리가 이 작품을 쓴다면, 도표 위에 '샘은 트레이시를 사랑하고 있다' 같은 내용을 기입해두는 게 바람직하다. 이성애 문화에서 이 두 청년의 사랑은 금기의 영역에 속한다. 2막 끝부분에 일어난 동성애 혐오자의 습격에서도 이를 확인할 수 있다. 그 습격이 일어난 일자는 1941년 12월 6일로, 진주만 폭격이 발생하기 하루 전의 일이다. 2막은 모욕감에 파묻힌 샘과 해군 징병소로 향하는 요제프의 모습을 보여주며 마무리된다.

『캐벌리어와 클레이』에는 두 가지의 플롯이 있다. 하나는 주인공1의 플롯이고 다른 하나는 주인공2의 플롯이다. 그런데 두 주인공이 한 장면에 함께 등장하지 않는 한, 하나의 시간대에서는 하나의 플롯만을 사용할 수 있다. 그런 까닭에 트레이시가 샘의 손가락을 빠는 장면에서는 요제프가 나오지 않는다. 그리고 요제프가 로자와 섹스하는 장면에서도 샘은 나오지 않는다. 그러니 두 명의 주인공과 두 가지 플롯이 필요할 경우에는 아래와 같이 간략한 문장들로 서로의 동선을 정리해둘 필요가 있다.

요제프는 해군에 자원입대한다.
트레이시는 영화계의 스타가 되고자 캘리포니아로 향한다.
샘도 트레이시를 따라 캘리포니아로 떠날 준비를 마친 상태다.
그런데 로자는 요제프의 아이를 임신했다.
아이에게는 이름을 지어줄 아빠가 필요하다.

두 인물, 요제프와 트레이시는 모험을 향해 떠난다.
로자와 샘은 결혼한다.
여기서 '아빠 + 엄마 + 아이'라는 새로운 삼각관계의 구도가 형성된다.
그리고 죄악은 작가에 의해 깨끗이 씻겨 나간다.

3막

3막의 시놉시스를 쓰기 위한 안내서 삼아 계속 『캐벌리어와 클레이』에 머물러 보자. 이 작품의 구조를 그린 도표를 떠올려보면, 3막에는 5부('탈출 전문가')와 6부('황금열쇠 동맹')가 포함된다.

2막 끝부분에 조(요제프)는 해군에 자원입대한다. 3막의 도입부에서 그는 눈보라가 휘몰아치는 남극 설원의 해군 기지 상황실에 고립되어 있다. 신화적인 조력자로 등장한 한 마리 개가 그의 목숨을 구조해준 후 조와 광기 어린 변방 비행사는 짐승 가죽(조의 목숨을 구조해준 개의 가죽도 여기에 포함돼 있다)으로 제조된 비행기에 탑승한다. 그들의 목적지는 적군의 야영지이다. 하지만 비행기 추락사고(신화적 조력자인 개의 복수)로 비행사가 죽자 조는 혈혈단신으로 적군의 야영지를 공격하기 위해 떠난다.

적군의 유일한 생존자는 독일인 지리학자이다. 조는 그를 저격하여 전쟁에 참가하여 처음이자 마지막으로 살인을 저지른다. 그러고 나서는 미군 군함에 구조될 때까지 기다린다. 3막에서 특히 배워야 할 내용은 공간적 배경의 변화다. 2막이 끝난 곳은 행인들로 북적이는 도심의 거리와 신호등, 수많은 차량들, 마천루들이 즐비한 대도시 뉴욕이다. 3막은 남자들만 모여 있는 남극의 빙산에서 시작된다. 그들은 고립과 추위에 내몰려 미쳐가고 있다.

주인공을 2막에서 3막의 문턱으로 이동시킬 때는 이런 식으로 공간적 배경을 급격하게 변화시킬 필요가 있다. 독자로 하여금 이제 작품이 막바지로 치닫기 시작했다는 것을 알아차리게 하기 위해서라도 3막의 무대는 전반적으로 재배치되어야 한다. 『암스테르담』의 3막에서 두 주인공은 런던에서 암스테르담으로 이동한다. 물론 이동거리는 짧지만 (런던에서 암스테르담까지는 불과 30분 안팎의 거리이다.) 결국 주인공들이 런던으로 살아 돌아가지 못하게 되므로 이런 공간적 설정의 변화에는 퍽 중요한 의미가 담긴 셈이다.

공간 배치의 변화는 매우 다채로운 방식으로 일어난다. 예컨대 『하얀 이빨』의 3막이 열리는 것은 마지막 4부가 새로 시작될 때이며, 이때 시점 이동도 이루어진다. 2막은 아이리의 시점으로 끝난다. 세월은 흘러 어느덧 2000년대로 넘어오면서 밀레니엄 버그의 공포가 세상을 잠식한다. 도처에서 지구 종말에 대한 화제가 무성하다. 호텐스는 그래도 덜 흉측한 장소에서 지구 종말을 맞는 게 좋지 않겠느냐며 아이리에게 자메이카로 돌아오라고 호소한다. 3막의 처음은 마커스의 시점에 따라 펼쳐진다. 마커스는 세 명의 M 가운데 한 명으로, 마기드를 마중하고자 공항에 나와 있다. 마기드는 고향에서 시간을 보낸 후 잉글랜드로 돌아오는 중이다. 런던에 사는 다른 이주민들이나 『이름 뒤에 숨은 사랑』의 고골리 강굴리와 마찬가지로, 마기드 또한 두 세계에 걸쳐 있는 인물이다. 작가는 마기드의 귀환 행사를 강조하는 의미에서 장의 부제목에 그녀의 긴 이름 전체를 사용했고, 그래서 16장의 부제는 '마기드 마푸즈 무르셰드 무브타심 익발의 귀환'이다. 이 장에서 1인칭 화자로 등장하는 마커스는 내적 독백을 통해 자신이 7년 동안 생쥐에 관해 써온 소논문의 내용을 독자에게 설명한다. 20장의 부제는 그래서 '쥐들과 추억에 관하여'이다. 그러면서 작품은 탄환이 얽힌 에피소드와 함께 대단원의 막을 내린다.

『캐벌리어와 클레이』와 『하얀 이빨』의 3막에 등장하는 한 발의 탄환은 소설이라는 장르에서 구조상 폭력이 묵인된다는 점을 보여준다. 가장 문학적인 축에 속하는 작품이라 할지라도, 현대소설에 등장하는 총기를 보면 안톤 체홉의 다음과 같은 말을 떠올리지 않을 수 없다. '맨틀피스에 놓인 장식용일지라도 일단 내용에 총이 포함되기만 하면, 언젠가 그것이 이야기의 흐름 안에서 격발되어야 한다는 사실을 명심해야 한다.' 이 말은 아리스토텔레스의 다음과 같은 충고와 맥락이 같다. '하고 있는 이야기 안에서 그 어떤 사물도 아무렇게나 허비되지 않게 하라.' 대철학자의 충고를 바꿔 말한다면 이런 뜻일 것이다. '1막에 어떤 소품 하나를 등장시켰다면, 반드시 3막에서는 그것이 도드라지도록 처리해야 한다.'

『캐벌리어와 클레이』의 1막을 보면, 요제프 캐벌리어는 관 속에 숨어 프라하를 탈출한다. 이미 소품 하나가 이때 제시된 셈이다. 3막의 클라이맥스에 다다를 즈음 그 관은 뉴욕에 있는 샘과 로자, 토미(요제프/조의 아들)의 집에서 재등장한다.

여기서 서스펜스가 고조된다.

소포 하나가 집으로 배달된다. 그 소포는 나무상자로 만들어져 있다. 무게가 1톤가량 나가더군요, 라고 우편배달부가 말한다. 소포의 수취인은 거기 살고 있지 않은 조이다. 조는 집에 도착한 뒤, 토미와 로자가 지켜보는 가운데 그 나무상자를 열어본다. 그러자 안에서 몰다우의 강바닥에서 퍼온 진흙더미가 나온다.

그 부드러운 진흙더미는 놀랍게도 골렘의 형상을 띠고 있다. 그것은 조가 자신의 분신으로 여겨온 대상이다. 이는 기적과도 같은 일이다. 관은 조를 쫓아 1막에서 3막으로 옮겨져 왔다. 그 관 속에는 잃어버린 영혼이 담겨 있는 셈인데, 이제 그것이 주인에게 되돌아온 것이다. 이와 같은 소품의 귀환—탈출과 해방 그리고 귀향의 상징물—은 이야기가 클라이맥스에 근접했음을 알려준다.

우리도 이처럼 능숙하고 명민하게 3막을 처리할 수 있다. 단, 다음과 같은 테크닉을 숙지하고 연마해야 한다. 초장에 소품 하나를 심는다. 그것이 작품 안에서 계속 자라나도록 한다. 그러고는 나중에 그것을 무대 전면으로 다시 끄집어낸다.

『이름 뒤에 숨은 사랑』의 소품은 니콜라이 고골의 단편소설이 수록된 책이다. 1막의 회상장면에 처음 나타난 그 책은 고골리가 고골을 읽는 장면과 함께 3막의 마지막 장면에서 다시 등장한다.

『연금술사』에서 그런 역할을 띤 소품은 보물이다. 1막에서 등장한 보물은 탐험을 마친 산티아고가 비밀스러운 힘을 획득하여 바람과 대화하고 베두인들을 겁주기 위해 사막의 모래폭풍을 부르는 3막에 다시 나타난다. 여느 연금술의 방랑자들과 마찬가지로, 양치기 소년 산티아고 또한 집으로 돌아온 순간 그가 오래도록 찾아 헤맨 것이 바로 그의 발밑에 깔려 있었다는 사실을 알게 된다. 그의 오랜 여정이 시작된 곳은 퇴락한 예배당이었다. 그의 여정이 마감되는 곳도 그곳이다. 금은보화는 내내 거기 있었다. 이 책에서 얻을 수 있는 교훈은 '눈을 크게 뜨고 주위를 살펴라'로, 독자들은 이처럼 단순하고 소박한 것을 선호한다. 그들은 또한 불우한 고아 소녀가 백마 탄 왕자와 맺어진다든가, 아니면 양치기 소년이 큰 보물을 얻게 된다든가 하는 행복한 결말로 맺어지는 이야기를 좋아한다. 『연금술사』가 전 세계에 걸쳐 자그마치 5백만 부 이상 팔려 나가는 베스트셀러의 반열에 오른 건 그 때문인지도 모른다.

3막에 소품을 적절히 배치하면, 독자들을 충분히 설득하면서 이끌어가는 작품을 쓸 수 있다. 그러니 초고를 쓰는 동안 시놉시스에 반드시 그와 관련된 메모를 해둘 필요가 있다. 이야기 전개의 나침반 역할뿐 아니라 답사와 발견에 필요한 도구로써 시놉시스를 작업할 때는 그런 소품의 배치 방식을 꼭 염두에 두도록 한다. 이제 시놉시스를 쓰는 데 착수해보자. 1막의 전개에서 혹시 놓친 게 없는지 점검해본 후 그것을 쓰고 초고에 반영한다. 그리고 2막에서도 마찬가지로 혹시 놓친 게 없는지 점검해본 후 그것을 쓰도록 한다. 2막의 결말에서도 마찬가지이다. 시놉시스 쓰기를 통해 이야기의 윤곽이 뚜렷한 형태를 갖출 수 있도록 한다. 캐릭터 작업이 마무리되고 구조 스케치도 완료되었다면, 이런 정보들을 모두 취합해서 시놉시스 쓰기에 활용할 수 있다. 이때 시놉시스의 정의를 잊지 말도록 하자. 시놉시스란 전경을 아우르는 것이다.

작가들의 예를 참조하기

이번 장의 연습과제로 넘어가기 전에 우선 앤 타일러의 『우연한 여행자』(1985년)의 시놉시스를 짧게 검토해본다. 다음과 같은 부분들로 나눠 검토한다. 욕망의 목록, 결말, 첫 장면, 1막, 2막, 3막. 우선 그것을 신속하게 훑어가자. 그러고는 빨간 볼펜으로 명사와 동사에 동그라미를 쳐가며 다시 읽는다. 그런 품사들은 이 소설이 어떤 이야기인지 말해준다.

욕망의 목록
세라는 메이컨이 자신의 고민거리를 그녀와 함께 나누기를 원한다.
메이컨은 계속 입 다물고 있기를 원한다.
뮤리얼은 어떤 남자가 자기 대신 빚을 청산해주기를 원한다.
줄리언(메이컨의 상관)은 가족을 원한다.
로즈(메이컨의 누이)는 그녀의 삶에 질서가 잡히기를 원한다.

결말
메어컨은 살아남는다.
세라도 살아남는다.
뮤리얼도 살아남는다.
메이컨이 택한 여자는 뮤리얼이다.
세라는 혼자 남는다.

주요 소품은 비다.

첫 장면
메이컨은 어디론가 숨기를 원한다. 세라는 그가 자기에게 마음을 열고 고민거리를 함께 나누기를 바란다. 그들은 서로 다툰다. 세라는 이혼을 요구한다.

1막
세라는 집에서 나온다. 메이컨은 빈 집을 서성거리기만 한다. 그 즈음 애완견 에드워드가 사람을 무는 사건이 발생한다. 집이 너무 낡아 에드워드에게 맞지 않는다고 여긴 메이컨은 새 보금자리를 물색하던 중 우연히 뮤리얼이라는 싱글맘과 마주친다. 그녀는 메이컨에게 끌리기 시작한다. 그래서 자기가 에드워드를 조련하겠다고 제의한다. 하지만 자기만의 틀 속에 파묻혀 사는 메이컨은 이를 거절한다. 그런데 에드워드와 고양이가 한데 달려들면서 메이컨의 다리가 부러지고 만다. 그는 누이동생 로즈와 아이들만 있는 집에 틀어박혀 다리를 치료하는 데 전념한다. 그러던 중 세라와 저녁식사를 함께하게 된다. 뜻밖에도 매우 행복해 보이는 그녀에게서 한 남자와 만나고 있다는 얘기를 듣는다. 하지만 메이컨은 아직 마음이 정리되지 않은 상태. 천방지축으로 날뛰는 에드워드의 성화에 가족친지들의 압박까지 더해져, 메이컨은 결국 에드워드를 조련해주겠다는 뮤리얼의 제안에 응하기로 한다.

2막
본격적으로 무대에 등장한 뮤리얼은 메이컨이 에드워드를 목줄로 능숙하게 다룰 수 있도록 도와준다. 하지만 그녀가 정말 원하는 것은 메이컨과의 관계이다. 그래서 그에게 저녁식사를 함께하자고 제의한다. 그런데 그가 거부의사를 밝히자 뮤리얼은 자기에게 총 한 자루가 있다는 말로 그를 위협한다. 그는 죽은 아들에 관해 털어놓는다. 뮤리얼은 그를 잠자리로 끌어들이고 둘은 사랑을 나눈다. 구원이 시작된 것이다.

밤까지 그 집에 머물러 있던 메이컨은 뮤리얼의 아들 앨릭잰더에게 눈길을 보낸다. 아이는 심한 알레르기 반응을 보인다. 메이컨은 작업 도구들을 뮤리얼의 아파트로 옮겨다둔다. 그는 돈 문제를 돕는다. 그가 요사이 작업중인 '우연한 여행자' 시리즈에 쓰려고 모아둔 여행자료들과 함께 취재 여행을 떠나려 하자, 뮤리얼도 함께 따라나서겠다고 요구한다. 그녀는 그를 자기 가족에게 소개시키는가 하면 자신의 과거사도 나누려 하면서 점점 더 그에게 집착을 보인다. 로즈의 결혼식에서 그는 모친, 누이동생 로즈, 아내 세라, 그리고 내연녀 뮤리얼까지 자기 삶과 관련된 여인들에게 둘러싸인다. 최근 얼마나 편히 지내는지에 대해 너스레를 떨면서도 그는 뮤리얼에게서 벗어나 다시 예전의 내향적인 세계로 돌아가고 싶어한다.

3막

자신의 틀거지에만 안주해 있기를 고집하는 메이컨은 강박관념이 심한 남자다. 그러다보니 결국 뮤리얼을 떠나 세라의 품으로 돌아가서 낡은 집에 파묻혀 있기로 한다. 그가 파리로 출장을 떠나려는 순간 뮤리얼(그녀는 7장에서 자기도 따라가게 해달라고 요구한 바 있다)이 따라붙는다. 상황이 다 끝났다는 게 빤한 데도 그녀는 여전히 메이컨에게 매달린다. 파리에서 메이컨은 등에 부상을 입는다. 게다가 설상가상으로 깨진 유리파편이 1막에서 다친 다리 부위에 박힌다. 그런 탓에 세라가 그 대신 취재 여행을 떠맡으러 파리까지 오게 된다. 이 부분이 상징하는 바는 명확하다. 즉, 세라는 관계를 다시 시작하기를 원하는 것이다. 그녀는 메이컨이 계속 진통제의 약 기운에 취해 있게 하여 그를 붙잡아두려 한다. 그가 또다시 그녀에게서 달아날 요량이라면, 통증을 감내하면서라도 진통제 투약을 피해야 하는 상황이다.

그리하여 그는 중대 결단을 내린다. 메이컨은 진통제를 먹는 척하면서 손 안에 감춰두고 있다가 슬쩍 내버린다.

그는 함께 침대에 누워 있던 중 세라에게서 물러나 슬그머니 호텔을 빠져 나온다. 그러고는 쾌재를 부르며 택시를 잡아탄다. 그런데 마침 길가에 뮤리얼이 서 있는 게 보인다.

택시가 출발하려 한다. 원하기만 한다면 메이컨은 충분히 뮤리얼을 외면하고 그 자리를 벗어날 수 있다. 하지만 그러는 대신 그는 택시기사에게 멈춰달라고 부탁한다. 그러자 행복에 겨운 표정으로 뮤리얼이 택시에 올라탄다. 여기서 막이 내린다.

이 소설은 물론 메이컨의 이야기이다. 하지만 이야기 안에서의 신데렐라는 바로 뮤리얼이다.

연습과제

1. 욕망의 목록

등장인물의 욕망 목록을 새로이 작성해본다. 이 작업을 통해 등장인물들의 주요 관심사에 대해 다시 한 번 주의를 기울일 수 있다. 이 목록을 작성하는 동안, 글쓰기가 단순한 명사를 나열하는 데 그치지 않고 문장과 문단으로까지 넘어가려 한다면, 멈추지 말고 그냥 놔둔다. 그런 욕구를 이용해 시놉시스를 끄집어낼 수 있다.

2. 결말 쓰기

각각의 주요인물들이 나중에 어떻게 될지를 미리 정해보자. 그리고 나서 주인공과 적대인물이 클라이맥스에서 충돌하는 과정을 확실히 설정해둔다. 주인공이 한 명 이상이라면 그들에게는 서로 엇갈린—혹은 서로 관여하는—해결방식 속에서 클라이맥스에 다다르는 과정이 필요하다.

3. 초고-1막 시놉시스

1막을 쓸 때는 혈연관계나 돈 문제처럼 주요인물들이 서로 얽힐 수 있는 관계망에 초점을 맞춘다. 그러고는 인물들이 하나도 빠짐없이 이야기 속에 등장하도록 처리한다. 욕망의 대상에 대해서도 정리해둔다. 이 인물들이 원하고, 갈망하고, 매달리는 게 무엇인지를.

4. 초고-2막 시놉시스

2막을 쓸 때는 여기가 소설의 중간지점, 즉 귀환 불능 지점이라는 사실을 의식해야 한다. 그리고 2막의 끝부분에서 주인공은 3막으로 넘어가기 위한 문턱에 이르러 있다는 점도 기억한다. 주요인물들의 소개와 제시를 마무리 짓고 나서 2막으로 넘어오면, 무엇보다도 인물들의 숨은 의도를 설정하는 게 중요하다.

2막에 이르면 구성이 복잡 미묘해지므로 삼각관계 같은 구도가 명확히 머릿속에 잡힐 수 있도록 메모나 스케치 등으로 정리해둘 필요가 있다. 아래의 예는 하나 또는 그 이상의 삼각구도로 짜인 이야기들의 목록이다.

맥신 + 고골리 + 모슈미 (『이름 뒤에 숨은 사랑』)
고골리 + 모슈미 + 프랑스인 (『이름 뒤에 숨은 사랑』)
제인 + 로체스터 + 버사 (『제인 에어』)
개츠비 + 데이지 + 톰 (『위대한 개츠비』)
오이디푸스 + 어머니 + 아버지 (「오이디푸스 왕」)
알마시 + 캐서린 + 제프리 (『잉글리시 페이션트』)
샤를 + 에마 + 레옹/로돌프 (『마담 보바리』)

샘 + 로자 + 요제프 (『캐벌리어와 클레이의 놀라운 모험』)
트레이시 + 샘 + 로자 (『캐벌리어와 클레이의 놀라운 모험』)

5. 초고-3막 시놉시스

 3막을 쓸 때는 결말, 즉 마지막 페이지에 등장할 최후의 이미지에 초점을 맞춰야 한다. 그러고 나서 모든 갈등이 해소되는 지점, 즉 클라이맥스에 초점을 맞춘다. 현명한 작가는 이야기가 클라이맥스 근처에 다다른 순간 핵심 소품 하나를 적재적소에 불러낸다. 고골리 강굴리의 손에는 단편소설집이 들려 있다. 양치기 소년 산티아고에게는 퇴락한 예배당 밑에 묻힌 보물이 있다. 조 캐벌리어에게는 1935년 프라하를 탈출할 때 사용한 관이 있다. 3막의 소품은 작가로 하여금 시간을 통제할 수 있게 한다. 『하얀 이빨』의 탄환은 2000년에서 1857년까지의 시간대를 아우른다. 런던에서 인도까지의 공간도 마찬가지다.

6. 출발선

 글쓰기에 관한 워크숍에서 이 책의 저자는 학생들이 첫 페이지에서 클라이맥스까지의 시간을 효율적으로 관리하게 하기 위해 출발선을 활용한 경험이 있다. 아래와 같은 출발선을 즐겁게 활용해보자.

나는 ……에 관한 이야기를 쓰는 중이다.
1막은 ……하는 장면으로 시작된다.
1막은 ……하는 장면으로 마감된다.
2막은 ……로 불릴 수 있는 장면에서 시작된다.
이야기의 전개부에서 우리의 주인공은 ……
2막은 ……하는 순간 마감된다.
3막은 ……하는 장면으로 시작된다.

이 이야기는 ……하는 장면에서 클라이맥스에 다다른다.
이 이야기의 결말에서 마지막 이미지는 ……이다.

습작 소설 : 「트로피 와이프」

우리는 『트로피 와이프』를 작업하면서 '이것은……에 관한 이야기다' 라는 출발선을 사용해 작품 개요와 인물들의 전사를 연결시킨 바 있다. 또한 인물들 사이의 관계와 시점 이동, 동선까지 착실히 작업해두었으니, 시놉시스 작업을 더 세세하고 구체적으로 이끌어갈 토양이 마련된 셈이다. 이제 『트로피 와이프』의 작가도 다음의 두 가지 목적을 세워두고 시놉시스 작업에 임하려 한다. 1. 플롯 안의 흩어진 조각들을 말끔히 갈무리하는 것. 2. 이야기의 배경이 이동하는 지점들을 파악하는 것.

시놉시스 작업

이 이야기는 힘에 관한 이야기이다. 부친이 죽고 나서 폴 왓슨은 피닉스 인베스트먼츠의 경영권을 승계하게 된다. 그와 그의 누이 바버라는 회사를 계속 발전시킨다. 일선 경영에 능한 바버라는 회사의 실질적인 운영을 책임진다. 그런 반면 폴은 주로 거시 지표를 맡는다.

폴은 베로니카와 결혼했다. 베로니카는 아무것도 가진 게 없는 불우한 처녀다. 그녀는 카우보이와 블랙풋 인디언 여성 사이에서 사생아로 태어났다. 그녀의 모친은 딸에게 40년대 필름 누아르 영화배우인 베로니카 레이크의 이름을 붙여주었다. 베로니카가 폴과 만난 것은 그의 부친이 죽은 날이다. 적극적인 구혼 끝에 폴은 베로니카와 결혼하는 데 성공한다. 하지만 폴의 모친은 아들의 신부가 검은 머리칼과 거무스름한 피부를 지닌 인디언 혼혈이라는 사실을 탐탁지 않게 여긴다. 모친이 보기에 며느리는 가문의 사회적 체통에 얼룩을 남기는 존재일 뿐이다. 베로니카는 시댁 재산에 대한 자신의 권리를 포기한다는 혼전 각서에 서명한다.

폴의 모친이 캘리포니아의 내퍼로 거처를 옮기자 베로니카와 폴 부부는 폴의 부친이 살던 집으로 들어간다. 베로니카가 아직 두 개의 세계—오랜 고학생의 세계와 으리으리한 부잣집 마나님의 세계—사이에 발을 걸치고 있는 사이, 폴은 방황한다. 사실 그는 난봉꾼이다. 베로니카도 그 점을 알고 있다. 베로니카는 보기보다 눈치가 빠르고 총명하다. 그녀는 점점 자포자기의 수렁 속으로 깊이 빠져들고 만다. 그녀는 홀로 분투한다.

나중에 피닉스 인베스트먼츠의 경리직원인 폴의 정부가 자기 집에서 살해당한 채 발견되자 폴은 최우선 용의자로 지목된다.

1막

1막은 베로니카 시어머니의 장례로 시작된다. 장례는 베로니카와 폴 부부가 살고 있는 노브 힐의 저택에서 치러진다. 문상객들이 와서 조의를 표한다. 하지만 폴은 조문객을 맞는 대신 서재에 틀어박혀 대부분의 시간을 보낸다. 그곳은 부친이 생전에 자주 머물러 있던 방이다. 그런데 도중에 바버라는 폴이 정부 애슐리 베넷과 함께 있는 모습을 포착한다. 그녀는 어쩌면 폴의 경영권을 가로챌 수 있을지도 모른다는 생각을 한다. 1막이 끝나는 곳은 애슐리 베넷의 집이다. 내연관계의 정념에 휩싸인 애슐리는 폴에게 당장이라도 아내를 떠나라고 압박한다. 게다가 그녀는 회사에 많은 이윤을 가져다준 일과 후의 불법거래를 당국에 고발할 수도 있다는 말로 폴을 협박하기까지 한다. 그녀가 협박을 가하자 폴은 애슐리의 뺨을 후려갈긴다. 그러느라 부친에게서 물려받은 폴의 브라이틀링 손목시계가 애슐리의 얼굴에 생채기를 남긴다. 폴은 울부짖는 애슐리를 남겨두고 그녀의 집을 빠져 나온다. 그러면서 그윈 페레스 앞을 똑바로 지나쳐 자기 승용차에 탄다. 그윈과 애슐리는 스크립스 대학 시절부터 만났다 헤어지기를 반복한 동성의 연인 사이이다. 그윈은 애슐리가 흐느껴 우는 모습을 발견한다. 애슐리는 폴과의 내연관계가 노출되는 것을 부끄러워한다. 하지만 그윈은 그녀를 돕겠다고 하면서 그녀에게 사랑을 고백한다. 그러자 애슐리는 다시는 자기 앞에 나타나지 말라며 그녀를 밀쳐낸다.

그윈은 걸음을 옮겨 동네 테니스 클럽으로 향한다.

다음 날 아침, 폴을 심문하고자 앤더슨 형사가 왓슨 저택에 도착한다. 앤더슨 형사는 폴에게 애슐리가 간밤에 살해당했다는 사실을 알려준다. 형사의 말에 따르면 폴은 애슐리가 살아 있을 때 마지막으로 만난 상대이다.

2막

2막은 폴과 변호사 스나이더가 애슐리 살인사건에 관한 취조에 응하기 위해 경찰서를 방문하는 장면으로 시작한다. 앤더슨 형사는 내연관계를 이미 파악하고 있을 뿐 아니라 그들 사이에 언쟁이 있었다는 사실도 안다. 옆집에서 심하게 다투는 소리가 들려왔다는 이웃의 증언을 통해서였다. 앤더슨 형사는 또한 폴의 팔에 난 생채기와 시계 유리에 남은 핏자국도 예사롭게 보아 넘기지 않는다. 심문의 강도가 높아지자 스나이더는 취조 중단을 요청한다.

경찰서 출입문 앞에서 대기하고 있던 기자가 폴을 촬영한 후 질문 세례를 퍼붓는다. 스나이더와 폴은 재빨리 마이바흐로 뛰어들어가서 그곳을 빠져 나간다. 하지만 폴은 여전히 수심에 잠겨 있다. 바버라가 폴에게 전화를 걸어 긴급회의를 주재하기 위해 지금 즉시 사무실로 와야 한다고 요청한다. 폴은 거절한다. 그러고는 베로니카와 이야기를 나누기 위해 집으로 향한다. 베로니카는 테니스 코트가 내려다보이는 베란다에 앉아 있다. 그녀와 와인을 나눠 마시고 있는 사람은 바로 그윈이다.

폴이 집에 도착한다. 베로니카는 폴의 내연관계를 따져 묻는 데 시간을 허비하고 싶지 않다. 그래봐야 결혼생활만 파탄 날 게 뻔하니까. 그는 베로니카에게 도움을 청한다. 그에게 지금 필요한 것은 그녀가 자기를 믿고 응원해주는 일이다. 그는 자신의 결백을 주장하느라 진땀을 뺀다. 어머니의 무덤 앞에서 맹세라도 할 수 있다고 말하며. 베로니카는 결혼한 이후 자신을 압박해온 구속상태에서 빠져나올 절호의 기회가 찾아왔음을 알아차린다. 그녀는 여기서 벗어나고 싶다.

2막은 폴이 살인 혐의를 벗는 장면에서 끝난다. 이런저런 물증들을 그러모아 얼기설기 짜맞추면서 베로니카는 폴의 구체적인 알리바이를 입증하는 데 성공한다. 그런데 그때 그윈이 난데없이 폴의 문제에 달려들어 훼방을 놓으면서 베로니카를 설득하려 한다. 폴은 알리바이를 입증해주는 대가로 베로니카에게 터무니없는 약속을 한 상태였다. 하지만 이제는 그 약속을 지키려 하지 않을 게 틀림없다. 그녀는 그를 떠나기로 한다. 하지만 아무것도 얻어내지 못하고 맨손으로 빠져 나올 수밖에 없을 것이다.

3막

이 이야기의 클라이맥스는 두 번의 살인 장면으로 이루어진다. 그윈은 자신의 새 연인을 지키고자 폴을 살해하려 한다. 폴은 부친에게서 물려받은 헤클러&코흐 9밀리미터 권총을 뽑아들고 결국 그윈을 살해하기에 이른다. 총성이 들려온 순간 마침 앤더슨 형사가 현관문을 지나던 참이었다. 그는 폴의 시계를 되돌려주고자 노브 힐 저택에 들렀다가 뜻밖에도 그윈의 시체와 구석에 잔뜩 웅크린 베로니카가 울부짖고 있는 광경을 목도하게 된다. 폴은 여전히 그윈에게 총을 겨눈 채 책상 뒤에 서 있다. 앤더슨 형사는 재빨리 45 글록 권총을 뽑아들고 폴에게 겨눈다. 하지만 폴은 여전히 총을 내려놓지 않는다. 결국 앤더슨 형사의 총이 불을 뿜어 폴을 처치하고 만다.

폴은 자신의 자유를 지나치게 과신했다. 그는 베로니카와의 거래를 무시했을 뿐 아니라 그녀를 냉대해서 내치려 했다. 질투에 사로잡힌 그윈이 폴을 공격하려 하자, 그는 그녀를 무참히 살해한다. 그런데 때맞춰 도착한 앤더슨 형사가 베로니카를 보호한 후 폴을 처치한 셈이다. 하지만 이토록 기막힌 타이밍은 미리 계획된 것이었다. 끝 장면에서 앤더슨 형사는 바버라가 회사의 경영권을 장악할 수 있도록 협조한다. 그런 앤더슨 형사에게 베로니카와 바버라는 보상을 베푼다.

이야기는 베로니카와 바버라가 피닉스 인베스트먼츠 사장실에 나란히 앉아 있는 장면을 끝으로 막이 내린다. 바버라는 베로니카에게 회사의 대표이사로서 그동안 폴이 소유해온 지분을 나눠 갖자고 제의한다. 그러면서 그 지분 배당에는 혼전 각서에 따른 분할 자산만 포함되지는 않을 거라고 덧붙인다. 그러자 베로니카는 바버라에게 노브 힐의 저택을 환기시킨다. 베로니카와 폴이 결혼할 무렵 그의 모친이 작고하여 폴은 저택을 상속받았다. 그러므로 이제 그 저택은 베로니카의 몫이 되어야 할 것이다. 바버라는 선선히 동의한다. 베로니카가 문서에 서명하자 바버라는 곧장 재산 이전에 관한 조정절차를 밟기로 한다.

베로니카가 사무실을 나선다. 바버라는 그녀를 배웅한다. 은색 마이바흐가 건물 건너편에 대기중이다. 베로니카는 차 옆을 지난다. 하지만 바버라는 차의 뒷문 앞에 멈춰 선다. 그러자 차창이 열리고 차 안에서 앤더슨 형사가 바버라를 향해 손을 내민다.

베로니카는 노브 힐의 저택으로 향한다. 차가 저택 진입로의 긴 대리석 화단을 지나가는 동안 그녀의 눈에 떼 지어 작업하고 있는 일꾼들의 모습이 눈에 들어온다. 페인트공들이 저택 외관 작업에 열중하고 있으며, 설비 기술자들은 현관문 작업에 매달려 있고, 정원사들은 장미 묘목들을 새로 심고 있다.

이 이야기는 저택 안으로 걸어들어간 베로니카가 집 안을 다시 꾸미는 장면에서 대단원의 막을 내린다. 그녀는 이제 부유해졌다. 그녀는 아무 데도 얽매이지 않고 살아갈 수 있다. 무엇보다 그녀에게는 이제 힘이 생겼다.

첫 번째 습작 시놉시스의 목표는 결말까지 다다르는 과정을 실제로 써보는 데 있다. 생각이나 말이 아니라, 출발선을 활용해 핵심장면들을 진행시키면서 3막으로 나뉜 시놉시스를 직접 손으로 쓰는 게 중요하다.

  써가는 과정이나 다른 작품, 작가, 글을 쓰면서 살아가게 될 일상, 문체와 등장인물, 플롯과 주제 등에 관해 누군가와 수다 떠는 일은 무척이나 즐겁다. 하지만 우리가 진짜 작가라면 마냥 생각에만 잠겨 있거나 이러쿵저러쿵 떠들기보다는 글쓰기 작업에 직접 부딪혀야 한다. 글쓰기야말로 모든 즐거움과 힘, 그리고 우리의 언어로 이야기의 구조를 빚어가는 영광의 원천이기 때문이다.

  소설, 각본, 회고록, 서사시, 희곡 등의 장편 글쓰기에 성공하려면 아주 작게 시작하도록 한다. 우선 수많은 조각을 형성한 다음, 그것들을 전체적으로 이어붙이고 조합한다. 예컨대 시놉시스는 아마도 우리가 지금까지 해온 글쓰기 작업 중에서 가장 긴 조각에 속할 텐데, 그전에 우리는 기본 플롯에 관한 도표를 만들었다. 그러고는 문단을 만들지 않고 짧고 빠르게 써내려가는 행갈이 쓰기로 언어의 물리적 가속을 체득했다. 첫 번째 플롯 짜기의 연습과제 후에는 간략한 인물 스케치로 넘어왔다. 그 과정에서 전사와 꿈 그리고 의상 선택까지 함께 공부했다. 또한 의미심장한 디테일들을 추가함으로써 나무토막처럼 뻣뻣하고 굳은 캐릭터들을 여러 가지 문제와 욕망과 함께 살아 숨 쉬는 입체적 인물로 탈바꿈시키기도 했다. 『트로피 와이프』의 주인공 베로니카 왓슨의 캐릭터 작업을 함으로써 소설의 작가는 첫 번째 만남 장면을 더욱 탄탄하게 쓸 수 있게 되었다. 베로니카가 폴 왓슨과 처음으로 조우하는 장면은 간단한 문제와 그것의 해결이 반복되는 패턴으로 이루어져 있는데, 이런 방식은 이야기 전체를 통해 계속 이어진다. 베로니카의 문제는 빈곤이다. 외관상의 해결책은 부유한 남자 폴과 결혼하는 것이다. 하지만 『제인 에어』의 미스터 로체스터와 마찬가지로 폴은 비밀에 둘러싸인 남자다. 그는 또한 다른 여자와 내연관계를 맺고 있는 바람둥이이며, 화이트컬러 계급 범죄자이기도 하다. 그리하여 아까의 외관상의 해결책은 베로니카가 자기 인생에 대해 치명적인 결단을 내리게 할 만큼 흉흉한 문제로 돌변하고 만다. 우리가 각본을 쓸 때도 이와 동일한 '문제/해결'의 구조를 개요에 반영할 수 있다.

- 문제 : 베로니카가 가난하다는 것.
- 외관상의 해결책 : 베로니카가 부유한 남자와 만나 결혼하는 것.
- 숨은 문제 : 부유한 남자가 알고 보니 괴물이었다는 것.
- 독한 해결책 : 괴물을 죽일 것인가? 아니면 길들일 것인가?

시놉시스에 착수하려면 가장 먼저 처리해야 할 두 가지 사항이 있다. 첫째, 이미 장면 속에 써둔 이야기의 조각들—플롯, 인물, 장소, 소품, 대화, 행위—을 한데 모아 서사의 개요로 전환해야 한다. 서사의 개요란 20주에서 공부한 바와 같이 이야기를 고정시켜 짧은 묘사로 포착하는 작업이다. 10주까지 오는 동안 이미 시놉시스를 써본 사람이라면, 그때의 작업과 지금의 작업 사이에 현저한 차이가 있음을 느낄 것이다. 30주쯤에 다시 한 번 시놉시스를 써본다면, 아마도 또 달라질 것이다.

둘째, 이야기를 고정시킴과 동시에 현재 시점에서 우리가 파악하고 있는 플롯의 모양새를 변화시킬 만한 몇 가지 동력들을 만들어내야 한다. 인물들은 각자의 형편 속에서 성장한다. 그런데 아직까지 인물들이 자생적으로 성장할 수 있도록 만들어주지 않았다면, 지금이라도 한 걸음 물러나 그들이 알아서 자신의 특성을 드러내는 행위를 취하게 만들어야 한다. 예컨대 『트로피 와이프』에는 괄목할 성장을 보인 두 인물이 있다. 바버라와 그윈이다. 폴의 누이동생 바버라는 이야기의 초반에 노브 힐 저택에 등장해서 폴의 서재로 가던 중 베로니카와 스쳐 지나간다. 그런데 거기서 이제 막 방에서 나오는 애슐리 베넷과 우연히 마주친다. 바버라는 앤더슨 형사와 짜고 폴의 회사 경영권을 가로채기 위해 어둠 속에 도사리고 있는 인물이다. 그녀는 약간의 손질이 필요한 좋은 등장인물이다.

손질이 필요한 또 다른 인물은 그윈이다. 현재 드러난 바로, 그녀는 부동산 관리인처럼 보이며, 양성애자이고, 클라이맥스에서 극적인 죽음을 맞이할 때까지 이야기 안에서 꽤 오래 등장한다. 그윈의 비중이 커져갈수록 그녀에게는 다른 주요인물들과 마찬가지로 고유한 전사가 요구될 수밖에 없다. 그리고 그녀의 과거사가 소개되는 동안 서사의 전개는 잠시 미뤄질 수밖에 없다. 그녀가 등장하는 첫 페이지 이전에 그윈에게는 어떤 일이 벌어졌던 것일까? 아직까지는 초고 단계에 불과하므로, 그윈과 바버라와 관련된 작업은 초고를 완료하는 49주까지 얼마든지 가능하다.

소설을 쓸 때는 시간 조절에 주의를 기울여야 한다. 본줄기의 흐름을 따라 계속 나아가야 할까? 아니면 잠시 걸음을 멈춰 세우고 이 행로에 구멍을 내서 다른 쪽으로 빠져나가도 괜찮을까? 이는 쉽게 결정할 문제가 아니다. 걸음을 멈춰 세우면, 등장인물들 중 한 사람에 관해 심도 있게 파고들 수 있다. 본줄기의 흐름 속에서 계속 앞을 향해 밀어붙이고, 그리하여 곧장 결말까지 치닫는다면, 3막에 다다를 무렵(이 지점에서 소설의 열기는 가장 후끈 달아오르게 된다)에는 작업이 뜨거운 열기로 에워싸여 있음을 느끼게 될 것이다. 또한 그렇게 글쓰기를 계속하다보면 등장인물 전반에 관해 더 잘 파악하게 될 수도 있다. 그들의 행위, 냄새, 음향, 제스처, 대화 연결 등, 머릿속에 통찰이 꽃 피게 되는 것이다. 그리고 3막에 다다르면 더 많은 통찰력을 얻게 된다.

그럼에도 발길을 멈춰야 하는 가장 큰 이유는 바로 전사 때문이다. 바버라가 폴의 경영권을 가로채려는 것은 이 작품에서 어떤 전사와 관련돼 있을까? 그런 의문을 파고드느라 지체하는 것은 시간 조절의 실패가 아니라, 서사를 요리하는 하나의 방식이다. 어쩌면 유년시절에 뿌리박혀 있을지도 모르는 뭔가가 심층에 있다. 왜 그윈은 애슐리에게 자신을 바치려

253

하는가? 그러고는 폴에게? 마지막으로는 베로니카에게? 이 점을 기억하자. 전사에서 숨은 의도가 생겨나거나 동기와 직결된 트라우마가 드러날 때, 우리는 등장인물이 그에 관해 매진할 공간과 시간을 내준 후, 그 모습을 장면으로 옮겨 담아야 한다. 그에 따라 우리가 쓰는 소설의 성패가 갈릴 수 있다.

한 인물이 성장해가면 그와 동시에 또 하나의 서브플롯이 솟아날 여지도 생긴다. 그윈과 바버라는 무대 뒤에서 무슨 일을 벌이고 있는가? 미스터 로체스터가 말을 달리는 장면이 눈에 들어오면 우리는 그가 손필드에서 벗어나려 한다는 사실을 알 수 있다. 그는 런던이나 파리의 환락가로 향할 수도 있다. 혹은 이웃 장원의 저택에 방문해 와인을 마시며 아름다운 블랑슈 잉그램과 밀고 당기기를 할 수도 있다. 그가 집으로 돌아오는 장면에서 우리는 제인이 로체스터의 서브플롯이라는 그림자 속에 숨은 여인과 경쟁하게 되면서 질투로 인해 잔뜩 뾰로통해졌음을 느낄 수 있다. 바버라가 퇴장하고 나서는 무슨 일이 벌어질까? 길가에 서 있던 그윈이 잠시 후 애슐리의 아파트로 종적을 감춘 장면에서는 어떤 일이 벌어지는가?

시놉시스를 마무리 짓고 나서는 서둘러 그것을 읽어내려가기 전에 일단 며칠 동안 묵혀둔다. 그리고 다시 꺼내어 읽을 때는 인물, 장소, 소품, 장면의 목록을 작성하여 어떤 인물에게 서브플롯을 배정하는 게 가장 적합할지 자문해본다.

현 단계에서는 소설의 전체 플롯을 짜는 일이 주요 과제이므로, 초고를 쓸 동안에는 서브플롯의 곁가지를 늘릴 시간이 그리 많지 않다. 그럼에도 서브플롯은 퇴고하고 수정할 때 가장 초점을 맞춰 다뤄야 할 항목이다. 그러므로, 다음과 같은 사실을 결코 잊어선 안 된다. 초고 분량이 200~300페이지에 이르기 전까지는 섣불리 퇴고나 수정에 착수하면 안 된다. 다시 쓰기는 초고의 뼈대를 뒤흔드는 작업이기 때문이다.

시놉시스 작업을 마무리했으면 이제는 장면과 장면 연결에 관해 숙고해볼 차례다.

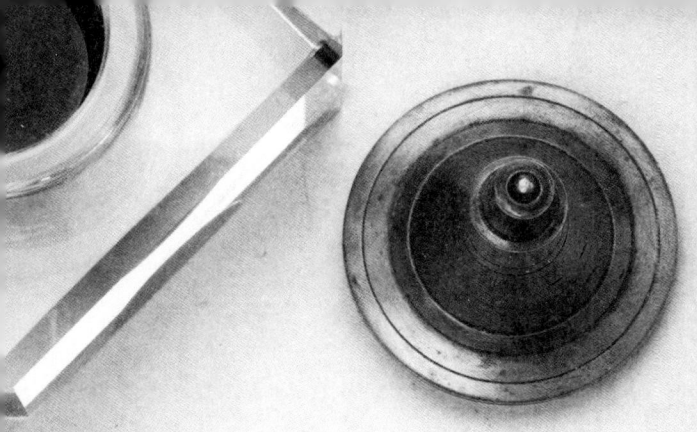

5부

21~28주

장면쓰기와 장면의 연결

현대의 소설가는 영상매체와 경쟁한다. 말과 이미지 사이에서, 그리고 지면과 모니터 사이에서 벌어지는 경쟁구도는 그야말로 치열하다. 19세기만 해도 활자에 붙박인 소설을 입체적인 생활공간으로 불러낼 수 있는 매체는 연극이 고작이었다. 하지만 오늘날에는 검은 케이블을 타고 날아든 모니터의 세계가 입체적인 생활공간을 장악하고 있다. 우리는 이제 책에서 오락거리를 찾는 대신 DVD숍을 찾거나 TV의 리모컨 버튼을 눌러 다양한 영화들을 골라 볼 수 있다. 이 교재와 함께 주말 동안의 습작에 갓 몰두하기 시작한 초심자들이라면 서사 전개방식을 공부하기 위해 영화보기에 몰두할 수도 있다. 인물, 대화, 행위, 소품, 구조, 극적 갈등, 그리고 장면 구성 등 소설과 시나리오 사이에는 여러 요소에 걸쳐 공통점이 두드러지기 때문이다.

 혹시 TV에서 〈세서미 스트리트〉를 보고 자란 세대라면, 어떤 장면을 읽기보다 보는 데 더 익숙하다고 할 수도 있다. 한 인물이 독백을 늘어놓거나 혼자 노래를 부른다. 그러면 두 번째 인물이 거기에 합류한다. 두 인물은 대화를 시작하고 그 대화 내용이 그들 사이를 이어준다. 그때 세 번째 인물―불청객―이 나타나서 그 흐름을 끊고 화제를 바꾼다. 어느새 공간적 배경이 바뀌어 인물들은 다른 장소에 와 있다. 매우 단순한 언어의 교환만으로 모니터 안에 장면 변화가 생겨나는 셈이다. 시청자들은 스토리텔링에 맞춰 자유자재로 변하는 장면의 위력을 생생하게 체험하게 되는 것이다. 장면 설정, 즉 장소를 이동함으로써 배우들은 시간상으로 앞쪽이나 뒤쪽으로 자유롭게 이동할 수 있다. 한 공간에서 다른 공간으로, 한 도시에서 다른 도시로, 한 나라에서 다른 나라로, 한 세계에서 다른 세계로까지 지리적인 이동도 문제없다. 장면 쓰기를 통해 우리는 여러 가지 내면세계로의 여행―꿈, 전망, 정신적 체험, 망상―을 펼쳐 보일 수 있다. 그런 여정은 우리의 작업에 풍부한 깊이와 부피를 보태줄 것이다. 여기서 가장 중시해야 할 것은, 우리가 상황을 요약하거나 설명하는 긴 산문을 쓰는 게 아니라 '장면'(하나의 장면에는 한정된 시간이 내재돼 있다)을 쓰고 있는 중이기 때문에, 전보다 더 나은 글을 써야 할 뿐 아니라 그 글을 예리하게 다듬고 벼려내어 한 편의 '영화 못지않게' 써내야 한다는 점이다.

그런데 하나의 장면이란 무엇을 말하는가? 하나의 장면이란 한정된 시간 동안 단 하나의 공간적 배경 속에서 펼쳐지는 일련의 행위 또는 단 하나의 행위를 가리키는 말이다. 가령 거실에서 뒤뜰로 공간적 배경을 바꾸는 것은 장면 전환이다. 현재에서 과거로, 즉 등장인물의 회상을 통하여 시간을 뒤로 돌리는 것도 장면 전환이다. 장면 전환에 특히 유의한다면, 우리는 장면이 다음으로 넘어갈 때마다 독자에게 새로운 배경을 제시할 수 있다. 이를 영화계에서는 설정 숏이라고 부른다. 영화 시나리오를 읽어본 적이 있는 사람들은 아마도 다음과 같은 표시를 본 적이 있을 것이다. 그것은 대본상에 아래와 같이 대문자로 표기된다.

실외 : 정자—밤

이 같은 표시는 감독과 배우와 촬영감독과 스태프들에게 장면이 카메라에 어떻게 나타나야 할지를 지시해준다. 가장 일반적이고 자연스러운 시각적 대상 중 하나는 도시 경관이다. 예컨대 시카고에서 사람들의 시야에는 가장 먼저 들어오는 것은 시어스 타워와 라이즐리 빌딩, 네이비 피어 등이다. 뉴욕에서는 엠파이어스테이트 빌딩과 크라이슬러 빌딩, 브루클린 대교 등이다. 그리고 파리라면 에펠탑이나 개선문이다. 런던이라면 넬슨 기둥과 사자 조각상들이 함께 있는 트래펄가 광장일 것이다. 시애틀에서 사람들의 시야에 들어오는 것은 스페이스 니들과 파이크 플레이스 마켓, 선박 터미널 등이다.

영화를 자주 보면 설정 숏은 단지 몇 초 동안 화면에 등장한다는 걸 알 수 있다. 화면에 비치는 시간이 불과 몇 초에 지나지 않는다 해도, 그 한 컷의 촬영 각도와 조명 등을 고려하여 여러 날의 준비 기간과 적지 않은 필름이 소요될 수도 있다. 소설에서 이 같은 설정 샷은 그림을 그리는 언어로 이루어진다. 영화에 길든 독자들은 이야기의 전말을 궁금하게 여긴 나머지 묘사가 이어지는 대목을 건너뛰고 읽을 수도 있다. 하지만 작가는 그래선 안 된다. 우리는 독자들에게 각 장면의 공간적 배경과 시간뿐 아니라 누가 무대에 등장해서 무슨 일을 벌이는지, 누가 다시 나타나는지를 소상히 알릴 의무가 있다. 무대 배경을 소상히 제시하는 것은 이를 통해 두 가지의 작업을 수행하기 위한 소설 쓰기의 전략 중 하나다. 단순히 배경만 제시하는 게 아니라 디테일의 묘사로 그 상황을 에워싸고 있는 분위기도 아울러 설정하는 것이다.

장면 쓰기의 이유를 모색하기

장면scene은 드라마를 구성하는 기본 단위다. 작가는 한 편의 소설을 완성하기 위해 많은 이야기를 늘어놓는 과정에서 다양한 장면들을 창조하게 된다. 장면들 속에서 사건이 하나의 시퀀스sequence로 연결되기도 하고 시간의 흐름이 과거로 역류하기도 한다. 장면에 등장하는 인물들의 활약은 극적인 요소를 빚어내며 플롯이 진전되도록 이야기를 움직여간다.

장면에는 표면상의 행위가 있다. 가령, 인물 A가 B에게 말한다. "널 죽이고 말겠다." 그러고는 B를 총으로 쏜다. 표면상의 행위는 직선적이다. 그런가 하면 표면 밑에 깔린 행위도 있다. 그런 행위는 겉으로 드러나지 않고 은연중에 암시되며, 하나의 서브텍스트를 이룬다. 서브텍스트는 이야기된 것과 인물이 실제로 행하는 것 사이에서 팽팽한 긴장상태를 유지한다. 인물 A가 B에게 말한다. "참 멋진 하루야." 그러면서 속으로는 자신과 상대 사이의 사정거리를 가늠해보는 중이라면 어떨까. 그렇다면 텍스트 밑으로 어떤 음모가 자리한다고 할 수 있는데, 이를 가리켜 서브텍스트라고 한다.

이야기를 여러 장면으로 단락 지어야 하는 까닭은, 거기서 작가로 하여금 효율적인 작업을 가능케 하는 구조가 생겨나기 때문이다. 하나의 이야기에는 발단, 전개, 결말의 구조가 있다. 놀라울 정도로 많은 수의 전형적인 장면들이 자명종이 울리는 따르릉 소리로 시작된다. 문이 쾅하고 닫히면서 마감되는 장면도 수없이 많다. 소설 속 장면들을 어떻게 시작해서 어떻게 끝낼지 고민해보자. 친숙하고 일상적인 장면들을 여닫을 때는 반드시 기발하고 독특한 디테일이 구체적으로 드러나게 해야 한다. 그와는 반대로, 기발하고 독특한 동선들이 두드러지는 장면을 여닫을 때는 독자가 이야기에 감정이입할 여지가 생기도록 친숙하고 일상적인 디테일들을 안배하는 게 바람직하다.

한 장면을 어떻게 끝낼까 하는 문제는 생각보다 까다로울 수도 있다. 어떤 장면을 이렇게 끝내는 게 좋을지 아닐지 확신이 서지 않는다면 동료에게 그 대목을 큰 소리로 낭독해달라고 부탁하는 것도 좋은 방법이다. 그러면 우리의 귀가 스스로 판단할 수 있을 것이다. 그래도 판단이 어렵다면, 그것을 낭독해준 동료의 의견을 구할 수도 있다.

소설의 리듬감 설정

리듬감은 서로 다른 것들이 교대하는 패턴의 반복에서 생겨난다. 그것은 심장박동이나 걸음걸이 또는 물러났다가 다시 밀려드는 조수처럼 단순하다. 우주의 조화 속에 머물러 있는 존재로서 우리는 밤낮, 낮밤이 서로 교대하며 이루는 패턴의 반복을 느낀다. 어떤 것들은 서로 멀어져가며 간격이 더욱 띄엄띄엄해지면서 리듬 변화 주기를 확장하기도 한다. 며칠을 여러 주로 늘려 시간을 확장할 때는, 한 해 동안 변해가는 계절의 리듬—봄, 여름, 가을, 겨울이 찾아드는 흐름—과 그것이 지닌 상징성을 이용할 수도 있다. 봄은 황량한 겨울이 물러간 후 찾아오는 소생의 계절을 암시한다. 여름은 가을의 낙조가 몰려오기 전 고조되는 생의 열기를 암시한다. 계절 변화의 리듬을 감지하려면, 뒤로 한 걸음 물러나는 게 효과적이다. 그러면 거대한 화폭 위에서 여름을 향해가는 봄의 느린 발걸음이 눈에 띈다. 6월의 선선한 아침 날씨에 가을의 조락을 앞당겨 체감하기도 한다. 바로 그런 게 리듬이다. 우리는 그에 대해 별로 깊이 생각하지 않고 살아간다. 하지만 누군가가 "산다는 건 요람에서 무덤까지 줄달음치는 것이로구나"라고 읊조리며 6,70년의 세월을 달랑 한 문장으로 압축한다면, 우리는 그렇게 하나에서 다른 하나로(요람에서 무덤으로) 옮겨가는 이동을 감지할 수 있다.

그렇다면 어떻게 해야 우리의 소설에 리듬감을 설정할 수 있을까? 가장 포괄적인 차원에서 염두에 둘 것은 우선 구조이다. 구조는 핵심적인 장면들을 통해 드러나는 큰 행위들의 움직임으로, 이 행위들은 클라이맥스라 지칭되는 정점을 향해 치닫는다. 가장 먼저 의식해야 할 것은 처음과 끝이 서로 반향을 일으키며 엇물리는 핵심 장면으로 소설의 막을 열고 닫아야 한다는 점이다. 『픽션의 기술The Art of Fiction』이라는 책에서 존 가드너는 소설의 전반 구조를 교향악에 비교하면서, 작품의 결말이 핵심 이미지를 통해 첫 장의 도입부와 공명하는 『위대한 개츠비』를 그 본보기로 제시했다. 작품의 첫 장에서 화자 닉 캐러웨이의 눈에는 이웃집 남자 개츠비가 두 팔을 쭉 뻗는 모습—계급적인 동경을 나타내는 동작—이 들어온다. 그의 쭉 뻗은 팔이 향한 쪽은 이스트 에그에 자리한, 초록색 불이 켜진 데이지 뷰캐넌의 집이 있는 부두였다. 개츠비의 죽음과 매장으로 작품이 끝나갈 무렵, 닉은 설명을 통해 그 초록색 빛이 미래에 대한 개츠비의 순수한 믿음을 상징한다고 말한다.

초록색 불빛의 이미지를 반복함으로써 피츠제럴드는 소설의 구조가 꽉 짜이도록 개츠비와 연관된 장면들을 유기적으로 배치한다. 이 책의 플롯 짜기 레슨에서 이미 보았듯이, 스토리가 계속 이어지게 하는, 반전과 분쟁과 정점의 힘으로 이뤄진 강렬한 장면들은 작품에 전환점을 마련해준다. 반면, 비교적 냉정하고 차분한 장면들은 등장인물의 내면을 심화하여 힘으로 가득한 강렬한 장면들 사이에서 전통적인 연결고리 역할을 수행한다. 그러니 작품의 언어에 탄력 있는 리듬감이 생겨나도록 강렬하고 역동적인 장면과 약하고 부드러운 장면을 번갈아 제시함으로써 리듬감을 설정한다. 힘과 상징적인 공격으로 점철된 강렬한 장면이 미세하고 여리며 때론 감미롭기까지 한 서정적 장면과 번갈아 제시되면서 이야기의 흐름에 반복적인 패턴을 이룰 수 있다. 앞으로 8주 동안 공부하게 될 내용에 따르면, 하나의 장면 안에도 고유한 리듬감이 있다. 장면에 내재되어 있는 리듬감은 작가가 대화와 동선, 동선과 묘사를 번갈아 그릴 때 생겨난다. 심지어 아주 작은 장면에서도 대화 속에서 화자들이 번갈아 말을 주고받는 방식만으로 리듬감을 이끌어낼 수 있다.

목소리 A : 경찰이 여기 왔었어.
목소리 B : 그럼 내 시험공부를 망친 주범이 경찰이었단 말이야?

만일 인물 B가 대답하지 않았다면, 그래서 인물 A가 계속 자기 이야기를 이어갔다면, 위의 대화 내용과는 다른 리듬이 빚어졌을 것이다. 그 경우는 대화가 아니라 독백의 리듬이라고 할 수 있다.

소설에서 가장 기본적이고 단순한 리듬은 '하나-둘'의 리듬이다. 하나의 행위가 있으면 그에 상응하는 반응이 뒤따라온다. 목소리 A가 말하니 목소리 B가 그 말에 답한다. 등장인물이 뭔가를 주의 깊게 살펴보고 있다면, 독자들에게 그게 뭔지 보여줘야 한다. 초심자들은 다음의 예처럼 흔히 뭔가를 그냥 걸쳐두기만 하고 얼른 발을 빼는 경향이 있다. '마리아는 칠판 앞에 멍하니 서 있었다. 그러면서 브릭이 식사하는 모습을 물끄러미 바라보던 어제 일을 떠올렸다. 그녀는 궁금했다……' 여기에서 리듬은 어제 일에 대한 회상 속에서 아예 실종되고 말았다. 이 예문을 수정하여 적절한 소설 구조를 참고해볼 기회다. 수정을 통해 다시 시도해보자.

마리아는 칠판 앞에 멍하니 서 있었다. 검은 콩 수프, 옥수수 식빵, 할머니의 대황 파이. 맛있겠다. 그녀는 몹시 굶주려 있었다.
"엄마, 이거 정말 근사한데요?"
"별거 아니야."

등장인물이 보고 있는 것을 독자에게 드러낼 때는 현 시점에 생생하게 포착할 수 있는 디테일들을 단 한 코도 빠뜨리지 않고 장면에 결부시켜야 한다. 아직 파악하지 못한 사람들도 있겠지만, 장면 쓰기에서 단 하나의 디테일이 얼마나 유용하고 효과적으로 쓰일 수 있는가는 꽤 중요한 문제이다. '별거 아니야'라고 말하는 엄마의 대사가 나오기 전까지는 글을 쓰는 당사자조차도 그녀의 기분이 좋은지 나쁜지 짐작하기 어렵다. 물론 다음과 같이 설명을 통해 독자에게 전달할 수도 있다. '브릭에 대한 생각에 빠지기 전에, 마리아는 엄마가 오늘 아주 기분이 좋지 않다고 생각했다.' 하지만 한 줄의 극적인 대사로 그런 심경을 드러내는 게 소설에서는 훨씬 더 효과적이며, '하나-둘'의 리듬도 계속 이어갈 수 있다. 그런 엄마의 대꾸에 마리아는 뭔가 문제가 있다는 걸 인지하게 된다. 그리고 어떤 문제가 인지된 순간 그녀는 선택을 내려야 한다. 그 선택에 따라 행위해야 한다. 행위와 반응은 장면을 이끌어가는 추진력이다.

소설의 리듬은 작가가 개별 장면들을 축조할 때, 그리고 그 장면들이 전체적인 이야기의 흐름에 어울리도록 조율할 때, 작가의 선택에 따라 결정된다. 이런 선택을 계속 실행해가다보면 결국 한 편의 소설은 작업의 각 단계에서 서로에게 영향을 미치는 다채로운 리듬의 연속(단어, 문장, 장면, 시퀀스, 장)으로 이어진다. 리듬은 문장 단위에서부터 시작되긴 하지만, 그렇다 해서 그것을 너무 의식한 나머지 반복 패턴에 사로잡힌 문장들만 쓰려고 애쓸 필요는 없다. 문장들을 열심히 쓰다보면 리듬은 저절로 생겨나게 마련이다. 설령 그렇지 못하다 해도 과히 문제될 게 없다. 언제든 나중에 다시 쓸 수 있으니까. 그런데 그러기 전에 우선은 전체적인 구조를 조감해보기 위해 뒤로 한 발 물러날 필요가 있다.

소설을 쓰자면 일단 구조를 살필 줄 알아야 한다. 구조란 부분들의 조율이다. 소설을 이루는 요소로는 인물, 장소, 물적 토대, 소품, 플롯, 서브플롯, 장면, 묘사, 서술, 설명, 대화, 짜임새, 서브텍스트 등이 있다. 한 권의 소설을 급히 훑을 때, 가장 먼저 눈에 들어오는 것은 장章의 구조다. 하나의 장은 달랑 한 페이지에 지나지 않을 수도 있고, 무려 100페이지에 달할 수도 있다. 하나의 장은 순전히 서술로만 이루어질 수도 있고, 대화와 서술이 섞여 있을 수도 있으며, 순전히 대화로만 이어질 수도 있다. 그뿐 아니라 대화와 해설이 혼재돼 있을 수도 있다(소설 쓰기에서 해설을 늘어놓는다는 것은 이야기를 설명하기 위해 흐름을 끊는다는 것과 동일한 의미다). 혹은 작가가 아예 수다에 푹 빠져 해설로만 일관할 수도 있다. 그리고 하나의 장에는 장면이 하나뿐일 수도 있고 많은 장면들이 한데 묶여 있을 수도 있다.

여기서 첫 번째 가르침 : 장에는 구조적 통합성이 없다. 장은 두루뭉술하고 느슨하며 팽창하는 성질을 지닌다. 설령 장이 독자들이 작품 지면에서 접하는 통합 또는 조직 단위로서 가시적인 구조에 속한다 할지라도, 장 그 자체에는 극적 구조를 융합하는 특성이 주어져 있지 않다. 한 편의 장편소설을 완성하기 위해서는 그런 장 구조의 얇은 합판을 꿰뚫고 그 근저에 가로놓인 뭔가를 발견해내야만 한다. 말하자면 작가는 눈에 보이지 않는 것과 치열하게 씨름하는 사람이다.

로버트 B. 파커(『탐정 스펜서』)나 레이먼드 챈들러(『빅 슬립』)처럼 뛰어난 작가들은 하나의 장에 단 하나의 장면만 사용한다. 애니타 슈레브(『포춘스 록스』,『비행사의 아내』) 같은 작가는 하나의 장을 세 개 이상의 장면으로 구성한다. 좋은 작가들의 작품을 많이 읽고 그들의 테크닉을 공부하자. 그리고 장면 작업에 그것들을 모형 삼아 응용한다.

장에 들어갈 장면들을 구상하기 전에 우리는 필히 자신이 쓸 장면들을 사랑하는 법부터 터득해야 한다. 요즘 시대에 장면에 익숙해지는 가장 빠른 길은 보통 극영화나 TV 드라마다. 다음과 같은 방법을 사용한다. 1시간짜리 TV 드라마를 시청하면서 이야기가 나뉘는 지점을 체크하는 것이다. 드라마에서 이야기가 나뉘는 단위는 광고가 끼어드는 시점이다. 그 단위는 인물, 플롯, 서브플롯, 공간적 배경, 대화, 줄거리 등으로 구성되어 우리의 눈앞에 흘러가는데, 그것이 바로 여러 개의 장면들이 모인 '시퀀스'이다. 장면이란 단 하나의 공간적 배경 속에서 한정된 시간 동안 펼쳐지는 하나의 행위 또는 연결된 여러 개의 행위이다. TV 속의 장면 하나는 10초가 될 수도 있고 30분이 될 수도 있으며 그 사이 길이일 수도 있다. 공간적 배경이 밝은 승강기 안에서 어둑어둑한 주차장으로 이동하면, 새로운 장면이 나오고 있는 것이다. 세트장에서 야외 촬영으로 넘어오면, 극중의 장면도 바뀐 것이다.

어떤 영상물들은 녹화해두고 반복해서 보면 유익하다. 〈ER〉이나 〈NYPD 블루〉 또는 〈로&오더〉 같은 1시간짜리 드라마들은 보는 데 투자한 시간만큼 보답한다. 그러니 다음의 정보가 포함된 장면들의 목록을 작성해본다. 장면의 이름, 공간적 배경, 인물들, 동선, 대화. 장면들의 목록을 통해 우리는 이야기의 뼈대를 갖출 수 있다. TV나 극영화에서 가져온 장면 목록은 우리가 쓰는 소설의 구조에 영감의 빛을 비춰줄 수도 있다.

녹화한 드라마를 공부하고 나면 드라마의 리듬을 느끼도록 노력하는 동시에, 각각의 이야기 단위가 얼마나 지속되는지 시간을 측정한다. 드라마 1일분에 해당하는 한 시간에는 보통 여섯 개 단위의 이야기와 다섯 개의 광고가 포함돼 있다. 첫 번째 단위의 내용은 시청자의 눈길을 붙드는 '낚시'에 해당된다. 마지막 단위인 예고편은 시청자의 관심을 다음 에피소드에 유지시키기 위해 미래로 던지는 작살의 역할을 하는 '고리'이다. 그 사이에 끼어 있는 네 개의 단위는 네 개의 막을 이룬다. 구조를 일목요연하게 파악할 수 있도록 아래와 같이 대부분의 TV 드라마 구조에 내재된 상승 직선을 활용하여 이야기 단위와 광고를 도표로 그려보자.(그림 12 참조)

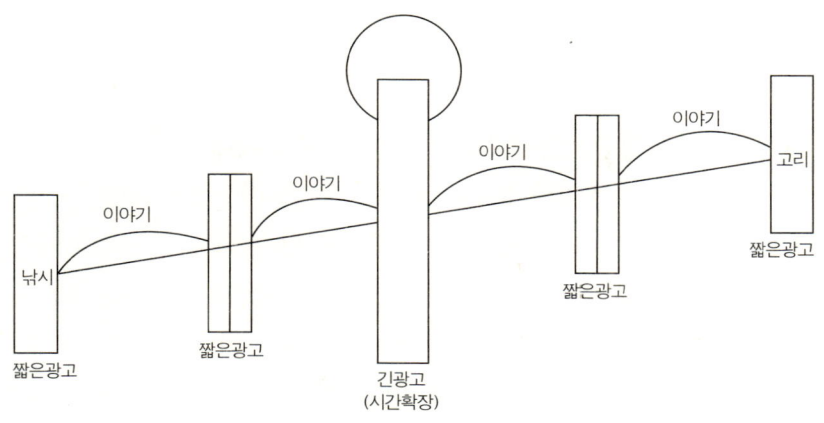

그림 12. 중간 삽입된 광고와 텔레비전 드라마의 구조

텔레비전 편성구조를 유심히 살펴보면 드라마의 이야기 내용이 중간 삽입되는 광고 사이사이에 끼워져 있다는 게 드러난다. 대부분의 TV 드라마에서 그 구조는 아래와 같다.

프롤로그 : 시청자의 이목을 끌기 위한 낚시
광고 삽입
1막 : 어떤 문제를 안고 있는 인물들
광고 삽입
2막 : 문제 악화
광고 삽입 : 이 지점에서 이야기는 되돌아올 수 없는 다리를 건넌다.
3막 : 해결책의 응집을 가로막는 장애물
광고 삽입
4막 : 클라이맥스까지 치고 올라가는 행위
광고 삽입
예고편 : 다음 주를 기대하게 만드는 고리

TV 화면에서의 핵심 장면

　광고 삽입에 의한 이야기 흐름의 단락은 무려 24세기 동안이나 지속되어온 극적 구조의 장치와 정확히 일치한다. 이를 가장 먼저 깨달은 아리스토텔레스의 입장에서는 참으로 뿌듯할 것이다. 이와 같은 구조를 이미 눈치 채고 있었던 사람들 역시 그러할 것이다. 그렇다면 작업을 꾸준히 계속해보자. 만일 이런 구조를 접한 적이 없다 해도 의기소침해하지 말고 TV를 켠다. 그러고는 1시간짜리 TV 드라마를 시청한다. 타이머를 활용하여 장면들의 시간을 측정한다. 3분 이상 지속되는 장면이 나오면 그 장면을 집중적으로 파고든다.

　그리고 이제는 뭔가 써야 할 차례다. 우리의 등장인물들은 이미 준비되어 있다. 의상 선택까지 마친 그들은 이제 잔뜩 기대하는 마음으로 각자의 이야깃거리들을 쌓아둔 채 무대에 등장하기만을 기다리고 있다. 우리가 창조할 장면에 투입되기 위해 대기하고 있다. 그들에게는 나아갈 방향과 은밀한 상처들이 있다. 동기도 주어져 있다. 우리와 마찬가지로 그들도 꿈을 꾼다. 그들도 인간이기 때문이다. 그들에게는 자신의 숨은 의도를 수행할 장소가 필요하다.

　한마디로 그들에게 필요한 것은 바로 장면이다.

　그리고 장면들은 시퀀스 구조를 통해 가장 원활히 작동하게 된다.

21~23주:
장면과 시퀀스의 형성

 벌써 이 소설 교습도 어느덧 스물한 번째의 주말에 다다랐다. 그동안 우리는 열심히 작업해왔다. 지금쯤 우리 앞에는 그간의 열띤 작업을 입증해 보일 수 있는 결과물들이 잔뜩 쌓여 있을 것이다. 쉬지 않고 여기까지 달려오는 동안, 우리는 100페이지는 거뜬히 넘을 분량의 글을 비롯해 여러 가지 목록, 일람표, 소설의 구조를 드러내는 도안을 작성해왔다. 우리의 책꽂이에는 온갖 소설의 재료로 빼곡한 여러 권의 공책이 자리 잡고 있다. 각종 목록과 도표가 준비되었다. 또한 플롯과 인물의 역할과 소유 의상과 작품의 제재 등도 갖췄다. 클라이맥스가 무엇인지도 인지하고 있다. 초고의 각 부들도 써놓았다. 그뿐 아니라 장면을 써가는 과정에서 장면들의 목록도 만들어보았다. 그렇다면 이제는 장면 연결, 즉 시퀀스에 대해 익힐 차례다.
 시퀀스는 세 개 또는 그 이상으로 이어져 있는 장면들의 연속을 가리키는 말이다. 작품 속의 장면들은 흔히 시간의 흐름에 따라 이어진다. 예컨대, 장면1이 이른 아침이고 장면2가 오전중이면, 장면3은 정오의 시간대에 이르러 시퀀스의 클라이맥스를 이룬다. 이뿐 아니라 시퀀스는 인물들에 따라 이어질 수도 있다. 예컨대 장면1에서 인물 A는 인물 B와 만난다. 장면2에서 인물 A와 B는 인물 C와 만나 함께 술을 마신다. 장면3에서 인물 A와 C는 인물 B를 따돌린 후 장면4로 넘어가서 인물 D, E와 데이트를 즐긴다.

미스터리의 경우, 사립탐정은 목격자의 증언을 접수하고 실마리를 따라 심문해볼 필요가 있는 용의자를 뒤쫓는다. 그들을 통해 범인에게 접근할 수 있기 때문이다. 다양한 응용이 가능한 미스터리의 시퀀스는 다음과 같은 순서에 따라 장면을 이어갈 수 있다. 목격자의 증언 접수1, 목격자의 증언 접수2, 실마리A, 목격자의 증언 접수3, 실마리B, 용의자 심문, 실마리C, 기습당한 후 병원에 실려 간 사립탐정, 경찰 개입.

시퀀스 작업을 할 때 소설가는 장편소설의 특정 범위를 제어하게 된다. 가령 첫 장면에서 등장인물의 행위를 더 늘릴 수도 있고, 또 다른 시퀀스에서는 클라이맥스로 가파르게 치닫는 경사로를 낼 수도 있다. 시퀀스 작업을 하기에 가장 수월한 내용은 두 남녀가 처음 만나는 이야기(다음 장에서 이런 첫 만남에 관해 공부해볼 예정이다)로, 이런 장면은 흔히 열병 같은 사랑 이야기로 발전하게 된다.

시퀀스의 구성

시퀀스는 한 장면에 다음 장면을 끼워 맞추는 선형적 구성방식이다. 시퀀스에는 나름의 고유한 법칙이 있다. 그 법칙은 우리가 실제 현실에서 체험하는 인과율에서 비롯된다. 예컨대 주인공이 누군가와 대화를 나누거나 사랑할 상대방을 찾아 외출한다고 해보자. 시간대는 밤으로 설정하고, 어쩌면 누군가와 만날 수도 있을 어딘가에 도착했다 치자. 요즘 들어 친구들과 함께 있을 때조차 외로움은 부쩍 깊어만 간다. 주인공의 성장을 지켜봐온 부모님은 이제 주인공이 배필감을 소개시켜주기를 고대하고 있다. 하지만 아직까지 주인공은 마땅한 상대를 찾지 못했다. 아직 열심히 찾아다니지 않았노라고, 그런 갈망이 크지 않았노라고 주장하고 싶겠지만 실제로는 그렇지 않았다. 주인공은 그런 기회 앞에서 여러 번 스스로 물러나곤 했다. 거기에 별다른 이유가 있었던 것 같지는 않다. 하지만 다윈에 따르면 인간은 보통 무의식적으로 세 가지 기준의 척도에 따라 행동해왔다.

- 양호한 유전형질
- 탄탄한 물적 토대
- 올바른 품행거지

이것을 하나씩 따져보자. 양호한 유전형질은 다시 말해 훌륭한 비율의 외양, 즉 준수한 외모와 균형 잡힌 체형이다. 너무 뚱뚱하지도 않고, 그렇다고 너무 가냘프지도 않고, 상대방이 여자라면 또렷한 곡선미가 돋보이고, 반대로 남자라면 적당히 단련된 근육을 지녀서, 마치 잘 빠진 무용수처럼 건강미가 넘쳐흐르고 기형적인 데라고는 털끝만큼도 찾아볼 수 없어야 한다. 외모와 체형은 다음 세대로 유전될 확률이 높으니까 말이다. 설령 결혼을 염두에 두지 않았다 해도, 짝짓기 본능이 이성에 대한 안목을 결정적으로 좌우하는 법이다.

탄탄한 물적 토대는 재력을 의미한다. 이 시대에 재력은 곧 소유물로 표시된다. 차량, 복장, 장신구, 언덕 위의 저택, 상속 자산의 규모 등. 대화를 나눠보면 어느 정도 윤곽이 드러난다. 그저 여름철에 바캉스를 어디로 가는지만 물어도 대충 상대방의 견적을 뽑을 수 있다. 만약 주인공이 와

이너리가 딸린 별장이 한 채 있으며 가끔 거기서 살기도 한다면, 돈 냄새가 난다고 봐도 좋다. 혹은 사회적으로 널리 알려진 사업계의 명망가에 속해 있는지도 모른다. 또는 친구 가운데 한 명이 팔을 툭 건드리면서 주인공에게 이렇게 물을 수도 있다. "그 남자/여자 어디 사는지 아니?" 그러고는 그 남자/여자가 사는 동네를 넌지시 흘려준다. 이는 그 사람이 사는 동네의 위치를 정확히 알려주려는 게 아니다. 동네에 따라 가늠되는 거주 조건을 암시하기 위해서이다.

올바른 품행거지는 곧바로 판별이 가능하다. 우리는 앉은 자리에서 상대방에 대해 파란 불이냐 빨간 불이냐를 선택할 수 있다. 상대방의 목소리가 너무 시끄러운가? 너무 술을 많이 마시나? 너무 강압적인가? 아니면 너무 숙맥인가? 언어습관이 지저분한 편인가? 오래전 도리스 데이가 주연한 어느 영화에서는 거리의 어느 매춘부가 나쁜 언어습관을 가졌다는 이유만으로 한 남성을 퇴짜 놓는 장면이 나오기도 했는데, 그 시절 나쁜 언어습관은 종종 남자들만 들끓는 '탈의실의 언어'라 불리기도 했다. 하지만 요즘 시대 영화에서는 천사 같은 얼굴을 한 젊은 여배우들조차 낯 뜨거운 비속어들을 아무렇지도 않게 입에 올린다.

품위 있는 대화와 화술을 기본으로 하는 올바른 품행의 여부는 만남의 시간을 변속시키기도 한다. 사람을 매료시키거나 혹은 정나미가 떨어지게 하는 행동의 묘사에 따라 소설 속 시간이 정해진다. 파란 불이냐 빨간 불이냐. 예컨대 우리의 소설 속 주인공이 열기로 가득 찬 디스코텍에 가서 육감적인 댄스에 빠져 있는 사람을 본다면, 품행에 관하여 다뤄볼 만한 좋은 글감이 생겨나는 셈이다. 주인공은 춤을 잘 추는 춤꾼인가? 아니면 그저 바라보는 데 만족하는 유형인가? 주인공은 과연 저 상대방과 함께 춤출 기회를 노리며 기다릴까? 그 또는 그녀의 등 뒤로 다가가서 노골적으로 추파를 던질까? 주인공은 지금 술에 취해 있는 상태인가? 혹은 마약 중독? 주인공은 다른 중독에 빠져들고 싶어하는가? 코인으로 짤그락

대는 슬롯머신과 잠들지 않는 카지노로 대변되는 지하세계의 인물인가?

『라스베이거스를 떠나며』의 작가는 바로 그런 문제에 착안한 경우다. 지하세계에 빠져 사는 두 주인공—한 사람은 알코올중독자이고 다른 한 사람은 매춘부이다—이 처음으로 만나는 장소는 불야성의 도심 한복판이다. 이 첫 만남 이후 두 사람의 사랑은 급속도로 발전한다. 우리도 지금 쓰고 있는 소설에 얼마든지 이와 유사한 구조(이 이야기에 약간의 변형을 가하여)를 차용할 수 있다. 우리는 이미 앞서 행갈이 쓰기의 위력을 살펴본 바 있다. 이를 통해 한 순간에서 다른 순간으로, 한 공간에서 다른 공간으로, 한 장면에서 다른 장면으로 움직여가는 시퀀스가 탄생한다. 이제, 첫 만남으로부터 이어지는 장면들로 하나의 시퀀스를 쓸 수 있다. 물론 시퀀스의 양은 원하는 대로 조정할 수 있다. 아래는 선택 가능한 장면들과 그에 따른 의식을 간략하게 정리한 목록이다.

- **첫 만남** : A가 B를 만난다. 그들은 서로에 관해 탐색전을 벌인다. 양호한 유전형질, 탄탄한 물적 토대, 준수한 품행거지 등의 암묵적인 척도로 상대방을 가늠하는 중이다. 대화가 이어지긴 하지만 아직 서로 친밀한 스킨십을 나눌 단계로까지 나가지는 않는다.
- **첫 인상** : 첫 만남 때 받는 인상. 길거리를 지나가다 우연히 문 앞이나 창턱에 있는 상대방을 바라보면서 일어나기도 한다. 이런 상황에 대한 상상력을 발휘하자! 상대방을 판단할 흔치 않은 디테일들을 동원해본다. 조명이 밝으면 인물이 좋아 보인다. 남성의 경우는 단호한 걸음걸이를, 여성의 경우는 새침한 걸음걸이를 부여하면 인상적으로 보인다. 첫 인상을 발전시키면, 인물에 대한 관점을 조정하는 데 큰 도움이 된다.
- **첫 대화** : 첫 만남 때 처음으로 나누게 되는 몇 마디 말들. "안녕하세요?" "아, 안녕하세요?" "혹시 우리 본 크러셔에서 만난 적이 있지 않나요?" "아, 그러고보니 Q의 친구 분이신가보네요." "아마 그게 저일 겁니

다." 처음으로 나누는 몇 마디 말들을 실습 삼아 두 사람의 대화를 이어가 보자.

- **첫 신체 접촉** : 첫 만남 이후 이루어지는 첫 번째 스킨십. 상대방이 미끄러질 뻔한다. "이런, 제가 좀 부축해드릴게요." 혹은, 상대방이 미끄러질 뻔하면서 가벼운 신체적 접촉이 필요한 도움을 부탁한다. "그럼, 제 팔을 잡으세요." 상대방의 기력 또는 그와의 친밀도를 시험하는 과정으로 첫 번째 스킨십을 활용한다. 찌릿찌릿한 전류가 흐르면서 얼굴, 목, 귓불 등에 후끈한 열기가 퍼진다. 첫 번째 스킨십은 첫 데이트를 예비하는 지점이다.

- **첫 데이트** : 아직은 양도계약의 형태. 이제 갓 연애를 시작하려는 두 사람은 상대방을 알아가는 데 많은 시간을 할애한다. 첫 데이트는 하나의 장면, 심지어는 하나의 시퀀스로 다듬어내기에 좋은 지점이다. 시간, 장소, 반복되는 동작, 소품, 대화 내용 등 이 책의 체크리스트를 활용한다.

- **첫 키스** : 중대사건이다. 상대방의 입술에서는 어떤 맛이 느껴졌나? 입에서는 어떤 냄새가 풍겼나? 혹시 서로 혀가 오가기도 했나? 골반에도 느낌이 전해졌나? 첫 키스는 아무 문장부호나 구두점이나 콤마나 쉼표나 인용부호나 대시 없이, 황홀경에 빠진 그 순간만을 긴 문장으로 써나가기에 좋은 소재다. 첫 키스는 하나의 시험과정이다. 여기서는 또 다른 척도가 필요하다. 주인공은 다시 키스하기를 원하고 있나? 얼마 동안이나? 한 번? 두 번? 몇천 번? 아니면 평생토록? 작별키스 역시 매우 흥미로운 연습과제(이 장의 연습과제 참조)일 수 있다.

- **첫 애무** : 첫 키스에 뒤따르는 과정. 많은 시간을 할당해야 할 장면이다. 이 교재의 체크리스트에 따라 시간, 장소, 반복되는 행위, 소품(신체부위 포함), 대화를 구체적으로 쓴다.

- **첫 섹스** : 첫 번째 전희를 하고 나서 곧바로 이쪽으로 넘어오지 않아도 무방하다. 여기서는 각자의 판단기준을 적용한다. 이 연인들은 어쩌려

는 속셈일까? 작가는 첫 번째 섹스의 보류나 지연으로 손쉽게 독자의 조바심을 자아낼 수 있다. 첫 섹스 장면을 쓸 때는 이 책의 체크리스트를 철저히 준수하면서 한 호흡의 긴 문장으로 달리도록 하자. 그리고 반드시 즐기는 마음으로 써야 한다. 허구 작품에서의 섹스 장면은 어느 정도 과장될 수밖에 없으니까.

• **첫 다툼** : 시퀀스 안에서 꽤 소중히 다뤄야 할 장면이다. 두 주인공 사이의 애틋한 갈등이 표면적으로 드러날 수 있기 때문이다. 첫 다툼의 장소를 어디로 설정할지는 과히 중요치 않지만 기본적으로 한 장면은 할당해야 한다. 물론 이 교재의 체크리스트를 잊지 말 것.

• **첫 번째 밀고 당기기** : 이 장면은 만난 지 2분 만에, 첫 섹스 다음날 아침에, 만난 지 2주 만에, 혹은 20년 만에 등, 언제든 일어날 수 있다. 이야기에 서스펜스를 불어넣을 또 하나의 기회이다.

• **첫 번째 청혼** : 첫 번째 청혼은 결혼을 하여 부부로 맺어진 후 가정을 이루고 사회에 편입되는 과정으로 향하는 긴 여정의 첫 단계이다. 적절한 장면 배치를 참고할 모범사례가 없는지 인상 깊은 소설이나 영화를 검토해보자. 〈이보다 더 좋을 수는 없다〉(잭 니콜슨과 헬렌 헌트에게 오스카 트로피를 안겨준 로맨틱 코미디 영화)에는 새벽 3시 빵집에 들어간 두 주인공이 청혼의 암시를 주고받는 장면이 나온다. 관객은 남자 주인공이 어서 청혼의 말을 입 밖으로 꺼냈으면 하고 바란다. 하지만 여주인공에게는 상대방에게 알려줘야 할 일들이 너무 많다. 그러다보니 그 자리에서 청혼은 뒷전으로 밀려난다. 이 영화에서의 청혼은 곧장 결혼으로 대체된다. 이와 같이 아슬아슬하고 절묘하게 배치된 청혼 장면의 또 다른 예는 『제인 에어』의 중간지점에도 등장한다.

• **첫 번째 약혼** : 첫 번째 프러포즈 다음에 이어지며, 이후 연결된 장면들이 뒤따른다. 여기서는 시간 설정이 중요하다. 차를 몰고 라스베이거스로 달려가는 연인들은 자정에 혼례를 치르려는 걸까? 아니면 멕시코를

향해 달려가다 국경지방에 머물려는 걸까? 또는 예전에 투숙한 적이 있는 모텔에 가서 첫 섹스의 황홀감을 재현하려는 걸까? 예비신랑이 옛 여자친구들에게 정력을 시험하는 사건이 발생한다면, 소설 속 시간이 길게 연장될까? 끈적거리는 치정관계에 얽혀 있던 신부가 거기서 벗어나고자 발버둥치는 동안에는? 신부측 모친이 과도할 정도로 긴 하객 명단을 작성하는 동안에는? 여기에는 많은 흥미로운 이야깃거리가 넘쳐난다.

• **첫 번째 결혼** : 만일 우리에게 선택권이 있어서 두 연인을 결혼시켜도 좋고 그러지 않아도 좋다면, 결혼시키는 쪽으로 밀어붙이기 바란다. 결혼은 인생에서 하나의 문턱을 넘어가는 과정이다. 그 과정을 거쳐 주인공들은 독신에서 커플로 옮겨가게 된다. 굳이 문화인류학에 대한 예비지식이 없다 해도, 짝짓기에 성공한 한 쌍의 남녀가 번식활동을 통해 문명사를 견인해왔다는 사실쯤은 다들 인지하고 있을 터. 첫 번째 결혼은 만약 양호한 유전형질, 탄탄한 물적 토대, 준수한 품행거지 등 배우자의 세 가지 잠재적 척도 가운데 하나라도 균형을 이루지 못할 경우, 두 사람 사이의 갈등이 표면화될 수 있는 흥미만점의 소재다. 예컨대 『트로피 와이프』에서 우리의 주인공은 아버지가 누군지도 모르고 편모슬하에서 성장한 사생아로 몹시 불우한 여자다. 또한 검은 머리칼, 툭 튀어나온 광대뼈, 운동선수 같은 체형, 눈부시게 흰 치아 등 아메리카 원주민의 혈통이 유전형질 속에 아로새겨져 있다. 이러한 베로니카의 외형적 특징들은 신랑의 모친과 누이의 눈에 불만스러운 결함으로 비칠 뿐이다. 돈도 없고 가족도 없는 데다 혈통도 비천하기 짝이 없다. 여기서 숱한 갈등의 여지들이 생겨난다. 첫 번째 결혼은 예기치 않은 불청객을 통해 이야기의 역동성이 생겨나는 지점이기도 하다. 『제인 에어』의 예배당 혼례 장면을 떠올려보자. 그 장면에서 보인 리처드 메이슨의 활약상은 기억해둘 만하다.

• **첫날밤** : 결혼식이 거행된 후 의당 뒤따를 장면이다. 이제 두 사람은 사회에 편입된 한 쌍의 부부이다. 그런데 바로 이 부분에서 좋은 글감이

생겨날 수 있다. 두 사람 사이에 몇 가지 비밀을 서브플롯으로 묻어둔다면 치밀한 서브텍스트의 구성에 성공할 확률이 높아지기 때문이다. 가령 배우자 B에게는 사실 사생아가 하나 있다. 혹은 배우자 A에게는 사실 범죄 전과가 있다. 첫날밤은 또한 불청객을 끌어들이기에 더 없이 좋은 지점이다. 다음과 같은 보기가 있다. 짐작할 수 있겠지만, 신랑 신부는 첫날밤 침대 위에서 후끈한 열기에 휩싸여 있다. 그런데 그때 방 밖에서 누군가 문을 두드린다. 정중하기는커녕 거칠고 둔탁한 소리다. 거인이 쇠망치로 문을 때려 부수는 듯한 소리가 들린 후, 나무 문이 조각으로 쪼개지는 소리가 들린다. 배우자 A는 결국 벌떡 일어나 베개 밑에서 베레타 권총 한 자루를 꺼내들고……

- **첫 아기** : 첫날밤을 보낸 이후 두 사람 사이에 첫 아기가 태어난다. 하지만 늘 그런 건 아니다(『트로피 와이프』에서 베로니카의 예를 떠올릴 것). 그런데 여기서 핵심적인 사항은 울어대고 발버둥치고 얼굴이 새빨간 이 갓난아기라는 존재가 신혼생활이 얼마나 오래 지속된 후에 태어나야 하는가 하는 점이다. 한 가지 손쉬운 플롯 전략은 누가 부모인지를 좀 다른 각도로 생각해보는 것이다. 만일 신랑이 엑스터시 알약에 취해 쓰러진다면? 그리하여 구조를 요청하던 신부가 시아버지와 마주치게 되고, 신부를 얇은 네글리제 한 장만 걸친 상태로 내버려두고 쓰러져버린 망나니 아들이 잠든 방 안으로 시아버지가 그녀를 데리고 들어와 함께 술을 한잔 하게 된다면? 그러다 만약 신부가 눈물을 흘리기 시작한다면? 그러다가 감정에 북받친 그녀가 사고를 저지르게 된다면? 과연 어떤 서스펜스가 이어지게 될까?

- **첫 아기의 트라우마** : 첫 아기의 트라우마에는 많은 이야깃거리가 담길 수 있다. 그것은 아기를 진정으로 사랑하는 사람이 누구이며, 사랑하는 척하는 사람은 또 누구인가 하는 문제와 직결돼 있다. 『트로피 와이프』에서 첫 아기 트라우마는 베로니카의 생부가 가족을 버리고 떠난 부분에 표

현돼 있다. 돈도 없고 앞날을 기약할 수 없었던 베로니카의 어머니는 무엇을 했을까?『캐벌리어와 클레이의 놀라운 모험』의 경우, 트라우마는 토미 클레이가 자기 생부를 찾기 위해 마술 가게로 달려가는 대목에서 드러난다.

- 첫 아기의 형제 : 가족 사이에 갈등을 불러들일 수 있는 요소다. 동생이 태어나면 부모의 관심이 더 이상 첫 아기에게만 집중되지 않기 때문이다. 이런 경쟁 양상을 구체적으로 살펴보고 싶다면,『이름 뒤에 숨은 사랑』에서 여동생이 태어난 장면을 검토해본다.

- 첫 이혼 : 첫 이혼은 트라우마의 시간이다. 게다가 주인공이 배우자에게 버림 받은 거라면 더 말할 나위도 없다. 첫 이혼은 첫 번째 치정관계를 책 안으로 불러들일 수 있다. 이는『이름 뒤에 숨은 사랑』에 등장하는 플롯 장치의 하나이기도 하다. 벵골 신부 모슈미는 과거의 연인과 다시 연락하기 시작하더니 어느새 불륜관계에 빠져들고, 이로 인해 결혼은 파경에 이른다. 이 작품의 주인공은 미국에서 태어난 벵골 혈통의 고골리 강굴리로, 그는 같은 문화에 속한 여성도 남자를 속일 수 있다는 사실을 깨닫고 심장이 멎을 정도로 심한 충격을 받는다. 그리하여 어머니와 누이의 품으로 돌아가게 된다. 가족은 그에게 작고한 부친의 선물인 한 권의 단편소설집을 그에게 전해준다.『이름 뒤에 숨은 사랑』은 이혼의 무시무시한 파괴력을 보여준다.

- 새로운 상대방과의 첫 만남 : 두 번째 첫 만남은 오로지 결혼을 목적으로만 하지는 않는다. 물론 여기에는 구혼의 몸짓도 섞여 있지만, 그것은 일부에 지나지 않는다. 여기서 정작 핵심적인 것은 빈자리에 누군가를 채워 넣으려는 일종의 대체 의식이다. 그리하여 주인공은 자기에게 맞을 법한 짝을 계속 찾아다니지 않을 수 없다. 이렇게 찾다보면 결국 우연한 기회에 누군가와의 첫 만남이 이루어진다. 우리는『이름 뒤에 숨은 사랑』에서 이 같은 전개 과정을 엿볼 수 있다. 작가 줌파 라히리는 2막의 구조를

짜는 방법으로 여러 번의 첫 만남을 활용해 보인다. 이런 대체의 테크닉이 어떻게 작용하는지 함께 살펴보자.

첫 만남 (대학 기숙사) : 고골리는 킴이라는 여학생에게 자신을 니킬이라고 소개한다.
첫 만남 (열차) : 고골리는 킴을 루스로 대체한다.
거절 : 루스에게 버림받은 고골리는 그녀를 맥신으로 대체한다.
부친의 죽음 : 어머니는 고골리에게 아버지의 유해를 고향에 묻고 오도록 당부한다.
맥신과의 작별 : 부친의 죽음은 맥신과의 관계를 끊어놓는다. 어머니는 고골리가 부친의 빈자리를 메워주기를 바란다.
첫 만남 (바) : 고골리는 맥신을 브리짓으로 대체한다.
모친의 대응 : 고골리는 브리짓을 모슈미로 대체한다.
다윈과 진화생물학 : 고골리는 모슈미의 굴곡진 몸매(양호한 유전형질)와 그녀의 바탕(그녀는 같은 벵골 출신이다)을 좋아하지만 여기에는 미처 예기치 못한 서브텍스트가 도사리고 있다……
배신 : 모슈미에게는 한 가지 비밀이 있다.
그녀의 비밀을 풀 실마리 : 파리 출장 때 모슈미와의 연락이 두절된다.
바깥으로 밀려난 고골리 : 그녀는 마리화나를 피워대며 이따금 도발적인 언행도 서슴지 않는다. 고골리로서는 그녀를 도무지 감당할 수가 없다. 수심에 찬 표정만 지어 보일 뿐 그는 그녀의 세계에 발을 들이지 못한다.
마각을 드러낸 비밀 : 숱한 연애 경험으로 다져진 모슈미는 결국 고골리를 디미트리로 대체하고 만다.

이 소설의 대체 의식은 지금까지와는 반대로 고골리가 누군가에 의해 대체될 때 역설적인 전환점을 찍는다. 『이름 뒤에 숨은 사랑』의 2막에 주어진 시간대는 10년 이상—고골리의 나이가 18세이던 대학에서의 첫 만남에서부터 30세에 이르러 모슈미의 혼외관계에 휘말리기까지—펼쳐진다. 라히리는 현명하게도 이 작품의 2막을 성년에 다다른 소년의 성장기로 다루기 위해 첫 만남의 연쇄과정 위에 구축하고 있다.

작가들의 예를 참고하기

 샬럿 브론테는 『제인 에어』의 2막을 제인과 미스터 로체스터의 멜로 라인 위에 구축하고 있다. 작품 초반부에 해당하는 열 개의 장은 8년의 시간 동안 전개된다. 사악한 계모 유형인 못된 리드 숙모는 아직 열 살밖에 안 된 제인을 집에서 쫓아낸 후 로우드 학교에 보낸다. 거기서 제인은 온갖 정신적 핍박과 체벌과 질병을 목격하였을 뿐 아니라 절친한 친구의 죽음까지 겪는다. 18세에 이를 무렵, 우연히 구인광고에 응모한 끝에 제인은 손필드 저택으로 가게 된다. 그리고 얼마간의 시간이 흐른 후, 그곳에서 엄청난 재력가이지만 비호감형인 미스터 로체스터와 만난다. 그들이 만난 것은 겨울이 물러갈 무렵 여전히 얼어붙어 있는 둑길 위에서이다. 미스터 로체스터는 그런 둑길만큼이나 냉랭하고 무뚝뚝한 남자다. 하지만 긴 봄을 거치면서 그의 태도도 서서히 풀리기 시작한다. 게다가 제인이 버사 메이슨 로체스터가 저지른 방화에서 그를 구출해내는 사건까지 발생한다. 그 사건으로 인해 로체스터의 마음은 제인에게 한결 따뜻해진다. 하지만 여름 맞이 파티가 있던 날, 그는 미스 블랑슈 잉그램이라는 부유하고 근사한 동네 규수와 함께 제인을 조롱한다. 게다가 인근에는 미스 블랑슈 잉그램이 그의 약혼녀라는 소문도 파다하게 퍼져 있다.
 소설이 중간지점에 다다를 즈음, 제인은 손필드를 떠나 사악한 계모 유형인 리드 숙모가 죽어가는 침상 곁에서 몇 달을 보낸다. 제인이 손필드로 돌아온 것은 한여름이다. 그런데 약간의 장난스러운 치근덕거림 끝에 뜻밖에도 로체스터는 제인에게 청혼을 해온다. 그러고는 이 프러포즈에 대한 보증의 의미로 키스를 보탠다. 여기서 이 시퀀스에 내재된 저력을 탐구하기 위하여 『제인 에어』의 영화 각색판(윌리엄 허트가 로체스터 역을, 샤를로트 갱스부르가 제인 역을 연기한)을 골라 자세히 들여다보자. 이 방식은 영화 시나리오 작가들을 위해 저자 로버트 J 레이와 잭 레미크가 고안한 접근방식으로, '분 단위 분석Minute-by-Minute'이라고 불린다.

영화 〈제인 에어〉의 구애 의식 패턴
38분 – 첫 인상 : 제인은 말에서 떨어지는 한 사내를 본다.
39분 – 첫 대화 : 떨어진 사내는 제인에게 이것저것 캐묻는다.
40분 – 첫 번째 신체적 접촉 : 제인은 사내가 말에 다시 오를 수 있도록 도와준다.
41분 – 첫 번째 결별 : 사내는 말을 타고 사라지고, 개가 뒤따른다.
44분 – 첫 번째 누명 : 로체스터라는 이름의 그 사내는 자신의 낙마를 제인의 탓으로 돌리며 그녀를 힐책한다. 그녀가 말에게 주술을 걸었다는 것이다.
46분 – 첫 번째 권력 과시 : 로체스터는 그녀가 알고 있는 '가구'들에 대한 질문을 던지며 그녀를 검문한다.
47분 – 첫 번째 시험 : "내가 미남이라고 생각하나?" 제인이 답한다. "아뇨, 로체스터 씨."
48분 – 첫 번째 친밀감 : 제인은 자신이 포착한 이미지에 따라 로체스터의 모습을 스케치해본다.
50분 – 첫 번째 암시 : 로체스터는 신문 기자에게 인도 고무에 대한 기사 내용을 삭제해달라고 요청한다.
54분 – 첫 번째 다툼 : 제인은 로체스터가 아델에게 취하는 태도를 두고 그와 대립한다.

57분 – 첫 번째 구조 : 제인은 버사가 저지른 방화에서 로체스터를 구조해준다.

61분 – 첫 번째 사과 : 로체스터가 제인의 어깨를 잡으며 말한다. "내가 당신에게 빚을 졌군."

64분 – 첫 번째 회의 : 거울에 자기 모습을 비쳐보며 제인이 웅얼거린다. "넌 참 바보 같은 아이야."

66분 – 첫 번째 경쟁 : 아름다운 블랑슈 잉그램을 바라보면서 제인은 소외감을 느낀다.

69분 – 첫 번째 퇴각 : 로체스터가 블랑슈와 함께 춤추는 것을 지켜본 제인은 그곳에서 물러나기로 한다.

70분 – 두 번째 대립 : 로체스터가 제인에게 파티로 돌아오라고 명한다.

73분 – 첫 번째 구조 요청 : 로체스터는 제인으로 하여금 칼에 찔려 피를 흘리는 메이슨에게 붕대를 감아주도록 한다.

76분 – 두 번째 결별 : 제인은 로체스터의 곁을 떠나 리드 숙모에게 찾아간다.

84분 – 첫 번째 재결합 : 로체스터는 평소처럼 다소 비아냥거리는 어투로 제인이 자기에게 돌아온 것을 환영한다.

88분 – 첫 번째 청혼 : 로체스터는 제인에게 입을 맞춘 후 청혼한다.

93분 – 첫 번째 결혼식 : 변호사가 결혼식을 중단시킨다.

96분 – 첫 번째 추악한 비밀 : 제인은 버사와 대면한다.

98분 – 첫 번째 거래 : 로체스터는 그녀에게 머물러 달라고 부탁한다. 하지만 제인은 떠나기로 한다.

106분 – 첫 번째 실제적인 희망 : 헬렌의 무덤가에서 제인은 로체스터가 부르는 소리를 듣는다.

109분 – 마지막 결합 : 제인은 손필드 저택에서 로체스터와 재회한다.

앞으로 영화를 볼 때는 무엇보다 이야기 구성요소에 주목하여 그것을 공부하는 데 익숙해지도록 한다. '분 단위 분석'을 통해 우리는 개별 디테일들을 구체적으로 들여다볼 수 있다. 제인이 리드 숙모에게 찾아가기 위하여 로체스터를 떠난 순간, 그녀의 모습은 영화상에서 8분 동안 사라진다. 로체스터에게 그녀는 영원히 사라진 거나 마찬가지이다. 84분에 그는 비아냥거림이라는 가면으로 자신의 고통을 감추려 한다. 4분 후 로체스터는 청혼을 한다. 소설에서 이 장면들을 찾아보면, 생각보다 꽤 많은 페이지가 소요되었다는 게 드러난다. '분 단위 분석'을 사용하면 영화를 효율적으로 감상할 수 있다. 소설 쓰기에서도 이런 책략이 필요하다. 나중에 초고를 마무리 지을 때쯤 『제인 에어』의 2막 구조를 더 자세히 공부할 필요가 있다. 이 작품은 2막이 3막보다 훨씬 강렬하다. 샬럿 브론테는 제인과 미스터 로체스터의 첫 만남을 장면들의 중심에 배치함으로써 2막의 비중과 강도를 높일 수 있었다.

장면-시퀀스의 플롯과 서브플롯

플롯은 표면 위에서 진행되며, 주인공의 행위가 독자의 눈에 훤히 드러난다. 서브플롯―'서브'란 말은 라틴어로 '밑에, 아래에'라는 뜻이다―은 플롯의 표면 밑에서 진행된다. 예컨대 『제인 에어』에서 제인에게 주어져 있는 몫은 플롯이고, 이 작품의 적대인물이자 손필드 저택의 주인인 미스터 로체스터에게 할당된 몫은 서브플롯1이라고 할 수 있다. 제인은 첫 장에 곧바로 등장하는 반면, 12장에서 미스터 로체스터의 등장은 자꾸만 뒤로 미뤄진다. 그 장에서 그가 처음으로 등장하는 것은 얼어붙은 둑길 위에서 타고 가던 말이 실족하는 바람에 낙마하는 장면을 통해서이다. 이때 제인은 그가 말에 다시 오를 수 있도록 도우면서 첫 번째 신체적 접촉의 기회를 얻게 된다.

대부분의 적대인물과 마찬가지로 미스터 로체스터는 첫 만남의 장면을 통해 이야기에 등장하며, 한 가지 비밀을 숨기고 있다. 전사에 묻혀 있는 그 비밀은 서브플롯1로 유지된다. 대부분의 주인공과 마찬가지로 제인은 적대인물의 비밀을 알지 못하고 심지어 짐작조차 할 수 없다. 그 비밀은 바로 정신이상에 빠진 그의 부인이 저택의 어느 다락에 갇혀 있다는 사실이다.

『제인 에어』는 1인칭으로 서술되는 소설이다. 독자들은 제인의 시점에 맞춰 작품 속의 세상을 보게 된다. 적대인물을 제인의 시점에서 마주하는 까닭에, 우리는 그녀가 품은 그에 대한 생각을 따라가지 않을 수 없다. 우리는 그녀가 느낀 대로 그에 대해 느낀다. 제인의 시점 속에 머물러 있을 수밖에 없으므로 우리가 아는 것도 제인이 알고 있는 반경 안에 한정돼 있다. 제인이 그 비밀을 알기 전까지 우리의 시야 또한 그녀와 마찬가지로 어둠에 가려져 있을 수밖에 없다. 미쳐버린 이 집안의 마나님을 감시하고 지키는 그레이스 풀은 그 비밀을 알고 있다. 하지만 제인은 아무것도 알지 못한다. 그러니 우리가 미리 책장을 넘겨 제인이 미스터 로체스터의 치명적인 비밀에 대해 알게 되는 예배당에서의 혼례 장면으로 넘어와버린다면, 그 순간 허구적 장치로 심어둔 꿈은 붕괴되고, 평범한 일상과 훌륭한 이야기 간의 차이를 구분 짓는, 독자로서 기꺼이 누려야 할 서스펜스는 날아가버리게 된다.

하지만 한 편의 소설을 쓸 때 우리는, 그게 『제인 에어』 같은 1인칭이든, 『잉글리시 페이션트』 같은 3인칭이든 간에, 독자가 아는 것보다 더 많이 알고 있어야 한다. 우리는 기본적으로 서브플롯1이 어디서 시작되고 어디서 끝나며 무엇으로부터 연유했는가를 알고 있어야 한다. 이는 전사와 같은 맥락이다. 전사는 소설의 첫 페이지가 시작되기 전 과거 속에 뿌려진 씨앗과도 같다. 그럴 만한 상황과 시기가 오면 씨앗은 움트게 마련이다. 예컨대, 미스터 로체스터의 추악한 비밀은 2막이 끝날 무렵 움트도록 예정되어 있는 셈이다. 그 싹이 움트는 순간은 폭탄이나 다름없다. 그 순간에 손필드 저택의 안주인이 되려는 야망과 함께 제인의 결혼과 혼례 의식은 풍비박산 나고 만다. 마치 비수처럼 서브플롯에 묻혀 있던 그 비밀은 제인이 알고 있는 예의규범과 정직한 심성뿐 아니라 그녀의 심장과 생계와 영혼에도 치명상을 입힌다. 그리고 그것은 스케줄에 따라 차근히 진행되는데, 이는 작가가 서브플롯1을 장악하고 있었기 때문이다.

플롯과 서브플롯을 적절히 장악하기 위한 묘책은 바로 장면-시퀀스의 구성에 달려 있다. 장면과 시퀀스는 작가로 하여금 이야기에서 서스펜스가 지속되려면 어떻게 해야 할지 그 실마리를 풀어내는 데 매달리게 한다. 여기서 서스펜스는 주인공을 비밀의 어둠 속에 붙잡아두는 데서 비롯된다. 제인은 결혼식 당일 전까지 버사에 관해 아무것도 알지 못한다. 영화 〈보디 히트〉의 주인공 닉은 마티의 농간에 넘어간 직후에도 그녀의 남편이 누군지 알지 못한다. 마티는 닉을 암살범으로 끌어들이기 위해 그녀의 관능적인 매력—그녀의 양호한 유전형질—을 악용한다.

연습과제

1. 심호흡

조용한 장소를 찾는다. 마음을 편히 한다. 두 눈을 감고 머릿속이 소설 전체를 가로질러 이리저리 흐르도록 놔둔다. 그러고는 이야기에 등장해야 할 인물들에 초점을 맞춘다. 그들은 어떤 복장을 해야 할까? 무엇을 먹고 있을까? 무슨 차를 몰까? 무엇을 할까? 각각의 인물은 이야기에 어떤 방식으로 등장하는 게 좋을까? 진입로에서? 터널에서? 동굴에서? 밝은 얼굴로? 목욕하는 동안? 아니면 숲속에서 길을 잃고 헤맬 때?

2. 처음과 마지막

책의 처음과 마지막은 북엔드와도 같다. 나의 첫 번째 생일파티, 나의 마지막 생일파티, 내가 처음으로 가본 장례식, 내가 마지막으로 가본 장례식 등. 그러므로 이런 의식에는 어느 정도 애틋한 감상이 포함될 수도 있다. 처음과 마지막에 관해 써보면서 주인공의 감정을 느슨하게 풀어놓는다. 대명사 그/그녀와 주인공의 이름을 같이 사용한다. 이제 그럼 타이머를 맞춰놓고 아래와 같은 출발선에 대해 각각 2분씩 할애하여 써본다.

그/그녀가 처음으로 사랑한 것은······
그녀/그의 엄마가 처음으로 한 말은······
그녀/그가 처음으로 학교에 간 날은······
그/그녀의 마지막 생일 파티에서······
그/그녀가 마지막으로 편지를 썼던 때는······
그/그녀가 마지막으로 엄마를 본 것은······
그/그녀가 마지막으로 키스한 것은······

3. 첫 만남, 그 이후

첫 만남은 하나의 문턱을 넘는 일이다. 그 순간, 논리적으로 뒤따르는 사건들로 넘어가는 문이 열린다. 그 후속 사건들은 주요 장면들로 발전하며, 주요 장면들은 단위가 큰 부部를 이루게 된다. 아래와 같은 목록을 사용하여 첫 만남 시퀀스의 여러 장면들을 선별한다. 그런 다음 각 장면당 3분씩 그 내용을 요약한다.

첫 만남
첫 인상

처음으로 나눈 몇 마디 말들
첫 번째 신체적 접촉
첫 데이트
첫 키스
첫 애무
첫 섹스
첫 다툼
첫 번째 화해
첫 번째 청혼
첫 번째 약혼
첫 결혼식

24~25주:
첫 만남의 장면

첫 만남의 장면은 주인공과 적대인물이 최초로 마주하는 상황을 가리킨다. 소설가에게나 시나리오 작가에게나 장면은 한 편의 작품을 쓸 때 절대적으로 필요불가결한 요소다. 어찌 됐든 처리하고 넘어가야 하는 과정이므로 일찌감치 그것을 써둘 필요가 있다. 다시금 마음을 다져먹자. 이것은 우리의 문체로 펼쳐질, 우리의 목소리로 노래하게 될, 우리의 이야기이다. 그러므로 각자의 방식대로 자유로이 첫 만남의 장면을 꾸며본다. 아래는 그에 관한 보기이다.

계절은 여름. 장소는 미국 켄터키 주의 루이스빌이다. 때는 1918년. 한 청년이 1차 세계대전 입대를 통보 받고 병영으로 향하던 중 흰 옷을 입은 한 소녀와 만난다. 청년은 자신의 이름이 제이 개츠비라고 밝힌다. 하지만 그의 본명은 지미 개츠이다. 형편이 불우한 청년은 신분상승의 사다리를 움켜잡고 그 위를 오르려 하는 야심가다. 흰 옷을 입은 소녀의 이름은 데이지 페이다. 그녀는 흰색 소형 승용차로 동네를 한 바퀴 돌고 있다.

제이와 데이지가 처음 만난 것은 『위대한 개츠비』의 전사에서다. 우리는 그들의 만남을 데이지의 루이스빌 고향 친구인 조던 베이커의 시점을 통해 보게 된다. 베이커가 소설의 화자인 닉으로 하여금 그들의 만남을 주선하도록 부추기는 과정에서 첫 만남이 어떻게 이루어졌는지 회상하는 것이다. 하지만 데이지는 이미 톰과 결혼한 몸이고 개츠비는 불법적인 주류밀매를 하고 있다. 조던은 1924년 여름, 닉에게 전사의 베일을 벗겨 보인다. 개츠비가 데이지와 처음 만난 지 6년 후의 일이다. 이런 식의 첫 만남은 우리의 일상에서도 자주 일어나는 일로, 우리는 루이스빌의 무더위 속에서도 턱 밑까지 군복 단추를 채운 채 헉헉거리는 병사와 하늘거리는 흰색 드레스를 입고 더위에는 아랑곳하지 않는 소녀 사이에 감돌기 시작한 사랑의 조짐을 충분히 상상할 수 있다.

첫 만남의 장면은 매우 강렬하고 여러 가지 가능성이 충만하므로(앞서 봐온 대로, 첫 만남 시퀀스를 통해 한 막 전체나 소설 전체에서 아주 큰 덩어리에 해당되는 부분을 끄집어낼 수 있다), 그것을 전사 속에 깊이 파묻어두지 않도록 주의할 필요가 있다. 주인공과 적대인물이나 불구대천의 원수, 미스터리 소설의 경우엔 탐정과 살인마가 어떻게 해서 처음 대면하게 되었는가를 독자의 상상력에만 맡겨두지 말자는 것이다. 하지만 이런 조언을 선선히 받아들이기보다 그냥 전사 속에 파묻어두는 편을 선호한다면, 좋은 선례가 아예 없는 것도 아니다. 일례로 멜빌은 에이해브가 한쪽 다리를 잃게 되는 장면을 전사로 처리했다. 이는 전사에 인물의 트라우마를 심어두는 모범적 예라 할 수 있다. 바로 이 대목에서 『모비 딕』 같은 대작 전체를 끌어가는 하나의 숨은 의도가 생겨난 것이다. 『햄릿』에서도 셰익스피어는 주인공 햄릿과 부친을 살해한 적대인물인 숙부 사이의 첫 만남을 전사 속에 심어두고 있다. 숙부가 왕(햄릿의 부친)을 살해한 사실이 밝혀지자 햄릿은 5막 동안 내내 복수에 몰두한다. 전사에서 만난 두 인물은 결국 클라이맥스에서 운명을 같이한다.

완벽한 3막 구조로 이뤄진 오스카 수상작 〈이보다 더 좋을 수는 없다〉의 감독 제임스 L 브룩스 또한 작가인 잭과 식당 여종업원 헬렌의 첫 만남을 전사에서 다룬다. 그들은 이미 만난 적이 있고, 그들 사이의 적개심은 공공장소에서 고함을 질러대며 다툴 정도로 악화된다. 잭은 그 식당의 달걀 요리를 원한다. 헬렌은 식당에서의 서빙을 지긋지긋해한다. 그래도 그게 생계수단이니 어쩔 수 없다. 그런데 그녀에게는 몸이 아픈 자녀가 있다. 아이가 최고 수준의 진료를 받도록 하자면 그녀의 봉급으로는 어림도 없다. 그래서 집안 형편이 풍족한 잭은 그녀의 아파트로 왕진을 다녀오도록 의사 한 사람을 보내준다. 영화의 결말에서 그들이 동네 빵집으로 빵을 사러 간 순간, 여주인공은 이 미치광이 작가에게 기회를 한 번 주기로 한다.

작업에 대한 귀띔 : 주요인물들의 첫 만남이 책의 첫 페이지 이전의 전사에서 설정되는 방식을 원한다면, 그것을 감정적으로 매우 충만하게 설정해둬야 한다.

훌륭한 영화감독들은 첫 만남이 나오는 장면의 중요성을 제대로 인식하고 있다. 『도즈워스』(1929년 발표된 싱클레어 루이스의 소설)를 영화화할 때 감독 윌리엄 와일러는 자동차 산업의 거물 도즈워스와 예민한 사교계 명사 커트라이트 부인이 처음으로 대면하는 장면을 영화의 첫 부분 언저리로 옮겨놓았다. 원작에서 그 대목이 등장하는 것은 결말 부근이었다. 첫 만남의 장면을 다른 곳으로 옮겨놓자, 영화가 강조하는 지점까지도 달라졌다.

싱클레어 루이스의 원작은 이미 파경에 처한 주인공과 젊은 아내 사이의 결혼생활에 커트라이트 부인이 끼어드는 상황을 그리고 있다. 커트라이트 부인이 출현하는 시점은 결말에 다다르기 얼마 전이다. 부인의 갑작스러운 등장은 마치 그리스 비극의 장치 데우스 엑스 마키나를 연상시킬 정도이다.(데우스 엑스 마키나란 문자 그대로 '기계를 타고 내려온 신'이라는 뜻으로, 클라이맥스에서 주인공을 초월적인 신통력으로 구원해주는 극적 장치이다. 그것은 적들로 둘러싸인 마차를 위기에서 벗어나게 해주는 기병대일 수도 있고, 삶의 고난에서 주인공을 구조해주는 초월적 형상일 수도 있다) 공동각색자인 와일러와 하워드가 『도즈워스』의 영화판에서 첫 만남의 장면을 앞쪽에 끌어당겨 배치해둔 까닭에, 우리는 두 연인이 계속 함께하기를 바라며 그들을 응원하게 된다.

이와 마찬가지로 『잉글리시 페이션트』를 영화로 옮긴 안소니 밍겔라도 알마시와 캐서린 클리프턴의 첫 만남을 앞쪽으로 옮겨놓았다. 원작에서 캐서린은 소나기에 온몸이 젖어 옷을 훌훌 벗어던진 후 카이로의 아파트 창가에 야릇한 나신의 그림자로 비치면서 처음 등장한다. 하지만 영화에서 그녀가 처음 등장하는 것은 1막에서이다.

존 오브라이언의 소설 『라스베이거스를 떠나며』를 각색하면서 영화감독 마이크 피기스 역시 위와 같은 방식으로 장면을 이동시켰다. 존 오브라이언의 원작에서는 주인공들의 첫 만남 장면이 3막에 이르러서야 나오지만, 마이크 피기스의 영화에서는 1막으로 옮겨져 있다. 원래 시나리오에서의 위치는 2막으로 설정되어 있었다. 책의 형태로도 출간된 이 영화의 시나리오는 우리 같은 열성적인 작가 지망생들이 꼭 챙겨 읽어야 할 필독서이다.

『라스베이거스를 떠나며』에서의 첫 만남

소설과 영화에서 분석적으로 도출해낼 수 있는 『라스베이거스를 떠나며』의 구조 스케치는 다음과 같다(그림 13 참조). 초반부의 핵심 여섯 장면들—클라이맥스, 중간지점, 도입부, 종결부, 1막, 2막—은 장소에 따라 고정돼 있다. 그럼에도 첫 만남의 장면은 유동적이다. 소설에서는 3막에 등장하는 첫 만남 장면이 시나리오에서는 2막으로 옮겨졌고, 오스카상까지 거머쥔 영화에서는 1막으로 재배치되었다. 장르의 속성에 따라 장면이 앞당겨지기는 했지만, 그 디테일—장소, 시간, 의식, 소품, 대화—들은 거의 동일하게 유지되고 있다. 이야기를 설명으로 줄줄이 늘어놓기보다는 장면으로 보여줘야 하는 이유는, 이처럼 장면의 위치가 옮겨지더라도 내용을 동일하게 유지할 수 있다는 데 있다. 말로만 줄줄 늘어지는 대목의 위치를 옮긴다고 가정하면 어떻게 될까? 수정할 때 해당 대목을 다시 쓰고 재통합해야 하느니만큼 작업은 한층 더 고될 수밖에 없다.

『라스베이거스를 떠나며』의 구조를 드러내고 있는 아래 그림에 주목하자. 그러고 나서 우리 작업에 참조할 수 있도록 장면의 내용을 자세히 검토한다.

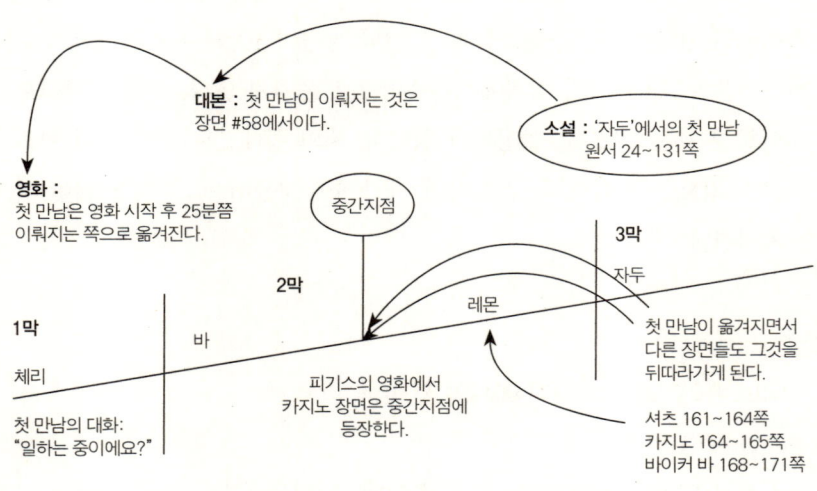

그림 13. 『라스베이거스를 떠나며』의 첫 만남 장면 이동배치

이미 언급된 바와 같이, 원작은 도박업계의 은어와 과일 이름에 따라 상징적으로 제목을 붙인 네 개의 장으로 나뉘어 있다. 1장은 '체리'이고, 2장은 '바'이며 3장은 '레몬', 4장은 '자두'이다. 소설과 영화는 양쪽 다 알코올 중독자와 매춘부 사이의 절망적인 사랑 이야기를 담고 있다. 소설에서 이들의 첫 만남이 이루어지는 것은 3막의 '자두'라는 부제가 붙은 장에서다. 이 같은 배치는 소설의 마지막 68페이지 동안 이들의 사랑이 더욱 급박해지는 효과를 자아낸다. 다음 장의 목록을 점검해보면, 이런 장면 배치에서 급박한 형태의 사랑 이야기가 빚어지고 있음을 알 수 있다.

소설에서 세라의 포주에게는 앨이라는 이름이 붙어 있다. 하지만 영화에서 줄리언 샌즈가 연기한 포주의 이름은 유리이다. 영화에서 유리는 2막 초반에 퇴장하면서 벤이 의지할 수 있도록 세라를 놓아준다. 소설과 달리 영화에서는 벤과 세라의 첫 만남 장면을 일찍 집어넣은 덕분에 그들의 사랑이 이야기 전개와 함께 더욱 무르익을 시간을 얻게 된다.

구조와 페이스 조절, 리듬과 장면-시퀀스의 중요성을 정확히 이해했던 영화감독은 첫 만남의 장면을 이야기의 마지막 부근에서 앞쪽으로 옮겨 놓음으로써 작품에 새 생명력을 불어넣을 수 있었다. 이는 작가 지망생들이 금과옥조로 여겨야 할 가르침이다. 우리는 창작욕이 불타오를 때면 언제라도 이야기를 쓸 수 있으며, 그것을 작품의 구조에 새로 끼워넣을 수도 있고, 원고를 수정하고 퇴고하는 과정에서 구조를 찬찬히 돌아보다가 나중에 자리를 옮길 수도 있다.

그림 13의 도표를 다시 검토해보자. 여기서의 첫 만남은 여느 첫 만남들과 과히 다르지 않은 패턴으로 나타난다. 우선 눈에 들어오는 것은 한밤의 라스베이거스 대로변이라는 배경이다. 이 러브스토리에서 연인 A는 연인 B를 점찍는다. 우리는 세라를 벤의 시점에서 보게 된다. 이런 시선의 조준은 곧바로 행위로 연결된다. 연인 A가 자기 차에서 내린다. 그리고 행위는 이런 대화로 이어진다. "지금 일하는 중이에요?" 이후의 대화는 마

원서 페이지	장	장면	영화의 등장시점
121~124	4장 자두	꼬박 1년 동안 여인숙을 전전	1막
124~131	4장 자두	첫 만남	1막
131~132	4장 자두	앨/가말 또는 혼자	2막
132~134	4장 자두	벤에 대해 분석해보는 세라	2막
134~135	4장 자두	세라의 상처(전사)	2막
138~139	4장 자두	앨의 소굴	2막
139~142	4장 자두	세라가 벤을 집으로 데려가다	2막
142~146	4장 자두	사귀기 시작	2막
146~148	4장 자두	앨을 속여 넘기기	2막
148~151	4장 자두	벤이 세라의 집으로 들어가다	2막
151~153	4장 자두	스트립댄스	2막
153~155	4장 자두	앨, 퇴장	2막
155~159	4장 자두	문턱에서의 장애	2막
159~160	4장 자두	두 개의 회상	2막
161~164	4장 자두	셔츠 [선물 주기]	2막
164~165	4장 자두	카지노 : 심야 외출	2막
165~168	4장 자두	재활 : 심야 외출	2막
168~171	4장 자두	바이커 바에서의 각혈	2막
171~172	4장 자두	집으로 귀환, 각혈 계속	2막
173~174	4장 자두	벤이 세라에게 한 귀걸이 선물	2막
175~176	4장 자두	영업하러 나가기 위해 몸단장하는 세라	2막
176~182	4장 자두	황량한 모텔	3막
182~184	4장 자두	세라가 벤에게 밥을 떠먹여주다	3막
184~186	4장 자두	벤이 세라를 속이다	3막
186~189	4장 자두	벤 사망, 세라가 그 죽음을 떠안게 되다	3막

치 하나의 언어 교습처럼 이어진다. 연인 B가 되묻는다. "일이라고요? 일이라니, 그게 무슨 말이에요?" 꽤 밀도 있는 언어 배치이다. 세라가 경계하는 어투로 상대방에게 그 말의 의미를 따져 물음으로써 전체 대화의 아홉 단어들 중에서 한 단어가 세 차례나 반복된다. 서브텍스트 밑에 도사리고 있는 것은 '일하는 여자'라는 층위이다. 그 말의 의미는 창녀나 매춘부로 옮겨질 수 있다. 연인 A가 "지금 손님 낚으러 나온 거죠?"라고 말하지 않았다는 데 주목할 필요가 있다. 만일 그랬다면 그런 표현은 지나치게 적나라하고 노골적이며 낯 뜨겁게 받아들여졌을 수도 있다. 그리고 보면 벤은 두뇌 회전이 빠른 술꾼인 셈이다.

소설에서는 3막에 등장하는 첫 만남 장면은 시나리오에서는 2막의 58번 장면으로 옮겨진 후, 마지막으로 영화에서는 1막에 배치된다. 영화에서 25분 지점에 해당되는 부분이다. 이후 이 두 연인은 함께 '홀 라이프 인'이라는 모텔 골방으로 옮겨가게 된다. 그곳의 벽시계는 작동이 멈춰 있다.

『라스베이거스를 떠나며』는 좌절한 사랑 이야기로, 여기서 사랑은 첫 만남이 일어나기 전까지는 전개되지 않는다.

'자두'에 속한 장면들을 앞으로 끌어내어 배치하면서 감독은 선물 교환 같은 사랑의 의식이 생겨날 영역을 만들어낸다. 세라는 벤에게 오렌지색 셔츠—곱고 환한 색상—를 선물한다. 오렌지색 셔츠는 영화의 중간지점에 해당하는 장면들을 상징적으로 응집한 소품이다. 소설의 중간지점에 등장하는 소품은 불길, 즉 그동안 벤이 소유하고 있던 과거의 물건들과 가구, 사진 따위를 모조리 태워 없애버리는 화염으로, 이는 자신의 과거를 말끔히 소각하려 하는 행위의 상징이다. 벤이 그렇게 자신의 과거를 불사르는 사이, 세라는 네온 불빛이 명멸하는 라스베이거스의 길가에서 나중에 이야기 속에 등장하게 될 벤을 기다리며 시간을 죽이고 있다.

불길이 잿더미와 함께 꺼지자 벤은 라스베이거스로 향한다. 소설에서는 이 대목이 2막에 해당되지만 영화에서는 1막이다. 그리고 슬롯머신에서 헤어난 벤이 세라와의 첫 번째 실제 데이트를 위해 영화 속 카지노에 입고 나타난 의상이 바로 오렌지색 셔츠이다. 오렌지색 셔츠는 벤의 그늘지고 술독에 빠진 삶이 다소나마 밝아진 듯 보이게 한다. 하지만 소설에서의 셔츠는 군사작전에 쓰일 법한 위장복처럼 그려져 있다. 색상도 핑크와 그린이었다.

오렌지색 셔츠에서 얻을 수 있는 교훈은 구조가 적절―여기서 '적절'하다는 것은 대중친화적인 관점에서 효율적이라는 의미이다―하면 소품의 상징성까지도 도드라질 수 있다는 점이다. 그러므로 벽에 그림을 내걸기 전에 우선 구조가 완성되는 게 중요하다. 오렌지색 셔츠는 벤에 대한 세라의 사랑을 나타내는 표상이다. 그녀는 그가 살기를 원한다. 그는 죽기를 원한다. 하지만 그 셔츠를 걸쳐 입은 그의 모습은 꽤 밝아 보인다. 2막에서 벤은 그런 모습으로 폭주족들이 모이는 바이커 바에 간다. 그리고 거기서 억센 폭주족 하나와 싸움이 붙는다. 싸움 끝에 그는 코피를 흘리게 되는데 그때 흐른 피가 오렌지색 셔츠를 더럽힌다.

이 강렬한 시퀀스―벤이 오렌지색 셔츠를 입고 다니기 시작하는 카지노 장면에서부터, 그가 코피로 그 셔츠를 더럽히게 되는 바이커 바, 그가 새 흰색 셔츠를 사 입게 되는 쇼핑센터, 세라와 벤이 서로 엉겨 붙어 사랑을 확인하는 모텔의 풀장, 그리고 세라가 일하러 나가려고 외출 준비를 하는 장면에 이르기까지―는 중간지점(벤과 세라가 함께 카지노에 있는 장면)과 벤이 또 다른 매춘부를 자기 침대에 끌어들임으로써 세라에게 배신감을 안겨주는 2막의 종결부 사이에 기다란 일직선으로 이어져 있다. 만일 영화감독이 벤과 세라의 첫 만남을 앞당기지 않았더라면 그토록 강력한 시퀀스를 형성하는 건 불가능했을 수도 있다. 1990년도에 출간된 소설은 매대에서 사라지고 말았다. 반면, 5년 후 영화감독 마이크 피기스가 각색한 영화는 오스카상을 거머쥐는 데 성공했다. 영화는 소설에서 겉가

지처럼 다룬 내용들을 전면에 배치하여 새로운 이야기로 재탄생시켰다. 이 소설의 작가는 구조에 대한 착상을 저버리고 이야기가 조금 더 후끈 달아오를 때까지 미적거렸던 것 같다. 소설은 3막으로 넘어가기 전까지 그다지 강렬한 열기를 뿜어내지 못하고 있다.

작가라면, 다른 이야기에 맴도느라 주인공들의 첫 만남을 미뤄야 할 하등의 이유가 없다.

작가들의 예를 참조하기

애니타 슈레브의 『포춘스 록스』의 주인공은 올림피아 비드퍼드로, 밝게 잘 자란 15세 소녀이다. 하지만 벌써부터 깊은 사랑에 빠져 있는 그녀는 16세가 되던 날 저녁, 미래의 배우자에게 달려간다. 첫 만남—올림피아를 연인 A라고 하자. 그리고 존 해스킬은 연인 B라고 하자. 그는 42세의 유부남으로 세 명의 자녀를 둔 가장이다—이 일어나는 장소는 '포춘스 록스'라 불리는 부친의 여름 별장이다. 주인공 주변에 들락거리는 여타 인물들 때문에 장면이 다소 어수선해 보이긴 하지만, 이 장면에서 핵심적인 것은 올림피아를 빨아들인 사랑의 숙명이다. 그로 인해 첫 섹스를 경험하게 된 그녀에게는 첫 번째 비밀이 생겨나고 되고, 이후에는 첫 번째 이별도 경험한다. 첫 번째 결별이 찾아온 순간은 그녀의 양친이 아직 어린 딸과 나이 많은 유부남 사이의 불륜을 알아차린 순간이다. 양친이 그 사실을 알아차리는 장면은 소설의 중간지점에 등장한다. 그리고 이 부분은 올림피아의 생애에서 큰 전환점을 이루게 된다. 중간지점에서 양친에게 유부남과의 불륜을 발각당한 장면에 이어지는 것은 올림피아가 아이를 낳는 대목이다. 그녀의 부모는 올림피아에게 아편을 먹여 그녀를 혼수상태에 빠뜨린 후 아기를 다른 곳으로 빼돌린다.

하지만 참된 사랑은 그녀가 성인의 나이에 이를수록 더욱 심화된다. 올림피아는 그녀가 본 연인의 면면에 본능적으로 끌린다. 해스킬은 고학력층이다. 헌신적인 사랑과 의술로 불우한 사람들을 보살피며, 책을 펴내 빈민가의 주거실태를 신랄하게 비판한 바도 있다. 그의 세 자녀에게는 이런 부친으로부터 물려받은 유전형질이 두드러져 보인다. 그로 인해 해스킬에 대한 올림피아의 신뢰는 더욱 강화된다. 그녀는 해스킬이 자기에게 그 유전적 우성인자를 나눠준 거라고 믿는 셈이다.

이 작품에서 작가는 일련의 '첫 번째' 순간들을 효과적으로 발전시킨다. 주인공 올림피아는 첫 만남에서 몇 마디의 첫 대화로 넘어간 후, 첫 번째 신체적 접촉을 경험하고 되고 첫 번째 섹스와 첫 번째 이별까지 겪는다. 그러고는 2막을 심연 속에서 회오리치게 할 첫 아기가 생겨난다. 2막에서 올림피아는 아편의 약 기운에서 벗어나자마자 그녀의 아기가 어딘가로 보내졌다는 사실을 알게 된다. 슈레브는 배우자 선택과 관련된 사회생물학적 시퀀스의 구성에 첫 만남을 활용하고 있다. 그리고 그렇게 태어난 아기를 생모의 품에서 갈라놓음으로써 소설의 후반부가 잃어버린 아기를 되찾으려는 어머니의 모험담으로 이뤄지도록 설정한다. 그런데 아기를 찾아나서는 그녀의 모험은 또 다른 '첫 번째'와 잇닿게 된다. 올림피아는 잃어버린 아기를 되찾기 위해 소송을 제기한다. 그리고 그 공판에서 승소할 수 있도록 부친의 재산을 쓴다. 그녀는 하나의 생명을 탄생시킨 어머니이다. 성인이 될 때까지 그 생명을 돌보는 것은 그녀의 절대적인 소임이다. 그런데 지금 자기가 낳은 아이는 어느 노동자 계층의 가정에 입양되어 있다. 올림피아는 보스턴의 유복한 집안 출신으로 아이를 양육할 경제적 여건이 넉넉하다. 그녀의 변호사는 공판에서 승소할 수 있도록 이런 경제적 여건이 입증될 수 있는 문서들을 활용한다. 소설의 시간적 배경은 한 세기가 바뀔 무렵이며, 그 즈음 노동자 계층의 아이들은 엄청난 노동착취에 시달리고 있었다. 첫 번째 공판이 진행되는 법정에서 올림피아 측 변호사는 입양된 아이의 암울한 미래를 유추할 수 있도록 노동 시간의 통계를 제시한다. 변호사의 주장에 따르면, 아이가 노동자 계층 가정에 계속 머물 경우, 보나마나 공장 같은 데서 뼈가 빠지도록 일하다 폐병에 걸려 죽기 십상이라는 것이다. 반면, 생모의 품으로 돌아가게 된다면 아이의 앞날은 훨씬 밝아질 것이다. 물론 다소 비열하게 들릴 수도 있을 논거이다. 하지만 슈레브는 이 부분만으로 그 속내를 섣불리 가늠하기 어려운 작가다. 이제 무슨 일이 펼쳐질지 알아보기 위해 작품을 찬찬히 읽어보자. 판사의 평결 내용은 무엇인가? 올림피아는 거기에 어떻게 대처하는가? 그리하여 이야기의 결말은 어떻게 될 것인가?

첫 만남 장면을 위한 가이드라인

첫 만남에서 필요한 장면의 수는 주인공이 처음으로 상대편과 조우하는 단 하나의 장면으로 충분할 수도 있다. (미스터리 소설에서 첫 만남 장면은 탐정과 살인범이 최초로 마주칠 때이다.) 혹은 일련의 '첫 번째'로 이어지는 연속된 장면을 이룰 수도 있다. 첫 인상, 첫 번째 신체적 접촉, 첫 대화 등. 각각의 '첫 번째'는 하나의 문턱을 넘는 순간에 해당된다. 이런 문턱 넘기는 전환의 의식이라 볼 수 있는데, 거기에는 단지 어떤 신체적 상태가 변하는 것뿐 아니라, 어떤 심리적 정황에서 다른 쪽으로 옮겨가는 것까지 포함된다. 등장인물이 일단 하나의 문턱을 넘어서는 순간 그 '첫 번째' 항목은 종료되는 셈이다. 가령 등장인물들 가운데 한 여성이 있다고 해보자. 그녀는 첫 섹스를 하기 전까지 처녀이다. 그런데 첫 섹스를 하는 동안 순결한 상태에서 남자 경험이 있는 상태로 넘어가게 된다. 두 번째 섹스를 하는 동안에는 더 이상 처녀가 아니다. 삶은 숱한 '첫 번째'들로 가득 채워져 있다. 첫 번째 생일 파티, 첫 번째 영세, 첫 번째 병치레

등. 우리는 아스라이 기억나는 첫 번째 순간들을 되돌아보며, 그것을 알지 못했던 순진한 시절에 새삼 놀란다. 그리고 이 같은 전환—무경험 상태에서 경험 있는 상태로—이야말로 더할 나위 없이 훌륭한 소설의 재료이다.

'첫 번째'들의 목록에 시간을 보태면 소설을 쓸 때 구조를 발전시키기가 한결 수월해진다. 시간(분, 시간, 날, 달, 연도)은 여러 종류의 '첫 번째'들을 창조하는 데 도움이 된다. 여기서 첫 인상과 첫 대화와 첫 번째 신체적 접촉이 하나의 시퀀스에서 연이어지는 경우를 한 번 떠올려보자.

연인 A는 멀찍이 떨어진 거리에서 연인 B를 점찍는다—첫 인상.
그들은 말을 주고받는다—첫 대화. 이런 식으로 그들은 관계를 맺기 시작한다. 하지만 그들 중 한 명은 선약이 있다
그들은 악수를 나눈다—첫 번째 신체 접촉
두 사람은 거기서 바로 헤어진다—첫 번째 이별

첫 번째 이별 이후, 거기에 시간을 더하면 서스펜스가 생기기도 한다. 연인 A와 연인 B는 과연 언제쯤 다시 만나게 될까? 『위대한 개츠비』에서 연인들은 전사에서 처음 만난다. 장소는 루이스빌이다. 당시 제이 개츠비는 1차 세계대전에 입영통지를 받고 전쟁터로 떠나야 할 젊은 군인이다. 뒤에 남은 데이지 페이는 새하얀 드레스를 입은 금발의 소녀이다. 첫 번째 결별 이후 작가는 이들의 관계에 시간을 덧댄다. 그 시간은 개츠비가 입대하는 1918년부터 그가 웨스트 에그 저택에 재등장하는 1924년까지이다. 그가 재등장하는 웨스트 에그 저택은 데이지가 살고 있는 부촌 이스트 에그에서 불과 해협 하나를 사이에 두고 떨어져 있다. 6년이라는 시간적 간극은 이 연인들의 정념에 불을 지른다. 그리고 그 정념의 불꽃이 결국 연인 A의 죽음을 야기하게 된다.

'첫 번째'의 구조를 짤 때는 실제 시간을 적용해야 한다는 점에 주의하

자. 여자가 아기를 가진 후 출산하기까지는 열 달이 걸린다. 작은 마을을 공간적 배경으로 택한다면 여기에 적합한 시간의 단위도 함께 짜넣어야 한다. 그래야 등장인물들이 더욱 구체적으로 작품 속에 드러날 수 있다. 결혼하고 나서 불과 다섯 달 만에 아기를 출산한 어느 신혼부부가 있다고 가정해보자. 수군거리기 좋아하는 이웃사람—그리스 비극의 코러스에 해당하는 역할—들은 아기의 아빠가 누군지 추측하느라 열을 올릴 수도 있다. 일단 아기가 세상에 태어나면, 코러스들은 아기의 유전형질과 신체—아기의 귀가 우편배달부를 닮았다는 둥—에 대해 따져보게 된다. 그러면 우리는 다른 시간대의 장면 속에서 이런 의혹을 파헤쳐볼 수도 있다.

사무실에서 퇴근한 남편이 집으로 돌아온다. 아내는 우편배달부와 통화중이었다. 그녀가 황급히 전화를 끊는다. 그녀의 얼굴이 붉어진다. 아기가 운다. "누구하고 통화한 거야?" "친정엄마였어요, 여보." 장 보러 나온 아내가 한 이웃사람과 마주친다. 이웃사람은 그녀에게 느물느물하게 웃음 지으며 눈동자 색깔로 보나, 입매가 구부러진 걸로 보나, 귓불이 큼지막한 걸로 보나 어쩐지 아이가 동네 우편배달부와 쏙 빼닮은 것 같다고 음흉한 어투로 지껄여댄다. 아내는 서둘러 자리를 벗어난다. 얼굴에서 식은땀이 흐른다. 차 문을 여는 동안 그녀의 눈에 그 이웃사람이 계산원 아가씨와 수다를 떨고 있는 게 보인다.
상황이 조금 더 복잡해지도록 그 계산원 아가씨를 우편배달부의 여자친구(또는 아내)로 설정하는 것도 좋다.

장면-시퀀스에서 사건이 벌어지는 순서만 잘 조정해도, 이야기를 파괴하지 않으면서 작중의 시간을 효과적으로 재배치할 수 있다. 첫 만남 이후 어떤 일들이 이어질지는 어느 정도 예상 가능하므로—쉽게 짐작할 수 있는 구애 의식의 반복—독자는 알아서 그 전개과정들을 짜맞추게 된다.

이미 언급한 바와 같이 『잉글리시 페이션트』에서 연인 B는 요염한 이미지로 중간지점에 나타난다. 그 대목을 인용하면 다음과 같다. '카이로의 여인은 침대에서 길고 새하얀 알몸을 일으킨다. 그리고는 비바람이 몰아치는 창밖으로 길게 목을 내민다.' 여인은 제프리 클리프턴의 아내 캐서린 클리프턴이다. 소설의 화자는 사막 탐험가 알마시 백작이다. 캐서린은 나신으로, 첫 섹스가 끝난 시점이다. 이 첫 섹스에는 그전에 이미 일어났을 '첫 번째'의 단계들이 함축되어 있다. 첫 인상, 첫 대화, 첫 번째 신체 접촉, 그리고 첫 번째 결별까지도. 이 소설에 등장하는 한 쌍의 연인이 카이로의 한 파티에서 함께 어울리기까지 여러 달이 지난다. 그리고는 캐서린이 여섯 마디의 말—"나는 당신이 나를 범해줬으면 좋겠어요"—을 함으로써 팽팽히 유지되어오던 남편, 아내, 연인의 삼각구도가 파기된다. 소설을 꼼꼼히 읽는 독자들에게는 이 같은 캐서린의 말이 첫 번째 공공연한 도발이며, 그 때문에 소설이 중간지점에서 클라이맥스에 다다를 때까지 그녀의 남편이 노란 비행기로 그녀의 연인을 죽이고자 혈안이 된다는 사실을 눈치 챌 수도 있다. 여기에는 또 한 가지의 '첫 번째'가 있다. 이 작품의 클라이맥스에 드러난 첫 번째는 '살해 시도'이다.

연습과제

1. 소설의 구조

써야 할 소설의 스케치를 검토해본 후 첫 만남 장면을 어디쯤 배치하는 게 좋을지 궁리해본다. 1막에 들어가는 게 좋을까? 2막쯤? 아니면 3막? 전사로 묻어둬야 할까? 첫 만남을 전사에 배치한다면, 이미 짜둔 플롯을 재점검해야 한다. 첫 만남을 회상 장면을 통하여 이야기 안에 끌어들이는 건 어떨까?

2. 장면 돌리기

장면의 세부에 착수하기 전, 우선 행갈이 쓰기로 장면의 흐름이 흘러나오게 하는 데 시간을 할애하는 것도 좋은 방법이다. 장면에서 핵심적인 것들이 자유로이 튀어나오도록 놔둔다. 공책으로 작업하는 경우엔 볼펜이 지면을 메워가는 대로 놔둔다. 문장은 아무려나 괜찮다. 이는 파편을 쓸어 담는 작업이므로 토막 난 대화도 무방하다.

3. 장면의 윤곽

아래와 같은 카테고리에 따라 장면의 윤곽을 신속하게 그려보자. 시간은 10분이다.

소설 제목
장면의 부제
공간적 배경 (1막, 2막, 3막)
시간, 장소, 날씨
인물 (주인공, 적대인물, 조력자, 적대인물2)
의식/행위 (주인공은 지금 무엇을 하고 있는가?)
대화 (그들은 무엇을 화제로 이야기하고 있는가?)
소품 (그들이 가져온 것은 어떤 소품들인가?)
상징성 (작품 초반부터 어떤 상징성들이 부각되고 있는가?)
연결고리 (다음에는 어떤 장면이 이어지는가?)

4. 장면 쓰기

'이것은 ······에 관한 이야기이다'를 출발선 삼아 이제 장면 쓰기를 시작해보자.

쓰는 데 주어진 시간은 10분 정도. 먼저 등장인물들이 대화를 하도록 유도한다. 등장인물의 대화를 쓸 때는 작가의 근엄한 목소리에서 벗어나야 한다. 이것이 장면 쓰기의 기본적인 준비자세다.

힌트 : 시점을 고정해두고 공간 배경의 묘사에 치중한다. 다음과 같이 감각이 드러나는 출발선을 사용하는 게 좋다. '때는 ……였다. ……한 냄새가 풍기는 장소에서……'

동일한 시점으로 두 번째 인물을 묘사한다. '그녀/그의 머리 모양은 ……해 보였다.'

대화 내용은 되도록 가볍고 쉬운 화제에서부터 출발하는 게 좋다. '지금 뭘 보고 있는 거니?', '나 돈 좀 꿔줘.'

강력한 행위의 동사를 사용하여 몇 가지 동선을 그려본다. '그녀의 손이 단지 안으로 깊숙이 파고들었다. 순간 나는 그녀의 손가락이 단지 내부의 뭔가에 부딪히는 소리를 들은 것 같았다. 뭔가를 움켜쥔 그녀의 손이 천천히 단지 입구에서 빠져 나왔다……'

장면에 클라이맥스를 조성하려면, 구두점 없는 긴 문장으로 계속 이어간다. ……처럼, 그리고 , 그러고는, 그러고 나서, 그러니까, 그런데 그때, 그러나 등의 접속사를 자주 활용해도 좋다. 자, 이제 시작하자. 쓰는 동안 이 과정을 충분히 즐기길 바란다.

습작 소설 : 「트로피 와이프」

한 남자가 포르셰 클래식 차량을 몰고 있다.
그 포르셰는 그의 부친 소유이다.
남자는 버버리 트렌치코트를 입고 있다.
버버리 밑으로는 검정색 슈트를 받쳐 입고 있다.

그가 메고 있는 넥타이도 검정색이고 신사화도 검다.
지금 사내에게는 담배가 필요하다.
포르셰가 마트 주차장 안으로 들어온다.
빗방울이 앞 유리를 때리며 추적추적 내린다.
주차장은 번잡하다.
낡은 차량들과 여기저기 북적거리는 사람들.
다행히 그가 지나가는 쪽은 붐비지 않는다.
빗줄기 사이로 그는 어디론가 달려가는 사람의 형체를 주시한다.
머리칼이 검고 표정이 어두운 여자, 젊은 여인이다.
황록색 레인코트를 걸치고 있는 몸매가 가냘퍼 보인다.
그녀는 양손에 쇼핑백을 들고 있다.
그녀의 발이 물웅덩이에 빠진다.
그래도 그녀는 걸음을 멈추지 않는다.
그러고는 정지등이 깨진 회색 혼다 차량을 찾는다.
쇼핑백 하나를 손에서 놓은 후, 차를 등지고 핸드백 안을 뒤적거린다.
사내가 옆으로 지나간다.
빗줄기 사이로 보이는 그녀의 얼굴. 비록 젖어 있지만 고운 것 같다.
그는 포르셰를 혼다의 대각선 지점에 주차시킨다.
그녀는 차에 올라 시동을 건다. 엔진에서 굉음이 난다.
게다가 배터리도 다 된 것 같다.
그는 그녀의 차 옆에 묵묵히 서 있다.
그녀는 시선을 돌려 그를 바라보며 고개를 절레절레 흔든다.
그는 그녀가 차창을 내릴 때까지 기다린다.
차창이 내려오자 그는 그녀에게 도움을 제의한다.
그녀의 시선이 그에게서 포르셰로 이동한다.
그러고는 다시 그를 향해 돌아온다.

어떻게 할지 결정할 시간이다. 그녀는 고개를 끄덕여 보인다.

포르셰로 돌아간 그가 정비소에 전화를 건다.

"1982년 산 혼다예요." 그가 말한다. "색상은 비둘기색이고 정지등도 깨져 있네요."

"점화장치가 문제인 것 같아요." 그가 말한다.

"정지등도 갈아야겠어요. 차량 점검도 해주시고요. 계산서는 나한테 보내주세요."

여인은 계속 운전석에 앉아 있다.

깎아지른 듯한 광대뼈, 농익은 입술, 밤의 어둠만큼이나 새카만 머리칼. 남자는 가슴이 두근거리는 걸 느낀다.

그녀의 차로 다가가며 그는 혼자 빙그레 미소 짓는다.

그는 그녀에게 정비소에 연락해서 무슨 말을 했는지 알려준다.

"얼마나 걸릴까요?"

"내일까지는 될 겁니다."

"저는 돈이 없어요." 그녀가 말한다.

"제가 다 알아서 할 테니 걱정 마세요." 그가 말한다.

"그럼 제가 그쪽한테 빚을 지게 되는 건가요?"

"많이 추워 보이시네요." 그가 말한다. "커피 한 잔, 어때요?"

"차가 좋겠어요." 여인이 말한다. "커피는 끊었거든요."

"실은 저도 그래요." 사내가 말한다.

"커피 마시면 잠을 이루지 못해서겠죠?" 여인이 묻는다.

"맞아요, 커피 마시면 잠을 못 자니까."

"저쪽으로 가는 길목에 제가 자주 가는 카페가 한 군데 있어요."

"쇼핑백들은 제가 들어드리죠."

"뭔가 깨진 거 같아요." 여인이 말한다. "유리병인가 봐요."

"마요네즈 냄새 같은데요." 사내가 말한다.

"이런." 여인이 말한다. "이런. 이런. 이런."

위의 첫 만남은 전사에서 벌어지고 있다. 작가는 이 글을 폴 왓슨을 파악하기 위한 장면으로 채택하고 있으므로, 장면은 폴의 시점을 취하고 있다. 그를 인물 A라고 하자. 따라서 이 장면에서는 베로니카가 인물 B이다. 비가 내리는 날씨다. 궂은 날씨일수록 인물들을 서로 어울리게 하기 좋다. 비는 우리를 적신다. 또한 비는 우리로 하여금 젖은 몸을 말릴 곳을 찾게 한다. 낡고 고장 난 차는 베로니카의 빈곤한 경제적 형편을 보여주기 위한 소품이다. 소유차량을 통해 드러나는 대비 효과—그녀의 허름한 차와, 부친에게서 유산으로 물려받은 폴의 포르셰 클래식—에서는 그들이 살고 있는 세계의 격차가 드러난다. 그녀는 저소득층의 세계에 머물러 있다. 반면, 그는 상류층 세계에 속해 있다. 여기에 사회생물학적인 척도—양호한 유전형질, 탄탄한 물적 토대, 준수한 품행거지—를 들이대보면, 폴은 아름답긴 하지만(양호한 유전형질에 해당, 훌륭한 외양의 문학도) 낡고 고장 난 차를 몰고 다니는(취약한 물적 토대) 여인과 만난 셈이다. 그런데 그녀는 자신의 가벼운 농담 한 마디에도 웃어준다. 또한 마약 중독으로 보이지도 않는다.

베로니카는 자기의 곤궁한 처지 때문에라도 경제력 있어 보이는 폴에게 마음의 문을 열 수밖에 없다. 그녀에게는 지금 돈이 절실히 필요하다. 폴의 입장에서는 느긋하게 기다리는 일만 남은 셈이다. 그녀의 차는 끝장났다. 그는 견인차를 부른다. 폴은 바람둥이이고, 그녀는 그의 먹잇감이 될지도 모를 처지다. 이야기의 일부는 그들의 구애 과정으로 이루어져 있다. 이것을 얼마 동안이나 끌 것인가? 다음 수는 어떻게 둘 것인가? 이 구애 과정을 쓰기 위해서는 첫 만남의 시퀀스를 적절히 활용해야 할지도 모른다. 이번 장의 주제가 시퀀스임을 잊지 말자.

소설 쓸 때 기억할 핵심 사항—초심자이건 성공적인 이력을 쌓은 베테랑이건 간에—은 이야기의 흐름이 유동적이어야 한다는 점이다. 이야기에 등장하는 각각의 인물은 역동적으로 변할 수 있어야 한다. 행갈이 쓰기로 연습한 각각의 장면 역시 구조 안에서 얼마든지 이동할 수 있다. 예컨대, 주인공들의 첫 만남에는 적나라하게 노출된 경제력과 빈곤, 남자와 여자의 본능, 외로움과 슬픔 등이 고스란히 담기게 된다. 이 두 인물도 여기서 예외가 아니다. 그들은 영원히 서로 사랑할 수도 있다. 그들은 어쩌면 서로를 죽일지도 모른다. 그리고 또 다른 의도를 안고 있는 그밖의 인물들이 이들 사이에 끼어들지도 모른다.

어쨌든 이들의 첫 만남은 차츰 추악하게 변질되어갈 러브스토리를 예비하고 있다. 작품의 서두를 여는 방식으로 이 정도면 꽤 훌륭한 편이라 할 수 있다.

26~27주: 클라이맥스 쓰기

작품 속에 나타나는 인물들의 행위는 클라이맥스에서 최고조에 달한다. 클라이맥스는 이야기가 절정을 향해 치달아가는 정점으로, 드러난 갈등이 서로 부딪히면서 폭발하고 해소되는 순간이다. 작가가 능숙한 솜씨로 주제와 상징성과 인물을 축조하는 데 성공했다면, 작품의 독자들은 클라이맥스에서 커다란 감정의 정화를 경험하게 된다.

『모비 딕』의 정점에서 에이해브가 고래에게 작살을 찔러 넣는 순간(그 장면에서 에이해브 선장이 내지른 포효는 이탤릭체로 강조돼 있다. "이리하여 나는 나의 작살과 영영 작별하련다."), 그와 함께 독자는 복수심과 울분으로 잔뜩 벼린 그의 작살이 거대한 백경의 두꺼운 가죽 앞에서는 모기 새끼 한 마리에 불과하다는 사실을 깨닫는다. 선원들과 마찬가지로 에이해브도 죽음을 맞이한다. 그리고 포경선 피쿼드 호는 침몰한다. 1막에 등장하기도 전부터 에이해브는 오로지 이 순간만을 오래도록 기다려왔다. 장렬한 복수의 순간에 다다르고자 그는 목표를 이루는 데 방해가 되는 것들을 모조리 처치하고 여기까지 왔다. 그러고는 숨을 거둔다.

오른쪽으로 비스듬히 올라가는 직선 구조에 따라 소설을 설계한다고 하자. 이는 앞서 우리가 그렸던 아리스토텔레스의 경사면으로, 여기서 인물의 행위는 이야기를 이끌어가는 비등점과 전환점에 맞춰 상승선을 그린다. 소설의 클라이맥스는 이야기 흐름의 최고 정점이자 가장 뜨거운 비등점이다. 여기서부터 작가는 어깨 너머로 그동안 이어져온 이야기의 궤적을 되돌아보게 된다. 이 지점에서 클라이맥스를 써보면 우리의 소설이 안정된 궤도로 진입하는 데 도움이 될 것이다. 또한 작품이 과연 무엇을 겨냥하고 있는지에 관해 각자의 무의식을 끄집어내는 데도 도움이 될 것이다.

독자로서 우리는 주로 작품 속에서 무슨 일이 일어나는지, 어떻게 이야기가 펼쳐지는지, 어떻게 해서 주인공이 용이나 장애물을 퇴치하는지, 누가 누구와 깊은 관계를 맺게 되는지 등이 궁금하여 책을 끝까지 읽게 된다. 작가로서 우리는 이렇게 이야기가 절정에 다다른 순간을 상상력으로 창조해내기 위해 매진해야만 한다.

사건의 연속을 구축하기

앤 타일러의 『우연한 여행자』에서 작품의 구조는 사건의 연속이 여서를 몰아 치고 올라가는 시점에 정점을 찍는다. 한 편의 소설을 빚어내는 작업의 핵심은 역시 주인공이 근본적인 결단을 내리는 순간에 달려 있다. 작품은 바로 그 지점을 향해 달려갈 수밖에 없다. 그 결단을 통해 그동안 작품 속에 휘몰아친 갈등의 폭풍이 해소된다. 그러므로 주인공의 결단은 어떤 결과로 이어져야 한다. 메이컨은 진통제를 내버리기로 한다. 그 결과는 고통이다. 『위대한 개츠비』에서, 데이지의 불안을 덜어줄 수 있으리라 여긴 제이 개츠비는 노란 차의 운전대를 그녀에게 넘겨주기로 결심한다.

그리고 그 결과는 머틀 윌슨의 죽음으로 이어진다.

사건의 연속을 효과적으로 구축할 수 있도록 이와 같은 작가들의 예를 실습 삼아 응용해보면 어떨까. 우선 『위대한 개츠비』에 나타난 사건의 연속을 재구성해본다. 다양한 장애물들(서부 출신 특유의 순진함과 주류밀매의 전과, 톰, 유산, 이스트 에그 등)과 마주한 주인공(제이 개츠비)은 자신이 원한 것(데이지. 그녀는 그가 되찾아야 할 유산을 상징한다)을 손에 쥐는 대가로 여러 결과들(데이지가 그의 노란 차를 타고 톰의 정부 머틀 윌슨을 살해한 사건. 그리하여 톰은 윌슨에게 개츠비로 표적을 제공한다. 데이지의 범행사실을 알고도 개츠비는 그녀를 경찰에 넘기지 않는다.)을 감수한다. 머틀의 살해를 둘러싸고 한 차례 격한 충돌을 겪고 나서도 개츠비는 데이지가 자기에게 돌아오기만을 기다리며 그녀의 집 앞을 하염없이 지킨다. 하지만 결국 데이지가 나타나지 않자 개츠비는 자기 집으로 돌아간다. 그리고 그곳에서 조지 윌슨에게 살해당한다. 범행 직후 조지 윌슨도 곧바로 자살을 감행하고 만다. 개츠비의 장례식이 거행되는 날, 정다운 옛 서부에서 화려한 동부로 향했던 개츠비의 힘든 인생역정의 아이러니는 그의 부친이 한 말로 인해 극대화된다. "지미는 언제나 동부가 더 낫다고 했지요."

클라이맥스 쓰기를 위한 가이드라인

『우연한 여행자』에 나타난 사건의 연속을 살펴본다. 이 소설은 파리로 향하는 메이컨의 여행과 함께 시작된다.

문제 : 뮤리얼이 그를 따라붙는다.
해결 : 메이컨이 등을 다친다.

문제 : 세라가 취재의 잡무를 떠안는다.
해결 : 통증을 줄이고자 메이컨이 진통제를 복용한다.
문제 : 뮤리얼과 세라 사이에 벌어진 분쟁의 열기가 메이컨에게까지 전해진다.
해결 : 메이컨은 마지막 진통제를 복용하지 않기로 한다.
문제 : 메이컨이 탄 택시가 지나가려는 길목 모퉁이에서 뮤리얼이 혼자 기다리고 있다.
해결 : 메이컨이 택시기사에게 멈춰달라고 말한다.

이야기 흐름에서 역동성을 창출해내기 위해서는 개츠비에게 적용한 바 있는 모델을 따라할 필요가 있다. 즉 사건의 연속을 몇 개의 문장들로 압축하는 것이다. 이것을 메이컨 리어리에게도 적용해보자. 다양한 장애물들(세라, 통증, 변화의 공포)과 마주한 주인공(메이컨 리어리)은 계속 밀고 나가기로 결심한다(진통제를 버린다). 그리하여 몇 가지 결과들(통증의 증가, 세라의 역설적인 분노)이 생겨난다. 그런데 이 결과들은 그에게 또 다른 결단(뮤리얼에게로 돌아가려는 생각)을 불러온다. 이 결단은 아직 문제의 일부를 해결하지 못한 그의 개인적 대처방식과 성격(사태를 모면하려는 그의 오랜 버릇. 즉 "나는 이런 결정을 내리고 싶지 않았어"라는 태도)에서 비롯한 것이다.

소설 쓰기에서 가장 힘든 점 중 하나는 글을 쓰는 손놀림을 쉬지 않아야 한다는 점이다. 그러니 이야기 흐름 중 일부를 옮겨 적으며 정리하는 데 시간을 할애하는 것도 나쁘지 않다. 곧 그런 시간을 내보도록 하자.

우리의 장면-시퀀스는 작품의 클라이맥스로 치달아가는 사건의 연속을 창조할 수 있어야 하는데, 그 시작은 늘 목록 작성—완벽하거나 매끄럽지 않아도 상관없다—이어야 한다는 점을 잊지 말자. 또한 작성된 목록을 볼 수 있는 사람은 우리 말고 아무도 없다는 점도 기억하자. 마치 색색의 블록을 알맞은 지점에 끼워넣듯, 장면과 사건을 가지고 놀아보자.

    클라이맥스의 발견에서 한 가지 핵심 사항은 갈등을 산출해내는 행위의 동기를 찾아내기 위해 캐릭터 작업으로 돌아갈 필요가 있다는 점이다. 예컨대 메이컨 리어리의 갈등은 옛것(세라, 가족, 일상적인 유리 상자 안의 숨 막히는 권태)과 새것(뮤리얼, 앨릭잰더, 변화의 기회) 사이에서 생겨난다. 클라이맥스의 순간에 그는 결국 새것을 택한다(근본적인 결단). 변화라는 것이 워낙 힘들어 모두 그것을 기피하는 까닭에, 우리는 소설 안에서라도 변화를 접하길 원한다. 이처럼 변화는 독자들에게 희망을 안겨줄 수 있다.

연습과제

1. 사건의 연속

    시놉시스 작업 때 정리해본 이야기 흐름의 한 부분을 공책에 옮겨 적는다. 우리가 참고한 『우연한 여행자』와 『위대한 개츠비』를 모형 삼아, 해당 구절로부터 클라이맥스까지 치달아 올라갈 수 있는 사건의 연속을 만들어본다. 제시된 유형에 맞춰 아래 예문의 괄호들을 각자의 디테일에 맞게 채워본다.

    주인공 (   )은/는
    다양한 장애물인 (   )들에 직면하여
    자기가 원하는 (   )을 손에 넣고자
    여러 결과(   )들을 야기하게 된다.
    그런데 이런 결과들은 주인공의 개인적인 특성인 (   )에서 생겨난 것이다.

그/그녀가 (   )한 행위를 하는/반응을 하는/기다리는 동안 마지막으로 엄습한 우여곡절의 내용은 (   )이다.

2. 클라이맥스의 구성요소들을 밝히기

몇 분가량을 할애하여 우리가 쓴 장면에 메모를 남겨둔다. 배경(시간, 장소, 날씨, 조명)은 무엇인가? 인물들은 누구인가? 그들은 어떤 옷을 입고 있는가? 그들이 이 장면에 가지고 온 소품들은 무엇인가? 그들은 어떤 동작을 취하는가? 그들은 어떤 말들을 주고받는가? 이 장면은 어떻게 마무리되는가? 주인공이 이 장면에 존재한다는 점을 명확히 해둔다. 그리고 장면에 등장할 각각의 인물에게는 저마다 명확한 의도가 주어져 있어야 한다는 점을 명심한다.

3. 타이머 켜두고 글쓰기

시간을 15분 정도로 정해놓고 클라이맥스에 다다른 장면을 써본다. 계속 손을 놀려 상상력이 자유로이 발휘되게 한다. 여기서 다시금 떠올려야 할 것은, 이것이 자유로운 문장 쓰기를 통해 우리 내면을 탐색하려는 발견의 과정이라는 사실이다.

4. 수정

장면 쓰기를 끝낸 뒤 한숨 돌리고 나서는 그것을 서둘러 읽어본 후 약간의 메모를 남긴다. 그러고는 장면을 수정해본다. 수정은 위의 연습과제 3번에서 썼던 것을 몇 줄 베끼면서 시작한다. 그러고는 각각의 문장에 깊이 파고든다.

습작 소설 : 「트로피 와이프」

아래의 보기는 행위 시퀀스와 그에 따르는 대화, 두 부분으로 나뉘어 있다. 등장인물은 베로니카와 그녀의 남편 그리고 그녀의 정부 그윈이다.

행위
베로니카는 여닫이문을 휙 열고 안으로 들어선다.
폴은 육중한 오크 책상 뒤에 앉아 있다.
책상 위에는 돈다발이 쟁여진 서류가방이 놓여 있다.
그윈이 베로니카의 머리를 총으로 내리친다.
그들은 그녀를 키 큰 가죽의자 등받이에 결박해둔다.
그녀가 깨어날 즈음 폴과 그윈은 베로니카를 어떻게 처리할 것인가를 두고 싸우고 있다.
그윈이 베로니카에게 총구를 겨눈다.
폴이 움직인다. 그러자 그윈은 총구의 방향을 폴에게로 옮긴다.
바깥에서 요란하게 들려오는 사이렌 소리가 점점 가까워진다.
경찰 차량이 저택 앞에 도착한다.
앤더슨 형사가 차에서 뛰쳐나온다.
그는 저격수용 소총 한 자루를 손에 들었다.
다른 경찰들이 저택 앞에서 사방으로 흩어져 차량 뒤로 몸을 낮춘다.
그윈이 폴을 쏜다.
동시에 커다란 창문이 박살난다.
그윈의 총탄이 폴을 쓰러뜨린다.
그리고 창문을 깨고 날아든 총탄이 그윈을 쓰러뜨린다.
경찰들이 현관문을 지나 안으로 몰려든다.
다른 경찰들이 다 들어가고 나서야 앤더슨 형사는 저택 안으로 달려들어간다.
그들은 저택 안을 샅샅이 훑고 지나며 서재 앞으로 모여든다.
앤더슨 형사는 몸을 낮춰 베로니카의 결박을 풀어준다.
구급요원들이 재빨리 폴과 그윈에게 달려간다.
폴은 피를 많이 흘렸다.
그윈은 이미 죽은 상태다.
죽어가는 폴의 시선이 베로니카에게 향한다.
앤더슨 형사가 베로니카를 부축해서 일으켜 세운다.
그녀가 그에게 달라붙는다.
그는 그녀를 앰뷸런스에 태우기 위해 들것을 가져온다.
그가 그녀를 들것 위에 눕힌다.
그녀가 그에게 고맙다고 한다.
그는 그저 자신의 소임을 다한 것뿐이라고 답한다.
그러고는 20피트쯤 걸어가서 휴대폰을 꺼내든다.
다이얼을 누른다.
바버라가 그 전화를 받는다.

첫 번째 대화 – '악당' 그윈

폴, 베로니카가 깨어났어.
이제 떠날 시간이야.
이 여자를 살려둔 채 그냥 여길 뜨자는 소린 아니겠지?
가방을 들고 가서 차에서 기다려.
그런 말을 들으니 마치 우리가 부부 같군.
가방 챙겨, 그윈.
당신, 나한테 저 여자랑 깨끗이 정리했다고 말했잖아.
차에 가서 기다리고 있으랬잖아.

자리를 비켜줘, 폴.
미쳤어?
폴, 이렇게 약해 빠져서야. 허튼 수작 부리지 마.
이건 장난감 권총이 아니야, 그윈.

이 대화에서 작가는 폴과 그윈의 관계를 탐색하고 있다. 그윈은 베로니카를 살해하려 한다. 하지만 폴은 그것을 말리려 한다. 그윈에게는 총이 있다. 그런데 "당신 나한테 저 여자랑 깨끗이 정리했다고 말했잖아"라는 대목에서 그윈의 배신감이 표현된다. 이 대목을 통해 우리는 폴이 베로니카에게 했던 것과 마찬가지로 그윈도 속여 왔다는 사실을 알게 된다. 아래 대화문에서 작가는 악당인 폴에 대해 파헤쳐 보인다.

두 번째 대화 – '악당' 폴
준비됐어, 폴?
마지막으로 한 가지만.
그 여자 생각은 이제 접어, 폴.
이 계집은 내 심장을 갈기갈기 찢어놓았어.
다 끝난 일이야, 폴. 이제 우린……
내 심장이 갈가리 찢어졌다고. 무슨 말인지 알기나 해? 그러고는 쓰레기통에 처박히고 말았어.
당신이 저지른 짓이란 걸 다들 알게 될 거야.
저 여자의 운도 이걸로 끝이야.
폴, 제발.
나한테서 더러운 손 치워.
폴!
저 여자하고는 침대에서 어땠지?

그건 정말 아무 일도 아니었어, 폴. 정말……
왜 눈물을 흘리는 거지?
오, 제발, 폴. 제발 그 총 좀 내려놓고 우리……
네 애인 년이 나를 거의 죽이다시피 했어.

이 대화문에서 폴은 직설적인 표현으로 일관한다. "저 여자하고는 침대에서 어땠지?" 같은 대사에서는 그윈과 베로니카 사이의 동성애 관계에 대한 그의 분노가 고스란히 드러난다. "저 여자의 운도 이걸로 끝이야"라는 말로 폴은 베로니카의 처형이 임박했음을 선포한 셈이다. 하지만 그윈은 다음과 같은 말을 통해 논리적으로 대응하려 한다. "당신이 저지른 짓이란 걸 다들 알게 될 거야." 대화문이 속도감 있는 필치 속에서 함축적으로 이어지기 때문에 인물의 성격을 탐구하는 데도 매우 유용하다. 이 대화문에서 드러난 발상은 연쇄살인범의 사고방식과 유사하다. 예컨대, 만일 그윈이 애슐리를 살해하고 나서 베로니카마저 살해하기 위해 그녀의 저택으로 온 거라면? 그런데 만일 폴이 베로니카의 살해를 대신 떠안게 된 거라면? 자신을 희생함으로써, 폴은 베로니카의 목숨을 구해주고 구원의 기회를 얻게 될지도 모른다. 만일 그윈을 보낸 사람이 바버라라면, 인물 사이의 또 다른 관계 설정을 위해 골몰해야 할 부분이 생겨난 셈이다. 바버라는 폴의 회사 지분을 원한다. 그리하여 그녀는 애슐리를 죽이고 폴을 따돌릴 수 있도록 그윈과 계약한다. 여기서도 '만일 ……하다면'의 가정을 통해 전사를 탐구하여 동기를 발견해낼 수 있다.

세 번째 대화 – '희생자' 베로니카
왓슨 부인, 괜찮으세요?
저는…… 저는 괜찮아요.
서둘러 병원에 갑시다.

형사님, 이 여잔 죽었습니다. 흉부에 총을 맞았어요.
왓슨은 어떻게 됐지?
출혈이 심합니다. 여자가 목에 총을 쏘았거든요. 별로 소생할 가망이 없는 것 같습니다.
법의학자들의 손길에 맡겨야겠군.
왓슨 부인, 저는 지금 당장 부인을 데리고 나가야 합니다. 동의하시죠? 이제 다 끝났어요. 차차 괜찮아지실 겁니다.
괜찮아질 거라고요? 제가 여기서 본 게……
지금 부인은 몹시 큰 충격을 받은 상태입니다. 이 사람들이 부인을 돌봐드릴 거예요. 얘기는 나중에 나눠도 충분합니다. 제가 병원으로 찾아가겠습니다.
옆에서 저를 지켜주실 건가요?
곧바로 돌아가겠습니다.
절 혼자 내버려두지 마세요.

이 대화문에서 베로니카는 결백하지만 의지할 데 없는 여인으로 그려진다. 심신이 너무 쇠약해져서 형사가 그녀를 다독여야 할 정도이다. 그들의 관계는 또 다른 '만약 ……하다면'을 불러낸다. 만약 베로니카와 형사가 실은 이야기의 초반부터 친구 사이로 지내온 거라면? 만일 바버라가 폴의 추문을 들추기 위해 일부러 형사를 보낸 거라면? 그런데 그 형사가 폴의 추문보다 베로니카의 미모에 관심을 더 보이는 중이라면? 만일 바버라가 애슐리의 살해 혐의를 베로니카에게 뒤집어씌우려고 한다면? 현시점이 작업의 초반부라는 점을 잊지 말자. 작가는 앞으로 중간지점과 클라이맥스 사이의 간극에서 균형을 찾아야 한다. 이럴 때 '만일 ……하다면'의 가정은 어떤 지점에서 가장 유효할까?

클라이맥스를 써내려가면서 『트로피 와이프』의 작가는 하나의 배경 안에 여러 소품들과 인물들을 한데 모았다. 체크리스트에 맞춰 그 결과를 정리해보자.

시간 : 늦은 오후
장소 : 베로니카의 남편 폴 왓슨의 서재. 노브 힐에서 샌프란시스코의 전경이 시원하게 내려다보이는 큰 방이다.
인물 : 베로니카(주인공), 폴(적대인물), 그윈(적대인물로 돌변한 조력자)
소품 : 권총, 책상, 돈다발이 든 서류가방, 경찰 차량, 저격수용 소총, 창문, 수갑, 앰뷸런스, 들것, 휴대폰.
행위 : 기민하고 단호하게. 그들은 베로니카를 결박한다. 그러고는 총구를 겨눈다. 그윈이 방아쇠를 당긴다. 경찰도 발포한다. 앤더슨 형사가 보호자로 나서서 베로니카를 앰뷸런스에 태운다.

이 장면의 상징성에 대해 살펴보자. 폴의 서재는 신성불가침의 공간으로, 남성적인 물건들이 놓인 폐쇄된 공간이다. 서재는 이미 1막의 폴의 모친 장례식 장면에서 등장했다. 독자들은 친숙한 영역을 선호하는 편이고, 그런 성향은 이야기가 친숙한 장소로 되돌아올 때 더욱 두드러진다. 서재는 폴만의 은닉처로, 그의 내밀한 보금자리다. 베로니카는 폴의 서재로 들어가기 전 항상 노크를 한다. 마치 왕궁의 문을 두드리는 걸인처럼. 하지만 이야기가 클라이맥스의 문턱에 이르자 그녀는 더 이상 노크를 하지 않는다. 이제 그녀는 불청객으로 변했다. 폴과 그윈의 관심사는 어떻게 이 불청객과의 거래를 순조롭게 마무리 짓느냐에 쏠려 있다. 그것을 심도 있게 파고들기 위해『트로피 와이프』의 작가는 세 가지의 대화 내용을 준비해둔다. 하나는 그윈을 악당으로 조명한다. 다른 하나에서는 폴 왓슨을 악당으로 그린다. 그리고 나머지 하나는 이 둘의 죽음에 결백한 희생자로서 형사의 품에 안긴 베로니카가 등장한다.

이 시점에서 이야기를 조금 더 다듬을 여지가 있다. 하지만 우리는 우선 클라이맥스를 적절한 선에서 처리한 걸로 만족해야 한다. 그런데 장면의 끝에서 형사의 통화 대상이 폴의 누이 바버라라는 설정은 조금 더 세심한 작업을 요하는 서브플롯이 앞으로 펼쳐질 가능성을 함축하고 있다. 현재 단계에서는 클라이맥스를 이 정도로 처리해낸 걸로 충분하다. 우리에게는 1막으로 돌아가서 본격적인 서사 진행에 착수하기 전에 연습해야 할 장면이 하나가 더 남아 있다. 바로 중간지점의 장면—이 또한 아마도 장면-시퀀스로 이어질 가능성이 크다—이다.

28주:
중간지점쓰기

중간지점의 내용을 조속히 고정해둘수록, 소설의 구조는 그만큼 빨리 안정될 수 있다. 우리가 이 책의 2부에서 3막 형식의 직선 구조에 대해 공부한 것을 떠올려보면, 소설의 중간지점은 2막의 절반 이후쯤에 속한다는 사실을 알 수 있다. 다섯 토막으로 나뉜 '신화적 여정'의 서사구조에서는 '탐험'의 중심부에 자리하고 있다. 3막 형식을 채택하는 게 내키지 않는다면(여기서 2막은 1막 길이의 두 배에 달해야 한다), 소설의 구조를 4막 형식으로 짤 수도 있다. 4막 형식에서는 각각의 막이 차지하는 길이가 거의 비슷해도 무방하다. 소설에서 4막 형식을 취하면 〈ER〉〈NYPD〉〈로&오더〉 같은 4막 형식의 TV 드라마와 서사구조가 비슷해질 수도 있다. 다음의 구조 스케치(그림 14 참조)에는 중간지점이 달걀 모양의 원 내부에 표시되어 있다. 4막 형식에서는 중간지점에서 2막과 3막이 나뉘게 된다. 우리의 작업에서 중간지점이 차지하는 비중을 환기시키고자 서체를 달리하여 그 부분을 원으로 강조해두었다.

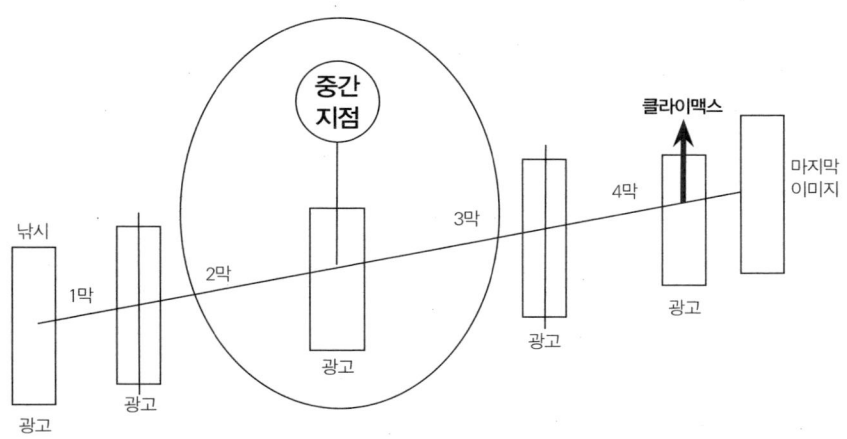

그림 14. TV 드라마에서 차용한 4막 형식의 중간지점

　중간지점은 이야기의 흐름에서 더 이상 돌이킬 수 없는 부분이다. 여기서부터는 뒤로 되돌아갈 수 있는 지점이 없다. 작가들은 그저 앞을 향해서 이야기를 전개시킬 뿐이다. 중간지점에 다다르면, 작가는 모든 작중 인물들을 이야기 속에 등장시켜야만 한다. 아직까지 출현을 미뤄둔 인물들이 있다면, 서둘러 그들을 무대 위로 끌어내야 한다. 『이름 뒤에 숨은 사랑』에서 소설의 중간지점은 뉴욕 시에서의 파티 장면부터 펼쳐진다. 그 장면에서 벵골 혈통의 주인공 고골리 강굴리는 맥신과 만난다. 그녀는 자유분방하고 서구적인 미국 고학력 여성의 전형이지만 고골리 부친의 사망 소식 이후 그와 멀어진다. 맥신은 주인공의 상대역으로, 그녀는 고골리가 자기에게 청혼하기를 원하지만 그는 내내 머뭇거리고만 있을 뿐이다. 상대방 집안과 견주어 자기 부모에게 자격지심을 느끼기 때문이다. 그는 두 세계 사이에서 분열돼 있으며, 죽음은 사랑보다 훨씬 더 강력하다. 『이름 뒤에 숨은 사랑』 같은 소설—여기서 주인공은 두 세계 사이에서 심한 갈등과 분열을 겪는다—을 쓸 경우에는 특히 고골리가 맥신을 자기 부모에게 소개하는 대목 같은 장면을 쓸 때 더욱 철저해져야 한다. 그 장면이

야말로 우리가 참고할 창작의 정수이다.

영화 장르에서 중간지점 참조하기

저서인 『시나리오 워크북』에서 시드 필드는 중간지점을 정류장, 봉화대, 회귀 불능 지점 등의 용어로 일컫는다. 그 책의 11장에서 필드는 중간지점에 눈뜨게 된 사연을 털어놓고 있다. 그의 시나리오 워크숍에 모인 수강생들은 대체로 1막을 근사하게 써내곤 했다. 하지만 2막에 이르자 페이스가 뚝 떨어졌다. 필드가 도움을 요청하자, 베테랑 시나리오 작가 폴 슈레이더는 다음과 같이 조언했다. "원고 분량이 120페이지 정도 된다고 할 때, 약 60페이지쯤에서 뭔가가 발생하게 해봐라." 희미하게 떠오르긴 하지만 가물거리는 뭔가를 쫓아 필드는 세 편의 영화를 탐구해보았다. 그 세 편의 영화는 〈결혼하지 않은 여인〉(1978년)과 〈맨해튼〉(1979년) 그리고 〈보디 히트〉(1981년)였다. 이렇게 탐구해본 결과 그는 중간지점에 눈뜰 수 있었다. 이 영화들의 내용을 간략하게 짚고 넘어가기로 하자.

영화 〈결혼하지 않은 여인〉에서 질 클레이버러의 주치의는 여주인공에게 새로운 삶의 방식을 찾아 모험에 뛰어들라고 조언해준다. 하지만 구체적으로 무엇을 어떻게 해야 좋을지에 관해서는 말해주지 못한다. 그저 "뭣부터 하면 좋을지는 감이 오는 것 같아요. 일단 밖으로 뛰어나가서 길거리에 벌렁 드러누워보는 것도 나쁘지 않겠지요"라고 말할 뿐이다. 주치의와 주인공 사이에 이런 상담이 오가는 장면은 영화 시작 후 중간지점에 해당하는 60분쯤이다. 85분쯤에 광기에 사로잡힌 화가 앨런 베이츠가 등장한다. 중간지점을 넘기고 난 후, 그녀는 그에게 거리낌 없이 빠져든다.

〈맨해튼〉에서 메리(다이언 키튼)과 아이크(우디 알렌)의 관계는 친구 사이에서 연인 사이로 발전한다. 영화 시작 후 60분쯤에 그들은 사랑을 나누기 시작하고, 이것이 이야기의 중간지점을 이룬다.

〈보디 히트〉에서 네드(윌리엄 허트)는 매티(캐서린 터너)의 도움을 받아 허비(리처드 크레나)를 살해한다. 매티는 허비의 아내이다. 이 살인이 발생하는 것은 영화 시작 후 60분으로, 전체적인 러닝타임의 절반에 해당한다. 1막의 긴장감이 서서히 고조되어가는 동안, 네드는 유리문을 깨고 안으로 들어와서 매티와 접촉한다. 중간지점에서 그녀는 그로 하여금 자기 남편을 살해하도록 끌어들인다. 2막의 끝에서 남편의 시체가 냉동 보관될 무렵, 네드는 자신이 이번 사건의 주요 용의자로 지목 받고 있다는 사실을 깨닫게 된다. 그리고 3막에서 매티는 무죄 방면되지만 네드는 살인 혐의를 뒤집어쓰고 감옥으로 끌려간다.

중간지점이 어떤 방식으로 영화의 장르를 결정하는지(또는 그것에 의해 결정되는지) 알아보자. 〈결혼하지 않은 여인〉은 재탄생의 이야기이다. 이 영화의 중간지점은 주치의가 주인공의 행위를 자극하려는 대화 장면이다. 〈맨해튼〉은 사람 사이의 관계에 대한 이야기이다. 이 영화의 중간지점은 친구에서 연인으로 발전한 두 남녀의 사랑 장면이다. 〈보디 히트〉는 미스터리 스릴러에 속하는 필름 누아르이다. 이 영화의 중간지점은 주인공이 제 스스로 무덤을 파는 살인 장면이다.

단단한 2막을 써내기 위해서는 두 가지 핵심요인이 필요하다. 이는 단단한 소설을 써내기 위해서도 필수불가결한 요인이라 할 수 있다. 첫째, 중간지점을 통해 우리는 2막을 대등한 비중의 두 부분으로 분할해야 한다. 이를 통해 장황하고 불규칙하게 뻗어나갈지도 모를 이야기의 흐름을 밀도 있게 압축할 수 있다. 둘째, 플롯 포인트1(1막 종결과 2막 시작)과 플롯 포인트2(2막 종결과 3막 시작) 사이의 연결고리를 유기적으로 다듬어야 한다. 중간지점이 탄탄해지면, 소설의 구조도 더불어 안정된다는 점을 잊지 말자.

소설가는 시나리오 작가의 작업에 대해서도 마음을 열어둬야 할 필요가 있다. 소설과 영화는 아리스토텔레스가 주창한 서사구조—발단, 전개, 결말—를 공유하고 있기 때문이다. 또한 소설가와 시나리오 작가는 작업이 확장되면 확장될수록 작품의 허리가 느슨해지기 쉽다는 고민을 공통적으로 떠안고 있기도 하다. 중간지점에 대한 철저한 이해와 구축을 통해 우리의 소설은 구원받을 수 있다.

작가들의 예를 참조하기

중간지점에서는 주인공이 과거 속으로 뛰어들기가 편하다. 지금까지 주인공은 진행되던 플롯을 잠시 끊어가면서까지 과거의 행적을 더듬곤 했다. 그런데 중간지점에서는 모든 주요인물들이 해당 소품들과의 연관성과 함께 무대 위로 모습을 드러내게 된다. 이때 각각의 인물에게는 전사의 트라우마에서 비롯된 의도가 있어야 한다. 우리가 9~10주에 함께 공부한 대로, 전사는 작품의 첫 페이지로 접어들기 전에 등장인물들이 겪은 일이다. 전사의 사건은 불과 1시간 전에 벌어진 일일 수도 있고, 2시간 전일 수도 있으며 하루 전일 수도 있다. 혹은 1년, 5년, 10년, 심지어 25년 전까지 거슬러 올라가는 일일 수도 있다. 예컨대, 『고르키 공원』의 중간지점에서 아르카디 렌코라는 이름의 탐정은 살인범에게서 25년이나 묵은 트라우마를 발견하기도 한다. 살인범의 심중에는 25년 전 레닌그라드의 설원을 피로 물들인 사건이 정신적 외상으로 묻혀 있었던 것이다. 중간지점쯤 오면 독자들은 어느 정도 이야기에 몰입하게 마련이다. 이럴 때 작가는 중간지점에서 과거의 중요한 디테일들을 꺼내놓을 수도 있다. 여기서 우리는 중간지점의 세 가지 경우를 살펴보고자 한다. 하나는 고대 그리스 비극작가 소포클레스의 작품으로, 기원전 430년에서 426년까지 초연된 바 있는 「오이디푸스 왕」이고 다른 하나는 로버트 펜 워런의 『모두

가 왕의 부하들All The King's Men』(1946년)이며 나머지 하나는 앤 타일러의 『우연한 여행자』(1985년)이다.

「오이디푸스 왕」의 중간지점에서 오이디푸스와 그의 모친 이오카스테는 전사와 눈앞에 펼쳐진 사건의 디테일을 비교한다. 그 검증과정에서 결국 파멸이 초래된다는 사실을 알지 못한 채, 이오카스테는 양쪽 발목을 대못에 꿴 채 갓 태어난 아기를 유기한 사실을 떠올린다. 그것은 이 이야기를 이끌어가는 신탁(아들이 아비를 죽이고 어미와 결혼할 거라는 예언) 때문이었다. 또한 그녀의 남편이자 오이디푸스가 즉위하기 전 테베의 왕으로 군림해온 라이어스가 세 갈래 길이 모이는 교차로에서 살해당했다는 사실도 떠올린다. 성인이 된 오이디푸스는 어렸을 때 발목이 대못에 꿰인 상처로 인해 아직까지 절뚝거리며 걷는다. 그런데 이오카스테의 말을 듣는 순간 오이디푸스의 머릿속에 떠오른 것은 자신도 그녀와 똑같은 신탁 때문에 코린트를 떠나야 했다는 사실이다. 오이디푸스가 세 갈래 길이 모이는 교차로에서 어느 난폭한 노인을 살해했다는 사실을 떠올리는 대목에서 우리는 그가 자신이 놓은 덫에 걸려들고 말았음을 깨닫게 된다. 어느 난폭한 노인은 바로 라이어스였던 것이다. 청년 시절의 맹목적인 혈기에 빠져 오이디푸스는 자기 생부와 세 명의 충성스러운 신하들을 학살했다. 거기까지가 이 작품의 중간지점이다.

『모두가 왕의 부하들』의 플롯 포인트1에서 주지사(윌리 스타크)는 잭 버든에게 판사를 협박할 만한 추문을 조사하라고 지시한다. 판사는 낡은 금력의 상징이다. 그런데 대통령이 되기를 꿈꾸는 주지사는 다음 선거에 이기기 위해서라도 낡은 금력을 필요로 한다. 이 추문공세를 준비하면서 버든은 과거의 기억 속으로 빠져든다. 과거 여행과 엇물린 중간지점에서 추문 찾기가 끝나자 그는 거기서 긁어모은 추문들을 가지고 현재로 복귀한다. 과거의 오점으로 남은 추문은 판사가 전혀 꼿꼿한 사람이 아니었다는 전사를 폭로한다. 버든은 판사에게 그 추문의 증빙자료들을 제출한다.

그로 인해 판사가 자살을 기도하면서 2막이 종료된다. 이 작품의 2막은 버든의 과거 여행을 내세워 중간지점에서 회상과 전사를 얼마나 효과적으로 활용할 수 있는지 보여준다.

장면 쓰기에 매진하다보면 하루가 후딱 지나가버릴 수도 있다. 이를테면 커피숍 같은 데 눌러앉아, 맞은편에 앉아 다투고 있는 남자와 여자를 유심히 관찰한다. 그러고는 그들의 동작과 대화를 메모해둔다. 이것을 집으로 가지고 돌아와서 항목별로 쭉 정리해둔다. 문득 한 장면이 머릿속에 떠오른다. 여자가 발끈하여 자리를 박차고 일어선다. 남자는 돌아앉자마자 커피숍 여종업원과 눈길이 마주친다. 여종업원이 그에게 호의적인 미소를 지어 보인다. 대충 이 같은 장면의 윤곽을 스토리보드에 잡아둔다. 구체적으로 써내려가기 전까지는, 그리고 여자가 자신의 차에 올라타고 그 장소에서 벗어나는 대목에 이르기 전까지는 이 이야기가 어디로 흘러갈지 예단할 필요도 없다. 이런 식의 장면은 과연 좋은 서두를 끌어올 수 있을까? 좋은 결말로 이어질까? 좋은 중간지점과 맞닿게 될 것인가? 그 답은 각자의 작업 속에 남아 있다. 그러니 장면 쓰기에 매진하자. 그러면 더 많은 소설들을 써낼 수 있다.

중간지점에서는 반드시 어떤 일이 일어나야만 한다. 그리고 그 어떤 일에는 행위가 뒤따라야 한다. 미스터리 소설 같은 경우에는 중간지점에 폭력적인 행위를 깔아둘 수 있다. 재탄생에 관한 소설—또 다시 거듭된 이별을 겪으며 허물어졌으나 외부로부터의 원조를 극구 마다하는 어느 남자의 이야기—이라면 중간지점에서 주인공의 방향 전환이 모색되어야 한다.

이를 위해 『우연한 여행자』의 예를 들어보자. 이 소설의 중간지점은 11장(이 작품은 모두 스무 장으로 구성돼 있다)이다. 뮤리얼(외부로부터의 원조)은 저녁식사나 함께하자며 그녀의 집으로 메이컨을 초대한다. 그녀의 초대에 어쩔 줄 모르던 그는 결국 거절하는 내용의 답신을 보내기로 한다. 그런데 때는 이미 뮤리얼이 제안한 저녁 약속의 날이고, 우체국에서 그 답장을 부치기에는 시간이 늦었다. 그래서 어쩔 수 없이 메이컨은 직접 그녀의 집까지 달려가서 그 편지를 우편함에 넣어두기로 한다. 하지만 뮤리얼은 가짜 총기로 그를 감쪽같이 속여 넘기고는 메이컨을 자기 집으로 끌어들이는 데 성공한다. 그는 부랴부랴 아들 이선에 관해 털어놓는다. 뮤리얼은 "이제 그만 잘 시간이에요. 자자구요. 그만 자요"라고 소곤거리며 메이컨을 침대로 유도한다. "이것까지 벗을 참이에요?"라고 메이컨이 묻든 말든 개의치 않고 육탄공세를 펼친 끝에 그녀는 결국 그와 잠자리를 함께하게 된다. 이로써 그들의 관계는 비즈니스—애완견 조련사—에서 내밀한 단계로 변하는 셈이다. 중간지점에서의 변화를 통하여 메이컨은 서서히 치유되기 시작한다.

중간지점 쓰기를 위한 가이드라인

커다란 변화의 조짐을 나타내기 시작한 인물의 행위에 초점을 맞춰보자. 등장인물이 사랑에 빠진 연인이라면 그들이 서서히 갈라서는 과정을 그리면 된다. 그들이 원래 친구 사이거나 사업 파트너였다면 연인관계로 발전시켜보는 것도 좋다. 중간지점에서 필요한 것은 현상의 변화이다.

『우연한 여행자』 11장에 드러나는 메이컨의 주된 행위는 고백이다. 그의 고백은 차 안에서의 첫 장면 이후부터 거의 200페이지 가까이 질질 끌다가 이 지점에서 행해진다. 첫 장면에서 세라는 아들을 제대로 보살피지 않았다며 그를 들볶는다(이것은 아들의 죽음을 암시하는 서브텍스트이다. 아들의 문제는 그들 사이에 늪지처럼 가로놓여 있다). 그런데 중간지점에 다다르자 메이컨은 그에 관해 털어놓기로 한다. 문제는 그 상대가 세라가 아니라 흥분 상태의 뮤리얼 프리쳇이라는 점이다. 하지만 세라에게 고백하는 걸로 전개되었다면 작품은 거기서 끝나야 했을 수도 있다.

중간지점은 서로 다른 사건을 엮는 두 가지의 단단한 사슬을 확보한다. 하나는 중간지점의 행위를 진전시키고, 나머지 하나는 거기서 빠져 나갈 방향을 안내한다. 이런 사건의 연속은 중간지점에서 나타나기 시작한 방향 변화를 극적으로 드러내 보인다.

예컨대, 앤 타일러의 작품에서 중간지점을 진전시키는 사건의 흐름은 다음과 같다. 뮤리얼이 에드워드를 조련하는 동안 메이컨은 쇼핑을 하러 다닌다. 그는 뮤리얼에게 저녁 초대를 받는다. 메이컨은 마음을 정하지 못하고 우왕좌왕한다. 메이컨과 앨릭잰더가 만난다. 뮤리얼은 초대를 계속 밀어붙이며 메이컨을 정면으로 압박해온다. 여기까지가 중간지점의 단면이다(메이컨은 초대를 거절하지만 결국 뮤리얼에게 자신의 불행을 고백하는 걸로 결말이 난다).

반면, 중간지점에서 빠져 나가는 사건의 흐름은 다음과 같다. 로즈는 새로 잡힌 그의 일정과 관련하여 메이컨에게 투덜거린다(리어리 저택에서 파트타임, 뮤리얼의 아파트에서 파트타임). 메이컨은 뮤리얼과 앨릭잰더에게 피자를 배달시켜준다. 메이컨은 자신의 일거리에 새로운 의욕을 보인다. 뮤리얼은 메이컨의 취재 여행에 따라나선다.

여기에 드러나는 타일러의 기법을 생각해보자. 중간지점 이전까지만 해도 등장인물은 주저하고 뒷걸음칠 수 있다. 하지만 중간지점 이후부터는 새로운 의욕으로 충만하여 거침없이 앞으로 달려간다. 이야기의 중간지점에서 메이컨 리어리는 자신을 한정짓는 온실의 울타리에서 벗어나려는 노력을 과감하게 보여준다. 그렇다면 우리의 주인공이 무엇을 해야 할지에 관해 생각해보자. 캐릭터 작업을 통해 등장인물들에 관해 파악한 것을 다시금 공부한다. 그들의 동기와 두려움, 강점, 결함 등을 정리해서 열거해본다. 욕망의 목록을 재점검한다. 그들이 원하는 것은 무엇인가? 어떤 경로로 그들은 욕망의 성취에 가까워져 가는가? 그들의 행로를 심화해줄 만한 결단의 내용은 무엇인가? 무엇보다도 중간지점에서는 등장인물들의 변화 과정을 구축해야 한다.

연습과제

1. 사건의 연속
사건의 연속을 두 가지로 발전시킨다. 하나를 통해서는 중간지점의 내용을 진전시키고, 다른 하나로는 중간지점에서 빠져 나오도록 유도한다. 각각의 내용에 부합하는 사건의 연속을 긴 목록으로 작성해본다. 내용은 간략하고 쉽게 작성한다. 여기서는 구태여 그 길이가 문단으로 이어질 만큼 길고 복잡할 필요가 없다.

2. 중간지점의 윤곽 잡기
몇 분 동안 중간지점에 들어갈 만한 장면의 목록을 작성해본다. 그러고는 인물들의 행위와 대화와 배경에 대해 간단히 메모한다. 무대 위에 등장하는 각각의 인물은 나름의 의도를 가지고 있어야 한다는 점을 잊지 않는다.

3. 정해진 시간 안에서 쓰기
타이머를 켜두고 15분 이내에 중간지점의 장면(또는 장면-시퀀스)을 쓴다. 상상력이 자유로이 활동할 수 있도록 머리보다는 손의 움직임을 앞세운다. 지금 하고 있는 일이 문장 쓰기를 통해 장면들을 탐구해가는 발견의 과정이라는 사실을 기억한다.

4. 수정

장면을 쓰고 나서 한숨 돌린 후 그것을 쭉 읽는다. 지면의 여백에 소감을 메모한 후, 장면을 다시 쓴다. 우선 연습과제 3번에서 제시된 핵심 어구들을 뽑아본다. 그리고 그 어구들을 출발선으로 활용하여 5분 동안 써본다. 타이머가 울리면 두 번째 핵심 어구들을 다시 뽑아본 후 10분 동안 쓴다. 타이머가 울리면 세 번째 핵심 어구들(흥미로운 대사들에 집중!)을 뽑아본 후 이번에는 15분 동안 다시 쓴다. 타이머가 울리면 하나의 긴 문장으로 클라이맥스까지 다다르는 경로를 쓴다. 생각도 하지 말고 구두점도 쓰지 말고, 그리고, 그런 후, 그러고 나서, 그럴 때, 그러자 등과 같은 접속사들로 클라이맥스의 장면에 다다를 때까지 문장을 계속 숨 가쁘게 이어가보자. 글쓰기를 즐기는 기분으로 임한다.

습작 소설 : 「트로피 와이프」

베로니카는 어둠에 휩싸인 서재에 앉아 있다.
음산한 그늘이 드리워 있다.
현관문이 찰칵거리자 베로니카의 시선이 서재의 여닫이문으로 향한다.
이쪽으로 다가오는 발소리가 나무 바닥에 울려 퍼진다.
폴이 안으로 걸어 들어온다.
폴은 방 안을 주의 깊게 살핀다. 그의 시선이 각종 서류들과 그 자신의 삶처럼 헝클어진 잡동사니들을 가로지른다.
그의 부친이 물려준 총이 베로니카의 정면에 놓여 있다.
경찰이 당신을 보러 왔어요.
무슨 일로?
어떤 여자가 죽었대요.

내 서재에서 무슨 일이 있었던 거야?

그때 초인종이 울린다. 소리가 서재 안으로 날아든다. 순간 폴이 얼어붙는다.

파출부가 서재로 온다.

그녀는 폴에게 그랜트 앤더슨 형사의 명함을 건네준다.

안으로 들여보내.

앤더슨이 서재로 들어오며 책상 위에 놓인 총을 본다.

댁의 총기입니까?

제 아버지가 물려준 총입니다.

책상에서 한 걸음 떨어져주실까요.

책상 앞으로 간 앤더슨은 볼펜 끝으로 총기를 폴에게서 멀찍이 밀쳐낸다. 그러고는 휴대폰의 다이얼을 누른다.

나 앤더슨인데 지금 왓슨 씨 자택에 와 있어. 이쪽으로 과학수사팀을 보내줘.

앤더슨은 코트 호주머니에서 비닐봉지를 꺼낸다.

이거 보이시죠, 미스터 왓슨? 이건 결정적인 물증을 담는 봉지입니다. 과학수사팀 요원들이 점심때까지 그 성분을 분석해낼 겁니다. 그러면 기소 요건이 충족될 테죠. 당신은 감옥에 가야 할 겁니다.

폴은 책상 위의 전화기로 다가가더니 메모리 버튼을 누른다.

곧바로 그의 변호사 스나이더에게 전화가 연결된다.

집 바깥에서 사이렌 소리가 들려온다.

과학수사팀의 승합차 몇 대가 정문을 통과하여 진입로로 들어서는 중이다.

앤더슨은 폴의 뒤로 가서 그와 함께 벽난로 쪽으로 물러선다.

저택 일꾼들이 현관 앞 거실에 모여 웅성대기 시작한다.

승합차들이 정원에 주차한다. 차 안에서 요원들이 우르르 몰려나온다.

앤더슨의 휴대폰이 울린다.

수화기 저편의 목소리가 말한다. 여자를 살해한 것은 9밀리미터 산탄으로 확인되었습니다.

아주 좋아, 앤더슨이 말한다.

폴이 현관문 바깥으로 걸어 나간다.

베로니카도 뒤따라 나간다.

대리석 분수가 실바람 사이로 물줄기를 뿜어 올리고 있다. 실바람에 실린 물기가 베로니카의 얼굴 위에 안개비처럼 흩뿌려진다.

폴은 내내 침묵만 지키고 있다.

그때 진입로를 달려온 푸른색 캐딜락 한 대가 멈추더니 뒷문에서 스나이더가 뛰쳐나온다.

그는 골프복을 입고 있다.

스나이더는 앤더슨을 곧바로 알아본다.

앤더슨이 현관문에서 걸어 내려온다.

복장이 아주 근사하군요, 미스터 스나이더.

이게 다 웬 소란이오, 형사양반?

당신 고객 왓슨 씨에게 물어보시죠.

뭐에 관해 물어보란 말이오?

그의 직원 가운데 한 사람에 대해서. 여직원 한 명이 죽었지요. 우리로서는 당신과 당신 의뢰인의 협조가 절실한 실정입니다.

누가 죽었다고요?

이름이 애슐리 베넷이라고 하던가요. 그 여자와 왓슨 사이에 처리해야 할 문제가 조금 있었던 것 같은데요?

애슐리 베넷이라고요? 베로니카가 말한다. 그 여자라면 회사 여직원이 맞는데요?

폴이 베로니카의 어깨를 감싸려 한다. 하지만 그녀는 폴의 팔을 뿌리친다.
그러고는 황급히 계단을 올라가더니 집 안으로 사라진다.
폴이 그녀를 뒤따라 달려 올라간다.
폴은 침실에 서서 창밖으로 연방 교도소가 있는 얼커트래즈 쪽을 바라본다.
베로니카는 침대에 걸터앉아 흐느껴 운다.
스나이더가 노크를 한다. 앤더슨이 그러는데 당신이 그녀가 죽기 전에 마지막으로 만난 사람이었다고 하더군요.
베로니카, 잠시만 자리를 비켜줄 수 있어?
베로니카는 드레싱 룸으로 자리를 옮긴다. 그녀는 핸드백을 든다.
어디 가려는 거야?
베로니카는 폴의 따귀를 올려붙인다. 그 소리가 방 안을 가득 메운다.
그녀는 방을 뛰쳐나간다.
스나이더가 안락의자에 앉는다. 폴은 창가에 우두커니 서 있다.
그는 당신 뒤를 캐고 있어요, 폴.
누구 말이죠?
앤더슨. 그 작자는 당신의 뒤꽁무니를 노리고 있어요.
그래서 내가 당신처럼 유능한 변호사를 고용한 거 아닙니까, 스나이더.
그는 당신이 부친의 권총을 흉기로 사용했다고 확신하는 모양입니다.
아주 좋은 표적이로군.
그때 앤더슨이 문밖에서 노크를 한다.
준비되셨습니까, 여러분?
폴의 몸이 뻣뻣하게 굳는다. 이 조사가 끝나려면 얼마나 걸리죠?
앞으로 한 시간 동안은 19번 관할구역 안에 머물러 있어야 합니다.
앤더슨이 방에서 나간다.
경찰 승합차들이 정문 밖으로 향한다.

스나이더가 아래층에서 폴이 나오기를 기다린다.

폴은 얼굴을 씻고 있다.

그가 내려온다.

두 남자는 스나이더의 푸른색 캐딜락을 타고 경찰서로 향한다.

그들은 서로 이야기를 주고받는다.

그 여자와 다툰 적이 있습니까?

때때로.

경찰이 질문을 던지면 어떤 대답을 할지 저하고 함께 궁리하시죠.

좋습니다.

푸른색 캐딜락이 경찰서 앞에서 멈춰 선다.

두 대의 방송차량이 진을 치고 있다. 두 명의 리포터와 두 명의 카메라맨도.

폴이 문으로 향한다.

스나이더가 뒤쪽에서 그를 수행한다.

TV 취재팀이 몰려든다.

앤더슨이 기자들을 막아 세운다. 그리고 나서 폴과 스나이더를 취조실로 데려간다. 취조실 안에는 철제 책상과 지저분한 커피메이커 등이 놓여 있다. 바닥에는 담배꽁초도 떨어져 있다.

커피 들겠습니까?

됐습니다.

애슐리 베넷이 당신 회사의 직원으로 일한 게 사실이죠?

그렇습니다.

무슨 일을 했습니까?

경리였습니다.

그럼 셈이 아주 밝았겠군요, 그렇지요?

네, 그랬습니다.

침대 위에서도 그랬을까요?

스나이더가 폴에게 고개를 끄덕여 보인다.

폴이 앤더슨 쪽으로 시선을 들어올린다. 우리는 둘 다 성인이었어요.

그런 사실을 알게 돼서 반갑군요. 이 관계가 얼마나 오랫동안 지속되었지요?

그냥 몇 달 정도.

아내 분도 알고 있었습니까?

그녀한테 물어보시죠.

아내 분이 꽤 미인이시던데요.

심문이 끝난 겁니까?

앤더슨은 비닐봉지를 꺼내든다. 그 안에는 폴의 브라이틀링 시계가 들어 있다.

앞으로 DNA 샘플과 지문 채취가 필요할 겁니다.

여기서 끝냅시다. 스나이더가 자리에서 일어난다. 영장을 들고 오기 전까지 이제부터 우리는 아무런 취조에도 응하지 않을 겁니다.

앤더슨이 이를 드러내고 씩 웃으며 등받이에 기대어 몸을 쭉 편다.

그러고는 엄지와 검지로 총 모양을 만들어 보인다.

검지 끝을 폴에게 겨눈다.

엄지를 아래쪽으로 기울인다.

앤더슨이 총소리를 흉내 낸다. 탕.

『트로피 와이프』의 작가는 중간지점에서 벌어지는 행위를 탐구하기 위해 한 편의 장면-시퀀스를 썼다. 그것은 서재에서 시작된다. 샌프란시스코 노브 힐 저택에서 서재는 폴이 부친에게서 물려받은 신성불가침의 공간이다. 장면은 서재에서 침실로, 침실에서 응접실로, 응접실에서 변호사의 푸른색 캐딜락으로 옮겨 간다. 폴과 스나이더는 캐딜락을 타고 경찰서에 출두한다. 이 장면-시퀀스를 체크리스트에 맞춰 정리해본다.

시간 : 때는 오전이다. 날씨는 투명하고 화창해서 그늘이 거의 없다.

장소 : 두 가지의 공간적 좌표가 있다. 하나는 노브 힐의 대저택이다. 그리고 다른 하나는 경찰서이다. 만일 작가가 인물들 사이의 밀담을 원한다면, 폴과 스나이더는 캐딜락을 타고 경찰서로 향하는 길에 뭔가를 속닥거릴 수도 있다. 저택에서는 두 군데의 주요 장소가 나오는데, 서재와 침실이다.

인물들 : 인물들이 이 장소에서 저 장소로, 한 공간에서 다른 공간으로 옮겨 다니는 동안 작가에게는 그들 사이의 서로 다른 관계망에 대해 짚어볼 기회가 생긴다. 스나이더와 폴은 상류사회의 동맹관계에 속한다. 베로니카와 폴은 부부의 연과 돈으로 맺어진 관계이다. 그녀는 돈이 필요하다. 그는 베로니카를 장악하기 위해 돈에 대한 그녀의 욕구를 이용한다. 폴과 앤더슨 사이를 잇는 것은 살인사건이다. 앤더슨과 스나이더는 전사 단계에서 얽혀 있는데, 아마도 그들은 법정에서 수사관과 변호인의 신분으로 마주쳤을지도 모른다. 그들의 관계는 경찰서로 향하는 캐딜락 안에서 오가는 밀담을 통해 암시할 수도 있다. 예컨대, 스나이더가 앤더슨의 뚝심이나 범죄를 탐지해내는 수사 안목과 관련된 사연을 말해준다면, 폴로서는 오금이 저릴 수밖에 없다. 혹은 만일 앤더슨이 빈민층 출신이어서 폴 같은 부유층 사냥에 탐닉하는 인물이라면?

소품 : 주요 소품은 아버지가 아들에게 유산으로 물려준 헤클러&코흐 권총이다. 이것 하나만으로도 소품의 위력을 과시하기에는 충분할 정도다. 물론 총기는 무생물이다. 하지만 등장인물들의 주의는 그 무생물에 온통 사로잡혀 있다. 이 총이 과연 살인에 사용된 흉기인가? 현 시점에서는 아직 알 수 없다. 아직 알 수 없으므로 그것이 밝혀질 때까지 계속 써야 한다. 장면 속에 하나의 소품을 밀어넣는 것은 똑똑한 작가들이 자주

쓰는 수법이다. 똑똑한 작가들은 소품 한 가지를 초반에 심어둔 후, 수정하는 과정에서 그것의 비중을 크게 늘리곤 한다. 그밖에 주요 소품으로는 브라이틀링 손목시계, 수색영장, 물증을 담은 비닐봉지 등을 나열해볼 수 있다. 물론 택시, 경찰차, 과학수사팀의 승합차, 푸른색 캐딜락 같은 여러 종류의 차량도 빼놓을 수 없다. 우리는 여기서 『트로피 와이프』의 작가가 주요 소품과 플롯을 엮어야 한다는 교습 내용을 잘 따라가고 있음을 확인할 수 있다.

의식 : 여기서 주요 의식은 문턱 넘기이다. 앤더슨은 폴의 저택 안으로 무턱대고 쳐들어간다. 스나이더도 안으로 달려 들어간다. 경찰들도 몰려 들어온다. 각각의 실내공간은 원래 신성불가침의 영역이다. 각각의 인물은 쫓아낼 수 없는 불청객이다. 이 장면-시퀀스에서 폴 왓슨이 넘는 마지막 문턱은 경찰서의 출입구이다. 장면은 취조실에 붙들린 폴의 모습으로 마감된다. 그 상황을 종료하기 위해서는 폴이 다시금 경찰서의 문턱을 넘어 바깥 세계로 돌아와야 한다. 바깥 세계로 다시 돌아온 후에 폴은 자신의 삶이 그사이에 변했음을 깨닫지 않을 수 없을 것이다.

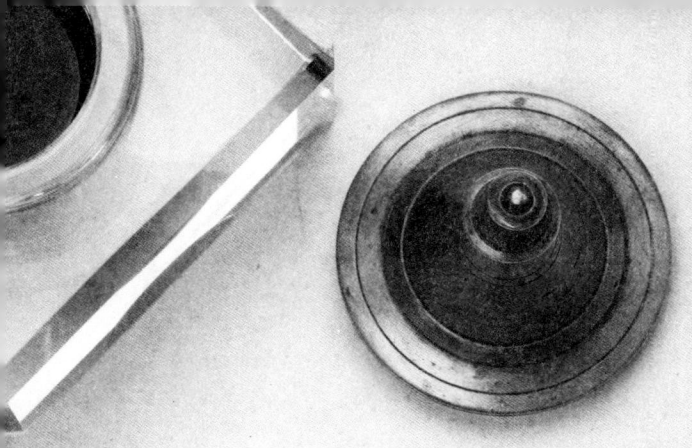

6부

:

29-49주
초고 쓰기

이정표도 보이지 않고 수중에 지도도 없는 상태로 익숙지 않은 길을 주행하다보면 길을 잘못 들기 십상이다. 성취욕에 급급해 필요 이상으로 서두르다보면, 혹은 길에 어둠이 내려 시야가 흐려지면 예기치 않은 암초에 부딪힐 공산도 커진다. 피로와 휴식의 필요성도 가중될 수밖에 없다. 심지어 도로 자체가 주행을 방해하는 장애물처럼 여겨질 수도 있다. 길이 너무 멀면, 미지의 영역을 탐사하는 즐거움은 급격히 감소하고, 대신 어딘가로 뛰쳐나가지 못해 안달하는 욕구불만만 증식하게 된다. 그럼에도 다음 날, 지금까지 달려온 길을 곰곰이 되돌아보면 무엇 때문에 그토록 못 견뎌했는지 의아해질 수도 있다. 어느새 낯선 도로의 이정표는 친숙해져 있다. 이제 우리는 각자의 시간을 재량껏 관리할 수 있다.

소설의 초고를 처음으로 쓴다는 것은 낯선 길로 들어서는 여행과 비슷하다. 우리는 최종 행선지―3막에서의 클라이맥스와 이후의 간략한 상황 정리―가 어딘지 명확히 알고 있다. 하지만 도중에 어디서 멈춰 서야 할지는 잘 모른다. 일부 도로 표지판이 아직 세워져 있지 않고, 부딪히는 순간 글쓰기가 좌초되기 쉬운 위험을 안고 있는, 도처에서 마주칠지도 모를 암초도 경계해야 한다. 출발하기 전에 우리는 하나의 지도를 그린 바 있다. 그것은 클라이맥스를 향해 완만하게 상승하는 직선 구조의 그림이다. 또한 이야기의 끝이 출발점으로 되돌아오며 순환하는 원형 구조도 미리 그려보았다. 그런 지도 위로 등장인물들의 이름과 소품, 이정표, 일정, 그리고 중간지점과 클라이맥스에 해당하는 몇몇 주요 장면들의 부제까지도 기입했다. 그런 식으로 여행길의 중간 기착지들이 정해졌다.

만일 그 지도가 '신화적 여정'을 가리키고 있다면, 우리가 써야 할 초고의 주인공은 울타리와 용 사이에 배치되어야 한다. 이런 이야기에서 초반의 동기는 울타리에서 벗어나려는 주인공의 조바심이다. 그다음으로는 그 탈출을 도와주는 조력자가 나타나야 한다. 탈출은 탐험으로 통한다. 그 탐험의 과정에서 주인공은 클라이맥스에 다다라 충분히 용과 대적할 수단과 지혜를 쌓게 된다. 이런 장면들을 제대로 써나가기 위해서는 선명한 플롯 스케치를 통해 주인공의 행로를 장악해둬야 한다. '신화적 여정'의 탐험 과정은 직선 구조에서의 2막에 해당되며, '영웅적 순환'에서는 입문의 단계와 상응한다. 여러 연장으로 무장하고 지혜의 내공을 쌓은 주인공은 드디어 용과 합을 겨루게 된다. 이 대결은 하나의 증명일 수도 있고, 악의 처형일 수도 있다. 용을 처치하고 나서 주인공은 집으로 금의환향한다.

초고를 쓸 때는 자료 조사 때문에 작업을 중단할 필요가 없다. 문장을 바로잡거나 단어를 손질하거나 비유를 가다듬기 위해 멈칫거릴 필요도 없다. 이미지의 조탁에 몰두하거나 형태에 신경 쓸 필요도 없다. 내면의 검열자가 틈만 나면 참견하고 자꾸만 발길을 멈춰 세우려 들지도 모른다. "이봐, 내 말 좀 들어봐." 그는 자꾸만 속삭인다. "이런 식으로 소설을 쓰는 게 아니지. 수정도 없고, 너무 장황하고 산만하잖아. 죄다 뒤죽박죽이라 멀미가 날 지경이야. 우선 철자부터 고치고, 오문도 바로잡도록 해. 지금 당장 말이야." 그런 속삭임에 귀 기울이지 말고 작업을 계속한다. 그저 지금 한창 펼쳐지고 있는 소설의 흐름에만 깊이 집중한다. 갓 튀어나온 말들의 온기에만 몰두한다. 지금 우리는 등장인물들을 속속들이 파악하는 일만으로도 버겁다. 그들이 드나드는 벽장과 침실뿐 아니라 책상 서랍과 마음상태와 기억까지 파고들어가서 샅샅이 파헤쳐보자. 이미지들도 한데 모아서, 그것들을 마음먹은 대로 구사할 수 있도록 수중에 움켜쥐고 있어야 한다. 그러고는 그 이미지들로 작품을 짜나가야 한다. 또한 무의식의 우물이 마르지 않도록 유지해야 한다.

작업하는 동안에는 우리가 쓰고 있는 것에 대해 지나치게 신경을 쓰지 않도록 노력한다. 이것은 우리가 처음으로 써보는 소설의 초고다. 지금까지 우리는 최선을 다해 많은 것을 익혀왔다. 예전 같으면 섣불리 엄두도 내지 못했을 만큼 구체적으로 여러 인물들과 플롯에 대해서 공부해왔다. 우리는 맹렬히 성장하는 중이다. 우리가 쓰는 글에는 하루가 다르게 힘이 붙고 있다.

대화를 쓰고 그것을 행위에 결부시키자. 그러고는 저절로 장면이 무르익는 모습을 지켜본다. 무대를 짓고 조명을 설치한다. 무대 위로 조명이 쏟아져 내리는 순간, 분위기 변화를 느낀다. 등장인물들에게 적절한 의상을 입혀 무대로 끌어낸다. 시점을 확실히 해두자. 어떤 시점에서 이야기가 이어질 때는 촉각이나 후각을 통해 자동차 앞 유리를 휙 하고 스쳐가는 바람결의 미세한 기미까지도 포착해서 표현할 줄 알아야 한다. 그런 다음 인물의 동선이 절정까지 치닫도록 해보자. 그러고는 상황의 종료를 알릴 수 있는 몇 줄의 글을 덧붙인다. 그러다보면 어느 순간 문득 우리는 독자들이 돈 주고 사서 읽을 만한 이야기의 한 장면을 자신의 손으로 써내게 될 것이다.

초고를 쓸 때 가장 유념해야 할 서사 전략은 이야기가 유동적으로 흘러가야 한다는 데 있다. 이야기 조각들을 짤막한 행으로 쪼개 계속 이어가보자. 그러려면 노트북 컴퓨터로 작업을 시작하는 게 유리할 수 있다. 빠른 속도로 진행하되 열성적으로 작업에 매달린다. 일단락 지어야 할 지점에 다다르면 공책에 플롯의 도안을 그려본다. 지금 이야기가 향해가는 곳은 어디인가? 초고를 쓰는 동안 내내 공책과 노트북을 번갈아 사용하면서 이러한 유동성을 유지하도록 한다.

공책의 지면을 꽉 채우거나 지면의 연습과정을 통해 자신감이 생겨 끝까지 구상을 마무리했고, 그후 글의 장르가 취해야 할 방향—장편소설, 시나리오, 회고록, 서사시, 희곡—을 선택할 쯤이면 대부분의 장면들이 형태상으로 넉넉히 영글게 될 것이다. 10~15페이지 정도의 분량을 넘길 무렵 명심해야 할 사항이 한 가지 있다. 그 원고를 출력해서 폴더에 보관해둬야 한다는 점이다. 폴더에 '초고'라고 이름을 붙인 후, 작업물의 제목도 정해주는 게 좋다. 이 책에서 택한 습작의 제목은 '트로피 와이프'이다.

폴더의 겉장에는 목차를 붙여둔다. 그리고 목차 위에는 날짜와 완성된 페이지들의 수를 써둔다. 등장인물들을 되돌아보면서, 주인공, 적대인물, 조력자 등 그들에게 배당되어야 할 역할에 대해서도 검토해본다. 미스터리 소설의 경우라면 배역의 성격이 조금 달라질 수도 있다. 살인범, 희생자, 탐정, 중개자 등.

작업 방향의 팁-어떻게 전개해갈 것인가

초고를 쓸 때는 몇 가지 기본적인 원칙들을 준수해야 한다.

1. 무작정 계속 쓴다. 작업이 암초에 부딪혔을 때도 그것이 뭔지 따지느라 쓰는 일을 멈춰서는 안 된다. 계속 손을 놀려 이야기의 실올을 뽑아내야 한다. 공책으로 작업하는 경우 끊임없이 펜을 움직여야 하고, 노트북으로 작업하는 경우에는 자판을 계속 두드려야 한다.

2. 작업을 멈출 때는 지금까지의 진행의 궤적을 구조 스케치에 그린다. 거기에 다음과 같은 말을 적어넣을 수도 있다. '오늘 나는 열네번 째 장면을 끝냈다. 중간지점까지 세 장면만 더 쓰면 된다.'

3. 장면들의 목록을 만들어본다. 그리고 각각의 장면에 부제와 숫자를 단다. 3막 형식이나 5단계의 영웅적 순환 구조 또는 신화적 여정의 다섯 정거장 등으로 이야기의 각 부를 나누어 세분화한다. 장면들의 목록이 나중에 진짜로 도움이 되려면, 다음과 같은 세부사항들을 기입해두어야 한다. 인물, 소품, 장소, 이야기가 흘러가는 시간, 상황이 벌어지는 일시, 행위가 벌어지는 장소, 이 장면에서의 대화 주제 등. 구태여 완성된 문장을 쓰려고 애쓸 필요는 없다. 간략한 단문으로 이어가도 충분하다.

4. 구조적인 이정표를 세워둔다. 예전에 개최한 소설 워크숍에서 우리는 3막 형식의 직선 구조를 설명하고자 시나리오 작가의 전문용어를 차용했다. 이에 관해 더 자세히 알고 싶다면 시드 필드의 『시나리오 워크북』을 추천한다. 시나리오 작가들 사이에서는 서사구즈의 매듭을 가리키는 의미로 '플롯 포인트'라는 용어가 자주 쓰인다.

- 플롯 포인트1에서는 1막이 끝나고 2막이 시작된다.
- 플롯 포인트2에서는 2막이 끝나고 3막이 시작된다.
- 중간지점은 2막의 절반뿐 아니라 작품의 전체 구조를 단단히 고정시킨다.
- 클라이맥스는 3막이 끝나갈 즈음 나타나는 갈등 해소 또는 문제 해결의 순간이다.
- 오프닝 장면에서는 독자들을 이야기 속으로 끌어들이는 입구가 열리게 된다.
- 종료 지점, 마지막 장면, 최후의 이미지, 문이 닫히는 순간을 가리켜 상황 정리라고 한다.

시나리오 작법에 따른 전문용어가 부담스럽다면, 개인적으로 자신이 이해하기 쉬운 구조적 이정표를 택해 해당 의미에 맞춰 사용해도 무방하다. 어쨌든 막act과 플롯 포인트를 염두에 두며 훈련하면 꽤 유익하다. 300페이지쯤 되는 분량의 소설 초고를 쓴다면—처음 쓰는 소설이 대체적으로 장황해지기 쉽다는 점을 감안할 때, 작가가 작품 구조를 통제할 수 있는 분량으로 이 정도가 적당할 것이다—플롯 포인트1이 나와야 할 지점은 대략 75페이지쯤이다. 그리고 중간지점의 무게중심이 놓일 자리는 대략 150페이지가 적절한데, 그것이 앞뒤로 몇 페이지가량 더 펼쳐질 수 있다는 점도 고려해야 한다. 플롯 포인트2가 나와야 할 지점은 대략 225페이지이다. 이렇게 지면을 배분해보면, 3막에 남겨진 분량은 75페이지 정도이다. 150페이지가량을 썼는데도 아직 플롯 포인트1에 다다르지 못했다면 그때는 양자택일을 해야 한다. 조금 더 빡빡해지도록 구조의 밀도를 높이든가, 아니면 소설의 전체 분량을 600페이지로 늘려 잡는 것이다. 마이클 셰이본의 『캐벌리어와 클레이의 놀라운 모험』은 후자의 경우에 해당한다고 할 수 있다.

글쓰기 워크숍에서 우리는 전혀 준비가 돼 있지 않은 작가 지망생들을 마주치곤 한다. 플롯 작업도 할 줄 모르고, 인물 작업에도 관심을 보이지 않으며, 소품이 중요하다는 사실에 둔감할 뿐 아니라 장면 목록을 어떻게 짜야 하는지도 모른다. 게다가 절대적으로 중시되어야 할 소설의 구조를 치밀하게 설계할 가치가 없다고 여긴다. 구조는 구태여 건드릴 필요가 없어, 라고 그들은 말한다. 거기에 지나치게 압박감을 느끼는 모양이다. 장면의 목록 같은 것도 필요 없어, 소설을 그렇게 쓰면 너무 경직된 것처럼 보일 거야, 라고 투덜대기도 한다.

이런 부류의 지망생들은 소설이 50페이지쯤 이르면 나아갈 길을 잃고 헤매기 십상이다. 하지만 적어도 우리에게는 이런 일이 일어나지 않으리라 믿는다. 왜냐하면 우리는 지난 28주 동안 계속 준비해왔기 때문이다.

직선 구조의 1막부터 시작한다고 하면 여기서 무슨 일이 벌어져야 하는지도 잘 알고 있다. 이 책에서 누차 언급한 바대로 직선 구조에서의 1막은 영웅적 순환 구조에서의 출발 단계에 해당한다. 또한 신화적 여정에서는 울타리 탈출이라는 첫 번째 정거장이다.

29~33주:
1막 초고 쓰기

초고는 장면들과 장면 스케치 그리고 장면의 목록까지 아우르는 탐사의 작업이다. 여기서는 속성의 단문으로 글을 써내려가면서 단편적인 대화들과 행위들, 상징성이 덧붙여진 배경 설정 등에 주안점을 둔다.

속도를 내서 글을 써가다보면 새로운 인물(이전까지 전혀 모습을 보인 적이 없는 새 얼굴들)이 무대 위로 튀어나올 수도 있다. 낯선 인물이기 때문에 전사를 짜기가 어려울 수도 있고, 전사를 짜지 못하면 그들의 동기―그들의 특성이 어디서 비롯되었는지에 관한―를 파악하기도 어렵다. 그런 경우에는 다음과 같이 메모해둔다. '주중에 인물 F에 대한 전사를 마련할 것.' 그러고는 다시 무턱대고 쓰기 시작한다.

계속 쓰는 것이야말로 초고에서의 목표라 할 수 있다. 많은 양의 원고를 써내는 동안, 원고의 내용이 스스로 성장할 여지를 두도록 한다. 장면들의 목록을 짤 때도 일련의 사건들이 스스로 꼬리를 물고 일어날 수 있도록 유동적인 흐름을 유지하는 게 중요하다. 1막은 앤 타일러나 F. 스콧 피츠제럴드 또는 허먼 멜빌의 예처럼 전열을 정비하는 지점이다. 도입 장면으로 시작되는 1막의 끝에서는 첫 번째 구조적 정점인 플롯 포인트1이 형성된다. 1막에서 작가는 등장인물들을 소개한다. 등장인물들은 그들 각자의 의도를 내보이며 무대 위로 등장한다. 1막에서 작가는 장소와 시간, 날씨, 계절, 조명 등이 설정될 수 있도록 무대 배경에 대한 묘사로 장면들의 바탕을 꾸며둔다. 이렇게 무대 배경을 묘사하는 동안에 여러 다양한 상징성과 이미지와 미처 예기치 못한 질료들이 솟아오를 가능성을 항상 열어두어야 한다. 그러다보면 그들 중 일부를 중심적인 이미지들로 발전시킬 기회도 생기게 된다.

1막에서 등장인물들은 이런저런 동기 때문에 굵직한 행위들을 하게 된다. 신데렐라는 무도회장에 가고 싶은 나머지 저세상의 존재에게 도움을 요청한다. 이는 동화이기 때문에 가능한 설정이다. 그러자 요정 대모가 마치 기다리고 있었다는 듯이 무대 바깥에서 난데없이 등장한다. 신데렐라 이야기의 핵심적인 행위 중 하나는 바로 변신이다. 요정 대모의 마법을 통해 신데렐라는 무도회장의 미녀로 변신한다. 이렇게 굵직한 행위는 1막을 어디서 끝내야 할지를 알려준다.

1막을 쓸 때는 이런 인물들이 마치 한쪽에서 대기하고 있었던 것처럼 무대 위로 등장시켜야 한다.

지난 28주에 걸쳐 세심하게 이어져온 준비과정 덕분에 우리는 이미 1막에 필요한 대부분의 요소들을 갖춰두었으리라 생각한다. 등장인물들 중 일부는 벌써 무대에 나와 있다. 나머지는 무대 안쪽에서 의상을 갖춰 입는 중이거나 곧 무대로 달려 나오기 위해 대기하고 있다.

이미 작성해둔 욕망 목록을 통해 그들이 이야기에 투입된 이후 무엇을 해야 할지를 떠올릴 수 있다. 그들이 할 말과 행위와 제스처까지도 마음속에 기록돼 있다. 그들이 뭔가를 숨겨둔 벽장 속도 샅샅이 뒤져보았고, 전사에 대한 뒷조사도 마쳤다. 무대도 설치했고 가구 설비도 끝냈다. 굵직한 행위들로 빚어진 핵심 장면들도 다 써두었다. 이야기 속에 담긴 문제와 그 해결의 리듬을 유심히 살피면, 1막을 완성하기 위해 보강할 요소들이 무엇인지 떠올릴 수 있을 것이다.

등장인물들을 무대로 불러내기

등장인물들을 소설의 무대 위로 불러내는 일은 1막의 주된 과업이다. 그들을 무대로 불러내는 방식은 작가가 어떤 성향이며 쓰는 작품이 어떤 종류인지 등 각자의 스타일에 따라 좌우된다. 그뿐 아니라 작가가 설정한 시대적 배경에 따라 달라지기도 한다.

『모비 딕』에서 에이해브 선장을 무대로 불러내기 위해 허먼 멜빌은 대략 300자 남짓한 어휘를 동원하여 에이해브의 상처 모양새를 묘사한다. '그의 회색 머리칼 안쪽을 비집고 나온 그 상처자국은 구릿빛으로 그을린 얼굴과 목을 지나 옷깃 사이로 사라질 때까지 곧게 이어져 있었다.' 구사된 어휘들의 무게감이나 첨예한 디테일의 줄기에서 독자들은 에이해브가 범상치 않은 인물임을 예감할 수 있다. 우리도 이 같은 방식으로 언어를 사용해야 한다. 100~150자 이상의 언어를 동원해 한 인물의 등장을 묘사한다는 것은, 그가 소설 속 다른 인물들보다 훨씬 중요하다는 걸 알려준다.

적어도 1막이 끝날 무렵까지는 소설의 핵심 인물들이 모두 무대로 등장해야 한다. 『우연한 여행자』에서 앤 타일러가 이를 처리한 방식을 살펴보자. 메이컨과 세라는 소설의 1막 첫 줄에 '그들'이라는 인칭대명사를 통해 무대에 등장한다. '그들은 예정대로라면 한 주 동안 바닷가에 머물러 있어야 했다. 하지만……' 메이컨은 이 소설의 주인공이다. 세라는 아내라는 가면 뒤로 정체를 숨긴 적대인물이다. 조력자 뮤리얼은 메이컨의 애완견 에드워드가 사람을 물고 개집에 들어가 있기를 거부하는 등 말썽을 피우는 대목인 3장에 등장한다. 애완동물센터에서 근무하는 뮤리얼은 개를 별로 좋아하지 않는 애완견 조련사이다. 그녀가 소설에 등장하기 시작하는 것은 6장으로 나뉜 1막의 중간 부분부터이다.

로즈와 아이들은 5장부터 등장한다. 거기서 메이컨은 에드워드를 길들이려다 그만 다리가 부러지는 사고를 겪은 후, 리어리 저택으로 돌아간다. 메이컨의 누나 로즈는 연애와 결혼의 서브플롯을 위해 요긴한 인물이다.

플롯 포인트1의 종료지점인 6장의 새로운 등장인물은 메이컨이 책을 쓰고 있는 출판사의 사장인 줄리언 에지이다. 그는 등장하자마자 에드워드에 쫓겨 나무 위로 기어 올라가는 수모를 당한다. 하지만 줄리언은 연애와 결혼의 서브플롯 속에서 로즈와 엮인다.

1막의 장면 목록

작업에 착수하기 전에, 장면 목록을 짜는 데 시간을 할애한다. 이는 우리의 작업에 로드맵이 되어줄 대강의 목록이다. 목록을 짜는 주체는 내면의 검열과 대립하는 창의적인 자아이다. 다시 말해 창의적인 자아가 목록 작성에 개입한다는 것은 내면의 검열자를 다스려서 이야기의 흐름에만 집중해야 한다는 뜻이다.

그것을 뒤따르기 위한 하나의 예시로, 앤 타일러의 『우연한 여행자』 1막의 장면 목록을 살펴본다.

1. 차 안 : 메이컨과 세라 부부가 여행을 마치고 집으로 돌아온다. 세라는 현재의 부부생활에 대해 불평을 늘어놓지만 메이컨은 그것을 대충 넘기려고만 든다. 결국 더 이상 못 참겠다는 듯 세라가 이혼을 요구하기에 이른다.

2. 집에서 혼자 : 메이컨은 유폐된 사람처럼 집 안을 전전한다. 텅 빈 공간을 보며 세라와 함께 보낸 추억을 떠올린다.
3. 전화 통화 : 세라가 헤어지는 문제로 메이컨을 닦달한다.
4. 질서의 복구를 위한 집안 정리 : 메이컨이 빨래와 설거지와 침구 정리를 도맡는다. 그러면서 생활의 질서를 다잡으려 한다. 하지만 이선이 살아 있던 시절로 생활의 질서를 되돌릴 수는 없다. 그러다보니 가구에 대고 혼잣말을 웅얼거리기도 하면서 아들의 죽음에 세상을 원망한다.
5. 전화 통화 : 세라가 카펫 구입과 관련해 전화 통화를 하다 말고 이선의 가해자에 대해 분노를 터뜨린다.
6. 애완동물센터 : 에드워드가 낡은 개집을 싫어하는 것 같아 메이컨은 녀석을 애완동물센터로 데려간다. 그곳에서 뮤리얼과의 첫 만남이 이뤄진다.
7. 비행기 : 일 때문에 런던으로 향하는 비행기에서 메이컨은 이선에 대한 추억에 잠긴다. 이때 이들의 전사가 잠시 펼쳐진다.
8. 런던 : 메이컨이 호텔과 레스토랑을 둘러본다. 그는 혹시 뉴욕에서 세라와 마주칠지 모른다는 생각을 한다. 운이 나쁘면 말이다.
9. 애완동물센터 : 뮤리얼이 에드워드의 조련을 자원한다. 그 제의에 메이컨은 머뭇거린다.
10. 전화 통화 : 출판사 사장인 줄리언이 『우연한 여행자』의 개정판 사본을 요구한다.
11. 전사 : 메이컨은 세라와 데이트하던 시절을 떠올린다. 그 시절 그들은 조부가 남긴 검정색 뷰익 세단을 타고 드라이브를 즐겼다. 그러고는 약혼과 결혼으로 이어졌다. 병마개 공장에서 근무하던 일도 생각난다. 하지만 이내 부부싸움이 시작되었다.
12. 전화 통화 : 속내를 감춘 뮤리얼이 에드워드 문제로 메이컨에게 접근한다. 저녁식사라도 함께하면 어떠냐면서. 그는 일단 거절한다.

13. 집안 정리 : 세탁기를 돌리던 메이컨은 에드워드와 고양이 사이에 벌어진 싸움을 말리려다 그만 다리를 다치고 만다.

14. 리어리 저택(누나 로즈의 집) : 누이의 집에서 조카들과 함께 머물며 메이컨은 그래도 에드워드를 지켜주려 한다.(에드워드의 원래 주인은 이선이었기 때문이다.)

15. 전사 : 메이컨의 모친 알리시아는 좀 별난 여자로, 기술자와 결혼한 후 자기가 낳은 아이들을 모조리 조부에게 떠맡겼다. 책의 66페이지에는 이 대목이 집중적으로 서술되어 있다.

16. 결정 : 세라가 마지막으로 전화한 이후로 그들은 상대방의 전화를 받지 않기로 결심한다. 이웃집에 사는 가너 볼트가 메이컨에게 우편함이 꽉 차 있다고 알려준다.

17. 리어리 집안의 전통적인 놀이 : 아이들에 대한 전사. 아이들은 '백신 접종'이라 불리는 리어리 집안 전통의 카드 게임을 하고 논다. 그때 전화벨이 울린다. 하지만 수화기 저편에서는 아무런 대답도 없다.

18. 리어리 저택(누이 로즈의 집) : 줄리언 에드워드에 쫓겨 나무를 타고 기어 올라간다. 이때 로즈와 마주친다. 그러면서 이들 사이에 인연이 싹튼다.

19. 전사 : 메이컨과 줄리언이 어떻게 만난는가에 관한 이야기.

20. 에드워드가 메이컨을 물다 : 집안 식구들은 모두 에드워드를 어디로 보내버렸으면 좋겠다고 한다.

21. 메이컨이 뮤리얼을 받아들이다 : 여기가 플롯 포인트1이다. 뮤리얼은 이 이야기를 2막으로 계속 떠안고 간다.

이 장면 목록은 각각의 사건을 연결해주는 몇 가닥의 실올들로 짜여 있다. 1번에 쓰여진 세라의 이혼 요구로 인해 메이컨은 2번에서 알 수 있듯이 난데없이 홀아비 신세로 전락한다. 그러고는 세라의 빈자리와 마주하게 된다. 그녀가 전화를 걸어오면서 상황은 더욱 악화일로로 치닫는다 (3번, 전화 통화). 에드워드가 얌전히 굴지 않자 메이컨은 녀석을 애완동물센터로 데려간다(6번). 거기서 뮤리얼과의 첫 만남이 이루어진다. 그는 그녀를 에드워드의 조련사로 고용한다. 1막의 끝부분에 등장하는 메이컨의 결심은 뮤리얼에게 관계의 문을 열어준다. 이 이야기는 2막으로 넘어간다. 애완동물센터 장면에는 서로 충돌하는 의도가 도사리고 있다. 메이컨은 에드워드의 개집을 마련해주고 싶을 뿐이다. 하지만 노동계급 신데렐라라 할 수 있는 뮤리얼은 메이컨을 원한다. 메이컨은 뮤리얼이 원하는 것을 제대로 알아채지 못하지만 독자들의 눈에는 확연히 드러난다. 이것이 바로 1막에서 효과적으로 제시된 극적 아이러니이다.

집안 정리의 장(13번)에서 우렁찬 팡파르와 함께 무대에 등장한 에드워드는 주인의 다리를 부러뜨림으로써 그를 집 밖으로 끌어내는 유기적 동인이다. 부상의 치유를 위해 메이컨은 누이의 집에 칩거한다. 그러는 동안 그 집을 찾은 줄리언이 에드워드에 쫓겨 나무 위로 기어 올라가는 불상사가 발생한다(17번). 그는 로즈와 서브플롯을 엮어가는 주인공이기도 하다(로즈와의 로망스).

서브플롯은 조기에 짜둘 필요가 있다. 이 작품의 1막에 나타난 서브플롯의 가능성은 세라(적대인물), 뮤리얼(조력자), 그리고 출판사 사장인 줄리언, 나중에 그와 맺어지게 될 메이컨의 누이 로즈 사이의 관계망에서 생겨난다. 줄리언-로즈의 서브플롯은 인과관계의 논리적 활용이다. 로즈와 줄리언 사이에 싹트는 연분은 2막의 끝에 거행될 결혼을 예시한다. 그 결혼식에는 세라만 참석할 뿐 뮤리얼은 끝내 나타나지 않는다.

장면 목록은, 장면의 수가 여섯 개든 스무 개든 상관없이 초고 작업의 전개방향을 제시해준다. 이로써 우리는 소설의 도입부 장면을 어떻게 시작하면 좋을지 어느 정도 파악했으리라 믿는다.

도입 장면의 스케치

도입 장면은 소설의 이야기로 들어가는 관문이자 독자를 작가와 그의 등장인물들이 벌이는 허구의 여행에 동참토록 안내하는 초대장이다. 작품을 여는 장면의 첫 줄로 작가는 독자들에게 이런 말을 던지는 셈이다. '독자들이여, 어서 오시라. 나와 함께 허구의 향연을 즐겨보자. 어쩌면 이 이야기가 당신을 깨우쳐줄지도 모를 일이다.'

도입 장면에서는 작품의 어조, 분위기, 상황, 문제, 그리고 장르까지 제시될 수 있다. 작가는 소설의 무대를 지은 후 그 위에 등장인물들을 세운다. 그들은 저마다 상충되는 의도를 떠안고 있다. 이 사람들은 무엇을 원하는가? 그들은 왜 하필 지금 여기서 그것을 얻을 수 있다고 생각할까? 그들은 어떤 방식을 취하려 하는가? 어떻게 장애물을 해결해갈 것인가?

도입 장면으로 작가는 독자들과 한 가지 약속을 나누는 셈이다. 작가가 도입 장면에서 꺼내든 카드로 작품의 나머지 부분을 계속 메워 나가겠다는 일종의 보증이다. 『우연한 여행자』에서 앤 타일러가 꺼낸 도입 장면은 온실의 울타리에 갇혀 답답해하는 메이컨 리어리의 모습이다. 그의 아내는 남편을 거기서 꺼내줄 수 없다. 그래서 그녀는 결국 떠나리라고 결심하고, 이로 인해 빈자리가 생겨난다. 2막에서 그 빈자리는 뮤리얼 프리쳇이라는 여인의 폭풍 대시로 채워진다. 작품의 결말에서 메이컨은 자신의 껍질을 깨고 다시 태어나서 결국 뮤리얼을 택하게 된다.

도입 장면에서 뭔가가 변하면 작품 전체의 방향이 달라질 수도 있다. 만일 차가 빗길에서 트레일러를 들이받았을 때 메이컨이 그 자리에서 즉사했다면? 그랬다면 이 소설은 세라의 이야기가 되었을지도 모른다. 만일 메이컨이 세라를 죽음으로 내몰았다면? 그랬다면 이 소설은 살인 미스터리가 되었을 것이다. 세라가 메이컨을 총으로 겨눈다면, 그런데 작가가 그 총을 12연발 탄창에 독일제 소음기를 갖춘 헤클러&코흐로 묘사한다면 그 디테일만으로도 장르는 정통적인 심리극에서 범죄 스릴러로 변할 수 있다.

도입 장면은 되도록 신속하게 진행한다. 무엇보다 이미지와 행위를 부각시킨다. 그동안 해온 준비 덕분에 우리는 충분히 쾌조를 보이며 스타트를 끊을 수 있다. 플롯 짜기의 연습과정을 통해 우리의 상상력은 벌써 작품의 결말까지 다다른 적이 있다. 이제 쓰려는 이야기에 대해 그만큼 잘 알고 있는 것이다. 결말뿐 아니라 클라이맥스와 전환점 등에 대해서도 속속들이 파악하고 있다. 이제 타일러의 소설을 교본 삼아 도입 장면의 핵심을 쓰는 것에 대한 생각을 가다듬어보자.

소설 초심자들은 종종 도입 장면에서 뜻밖의 실수를 범하곤 한다. 도입 장면을 너무 느리게 진행하면서 본격적인 이야기의 흐름으로 이어지기까지 지나치게 뜸을 들이는 것이다. 여기서 그들에게 들려주고 싶은 조언은 타일러의 시작 방식을 참고하라는 것이다. 타일러는 인물 소개와 소설의 주된 문제적 상황을 제시해 보이는 데 불과 몇 페이지만 할애한 후, 본격적인 이야기 전개로 넘어간다. 타일러가 쓴 도입 장면의 절반은 대화로 이루어져 있다. 이같이 두 인물 사이의 대화를 도입부에 함축적으로 제시해보자. 클라이맥스에서는 행위를 적극적으로 활용하고, 상황을 종료하는 표현으로 장면을 마무리한 뒤 1막을 끝내는 쪽으로 옮기면 된다.

도입 장면에 착수하기 전에 대강의 윤곽을 그려보자. 아래는 교본의 예시이다.

배경 : 리어리 집안 소유의 차량 내부. 세단이며 그 이상의 개별적인 특징은 나타나 있지 않다.
시간/장소 : 화요일 오전 여행길
날씨/계절 : 늦여름의 땡볕 더위
조명/음향/냄새 : 금세라도 빗방울이 쏟아질 듯 잔뜩 흐린 날씨. 이윽고 빗줄기가 차체 지붕을 두드려댄다. 퀴퀴하고 습한 냄새.

상징물/이미지 : 비(물의 이미지), 차량, 여행길, 시야/가려짐. 세라는 아들의 죽음 이후로 부부생활에 어떤 문제가 닥쳤는지 메이컨이 이해하지 못한다는 식으로 말한다.

인물/관계 : 삼십대 중반의 메이컨과 세라 리어리 부부

대화 주제 : 비, 안락한 생활, 집안 질서, 과거사

저간에 암시되어 있는 것 : 아이의 죽음에 대한 분노

행위 : 메이컨은 차를 몰고 있다. 세라는 이혼을 요구한다. 차창 밖으로 장대 같은 빗줄기가 쏟아지기 시작한다. 남편의 반응에 화가 난 세라는 운전을 방해한다. 메이컨은 앞 유리 와이퍼를 작동한다.

시점 : 3인칭 전지적 시점. 카메라 앵글처럼 메이컨과 세라 사이를 오간다.

클라이맥스 : 세라가 메이컨에게 이혼 이야기를 꺼내는 순간

상황 종료의 표현 : 도입부 장면은 차량 추돌사고로 마감된다. 차체 지붕을 두드리는 빗줄기의 소음이 강조된다.

초고의 1막을 적절히 이끌어가기 위한 방법 중 하나는 도입 장면을 끝내자마자 1막의 끝부분으로 단숨에 넘어가는 것이다. 그러기 위해서는 플롯 포인트1의 장면 하나를 쓰거나 스케치해두어야 한다. 1막이 종료되는 플롯 포인트1에서는 도입부에서 일어난 행위—이 부분에는 등장인물들이 소개됨과 아울러 그들 사이의 문제적 상황이 제시된다. 문제적 상황은 서로 갈등을 이루는 숨겨진 의도에서 야기된다—가 종료되며, 이야기의 나머지 부분을 2막으로 넘겨준다. 만일 그 순간에 공간적 배경이 캔자스의 작은 마을에서 베이루트의 분쟁지역으로 넘어간다든가 하는 커다란 장면 전환이 일어날 경우, 플롯 포인트1은 1막을 닫는 막처럼 작용하게 된다.

『암스테르담』에서 작가 이언 매큐언은 버넌 홀리데이가 몰리의 남편 조지 레인으로부터 그녀의 사진을 매입하는 이야기로 1막을 끝낸다. 조지의 자택에서 나온 후 택시를 탄 버넌은 사우스 켄싱턴의 클라이브 린리의 집 근처에서 내린다. 그리고 그는 그곳에 자살 협정에 동의하는 글을 남겨둔다. 작품이 2막으로 넘어가자 매큐언은 런던에서 레이크 구역으로 소설의 공간적 배경을 이동한다. 2막에서 클라이브는 교향악을 완성하게 되리라는 희망 속에 런던을 빠져 나온다. 그의 교향악은 3막의 공간적 배경으로 등장하는 암스테르담에서 상연하기로 예정돼 있다.

3편으로 나뉘어 있는 『밤은 부드러워』에서 작가 피츠제럴드는 시간을 과거로 되돌리기 위해 플롯 포인트1을 활용한다. 1막의 시작은 1925년의 프랑스 리비에라 해안이다. 1막의 동선은 파리에서 마무리된다. 거기가 플롯 포인트1이다. 호텔 복도에서 시체를 목격한 충격과 싱그러운 여배우 로즈메리 호이트에 대한 질투에 사로잡혀 정신이 혼미해진 니콜 다이버는 그 지점에서 결국 욕실에서 광기를 드러내기 시작한다. 이야기는 로즈메리의 시점에 따라 펼쳐진다. 우리들은 그녀의 젊은 눈을 통하여 니콜의 모습을 본다. 막이 내린다.

2편의 막이 열리자마자 우리는 26세의 리처드 다이버 박사가 1917년 취리히에 도착하는 대목과 마주한다. 전쟁중이었던 시절, 그는 정신분석학 학업을 마치기 위해 스위스로 왔다. 여기서 아직 다이버 부인이 되기 전이었던 니콜은 그의 환자로 등장한다.

『캐벌리어와 클레이의 놀라운 모험』처럼 방대한 소설에서는 1막이 훨씬 길다. 작가는 여기에만 무려 161페이지를 할애하고 있다. 그러니 플롯 포인트1의 장면들을 정리하려면 보다 빡빡한 검토가 필요하다. 효과적인 검토를 위하여 다음과 같은 일람표를 동원하자.

장	연도	시점	상징물	행위/의식
1부 탈출 묘기 전문가				
1	1939	샘	담배꽁초	샘이 사촌 요제프와 만나다/혈연의 수수께끼
2	1935	요제프	열차	요제프, 프라하 탈출에 실패하다/도움이 절실함
3	1935	요제프	사슬/몰다우	요제프, 사슬에서 벗어나는 데 실패하다/토미의 도움이 필요해지다
4	1935	요제프	골렘/관	요제프의 첫 섹스/도움을 받아 관에서 탈출하다
2부 두 천재 소년				
1	1939	샘	잉크	샘과 요제프, 만화잡지 창간에 힘을 합치다
2	1939	샘	라디오	샘과 요제프, 아나폴과 거래를 트다
3	1939	샘	담배	샘과 요제프, 랫홀 침입/불청객
4	FB	샘	한증실	마이티 몰리큘이 섬과 엄마를 외면하다
5	1939	샘	사다리	조의 비상/탈출 전문가로 재탄생
6	1939	요제프	로자에 대한 소묘	조, 로자 잭스의 모습을 그려주고 3달러를 받다
7	1939	요제프	황금열쇠	샘과 조, 탈출 묘기 전문가의 미래를 고민하다
8	1939	샘과 J	황금열쇠	맥스 메이플라워의 모험 [조의 동생 토미]
9	1939	요제프	담배/총	요제프, 만화 그림칸을 메워 넣는 데 열중하다
10	1939	요제프	잉크 방울	S&J, 레이툴 갱단 모집/청년 동맹/팀워크
11	1939	샘	책	S&J, 첫 번째 책을 내다
12	1939	샘	돈	S&J, 아나폴과 임금 협상을 벌이다

일람표 7. 『캐벌리어와 클레이』의 플롯 포인트1 장면 정리

목차에 따르면 이 소설은 6부로 나뉘어 있다. 1막에는 초반의 1,2부— '탈출 묘기 전문가'와 '두 천재 소년'—가 포함되어 있다. 그리고 장들의 수는 1막을 지나면서부터 더욱 늘어난다. 작중의 시간 흐름을 명시하기

위해 우리는 앞서 일람표 양식의 연대기를 작성한 바 있다. 요제프의 이야기는 1935년 프라하에서 시작된다. 그가 골렘의 관에 숨어 탈출하는 에피소드이다. 샘의 이야기는 그의 사촌 요제프/조가 1939년 뉴욕 시에 도착하면서 시작된다. 1막에서는 하나의 미니 클라이맥스가 펼쳐진다. 만화에 대한 재능으로 뭉친 두 청년(조는 그림을 그리고 샘은 이야기를 쓴다)이 더 많은 수입을 올리기 위해 아나폴과 손을 잡는다는 장면에서다. 아나폴은 1930년 후반 이 업계의 거물이다.

초고의 1막을 위한 가이드라인

첫 단계는 장면의 목록을 작성하는 일이다. 각각의 장면에 번호와 부제를 붙인다. 부제에는 장소를 쓸 수도 있다.('애완동물센터'나 '누이의 집'처럼) 또는 '메이컨이 뮤리얼을 고용하다'처럼 인물의 이름을 행위와 결부 지어 내세울 수도 있다. 목록에 올릴 각각의 장면에는 인물, 소품, 배경(시간, 장소, 조명, 날씨), 행위, 그리고 대화에 대한 정보가 제시되어야 한다.

다음 단계는 소품의 목록을 검토하는 일이다. 15~16주에서 『암스테르담』에 대해 공부한 바대로, 전사에서 몰리 레인에 의해 촬영된 줄리언 가머니의 사진들은 외무장관으로서 그의 지위와 이력을 파괴할 뿐 아니라 소설의 두 주인공 버넌과 클라이브가 체결해둔 상호 자살 협정의 실행을 촉발시킨다. 그들은 끝내 암스테르담에서 죽음을 결행하고 만다. 소설의 내용을 관통하는 소품들을 쭉 따라가다보면 우리는 삼각관계 구도 속에서 도드라져 나타나는 몰리의 마력을 파악할 수 있다.

세 번째, 우리의 장면 목록을 전체적으로 점검해본 후, 주요인물들이 1막 끝부분에 이르기까지 모두 출현했는지 확인한다. 2막에 새로운 인물들을 투입해야 한다면, 반드시 잊어버리지 않도록 메모해둬야 한다. 각각의 인물에게는 책임져야 할 역할이 있다는 점을 명심하자. 주인공이나 적대인물 또는 조력자의 경우처럼.

1막 장면의 스케치가 끝나면 등장인물들이 서로 이야기를 나누게 한다. 아래와 같이 간단한 문답의 기술을 활용하면 대화를 풀어가기가 한결 수월해진다.

"지금 뭘 보고 있는 거야?"
"네 일 아니니까 상관 마."
"오케이. 차 키 좀 줘봐."
"설마 뭘 잊어버리고 온 건 아니겠지?"

장면들을 어떤 순서에 따라 배열하는 게 좋을까? 일반적인 시간순으로 펼치는 게 좋을까? 시계를 멈춰 세운 후 과거에 대한 회상으로 넘어가보면 어떨까? 1막에는 어느 정도의 시간을 배정하는 게 좋을까? 가령 셰이본은 1935년부터 1939년까지 몇 년을 1막에 배정했다. 앤 타일러는 몇 달 동안을 배정했고, 작중의 계절이 점점 추운 날씨로 변하는 게 드러난다. 이언 매큐언은 몇 주 동안을 배정했다.

이번에는 장소에 주목해보자. 『우연한 여행자』의 이야기가 펼쳐지는 도시는 볼티모어와 메릴랜드이다. 하지만 메이컨이 써야 할 여행 안내서를 위해 소설의 배경은 훌쩍 유럽으로 건너간다. 그런가 하면, 뉴욕을 주 무대로 하는 『캐벌리어와 클레이의 놀라운 모험』은 회상 장면에서 프라하로 넘어갔다가 조의 해군 근무에 맞춰 남극으로 이동한 후, 다시 뉴욕으로 돌아온다. 『암스테르담』의 시작과 끝은 런던이다. 하지만 도중에 클라이브는 런던을 벗어나 레이크 구역으로 향한다. 그리고 클라이브와 버넌은 암스테르담에서 최후를 맞는다. 『위대한 개츠비』의 주요인물들은 이스트 에그와 웨스트 에그 사이, 집과 시내 사이를 열심히 오간다. 물론 소설의 화자 닉이 유도하는 대로 데이지의 절친한 친구인 조던 베이커의 회상에 따라 루이스빌 장면이 길게 이어지기도 한다.

등장인물들은 그들이 머무는 장소를 통해 구체적인 공간적 배경을 획득한다. 그 안에서 그들은 각자의 의도를 현실 속에 투사한다. 또한 장소에서는 계절이 드러날 수도 있다. 계절은 등장인물들의 의상을 좌우한다. 계절에 합당한 공간의 분위기와 일조량까지 제시될 수도 있다. 소설의 무대가 1월의 디트로이트라면 눈보라가 빈발하고 삭풍이 부는 겨울 날씨를 표현하기에 딱 좋다. 등장인물은 그런 날씨에 알맞은 의상을 착용해야만 한다. 파카, 내복, 스노 부츠, 벙어리장갑 등. 바로 그 지점에서 작가는 섬세한 디테일들을 구사할 수 있다. 그런데 만약 소설의 무대가 사라소타이며 혹한을 피하고자 디트로이트 출신의 한 인물이 그곳으로 찾아왔다면, 그의 라이프스타일이 전달될 수 있도록 사라소타와 디트로이트를 대조할 필요가 있다.

장소는 작가나 화자가 디테일들의 구사를 통해 해당 정보를 전달하면서 객관적인 설득력을 확보할 수 있도록 돕는다. 설명조로 늘어놓는 대신, 세심한 디테일들로 보여줘야 한다. 설명하기보다는 보여주기가 한결 더 프로 소설가답다. 작가가 보여줄 때 독자들은 훨씬 더 흥미로워한다는 점을 잊어서는 안 된다. 물론 그것은 그만큼 어려운 과제이기도 하다. 하지만 계속 안목을 단련해가다보면, 좀 더 신속하게 좀 더 많은 디테일들을 확보하게 될 것이다. 그리하여 소설 지면에 다채로운 이미지들이 여러 상징물들을 통해 또렷이 형태화되는 순간, 그 같은 노력에 값하는 보상이 돌아오게 될 것이다. 우리의 이야기에 심도 깊은 의미를 마지막으로 덧입히는 것은 다름 아니라 바로 상징물들이다.

서브텍스트를 탐사하기 위한 도표의 활용

서브텍스트에 묻혀 있는 이면의 구조를 탐사하기 위해 도표를 활용해 보자. 수많은 소설들 속에서 이면의 구조는 흔히 삼각관계 구도로 이루어져 있다. 그 삼각관계의 주인공들을 엮는 것은 성적인 추동력이다. 이는 욕망과 배우자 선택에만 관련된 게 아니라 소유욕, 상실감, 비탄, 질투, 배신 등을 야기한다. 『위대한 개츠비』에서 주된 삼각관계의 구도는 개츠비+톰에 데이지라는 꼭짓점으로 짜여 있다. 『우연한 여행자』의 삼각 구도는 세라+메이컨+뮤리얼로 이루어져 있으며 여기서의 꼭짓점은 메이컨이다. 『잉글리시 페이션트』에서 삼각 구도의 구성원은 알마시+캐서린+제프리(캐서린의 남편)인데, 이 구도는 헤로도토스의 역사 이야기에 등장하는 칸다울레스 왕+옴팔 왕비+기게스와 대응관계에 놓여 있다.

『암스테르담』에서는 사각관계의 구도가 제시되어 있다. 조지 레인의 아내 몰리 레인은 두 명의 주인공 클라이브와 버넌뿐 아니라 영연방 외무장관으로 나중에 몰리의 사진으로 인해 구설수에 오르는 줄리언 가머니와도 얽혀 있다. 다음의 도표(그림 15 참조)는 몰리를 중심으로 한 세 사람의 관계구도를 일목요연하게 정리한 것이다.

네 명이 돌아가며 삼각관계 구도를 이룸으로써 인물들의 위치는 서로서로 뒤바뀐다. 그러다 결국 작품의 결말에 이를 때가 되

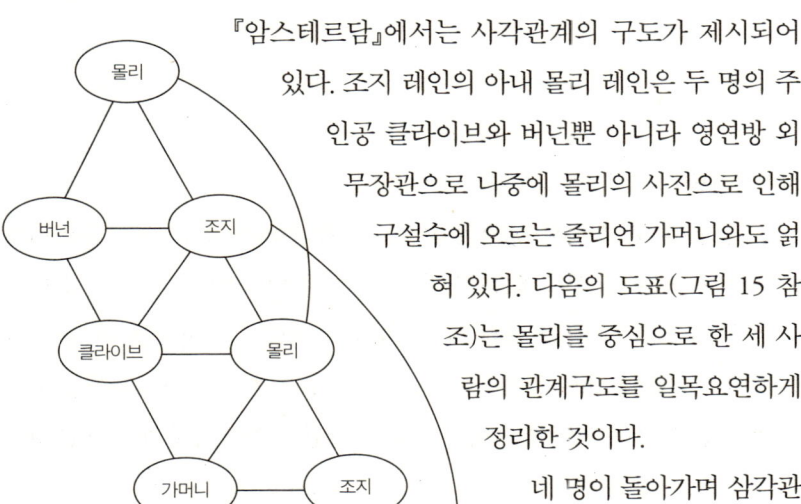

그림 15. 『암스테르담』에 나타난 인물 사이의 관계구도

면 이 가운데 세 사람은 죽음에 이른다(몰리, 클라이브, 버넌). 그리고 조지는 맨디의 삶에 끼어들며 버넌의 자리를 대신 차지하려 한다. 실제로 그런 일이 일어난다면 맨디는 조지의 삶에 끼어들며 몰리의 자리를 대신 차지하게 되는 셈이다. 외무장관 줄리언 가머니는 이 구도에서 일찌감치 탈락한다. 독자들은 몰리의 사진들이 소설의 흐름 속에서 결코 작지 않은 영향력을 행사하는 사실에 아이러니를 느끼게 된다. 몰리 레인은 죽었지만 생전에 촬영한 사진들이 그 생명력을 이어가는 것이다. 여기서 우리는 또 하나의 좋은 가르침을 얻을 수 있다. 즉, 인물이 죽는다 해도 그 인물이 남긴 소품은 작중의 상황 속에서 계속 활동할 수 있다는 것. 초고를 끝내고 난 후에는 서브텍스트의 여지를 찾아내는 일에 몰두해야 한다.

위의 도표를 참고하여 차근차근 장면들을 언어로 스케치하도록 하자.

연습과제

1. 심호흡

두 눈을 감고 호흡과 흉곽의 오르내림에 주의를 집중한다. 그러면서 1막을 온전히 확장할 수 있는 방법을 고찰해본다. 기억 속에서 인물의 등장과 무대 설정, 굵직한 행위, 중심 이미지, 설명이 이어지는 긴 문단들, 화자의 내면적인 토로 등을 재생해본다. 지루하고 설명적인 문단들과 화자의 내면 토로를 어떻게 생생한 대화로 전환할 것인지에 대해서도 고민한다.

2. 손 풀기

5분 동안 '이것은 …에 관한 이야기이다'를 작성한다.

3. 가장 좋아하는 계절

가장 좋아하는 계절을 택해 그 즈음의 날씨를 묘사해본다. 다음과 같은 출발선을 사용한다. '나는 이곳의 가을(겨울, 봄, 여름) 날씨가 참 좋은데 그 이유는……' (주어진 시간은 5분)

4. 별로 좋아하지 않는 계절

별로 좋아하지 않은 계절을 골라 그 즈음의 날씨에 대해서도 묘사한다. 개인적인 감정을 개입시킬 수도 있다. 다음과 같은 출발선을 사용한다. '나는 이곳의 가을(겨울, 봄, 여름) 날씨가 참 마음에 들지 않는데 그 이유는……' (주어진 시간은 7분)

5. 서브텍스트를 탐사할 수 있도록 도표를 활용하라

서브텍스트에는 어떤 일이 벌어지게 될까? 수월한 접근을 위해 도표를 활용한다. 삼각관계 구도는 가장 단순하면서도 가장 강력한 서브텍스트를 만들어낼 수 있다. 보통 구성원은 여자 하나와 남자 둘이 일반적이지만(『위대한 개츠비』『잉글리시 페이션트』『암스테르담』『캐벌리어와 클레이』『고리키 파크』『오이디푸스 왕』『마담 보바리』), 때론 여자 둘에 남자 하나일 수도 있다(『롤리타』『제인 에어』『우연한 여행자』). 즐기는 기분으로 이와 같은 관계구도의 도표를 작성한다.

6. 서브텍스트

작품의 저간에 숨겨져 있을 서브텍스트에 관해 써본다. 다음과 같은 출발선을 활용할 것. '나의 서브텍스트 속에 도사리고 있는 비밀은……' (주어진 시간은 15분)

7. 배역 명단

배역 명단을 다시 짠다. 이야기에 등장하는 인물들이라면 하나도 빠뜨리지 말고 모두 포함시킨다. 그러고는 그 명단을 등장인물들에 관한 일람표—이름, 역할, 소품, 욕망/필요, 등장시점, 운명—로 정리한다. 2막이 시작될 때까지 무대 뒤에서 대기중인 주요인물들이 여럿일 경우에는 가급적 1막의 이야기 속에 그들을 투입시킨다.

8. 장면 목록

본격적인 작업에 들어가기 전에 우선 1막에 어떤 장면들이 나오는 게 좋을지 목록을 기입한다. 목록 작성은 **빠를수록 좋다**. 그 과정 속에서 한 걸음 뒤로 물러나 작업 전반의 시야를 확보할 수 있기 때문이다. 또한 장면들의 목록을 통하여 자신의 진도를 확인할 수 있다. 뿐만 아니라 이 이야기를 완결할 방향이 어느 쪽인지도 가늠해볼 수 있다. 장면 목록에는 아무리 사소해 보이는 부분일지라도 소홀히 하지 말고 그 장면을 이루는 조각과 단편들까지도 모조리 포함시킨다. 그리고 어떤 장면이 완성됐다 싶을 때는 그 장면 옆에 빨간 연필로 '됐다'고 적어둘 것. 아직 미진하다 여겨질 때는 그 옆에 '아직 더 써야 함' 또는 '조금 더 보완 필요'같은 말들을 적어둔다. 목록이 완성되면 전체적인 이야기의 흐름(19~20주에 써둔 것)을 재점검해보도록 하자. 이미 써둔 장면으로 충분한가? 아니면 새로 써야 하는가? 지금이라도 잘라내고 싶어지는 장면들이 보이면 서슴지 말고 그렇게 한다. 지금이라도 과도한 것을 잘라낸다면 1막의 허점이나 빈틈을 많이 보완할 수 있다.

9. 전사를 준비한다

1막의 무대에 오를 새 인물들의 전사를 준비한다. 각각의 인물에 대해 간략한 연대기와 전사를 작성한다. 10분에서 15분 사이에 끝낸다. 점심시간 동안 짬을 내서 하자. 심리적 동기로 등장시키기에 유효한 트라우마에 초점을 맞춰 미리 전사를 만들어두면, 초고 쓰기를 이어갈 때 시간을 많이 절약할 수 있다.

10. 1막의 끝부분으로 건너뛰기

공책과 노트북을 이용하여 능력껏 가급적 많은 장면들을 쓴다. 뒤돌아보지 말고 신속하게 쓴다. 암초에 대한 걱정은 일단 접어두자. 나중에 보완해도 늦지 않다. 공책에 글을 쓰면 두뇌뿐 아니라 끊임없이 손을 놀리게 되니, 그만큼 더 많은 에너지가 솟아나게 할 수 있다. 이는 자판을 두드리는 일과는 또 다른 육체노동이다. 초고 쓰기에 구슬땀을 흘리는 것은 유익한 일이다. 작가가 그만큼 열심히 작업하고 있다는 뜻일 테니까.

지금 머물러 있는 진도와 상관없이 1막의 끝부분을 미리 내다보면 어떨까. 이는 연극에서라면 막이 닫히는 부분에 해당하는 대목이다. TV에서는 초반 15분 직후의 광고 시간이다. 빨리 쓸수록 마감, 즉 종결에 더 가까워지게 된다.

11. 작업 저장

1막의 장면들을 출력하라. 그런 다음 작업 폴더에 새로운 페이지를 끼워넣는다.

습작 소설 : 『트로피 와이프』

1. 현관 입구

샌프란시스코 노브 힐의 대저택.
상복을 입은 베로니카.

베로니카는 현관 앞에 나와 조문객들을 접대하고 있다.
실내에는 많은 조문객들로 북적인다.
베로니카가 부엌으로 가서 집안의 일꾼들에게 이것저것 지시한다.

2. 서재
폴은 서재에 머물며 부친의 책상 앞에 앉아 있다.
책상 위에 놓인 권총 한 정.
애슐리 베넷이 서재 안으로 들어온다.
그녀는 등 뒤로 손을 뻗어 문을 잠근다.
폴은 권총을 서랍 안으로 슬며시 밀어 넣는다.
괜찮아요?
이제 두 분 다 돌아가셨어.
그래도 당신 곁엔 제가 있잖아요.
그녀는 폴의 뒤쪽으로 간다.
그러더니 그의 어깨를 감싸 안는다.
그는 자리에서 벌떡 일어나 그녀에게 키스를 퍼붓는다.

3. 응접실
베로니카가 응접실을 지나간다.
그러다 폴의 누이 바버라와 맞닥뜨린다.
어떻게, 견딜 만해요?
폴은 어디 있어요?
서재에 있을 거예요.

4. 복도
바버라가 서재로 통하는 복도를 따라 걷고 있다.

부엌과 큰 방을 지나간다.
눈살을 찌푸리며 벽에 걸린 그림액자의 위치를 바로잡는다.
이윽고 서재의 여닫이문 앞에 당도한다.
손잡이를 돌리려는 순간 안에서 애슐리 베넷이 튀어 나온다.
그들은 서로 부딪칠 뻔한다.

5. 서재

바버라가 안으로 들어오며 오빠를 향해 느물느물한 웃음을 짓는다.
폴은 창가로 가서 바깥을 멀거니 바라본다.
저 여자를 믿어?
내가 널 믿는 만큼.

6. 침실

베로니카는 침실의 화장대 앞에 앉아 있다.
폴이 들어오더니 손을 내민다.
베로니카는 일어나서 폴에게로 다가간다.
하지만 폴에게서 여자의 향수 냄새를 맡고는 뒤로 물러난다.

7. 테니스 연습장

아침. 베로니카가 테니스 연습장으로 들어온다. 환한 웃음을 지어 보이며 테니스 강사가 그녀를 맞아준다.
백핸드 연습하는 것 좀 도와주실래요?
당신을 위해서라면, 『제인 에어』라도 암송해드릴 수 있지요.

8. 애슐리의 사무실

폴이 자판 위에 올려진 애슐리의 손을 지긋이 바라본다.

그가 고개를 끄덕인다.
그녀는 자판을 치는 데 열중한다.

9. 애정 행각
테니스 클럽에 와 있는 베로니카.
그녀는 테니스 강사와 노닥거리고 있다.
그는 젊고 강해 보인다.
그녀는 그를 밀쳐내고 저쪽으로 사라진다.

10. 폴의 사무실
바버라가 회계장부를 출력해서 열람해본다.
그러고는 빨간색 동그라미를 쳐가며 숫자들을 가리킨다.
너무 적극적이군.
너무 한다는 생각 안 들어?
걔한테 너무 쏙 빠져 사는 거 아니야?
다 끝났어, 밥스.
내가 밥스라고 부르지 말랬지.

11. 그윈과 폴
부동산 중개업자 그윈이 폴에게 사무실 공간을 보여준다. 나중에 그들은 폴의 보트 위에서 섹스를 하게 된다. 그윈은 애슐리 베넷의 대학 동문이다. 그녀가 폴의 클럽에서 테니스를 친다. 그윈은 적당히 그을린 긴 다리와 곱슬곱슬한 어깨 길이의 커트 머리가 인상적인 여자다. 그녀의 모친은 혼혈이었다. 그윈의 혈통은 4분의 1은 흑인이고 4분의 3은 백인이다. 그녀는 고양이처럼 날렵하고 우아한 동작으로 테니스 코트를 휘젓고 다닌다. 그녀의 스트로크는 제법 공격적이고 유려하다. 그녀의 다리가 히팅 존으로 들어갈 때마다 백핸드 테크닉도 어김없이 구사된다. 포핸드 스트로크를 가하는 순간에 그녀의 입에서는 '아' 하는 기합소리가 튀어나온다. 폴도 이런 그녀의 습관에 익숙해졌다. 베란다에서 폴이 마티니 한 잔을 홀짝거린다. 여보, 마티니 한 잔 더 하실래요? 좋아, 고마워. 스테인리스 압착기 밑에서 매끈하게 분쇄되는 얼음조각 그리고 차가운 음료. 여보, 그녀 피부는 아주 매끄럽겠죠. 베로니카가 말한다. 폴이 미소 짓는다. 아아. 그녀는 꽤 힘이 좋은 편이다. 그녀는 그렇다.

12. 욕실

아침, 베로니카가 침대를 빠져나온다. 그녀는 샤워하러 들어간 김에 면도날로 다리에 난 잔털들을 살살 밀어낸다. 매끄럽다. 수증기가 거울 표면을 뿌옇게 뒤덮으며 욕실 안을 에워싼다. 머리를 갈리는 동안 발밑으로 후끈한 열기가 느껴진다. 드레싱 룸에는 여러 벌의 옷들이 단정하게 보관된 옷장이 있다. 스커트들이 걸려 있고 블라우스들이 비닐에 싸여 보관돼 있으며 캐시미어 스웨터들이 포개져 있다. 그녀는 그중에서 말쑥한 검정색 정장을 골라 입는다. 스타킹도 검정색을 신는다. 머리는 올백으로 넘겨 묶어둔다. 전문직 여성처럼 보인다. 신발은 튀는 스타일이 아닌 독특한 플랫 슈즈를 택한다. 카스트로 구역의 대로변 상점에서 산 것이다. 오늘은 어딜 가지? 도서관이요. 요사이 빈민구호위원회에서 활동하고 있어요. 얼마나 내야 할까? 글쎄, 아직까지는 뭐 별로요. 계속 이런 활동을 유지하는 게 중요하겠지. 당신이야 시간이 넉넉하니까. 조금만 내면 되지 않겠나 싶은데. 당신 용돈에서 빼 쓰도록 하라고. 거기 사무실 느낌은 어때? 물론 그쪽에서야 자선을 자기들이 원하는 대로 이용하려 들겠지. 거긴 그런 데가 아니에요. 모금 액수는 다 공개돼서 올라와요. 그의 입술이 그녀의 이마에 닿는다. 차갑고 건조한 입맞춤이다. 저녁 때 봐. 조금 늦을지도 몰라. 그의 손길이 난데없이 그녀의 엉덩이를 쓰다듬고 지나간다.

13. 베로니카의 볼보

차 안에서 베로니카의 휴대폰이 울린다. 여보세요? 왓슨 부인이세요? 네, 그런데요. 저는 피닉스 인베스트먼츠의 애슐리 베넷입니다. 장례식 때 뵀었던 것 같은데요. 아 예, 기억 못 해서 미안하네요. 그런데 무슨 일로 전화하신 거죠? 저희가 부인 명의로 계좌를 하나 개설했거든요. 서명하셔야 할 서류들이 좀 있어서요. 좀 있으면 남편이 사무실에 도착할 거예요. 그이한테 알아서 하라고 하세요. 예, 알고 있습니다. 하지만 사장님이 부인 명의로 마련하신 계좌라서요. 신탁 계정이라 본인의 서명이 있어야만 하거든요. 알겠어요. 그럼 남편한테 그 서류들을 전해주시겠어요? 사장님이 부인께 직접 들르시라고 전하라 말씀하셨거든요. 알겠어요. 그럼 내일 아침 그쪽으로 가지요. 오늘 중으로 처리해주시면 안 될까요? 알겠어요. 그럼 오늘 오후에 들를게요.

14. 애슐리의 사무실 – 피닉스 인베스트먼츠

전화가 끊긴다. 애슐리는 수화기를 다시 책상 위의 검정색 전화기에 내려놓는다. 오늘 오후쯤 올 거예요. 반드시 그녀가 이쪽으로 오도록 해야 해. 일단 걸려들었다 싶을 때 그녀를 끌어내야 한다고. 폴, 정말로 이 일을 원하는 게 확실해요? 그가 등을 돌린다. 문이 쾅하고 닫힌다.

15. 도서관 내 회의실

베로니카가 도서관의 회의실 뒤쪽에 앉아 있다. 회합은 끝났지만 그녀에게는 조용한 장소가 필요하다. 메모장과 펜으로 그녀는 쓴다. 요리를 조달할 사람, 샴페인, 기부자의 이름 등. 말려 올라간 스커트 자락 아래로 그녀의 허벅지가 드러나 스타킹 밴드의 레이스까지 고스란히 노출돼 있다. 그때 자기를 지켜보고 있는 누군가의 눈길이 느껴진다. 눈을 돌리자 그윈의 모습이 보인다. 시선을 자신에게로 돌리니, 훤히 드러나 있는 허벅지의 속살이 눈에 들어온다. 그윈의 시선이 스타킹 밴드의 레이스에서 스커트 자락으로 옮겨간다. 그러고는 블랙 재킷의 곡선을 훑어 올라가는가 싶더니 단추를 따라 훤히 드러난 쇄골과 목의 윗부분으로 향한다. 블랙풋 족 특유의 거무스름한 피부. 열띤 시선이 그녀의 노출된 피부를 더듬고 있다. 미소.

16. 베로니카와 그윈의 만남

베로니카도 그윈에게 미소를 지어 보인다. 그러면서 앞니 사이의 벌어진 틈을 손으로 가리려 한다. 입술, 베로니카의 입술에 날카로운 앞니가 느껴진다. 나는 그윈이라고 해요, 그윈 체임버스. 나는 베로니카 왓슨이에요. 만나서 반가워요. 이미 알고 있었다는 듯이 고개를 끄덕인다. 폴 왓슨의 아내죠? 네, 맞아요. 그이를 알아요? 내가 바깥양반한테 새 사무실 공간을 소개해준 사람이에요. 나는 회사가 이전한다는 것도 모르고 있었어요. 폴은 뭔가 별난 것을 원하는 편이죠. 정말 특이한 취향의 소유자예요. 맞아요. 그분은 정말 그런 것 같아요. 좋은 취향을 가지고 있지요. 그 점에 대해 우린 생각이 같네요. 베로니카는 메모장 위에 '취향'이란 말을 끼적이고 있다. 자선 활동 하나 보죠? 맞아요. 좋은 일이니까요. 좋은 목적을 가진 사람들과 어울리기에도 좋은 기회이고요. 그런 거 같아요. 제가 커피 한 잔 살까요? 지금은 안 돼요. 가봐야 할 일이 있어서요.

17. 차고, 엘리베이터, 안내 데스크

베로니카의 볼보 차량이 피닉스 인베스트먼츠 사옥의 차고 안으로 들어간다. 제 이름은 베로니카 왓슨이고 애슐리 베넷과의 약속 때문에 왔어요. 5층입니다. 고맙습니다. 파란 셔츠와 감색 바지 그리고 경비원 모자를 착용하고 있는 흑인 보안요원은 은백색 치아를 드러내며 웃음 짓는다. 엘리베이터 안에는 베토벤의 교향곡 6번이 흘러나오고 있다. 베로니카는 발을 까딱거린다. 제 이름은 베로니카 왓슨이고 애슐리 베넷과의 약속 때문에 왔어요. 안내요원이 그녀를 빤히 바라본다. 금발 위로는 헤드셋을 쓰고 있으며 가슴골에는 외알박이 다이아몬드가 걸려 있다. 아뇨, 폴 왓슨 사장님, 부탁합니다. 사장님은 무척 바쁘세요. 성함을 다시 한 번 말씀해주시겠어요? 베로니카 왓슨이고 폴 왓슨 사장의 아내 되는 사람이에요. 오, 죄송합니다. 그녀는 재빨리 자리에서 일어나며 손으로 한쪽 방향을 가리켜 보인다. 사장님이 결혼하신 줄 몰랐어요. 대기실 안에는 〈포브스〉〈머니〉〈뉴스위크〉 같은 몇 종의 잡지들이 비치되어 있다.

18. 애슐리의 아파트
키스를 하고 있는 폴과 애슐리.
그녀는 키스에 만족하지 못한다.
그들은 서로 뒤엉킨다.
그녀가 그를 침대로 끌어들인다.
그들은 돈 문제로 약간의 언쟁을 벌인다.
폴이 침대에서 빠져 나간다.
애슐리가 그를 뒤쫓아 간다.

19. 거리
그윈은 폴의 차가 애슐리의 아파트 건물에서 빠져 나가는 것을 바라본다.
그윈은 애슐리가 울고 있는 것을 발견한다.
무슨 일 있었니?
다 끝났어.
그이는 가정으로 돌아갈 거야.
네가 그걸 어떻게 아는데?
그냥 알아, 됐니?

20. 노브 힐 저택 외부

조경사가 노브 힐 저택으로 들어온다.
한 젊은 여성이 베로니카와 함께 정원을 거닐고 있다. 그녀는 그윈이다.
그녀들은 지구에 관해 대화를 주고받는다.
그러고는 성장에 관해서도 이야기를 나눈다.
자연의 권능을 화제로 삼기도 한다.
그윈이 떠나려 할 무렵 폴의 차가 저택의 진입로로 들어오는 게 보인다.
그녀의 눈이 폴의 눈과 마주친다.

21. 노브 힐 저택 안

노브 힐 저택 안에서 혼자 있던 베로니카는 문득 울린 초인종 소리에 깜짝 놀란다.
방문객은 그윈이다.
베로니카는 그윈에게 와인 한 잔을 대접한다.
두 여인은 집 뒤뜰의 테라스에 자리를 잡는다.
그들은 푸이 퓌세 포도주를 두 병이나 마신다.
그윈이 이제 그만 가봐야겠다며 자리에서 일어난다.
베로니카가 그녀를 문 앞까지 배웅해준다.
그윈이 베로니카에게 바짝 다가선다.
그러더니 그녀를 힘껏 끌어안는다.
그러고는 베로니카에게 키스를 한다.
베로니카는 당황해하며 멈칫한다. 하지만 이내 그윈의 키스를 받아준다.
거기서 1막이 끝난다.

『트로피 와이프』에 대한 메모

용어 자체가 거칠게 정리했다는 뜻인 초고rough draft의 모양새는 여간해서 매끄러워지기 어렵다. 그런 탓에 초고라는 말의 의미에는 애초부터 '거칠다'라는 전제가 함축되어 있을 수밖에 없다. 전체적인 함량과 부피 그리고 소설의 궤적이 가늠되지 않는 상황에서 초고의 구성을 짜는 일은 황무지 위에 자동차 도로를 까는 일과 같다. 균열이나 만곡처럼 예기치 않은 위험요소들이 잔뜩 도사리고 있다. 그러므로 재료들이 매끄러워지도록 가다듬고 주행 가능한 가두리를 표시해두기 전에, 먼저 기초공사를 튼튼히 해둬야 한다.

초고는 말 그대로 아직 미완의 상태다. 자리가 고정되지 않은 서브플롯이 처음과는 다른 지점에 배치될 수도 있고, 주인공의 변화에 따라 비중이 좌우될 수도 있기 때문이다. 초고를 쓰는 이유 중 하나는 작업 과정에서 나타날 등장인물의 변화를 따라가보는 데 있다. 이런 종류의 변화는 작가가 장면 11을 끼워넣으면서 장면-시퀀스를 새로 구성한 『트로피 와이프』 1막의 초고에도 드러난다. 하나의 서브플롯으로 묶여 있는 그윈과 폴은 베로니카와 동떨어져 있으며 메인 플롯에서도 격리되어 등장한다. 시퀀스의 후반부에서 베로니카는 도서관 회합이 끝난 후 그윈과 만났을 때 회사 이전 계획을 듣고 놀란다.

글쓰기가 짧고 분절적인 파편에서 문단 구성으로 넘어갈 때는 흐름을 탈 줄 알아야 한다. 타이머에 맞춘 그동안의 수련이 요긴해지는 것은 바로 이때다. 문단이 어수선해지면 타이머에 맞춰 쓸 때처럼 곧바로 행갈이 쓰기의 단문으로 본인의 언어를 정련할 필요가 있다. 『트로피 와이프』의 작가는 일찍부터 구상해둔 장면-시퀀스대로 1막을 펼친다. 상복 입은 베로니카가 조문객들을 접대하고 있다. 폴은 내연관계의 애슐리와 함께 서재에 틀어박혀 있다. 대사는 드문드문하고 등장인물들은 서로에게 단편적인 말들만 툭툭 내뱉을 뿐이다. 중간지점부터 우리는 애슐리가 죽게 될 것이고 폴이 경찰서에 소환당하리라는 사실을 안다. 또한 클라이맥스를 공부하는 과정에서 폴과 그윈도 죽게 되리라는 것도 안다. 그런데 초고 쓰기를 공부하고 있는 현재 시점에서 폴과 그윈은 함께 그의 보트 위에 있다. 그리고 나서 테니스코트로 이동한다. 그곳에서 그윈이 테니스를 즐기는 동안 폴과 베로니카는 베란다에 앉아 그 모습을 내려다보고 있다. 대화는 매우 함축적이고—두 사람은 제3의 인물에 관한 이야기를 나누고 있다—테니스 클럽이라는 배경도 상류세계의 여가생활을 함축적으로 표현하고 있다. 그곳에서 베로니카는 편안함을 느낀다.

상류세계라는 배경은 집에 돌아온 베로니카가 도서관 회합에 나가기 위해 샤워를 하고 옷치장을 할 때 더욱 두드러진다. 도서관 안내데스크의 아르바이트에서 자선사업의 일원으로 발돋움한 그녀의 상황은, 그녀가 비 내리는 주차장에서 폴 왓슨을 만난 이후 경제적으로 얼마나 수직상승했는지를 보여주는 하나의 메타포이다. 베로니카와 마주친 그윈은 그녀를 남성적인 눈길로 주시한다. 1막의 말미에 그윈은 결국 베로니카와 키스를 한다. 그리고 이 장면-시퀀스는 베로니카가 애슐리와 만나 새로 개설되었다는 계좌의 문서들에 서명하려는 참에 끝난다. 물론 그 대목에서는 폴과 애슐리 사이에 모의된 범죄의 냄새가 물씬 풍긴다.

초고는 소설의 좌표를 확인하는 스냅숏이다. 새로운 정보가 표면 위로 떠오를 때는 당황하지 말고 그 세계를 집요하게 주시해야 한다. 그러고는 계속 써야 한다. 심지어 플롯과 서브플롯에 대한 회의가 솟아나더라도. 1막에서 가장 큰 의문점은 바버라와 그윈과 관련된 부분이다. 예컨대, 그윈이 도서관에서 베로니카와 만날 때 그녀는 이미 애슐리에 대한 살해 계획을 세워둔 상태였나? 그리고 노브 힐 저택으로 놀러 온 그윈이 베로니카와 와인을 나눠 마시는 장면에서 그녀의 동기는 과연 무엇인가? 그녀는 개인적으로 베로니카를 정탐하러 온 것인가? 아니면 바버라를 위해 저택의 상황을 미리 엿보려는 것인가? 폴과 바버라 사이에는 서로를 향한 적의가 개재돼 있다. 회사의 경영자는 폴이다. 하지만 그녀는 그 자리를 원한다. 그리고 질투에 눈이 먼 애슐리 베넷은 베로니카 대신 왓슨 부인 자리를 차지하고 싶어한다. 마치 폭풍전야처럼 앞으로 흥미진진하게 전개될 만한 이야깃거리가 많이 제시되어 있다. 우리가 1막에서 해야 하는 작업도 바로 이와 같다.

34~43주:
2막 초고쓰기

  2막은 복잡하고 까다로운 부분이다. 주인공의 문제들은 더욱 악화되고 길에 파인 구덩이는 한층 깊어지며 앞으로의 갈길은 코르크 마개뽑이처럼 자꾸 꼬여만 간다. 그리고 장애물들의 저항은 한결 거세진다.

  2막에서는 여러 문제들을 추적하는 과정 중에 이야기가 과거로 흘러들어갈 수도 있다. 소설에서의 문제적 상황들은 대개 전사에 뿌리박혀 있는 경우가 많기 때문이다. 그러므로 2막을 쓸 때 작가는 탐정놀이를 즐겨야 한다. 과거로 돌아가보면 1막에서 비롯된 이미지들과 마주치게 된다. 주요인물들의 전사를 다시금 파고들어야 할 시점이 있다면 바로 지금이다. 2막이야말로 전사가 요긴해지는 영역이다.

  또한 2막에서는 신화와 상징으로 작업이 확장될 수도 있다. 서브플롯의 비중이 대두되는 것도 2막이다. 우리는 아직까지 달랑 한 가지 서브플롯만 짜두었을지도 모른다. 하지만 2막에서는 네다섯 가지의 서브플롯을 고려해야 할 수도 있다. 주요인물들 개개인에게 저마다 하나씩의 서브플롯이 결부될 수도 있기 때문이다. 그렇게 따지면 서브플롯은 주요인물들의 수에 비례하게 된다. 그러므로 일람표를 동원하여 주요인물들을 분류해둘 필요가 있다.

  2막의 작업은 생각보다 흥미로울 수도 있다. 이러저러한 인물들의 내막을 파고드는 과정에서 이야기에 탄력이 생겨나기 때문이다. 그러므로 2막에서는 여러 가지 소설적 착상들이 전에 없는 방식으로 작렬하게 된다. 2막에 착수하는 순간, 우리는 왜 그토록 많은 준비가 필요했는지 깨닫게 될 것이다. 그 많은 준비 과정은 안정된 궤도에 올라서기 위해 뒷받침하는 초석이었던 셈이다.

2막의 초고 쓰기를 위한 가이드라인

  중간지점에서 우리의 작업을 두 부분으로 나눠보자. 우선 전반부부터 쓰고 그다음에 후반부로 넘어간다. 그리고 이렇게 2막을 두 부분으로 나눌 만한 매듭지점에 표시를 한다. 『이름 뒤에 숨은 사랑』 2막 전반부를 예로 들어보자. 보스턴에서 성장한 뱅골 청년 고골리 강굴리는 자기 이름을 고골리에서 니킬로 바꾼다. 고골리는 19세기 초반에 활동한 니콜라이 고골이라는 러시아 작가의 성에서 따온 이름이다. 본인이 선택한 이름인 니킬은 니콜라이를 줄여 일컫는 일종의 애칭이다. 여기에는 아이러니가 있다. 이름을 바꾸려 했다고는 해도 주인공 고골리는 여전히 그 이름의 기원에 얽매여 있는 셈이다. 역시 핏줄을 거스를 수는 없는 것일까? 답을 알아보기 위해서라도 계속 읽어보자.

  작품의 2막을 여는 사건은 주인공이 자기 이름을 공식적으로 바꾸려는 시도—법정으로 달려간 고골리는 미국인 판사 앞에서 선서한 후 이름을 바꾸려는 동기에 관해 설명한다—이다. 이처럼 2막을 쓸 때는 어떤 사건으로 시작하는 게 좋을지를 먼저 선택해야 한다. 하지만 1막과 2막 사이를 연극 무대에서 막간을 알리며 내려오는 커튼처럼 깨끗이 단절하고자 한다면, 2막을 완전히 새로 시작해도 별 문제가 없다.

우리는 2막을 시작할 때와 동일한 호흡으로 2막의 끝장면도 어떻게 처리하는 게 좋을지 내다봐야 한다. 그것은 긴 터널의 양끝이 닫히는 것과 같다. 우리의 목표는 소설을 1막, 2막, 3막의 큰 덩어리로 명확하게 갈라 놓는 데 있다. 그런 방식을 통해 핵심 장면들이 서사구조의 어느 지점에 배치돼야 할지 가늠할 수 있다. 여기서 핵심 장면이란, 이야기의 전환점, 글이 격정적으로 휘몰아쳐야 할 대목, 등장인물들을 유인하는 음모의 함정 등을 일컫는다. 이렇게 작가에게 앎이란 곧 힘이다.

2막을 쓰기 위한 가이드라인으로 우리가 검토할 내용은 줌파 라히리의 작품에 나타난 연대순 배열의 구조와 이것이 반영돼 있는 각각의 장들이다. 여기서 우리는 그 내용을 간략하게 압축하여 이야기의 흐름을 연대기로 정리해두고자 한다.

1장 : 강굴리 집안에 사내아이가 태어난다. 때는 1968년. 강굴리 집안은 매사추세츠에 살고 있는 벵골 출신 이민자들이다. 전사에서 작가는 1961년 발생한 열차 사고를 묘사한다. 타고 있던 객차에서 튕겨져 나간 부친의 손에는 고골의 단편소설집 한 권이 들려 있다. 구조 인력의 손전등 빛에 책이 드러난 덕분에 부친은 극적으로 목숨을 건지게 된다.

2장 : 인도로 여행을 떠난 강굴리 집안 사람들에게는 열차 사고의 기억이 생생하다. 그리하여 부친은 첫 아이의 여권에 이름을 고골리라고 기입한다.

3장 : 1971년. 강굴리 가족은 보스턴 교외의 펨버튼 로드에 살고 있다. 학교에서 고골리는 니킬로 불릴 수 있는 기회를 포기한다.

4장 : 1982년. 고골리의 나이 14세. 부친은 그에게 새로 출간된 니콜라이 고골의 단편집을 선물한다. 학교 영어 수업시간에 고골의 작품이 교재로 나온다. 고골리 강굴리는 창피해한다. 학교에서 그는 첫 번째 교제상대로 킴이라는 여학생과 만난다. 그는 그녀에게 자기 이름을 니킬이라고 소개하며 자신의 정체성에 대해 자문해본다.

5장 : 1986년. 고골리가 이름을 니킬로 바꾼다. 니킬이라는 이름으로 그는 루스란 아가씨와 만나 사랑에 빠진다. 하지만 그녀가 옥스퍼드로 유학을 떠나는 바람에 헤어지게 된다. 장의 말미에 부친은 고골리에게 열차사고에 대해 말해준다. 하지만 고골리는 부친의 말을 귀담아 듣지 않는다.

6장 : 1994년. 고골리는 뉴욕에 거주중이다. 그는 미드타운의 건축회사에서 근무한다. 트리베카의 파티 때 고골리는 맥신과 만난다. 푸른 눈에 금발머리를 한 장신의 아가씨이다. 맥신은 바나드 대학에서 미술을 전공하고 있다. 그녀는 그를 자기 부모에게 소개한다. 그녀의 부모는 기품 있는 고학력층 부부이다. 고골리는 이들을 자기 부모와 비교해보며 열등감에 사로잡힌다. 호숫가의 오두막으로 여행을 떠났을 때 고골리도 그녀를 자기 부모에게 소개한다. 고골리는 자신이 두 세계 사이에 걸친 존재라고 느낀다. 한쪽은 벵골, 다른 한쪽은 미국.

7장 : 1995년 고골리의 나이 27세. 부친이 클리블랜드에 일자리를 얻지만, 그곳 병원에서 숨을 거둔다. 시신을 모시러 갔을 때 고골리는 부친의 병실 침대에 누워 잠이 든다. 부친의 죽음은 그를 벵골의 세계로 되돌려 놓는다. 그는 맥신과 헤어지기로 결심한다. 이 장의 말미에 고골리는 부친과 미국의 국경지역을 여행하던 일을 떠올린다. 영토의 경계에 대한 상징이다.

8장 : 고골리는 뉴욕 시 건축 설계회사의 여성 동료 브리짓과 새로이 사귀게 된다. 하지만 그녀는 보스턴의 대학교수와 결혼하고 만다. 그러자 모친은 고골리를 동향 출신의 한 아가씨와 엮어주려 한다. 그녀의 이름은 모슈미 마줌다르로, 두 사람은 어렸을 때 만난 적이 있다. 그들은 이내 연인 사이로 발전한다. 그리하여 실과 바늘처럼 붙어 지내며 아파트까지 얻어놓고 동거하기에 이른다. 고골리를 만나기 전까지 모슈미의 국제적인 남성 편력에 초점을 맞춘 전사가 소개된다. 그녀의 상대는 프랑스, 독일, 이란, 레바논, 미국 등 국적이나 인종도 다양하다. 한 미국인 남성과는 약혼까지 갔지만 그 작자가 벵골의 혼례 절차를 조롱하면서 파혼하고 만 일도 있다.

9장 : 고골리는 모슈미와 결혼한다. 결혼 선물로 받은 현금의 액수는 모두 7,000달러가 넘는다. 그런데 파리에서 고골리는 자신이 모슈미의 세계와 조화롭게 어울리기 어려울 거라는 사실을 예감한다. 뉴욕의 파티 때 모슈미의 친구들은 동명이인이라며 고골리의 이름을 두고 우스갯거리로 삼는다.

10장 : 1999년. 고골리와 모슈미의 결혼기념일 저녁 시간은 맥없이 지나간다. 모슈미가 과거의 남자 디미트리 드자딘스와 연락이 닿았기 때문이다. 그는 모슈미가 지금까지 겪어본 남자 가운데 최고의 섹스 상대였다. 모슈미의 시점으로 진행되는 섹션에서 그녀는 이미 그와 또 다른 관계를 맺기 시작한다.

11장 : 이 짧은 장은 모슈미의 외도를 고골리가 모른 척한다는 내용을 담고 있다. 그는 비밀스러운 크리스마스 선물을 들고 자기 아파트로 올라간다. 그의 비밀이 무엇인지는 마지막 장에서 밝혀진다.

12장 : 시점이 고골리의 모친에게로 넘어간다. 그녀는 자신의 자녀들, 즉 고골리와 누이가 살 집을 마련하는 중이다. 회상 장면을 통하여 고골리는 몇 년 전 그가 모슈미의 외도를 눈치 챈 순간을 곱씹어본다. 그녀는 모든 것을 깨끗이 정리하고 그의 곁에서 떠난다. 펨퍼튼 로드의 집에서 고골리는 부친이 선물한 고골의 단편집을 다시 발견한다. 그는 아래층의 파티에서 빠져 나온 후 자기 방에 혼자 틀어박혀 동명이인이 쓴 책의 첫 번째 단편을 읽어 나가기 시작한다.

2막의 발견

2막의 발견은 2단계로 진행된다. 첫째, 우리가 가장 좋아하는 소설에서 2막에 해당되는 부분을 찾는다. 여기서 우리가 가장 좋아하는 소설이란 우리로 하여금 작품을 써보겠다는 욕망이 들게 한 작품을 말한다. 둘째, 지금까지 우리가 익혀온 것을 자신의 작업진도에 적용해본다.

앞의 장 요약을 쭉 따라 읽고 나니 어떤 생각이 드는가? 이 작품은 대략 어느 지점에서 변속이 일어나는가? 이야기가 방향을 트는 지점은 어디인가? 아래는 위의 요약정리에서 추출해본 『이름 뒤에 숨은 사랑』 2막의 골자이다.

연도 : 라히리는 대부분의 장을 시작할 때 우선 연도부터 제시한다. 이야기는 고골리가 태어난 1968년도부터 주인공이 고골의 단편을 읽은 후 자신의 벵골 혈통을 수긍하게 되는 2000년도까지 시간의 흐름을 타고 진전된다.

영화제작 과정에서는 시간의 비약을 점프컷이라는 용어로 부른다. 만일 우리가 한 사람의 일생에서 그 절반에 해당하는 이야기로 소설을 쓰는 중이라면,—소설이 끝날 때 고골리의 나이는 32세이다— 그런데 만일 그 이야기의 속편을 계획해두지 않는다면, 하나의 연도에서 다른 연도로의 비약을 피하기는 쉽지 않다. 이러한 두 가지 테크닉(연대에 시간의 비약을 더한 것)을 적절히 조합함으로써 라히리는 이야기 전개에서 능숙한 솜씨를 발휘하고 있다.

전사와 회상 : 작품의 시간 안배에 세심한 주의를 기울이는 작가는 회상 장면에도 일정한 지분을 마련해두고 있다. 주요한 회상 장면은 열차 사고—1961년 인도에서 발생—에 대한 아쇼크의 기억을 통해 이루어진다. 당시 그는 고골의 단편집 한 페이지 덕분에 목숨을 건질 수 있었다. 이 열차 사고로 인해 주인공의 부친은 아들에게 고골리라는 이름을 붙여주기로 결심하게 되는데, 이는 사건의 연속에 해당된다.

시점 이동과 회상 : 독자들을 아쇼크의 회상 장면에 동참시키기 위해 라히리는 여기서 시점을 그에게로 옮겨놓는다. 작가는 화자의 시점을 1막에서 아시마가 고골리에게 생일선물을 주려는 순간 직전에 이동한다. 화자의 시점 이동이 다시 한 번 일어나는 것은 10장에서다. 10장에서는 모슈미가 고골리와의 결혼 소감을 늘어놓고 있다. 결혼생활을 썩 내켜하지 않는 듯한 모슈미는 8장에서 이미 한 번 불러들인 바 있는 예전의 프랑스인 연인 디미트리와 내연관계를 맺기에 이른다. 그후로 작가는 고골리의 모친 아시마가 자녀들이 도착하기를 기다리는 대목에서 다시금 그녀에게로 시점을 옮긴다. 때는 2000년도이고 크리스마스 시즌이다. 그녀의 남편은 작고했으며 그녀는 아들이 가장 노릇을 떠맡아주면 좋겠다고 기대한다.

문턱 넘기와 신화적 조력자 : 주인공이 1막에서 2막으로 순조롭게 넘어갈 수 있도록 라히리는 킴이라는 신화적 조력자를 하나 내세운다. 갈색머리와 빨간 입술이 돋보이는 소녀 킴은 코네티컷 출신의 여학생으로, 알뜰쇼핑몰 같은 데서 구입한 드레스를 입고 있다. 그녀는 예쁘고 날씬하다. 고골리가 킴과 만난 것은 그의 부친이 강의를 맡은 적이 있는 어느 대학의 파티에서이다. 고골리는 고등학생이지만 성숙해 보이는 외모를 이용하여 자기가 애머스트 대학의 신입생이라며 킴을 속인다. 킴은 고골리에게 접근해 자기 이름을 말해준 후 담배를 피워 물며 그의 이름을 묻는다. 이야기의 흐름상, 바로 이 순간이 고골리 강굴리가 다른 세계의 문턱을 넘어서기로 마음먹는 전환점에 해당된다. 그는 고골리라는 자신의 이름을 증오한다. 그런데 이 여학생에게 좋은 인상을 남기고 싶다. 그의 머릿속이 회전한다. 묵은 기억 속에서 다른 이름을 끄집어낸다. 그리하여 그는 니킬이라는 이름으로 자기를 소개한다. 완벽한 신화적 조력자로서 킴은 니킬이라는 이름을 되뇌며 자기도 모르게 고골리의 거짓말을 추인해준다. 이름이 참 근사하네, 라고 그녀는 말한다. 고골리는 킴에게 키스를 한다. 그녀도 그의 키스를 받아준다. 그들은 다정하게 무릎을 맞댄다. 고골리의 마음이 문턱 넘기의 파동으로 소용돌이치기 시작한다. 자신을 니킬로 소개함으로써 그에게는 키스를 시도할 수 있는 자신감이 생겨난 셈이다. 애머스트 신입생이라는 거짓말에 더해 자기 이름까지 속이면서 고골리 강굴리는 다른 세계로 훌쩍 날아오르게 된다. 여기서 1막이 끝난다. 그리고 2막의 세계가 기다리고 있다.

여러 가지 작업거리들

여기서 얻을 수 있는 교훈은 문턱 넘기의 고통을 다루는 방식이다. 지금까지 해온 작업을 돌아보면, 그것은 여러 양상을 통해 드러나 있다. 그렇다면 쓰고 있는 소설에서 가장 굵직한 부로 다뤄질 수 있도록, 그중에서도 가장 중요해 보이는 문턱 넘기를 택하면 된다. 킴은 고골리로 하여금 1막에서 2막의 문턱으로 넘어갈 수 있도록 자신감을 불어넣어주는 신화적 조력자이다. 그러니까 킴에게는 신데렐라 이야기의 요정 대모와도 같은 역할이 주어진 셈이다. 요정 대모는 화장도구와 옷장을 이끌고 난데없이 무대 위로 솟아났다. 요정 대모의 옷장에는 스토리텔링의 역사에서 가장 기억해둘 만한 주요 소품 중 하나인 유리 구두도 포함돼 있었다. 또한 킴은 『우연한 여행자』에서 주인공의 애완견 에드워드와 같은 역할을 맡은 걸로 볼 수 있다. 『우연한 여행자』에서 에드워드는 고양이와 힘을 합쳐 주인공의 다리를 부러뜨린다. 그리하여 개를 산책시킬 수 없게 된 주인공 메이컨은 어쩔 수 없이 조련사를 찾아 나서는데, 바로 그 조련사가 뮤리얼이다. 신데렐라 이야기의 교묘한 변주 속에서 뮤리얼은 신데렐라와 요정 대모의 전형적인 역할을 조합한 것이다. 그녀는 가난하다. 하지만 요술을 부릴 수 있다.

고골리로 하여금 2막의 문턱으로 넘어가도록 도와주는 킴의 존재를 위의 장 요약 목록과 함께 고찰해보면, 이 소설의 2막은 5장에서 시작된다는 사실이 뚜렷해진다. 5장에서 킴에게 자기 이름을 거짓으로 둘러댄 고골리는 개명을 위한 법적 절차를 밟기 위해 판사 앞에 선다.

2막을 시작할 때는 일종의 '매듭 장면'을 염두에 둘 필요가 있다. 매듭 장면—2막의 상징적인 종결과 3막의 시작—을 찾아내는 한 가지 요령은 도표의 스케치에서 착안할 수 있다. 플롯 짜기에 관한 대목에서 우리는 『이름 뒤에 숨은 사랑』의 플롯을 명시하기 위해 신화적 여정의 도표를 활용한 바 있다. 전체에서 한 부분으로 떨어져 나온 이야기의 특정 부분에 초점을 맞춰야 할 때는 다음과 같이(그림 16 참조) 그 내용에 해당되는 도표 하나를 추가한다.

이 스케치는 반복을 통해 가장 중요한 정보들을 강조하고 있다. 주인공이 태어난 해는 1968년이다. 작품은 그의 출생과 함께 시작된다. 작품이 끝나는 해는 2000년이고 그때 주인공의 나이는 32세이다. 그는 자신에게 이름을 나눠준 동명이인의 러시아 작가 고골의 작품을 읽으며 부친의 집에 머물러 있다.

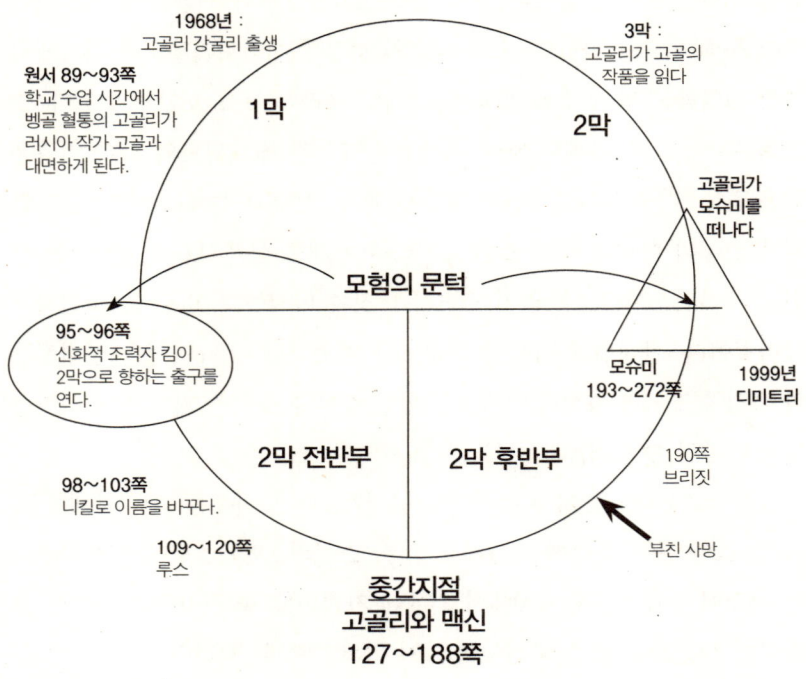

그림 16. 2막을 제대로 다루기 위한 중간지점의 활용

　고골리 강굴리의 이야기는 자신의 정체성을 찾아 나선 탐구자의 이야기입니다. 하지만 고골리는 3막에 그려진 삶의 세 번째 무대에 이르러서야 비로소 탐구자가 된다. 그전까지 그는 여러 여인들과의 만남과 작별을 통과의례처럼 반복한다. 라히리가 그려 보인 2막의 생기 넘치는 역동성은 이와 같은 만남과 작별의 패턴에서 비롯되었다고 할 수 있다. 만일 그 패턴을 미처 인지하지 못하고 있었다면, 작품 앞부분으로 되돌아간 후 96페이지(원서 양장본)에서부터 그것을 따라가본다. 그 페이지에서 고골리는 이성교제의 첫 상대로 킴이라는 여학생과 만난다. 그러고는 256페이지에 이르도록 몇몇 여인들과의 만남과 헤어짐을 내내 거듭한다. 256페이지에

서 모슈미는 우편함을 뒤적거리던 중 디미트리라는 이름을 발견한다. 그의 이력서가 든 겉봉에는 발신인 주소가 적혀 있다. 소설이 3막으로 넘어가는 시점은 바로 그 순간이다.

2막에 대한 착상을 스케치하고자 한다면 그림 16에 주목해보자. 이 구도는 영웅적 순환 구조의 기본적인 모형에 가깝다. 하지만 여기서는 순환의 3단계—출발, 입문, 귀환—가 3막 형식, 즉 1막, 2막, 3막으로 바뀌어 있다는 데 주의해야 한다. 또한 정중앙을 정확히 가르는 수직선에 따라 2막의 흐름이 전반부와 후반부로 나뉜다는 것도 주목할 만한 점이다. 이런 도안을 새로 그려보고 2막을 반으로 가르는 직선을 도안에 그려 넣으면, 2막의 비중을 머릿속으로 효과적으로 인지할 수 있다.

대부분의 작품에서(시나리오의 경우에는 거의 90퍼센트 이상) 2막의 길이는 1막이나 3막의 두 배에 해당된다. 막의 비중을 이렇게 균형 있게 안배하는 구성은 작품의 분량을 고려할 때 매우 중요한 요소다. 2막은 작품이 두터워지는 대목이기 때문이다. 2막에서는 묻혀 있던 과거가 엄습해오기도 한다. 모슈미의 감춰진 과거사로, 결실을 맺지 못한 연애 경험들이 드러나는 것이 그 좋은 예이다. 그 이야기는 결국 고골리도 그녀의 숱한 남성편력 속에서 한낱 스쳐가는 상대에 불과하다는 사실을 의미하고 있다. 여기서 알 수 있는 것처럼 2막의 구성에서는 무엇보다도 서브플롯을 관리하는 게 긴요하다.

다시 그림 16으로 돌아가보자. 2막을 지배하는 것은 다섯 명의 여성 인물—킴, 루스, 맥신, 브리짓, 그리고 모슈미—이다. 이 여성들을 보면서 독자들은 이런 질문을 던지게 된다. 고골리는 언제쯤 정착하게 될 것인가? 도대체 언제쯤 그는 반복되는 만남과 작별의 굴레에서 벗어날 것인가?

그가 결국 거기서 벗어나는 것은 부친이 사망했을 때이다.

도표에는 고골리가 모슈미와 결혼하기로 한 결심의 아이러니가 드러나 있다. 두 세계로 쪼개진 고골리 강굴리의 결혼 상대는 원래 맥신(서양 여자)이어야 했다. 하지만 그는 대신 모슈미(동양 여자)와 결혼한다. 그의 양친(역시 동양에서 온)을 기쁘게 해주기 위해서이다. 그런데도 그녀는 그를 헌신짝처럼 버린다. 2막에 대한 구상을 스케치하는 과정에서는 반드시 최초의 문턱이 나타나 있어야 한다. 그림 16은 1막에서 2막으로 넘어가는 이 소설의 문턱을 원 안의 화살표와 킴이라는 신화적 조력자로 드러내고 있다. 2막에서 3막으로 넘어가는 문턱은 삼각형 안의 화살표와 디미트리라는 신화적 조력자로 나타나 있다.

신화적 조력자를 생각할 때 중요한 것은 그들이 무대에 한 번이나 두 번 정도만 출연하는 단역이라는 점이다. 조력자들은 정확히 제 역할을 한 후 무대에서 퇴장한다. 고골리는 킴과 딱 한 번 만날 뿐이다. 또한 디미트리와는 대면조차 하지 못한다.

좋은 소설에서는 모두에게 저마다의 역할이 주어져 있다. 아무도 헛되이 소비해서는 안 된다.

3막으로 넘어가기

디미트리와 모슈미의 치정관계는 고골리를 2막의 다섯 여인에게서 가정의 품으로 돌려보내는 결정적 동기가 된다.

실제 현실에서 디미트리는 가정파괴범이자 상습적인 난봉꾼으로, 고골리의 신부를 꾀어내는 데 쾌감을 느낄 뿐 실컷 즐겼다 여겨지면 가차 없이 그녀를 떠날 유형의 인간에 불과하다.

하지만 문학적 의미망과 연관 지어볼 때 디미트리는 신화적 조력자에 해당된다. 그림 16에서 디미트리의 자리는, 1막에서 2막의 문턱을 넘도록 도와준 킴처럼 수평선에 속해 있다. 킴의 반대지점에서 디미트리는 고골리가 2막에서 3막의 문턱을 넘어서도록 도와준다.

플롯의 관점에서 보자면, 디미트리는 고골리가 모슈미에게서 벗어나도록 도와주는 역할을 맡은 셈이다.

극적인 관점에 따르면, 디미트리는 결혼의 울타리를 침범한 침입자이면서 한 가정의 아내와 남편과 더불어 삼각관계의 한 축을 이루는 제3의 인물이기도 하다. 이미 언급한 바와 같이 삼각관계란 작가가 가장 강력하게 활용할 수 있는 관계구도이다.

삼각관계의 구도는 원 둘레 우측에 그려진 삼각형으로 나타나 있다. 디미트리는 좌변의 꼭짓점을, 모슈미는 우변의 꼭짓점을 차지하고 있다. 아내의 외도로 결혼생활이 좌초될 위기에 휩쌓인 고골리는 부제와도 같은 문구를 통해 이 삼각형의 꼭대기에 자리하고 있다. 우리는 상황의 분위기나 구체적인 장면을 제시하기 위해 이런 스케치를 활용할 수 있으며,—예컨대 부제처럼 제시된 문구는 고골리가 이 관계 구도에서 탈락하여 미끄러지고 말았음을 함축한다—그렇다면 2막에서 작품의 두께가 늘어나더라도 등장인물을 효율적으로 관리할 수 있는 또 하나의 도구가 생긴 셈이다.

침입자 역할을 맡은 디미트리는 『잉글리시 페이션트』에서의 환자와 같은 역할을 떠맡은 인물이다. 그는 노란 비행기를 타고 날아온 영국 스파이의 아내와 불륜관계에 얽히게 되는 사막 탐험가이다. 그 삼각관계 구도를 옮겨보면 아래와 같다.

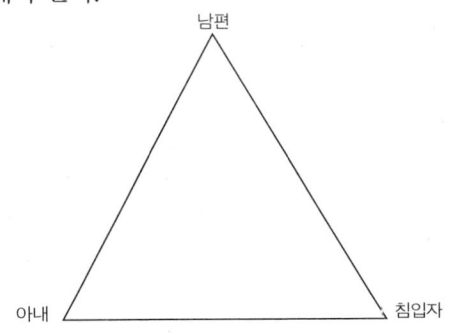

그림 17. 삼각관계의 구성인자

395

삼각관계의 위력은 『마담 보바리』(에마와 그녀의 남편 그리고 여러 연인들)나 『위대한 개츠비』같은 고전 명작들에서도 확인된다. 그 작품들에서는 오히려 침입자가 주인공이며 남편과 아내는 주도권 다툼을 벌이는 한 팀으로 묶여 있다. 교본 소설인 『암스테르담』과 『캐벌리어와 클레이의 놀라운 모험』에서도 이와 같은 삼각관계가 맹위를 떨친다.

연습과제

1. 심호흡

눈을 감고 천천히 호흡하며 흉곽이 오르내리는 데 집중한다. 그러면서 2막의 전, 후반을 더듬어본다. 작품 속의 의식과 과거사, 장애물, 이미지, 그리고 등장인물 각자가 떠안고 있는 의도들을 머릿속에 떠올린다. 지금까지 해온 대로, 화자의 설명을 인물들 사이의 생생한 대화로 바꿔줄 수 있는 대목은 없는지 예리한 눈으로 꼼꼼히 살핀다.

2. 손 풀기

다음과 같은 출발선을 활용한다. '2막의 형태는 ……처럼 보인다(느껴진다).' (주어진 시간 : 10분)

3. 2막을 둘로 나누고 거기에 알맞은 표시를 기입한다

2막을 둘로 쪼개보자. 그러고는 플롯 도표에 전반부와 후반부의 주제를 함축적으로 나타낼 수 있는 표시(『우연한 여행자』라면 뮤리얼과의 춤, 뮤리얼과 함께 집에 머물러 있는 순간 등)를 기입하자. 도표 밑에는 장면들에 대한 구상을 메모해둔다.

4. 욕망의 목록

등장인물들이 품고 있는 욕망의 목록에 무엇을 담는 게 좋을지 숙고해본 후, 그 내용을 적는다. 그리고 각각의 욕망에 대응하면서 그 성취를 가로막는 장애물들도 기록해둔다. 『우연한 여행자』 2막에서 메이컨은 혼자 지내기를 원한다. 그의 장애물은 뮤리얼과 에드워드이다. 뮤리얼이 원하는 것은 빚을 대신 갚아줄 수 있는 누군가이다. 그녀의 장애물은 혼자 지내고 싶어하는 메이컨의 욕망과 그의 가족들이다.

5. 전사의 연결

2막의 전사 장면을 활용하여 등장인물들과 그들의 특성을 결부지어보자. 메이컨의 기묘한 세계관은 조부로부터 대물림된 것이다. 조부는 실존하지 않는 인디언 부족 라사칸스를 상상 속에서 만들어놓고 이들을 초대하고자 한다. 회상 장면에서 메이컨과 조부는 백과사전에서 라사칸스라는 부족을 열심히 검색하지만 찾는 데 실패한다.

6. 장면 목록

2막의 전, 후반에 해당하는 장면들의 목록을 짜본다. 4,50개 정도의 장면들(영화의 장면scene으로 바꿔서 생각하면 작업하기가 좀더 수월하다)로 한 편의 작품을 꾸린다고 할 때, 2막에는 20~24개의 장면들이 할당되므로 그 수에 맞춰 목록을 짜야 한다. 과거사를 그리는 장면들에는 별도로 박스 처리를 해둔다.

7. 장면 쓰기

15~20분 사이에 각각의 장면을 쓴다. 작업을 수월하게 착수하는 한 가지 요령은 우선 대화부터 쓰는 것이다. 그러고는 거기에 인물들의 행위와 배경을 덧입히면 된다.

8. 서브플롯의 구축

2막은 서브플롯을 심화하기에 좋은 대목이다. 서브플롯의 조짐은 이미 1막에 나타나 있어야 한다. 예컨대, 앤 타일러는 이미 암시되어 있는 뮤리얼의 서브플롯을 확장함으로써 2막을 심화하고 있다. 뮤리얼의 궁극적인 목표는 메이컨과의 결혼이다. 2막의 첫 부분인 7장에 드러난 그녀의 목표는 에드워드를 길들임으로써 자신이 얼마나 대단한 사람인가를 과시하는 것이다.

7장의 끝부분에서 뮤리얼은 에드워드의 주둥이를 틀어막으려 하다가 절호의 기회를 날려버린다. 하지만 9장에서 그녀의 서브플롯이 다시 부각된다. 에드워드가 동생 찰스를 식료품 저장실에 가둬두자 메이컨으로서는 부랴부랴 뮤리얼에게 도움을 요청할 수밖에 없었기 때문이다.

9. 중간지점과 플롯 포인트2로의 접근

가장 중요한 목표는 중간지점에 다다르는 데 있다. 모든 장면들의 초안을 마무리하지 못했다면, 일단 나머지에 대한 스케치를 끝낸 후 작업 일정을 조절하도록 한다. 중간지점에 도달하면서부터는 작업에 상당한 탄력이 붙어야 한다. 그리고 나서 플롯 포인트2로 향한다. 처음에는 공책을 사용하고 나중에는 컴퓨터로 정리한다. 초반 장면들이 이어지기 시작하면 그것들을 간략하게라도 스토리보드에 스케치해두자. 그러고는 끝까지 계속 써나간다.

10. 뭔가 불완전하다고 여겨질 때는 의식ritual으로 대처한다

의식이 삽입될 수 있는 지점은 무척 다양하다. 운동할 때, 가르칠 때, 배울 때, 요리할 때, 먹을 때, 음주할 때, 쇼핑할 때, 기도할 때, 바느질할 때, 씻을 때, 청소할 때, 화장품을 찍어 바를 때 등등. 인물의 의식을 활용하면 장면에 깊이를 주면서 사건의 연속을 만들어내는 데 큰 도움이 된다.

작가들의 예를 참조하기

『시나리오 워크북』 13장에서 시드 필드는 2막의 구성에 필요한 전략을 탐구하면서, 2막의 내용을 적절히 압축할 수 있는 '하나의 핵심 장면'이 가장 필요하다고 주장한다. 예컨대, 영화 〈차이나타운〉(1974년)에서 핵심 장면은 시나리오의 45페이지에 등장하는 홀리스 멀레이의 살인이다. 영화 〈보디 히트〉의 핵심 장면은 남편의 죽음을 원한다는 매티 워커의 선포이다.

『우연한 여행자』 2막 9장에서 마천루의 꼭대기에 오른 메이컨은 고소공포증으로 괴로워한다. 그러다가 집으로 전화를 걸어, 에드워드에게 몰린 그의 동생 찰스가 식료품 저장고에 갇혀 있다는 소식을 듣게 된다. 찰스는 뮤리얼에게 연락해서 자신을 구해달라고 부탁한다. 이 마천루 장면은 1막 초반과 중간지점 사이에 등장한다.

『이름 뒤에 숨은 사랑』의 핵심 장면은 고골리 부친의 죽음이다. 그 일로 인해 고골리는 맥신과 헤어진 후 모슈미와 만나게 된다. 그리고 모슈미가 디미트리와의 내연관계를 맺기 시작하는 순간에 2막이 종료된다.

『모비 딕』의 2막에서 멜빌은 밀도 높은 두 개의 장('모비 딕'과 '흰 수염 고래')으로 백색의 상징성을 극대화한다. 그리고 나서는 포경선 아홉 척의 연이은 등장을 통해 집요하게 거듭되는 고래 사냥이라는 의식으로 이야기 흐름의 뼈대를 구축한다. 이 의식의 퍼레이드는 주인공이 피쿼드 호에 오를 때까지 지속된다. 2막의 제로보암 호로부터 시작하여 3막의 클라이막스 직전 레이첼 호에서 끝나는, 주인공과 포경선 사이의 거듭된 만남은 이야기 연결의 가교로 사용되고 있다. 그 과정을 통해 에이해브와 선원들은 백경과의 마지막 치명적인 대결에 다가가게 되는 것이다.

습작 소설 : 「트로피 와이프」

1. 폴의 사무실 건물 - 낮
그윈이 엘리베이터에 오른다.
그녀는 외부인 대기구역에서 기다린다.
바버라가 걸어나와 그윈을 맞는다.
그들은 바버라의 사무실로 들어간다.
그윈이 새로 매입할 만한 사무실 공간에 관해 바버라에게 말한다.
그 말에 바버라는 시큰둥해한다. 폴이 모든 것을 혼자 결정했기 때문이다.

2. 변호사의 사무실 - 낮
카키색 바지와 양모 스웨터를 입은 베로니카는 혼전 각서에 관해 알고 싶어한다.
변호사가 비서의 도움을 받지 않고 직접 그에 관해 이야기해준다.

3. 부엌 - 낮
폴과 베로니카가 부엌에 마주서 있다.
그들은 돈 문제에 관해 이야기를 나눈다.
베로니카로서는 폴에게 돈을 달라고 하는 게 내키지 않는다.
폴은 마치 적선하듯 돈을 던져놓는다.
그러고는 곧바로 퇴장한다.
베로니카는 부엌 창문으로 그들이 결혼식을 했던 정원의 잔디밭을 내다본다.

4. 회상 장면 - 결혼식 날 - 낮
베로니카는 흰 드레스를 입고 있다.

그녀는 접수대를 가로질러 지나다니며 남편의 친구들에게 인사한다.
그녀의 가족은 아무도 오지 않았다.
폴의 모친이 베로니카에게 피부색에 대해 험담한 일을 사과한다.

5. 애슐리의 아파트 건물 – 밤
애슐리와 폴이 포옹을 하고 있다.
그들은 함께 저녁식사를 들고 술을 마신다.
그녀가 컴퓨터를 켠 후 그에게 회계장부를 보여준다.
폴이 애슐리를 빤히 바라본다.

6. 폴의 서재 – 밤
베로니카가 서랍 안을 뒤진다.
서랍 안쪽에서 권총 한 정이 발견된다.

7. 침실 – 낮
폴과 베로니카가 나란히 침대에 누워 있다.
파출부가 노크를 한다.
앤더슨 형사가 아래층에 와 있다는 것이다.
폴이 베로니카에게 여기서 기다리고 있으라고 말한다.
그러고는 현관으로 내려간다.

8. 아래층이 내려다보이는 계단 위쪽 – 낮
드레스로 갈아입은 베로니카가 계단 위에 서 있다.
앤더슨 형사가 묻는다.
어젯밤 어디 계셨죠?
여기요. 앤더슨이 베로니카 쪽으로 고개를 돌린다.

그녀가 맞다며 고개를 끄덕여 보인다.
무슨 일로 그러는 겁니까?
애슐리 베넷. 그녀가 죽었습니다.

9. 부엌 - 낮
베로니카와 폴과 앤더슨.
숨을 헐떡거리며 스나이더가 도착한다.
베로니카가 폴의 이야기를 다시 들려준다.
스나이더가 심문을 그만 끝내자고 한다.
앤더슨 형사가 자리를 떠난다.

10. 침실 - 낮
베로니카와 폴이 침실에 있다.
그들은 협상을 벌이고 있다. 범행 시간에 폴이 집에 있었다는 알리바이를 꾸며내기 위해서다.

11. 스나이더의 푸른색 캐딜락 - 낮
스나이더가 폴에게 한 가지 경고를 한다. 가난한 집에서 태어난 앤더슨이 부유층에 대해 악감정을 품고 복수하려 들지도 모른다는 것이다.
폴이 식은땀을 흘리며 입술을 씰룩거린다. 그러다 웃음을 터뜨린다.
전략은 확고하다. 철저히 스나이더만 내세우면 된다.
차가 멈춘다. 리포터가 앞으로 돌진해온다.
카메라맨들이 연신 플래시를 터뜨린다.

12. 노브 힐 저택 - 낮
간식거리와 공간의 평면도를 손에 든 그원이 일찌감치 도착한다.

평면도는 폴의 새 사무 공간을 위한 것이다.
사무실을 옮긴다고요? 베로니카가 묻는다.

13. 취조실 - 낮
폴이 철제 의자에 앉아 불결한 실내를 둘러본다.
앤더슨이 커피를 마시겠냐고 묻는다. 마시지 않겠소.
앤더슨이 물증 한 가지를 제시한다. 지문이다.
그들은 애슐리가 살아 있는 동안의 마지막 시간에 관하여 논쟁을 벌인다.
폴은 유류 화약 테스트를 하는 데 동의한다.
하지만 테스트에서는 아무것도 나오지 않는다.

14. 바버라의 사무실 - 낮
바버라가 재계의 뉴스를 보고 있다.
기업 스캔들, 폴의 사진.
회사 주식이 폭락하고 있다.
주주들의 항의가 쇄도하는 중이다.
폴이 등장한다. 그들은 서로 말다툼을 벌인다.
그녀는 그의 결백이 입증될 때까지 경영의 일선에 나서겠다고 한다.
폴이 나간다.

15. 노브 힐 저택 - 낮
베로니카가 저택의 정문까지 그윈을 배웅한다.
그들은 키스를 한다.

16. 미술관 - 낮
앤더슨이 바버라가 다가오는 것을 바라본다.

그녀는 그의 옆자리에 앉는다.
그들이 나지막한 목소리로 뭔가를 소곤거린다.
그녀가 그에게 봉투 하나를 내민다.

17. 폴의 요트 – 낮
폴이 스카치위스키를 병째 들이켠다.
그윈이 사다리를 타고 배 위로 올라온다.
그들은 키스를 한다.

18. 테니스 클럽 – 낮
1번 코트 귀퉁이에서 베로니카가 아이스티를 홀짝거리고 있다.
앤더스 형사가 그녀의 옆자리에 앉는다.
1번 코트에서 테니스 강사가 이들을 바라보고 있다.
앤더슨이 자리를 뜨자 베로니카가 그윈의 휴대폰으로 전화를 건다.

19. 폴의 요트 – 낮
휴대폰이 울리고 그윈이 전화를 받는다.
베로니카와 그윈은 그날 밤 같이 술을 마시기로 약속한다.
그윈이 침대에서 빠져 나온다.
옷을 챙겨 입은 그녀는 폴에게 키스를 한다.
그녀가 배에서 내린다.

20. 카스트로 구역의 레즈비언 클럽 – 밤
베로니카와 그윈이 다른 여인들과 어울려 함께 술을 마신다.
그윈이 베로니카에게 마약 한 알을 건넨다.
그녀들은 같이 춤을 추고 키스를 하며 몸을 부빈다.

엑스터시에 취한 베로니카가 다소 거칠어진다.
그녀들은 타운 카에 올라 그곳을 벗어난다.

21. 그윈의 침실 – 낮
베로니카가 약 기운에서 깨어나기 시작한다.
그런데 핸드백이 보이지 않는다.
그윈이 그녀에게 택시비를 준다.

22. 노브 힐 저택 – 샤워 – 낮
폴이 욕실의 문을 열고 들어온다.
베로니카는 그가 들어오지 못하게 막으려 한다.
폴이 욕실의 문을 쾅하고 닫는다.
햇살이 욕실 창문을 통해 환하게 쏟아져 들어온다.
샤워기의 물살에 베로니카의 눈물이 지워진다.

『트로피 와이프』 관련 메모

『트로피 와이프』에서 2막의 초고는 모두 22장면으로 이루어져 있다. 그 중에서 어떤 장면들은 일찍이 스케치돼 있었던 것도 있고, 일부는 행갈이 쓰기에서 생겨났다. 그 외의 장면에는 아직 부제만 붙어 있기도 하다. 이렇게 부제를 붙여두면 구조를 안정시킬 수 있고, 작가가 클라이맥스로 줄달음칠 자유를 얻을 수 있다.
  2막의 22장면 중에서 작가는 다섯 장면을 중간지점으로 추려놓고 있다.

  장면 9 – 부엌 : 등장인물은 폴, 베로니카 그리고 앤더슨이다. 여기서 반복되는 주요 행위는 심문이다. 어젯밤 어디 계셨습니까? 귀가하신 게 몇 시쯤이었지요? 그때 아내 분은 잠들어 있었나요? 생전의 애슐리 베넷을 마지막으로 본 게 언제였습니까? 이 장면의 주된 소품들은 주방용품들이다. 컵, 받침접시, 커피포트, 설탕, 크림, 파이(지금 앤더슨 형사는 배가 고프다), 식탁용 날붙이 등. 그밖에 또 다른 소품은 형사의 사건 수첩이다. 스나이더 변호사가 도착하면서 장면은 종료된다.

장면 10 – 침실 : 등장인물은 폴과 베로니카이다. 여기서 벌어지는 의식은 거래이다. 그녀는 사건이 벌어지던 순간 그가 집에 있었다는 알리바이를 두고 남편과 협상한다. 베로니카의 머리가 나쁘지 않다면 폴이 서명한 약정서라도 한 장 챙겨두는 게 현명할 수도 있다. 이 대목에서 인물들은 변화한다는 사실을 기억해두자. 작가는 작품이 시험대에 오르기 전까지 인물에게 지속적으로 변화를 주어야 한다.

장면 11 – 푸른색 캐딜락 : 등장인물은 폴과 스나이더이다. 여기서 벌어지는 의식은 역시 심문이다. 만일 스나이더의 신경이 곤두서 있다면(그는 형사사건을 맡아본 적이 없는 민사소송 전문 변호사이다), 폴은 곤혹스러워질 수밖에 없다. 이들의 대화는 애슐리와 폴의 내연관계까지 파고들어간다. 작품이 진전되어 작가가 등장인물들의 내면으로 깊이 빠져든다고 할 때, 베로니카는 애슐리보다 훨씬 더 깊이 탐구되어야 할 인물에 해당한다. 대략적인 수정 과정에서 작가는 베로니카의 탁월한 정신적 자질이 표출될 수 있도록 다음과 같은 스나이더의 대사를 활용할 수도 있다. "내가 만일 운 좋게도 왓슨 부인 같은 아내를 얻을 수 있었다면, 애슐리 베넷 같은 여자와 얽히는 일 따위는 결코 없었을 겁니다. 그런 여자가 얼마나 돈을 밝히는지 알고나 있습니까?"

장면 12 - 노브 힐 저택 : 등장인물은 베로니카와 부동산 중개업자 그윈이다. 여기서 관계망은 흥미롭게 뒤엉켜 있다. 베로니카가 그윈에게 알리바이에 관한 약정서를 보여준다면—폴이 저택을 담보로 서명한—그윈은 베로니카와 가까워질 명분을 얻게 된다. 이 대목은 베로니카의 캐릭터와 동기에 다가갈 수 있는 결정적 순간이다. 베로니카가 그 저택을 지키고자 한다면 그것은 신데렐라가 되고 싶어하는 그녀의 꿈을 반증하는 것이다. 그러나 만일 그녀가 그 저택을 버리고자 한다면 그윈은 베로니카로 하여금 그 약정서를 거액에 팔아버린 후 대학원에 복학하도록 이끌어갈 수도 있다. 만약 그 저택이 저당 잡혀 있다면—폴의 또다른 추악한 면—베로니카는 그 저택을 팔아야 할 것이다. 그러자면 곁에 유능한 부동산 중개업자가 필요하다. 그런데 저택이 이미 저당 잡혀 있다면 그 돈은 다 어디로 간 것일까?

장면 13 - 취조실 : 등장인물은 폴과 스나이더 그리고 앤더슨이다. 이 대목은 앤더슨이 폴 같은 부유층에 대한 거부감을 드러내기에 딱 좋은 순간이다. 폴 같은 인간들은 원래부터 부유하게 태어나 자랐다. 그들은 힘들게 일하고 살 필요가 없을 뿐 아니라 심지어 대중들로부터 권력을 가로채기까지 했다. 작가가 이야기의 흐름을 기업의 부패사건 쪽으로 잠시 몰고 가려 한다면, 앤더슨이 뉴스 웹사이트 같은 곳에서 출력한 폴의 기사를 들고 있다는 식으로 설정해도 좋다. 앤더슨이 사태를 기민하게 파악한다면, 그는 바버라와 폴의 사이가 원만치 않다는 것을 일찌감치 파악한 후 그녀에게서 나올 물증을 기다리게 될 것이다. 바버라는 폴을 벼랑 끝으로 몰아가기 위해 부패 스캔들을 활용하려 할 수도 있다.

2막의 말미에서 우리는 치열한 경쟁구도를 발견하게 된다. 그것은 돈과 저택 그리고 기업 경영권 등과 얽혀 있다. 한편으로, 앤더슨 형사는 희생양을 만들어내는 데 집착한다. 폴은 어쩌면 애슐리 살인사건에서 결백할지도 모른다. 하지만 그에게는 부자라는 죄가 있다. 우리는 바버라와 앤더슨 형사 사이의 접선에 관해 조금 더 파악해야 할 필요가 있다. 그들이 어떻게 연결된 것인지 알아내려면 작가는 전사의 구축에 조금 더 매달려야 한다.

작품의 표면에서 분란 상황을 유지하고자 작가는 협상 의식을 활용하고 있다. 폴은 피닉스 인베스트먼츠의 분식회계가 적힌 장부의 기밀을 유지하기 위해 애슐리와 협상한다. 베로니카는 저택을 손에 넣는 문제로 폴과 협상한다. 바버라는 사업의 경영권을 놓고 폴과 협상한다. 그윈과 베로니카의 섹스 장면을 쓸 때조차 협상 의식이 서브텍스트 속에 도사리고 있다. 독자의 눈에 가장 먼저 들어오는 것은 도처에 출몰하는 그윈의 활약상이다. 그녀는 로렌스 더렐의 『알렉산드리아 사중주』에 등장하는 저스틴처럼 연인들 사이를 이리저리 오간다.

2막의 초고를 쓰자면 작가는 중간지점을 발전시키기 위해 사용한 장면-시퀀스의 확장을 적극적으로 모색해봐야 한다. 3막의 초고까지 다 쓰고 난 후에야 비로소 작가에게는 다양하게 쏟아져 나온 서브플롯을 검토할 시간이 생길 것이다. 현재 『트로피 와이프』에는 각각의 주요인물들에게 서브플롯이 하나씩 할당되어 있다.

- 서브플롯1은 폴의 몫이다. 그는 주요 적대인물이다.
- 서브플롯2는 바버라의 몫이다. 그녀는 적대인물2이다. 그녀의 서브플롯은 회사의 경영권 다툼과 관련 있다. 바버라는 곧 몇 가지 내용들을 보완하는 작업(스케치, 소유 의상, 전사, 꿈)이 필요한 베일 속의 인물이다.
- 서브플롯3은 그윈이나 앤더슨 형사의 몫이 될 수 있다. 양쪽 다 보복에 집착하는 인물들이다. 작업이 진행되어 있는 현재 시점에서는 앤더

슨의 복수심이 그원보다 더 명확히 드러나 있다.

• 서브플롯4는 서브플롯3을 차지하지 못한 인물의 몫으로 돌아갈 것이다. 별다른 의도를 떠안고 있지 않은 듯 보이는 그원은 갑자기 공격성을 드러내며 마치 신데렐라 이야기의 요정 대모처럼 두각을 나타내고 있다. 그녀는 부동산 중개업자이므로 베로니카를 위해 노브 힐 저택의 매각(현재 진행중인 협상 의식 중 하나)에 적극적으로 뛰어들 가능성도 배제할 수 없다.

• 서브플롯5는 희생자 애슐리 베넷의 몫이다.

허구의 등장인물들이 실제처럼 생생하게 살아 움직이기 시작하면서 2막의 플롯은 부피가 상당히 커질 수밖에 없다. 작가가 처음 소설을 시작할 때 인물들은 나무막대처럼 뻣뻣한 형상이었지만, 이제는 다윈의 평원에서 격투를 벌이는 마스토돈과 유인원처럼 작품의 진행과 더불어 현격히 진화된 모습으로 암투 속에서 서로 격하게 부딪치는가 하면, 각자의 생활방식에 따라 투쟁하기도 한다.

작가가 클라이맥스로 접근해가고 있기 때문에 이제 장면들은 빠르게 흘러간다. 초고를 쓸 때는 이렇게 신속한 전개를 유지하는 게 바람직하다. 생각하느라 쓰기를 멈추지 말 것. 철자법이나 구두점 따위를 바로잡기 위해 멈칫거리지도 말 것. 지금 상황에서 글 한 줄을 수정하고자 고심하면 자칫 이야기의 흐름이 끊길 수도 있기 때문이다.

폴과 베로니카 사이에 성립된 거래로 인해 우리에게는 풀어야 할 도덕적 질문이 하나 생겼다. 과연 그녀는 그를 도울 것인가? 그녀는 돈을 얼마나 갈구하고 있는가? 그녀는 다른 누군가에게서 도움을 얻을 수 있을 것인가? 바버라의 경우는 어떤가?

44~49주:
3막 초고쓰기

3막은 종결부이다.

이 지점에서는 뒤로 물러설 곳이 없다.

여기서 가장 중요하게 다뤄져야 할 것은 클라이맥스로, 일찍이 아리스토텔레스가 '카타르시스'라고 일컬은 갈등 해소의 순간이다. 그 순간에 관객 또는 독자는 상징의 뛰어난 활용을 통해 찜찜한 감정적 침전물들이 말끔히 씻겨 내려가는 정화를 경험하게 된다.

그러자면 우선 클라이맥스로 다가가는 길목을 터야 하는데, 그 접근방식은 고도의 집중력을 요하는 여러 단계의 시퀀스로 이뤄져야 한다.

여기에는 2막에서 넘어오는 문턱도 포함된다. 우리는 2막의 초고를 다듬는 과정에서 그에 관해 살펴본 바 있다.

3막으로 넘어오면 플롯 짜기2 단원에서 준비해둔 소품들(총, 탄환, 책, 보물, 관, 슬리퍼)을 불러와야 한다. 그리고 아직 살아 있으며 여전히 분노와 탐욕과 갈망에 젖어 날뛰는 인물들, 즉 강력한 동기와 묵직한 의도로 용솟음치는 주요인물들을 모조리 불러 모아야 한다. 그러나 3막은 종결부이므로, 반복에 대해서도 고려해야 한다. 소설을 교향악으로 치면 그것은 되풀이되는 화음과도 같은 역할을 맡고 있다. 소설에서의 반복은 신데렐라와도 같은 낭만적인 장식을 통해 더욱 강화될 수도 있고, 혹은 공허하고 삭막한 죽은 소리로 그냥 끝나버릴 수도 있다.

초고를 쓰는 동안 작가는 자유롭게 날뛰는 야생마와도 같다. 모든 가능성을 향해 열려 있다는 뜻이다. 원고 위에 코를 박고 계속 글을 써나가는 동안, 끊임없이 손가락으로 문서작성기의 자판을 두드려대는 동안, 우리는 한 사람의 예술가로 무르익어가는 셈이며, 자신의 창조력을 통해 존재가 고양되는 체험을 얻을 수 있다. 쓴다. 그리고 원고를 출력한다. 글쓰기의 고통과 기쁨을 이해하는 동료 작가들의 피드백을 갈망한다. 끊임없는 글쓰기 수련과정을 통해 입문한 '작가들의 세계' 안에서는 심지어 글을 쓰지 않는 순간조차도 글 쓰는 순간에 해당될 수 있다. 오래전, 소설 쓰기에 첫 발을 내딛은 후부터 우리는 속도를 내어 줄기차게 여기까지 달려왔다. 만약 우리가 다른 작가 지망생들과 어울려 작업을 진행해왔다면 경쟁심을 느꼈을 수도 있다. 옆자리에 앉은 동료가 다섯 페이지를 썼다면, 나는 여섯 페이지를 채우고자 발버둥쳤을지도 모른다. 맞은편 책상에 앉은 동료가 서정적인 문체를 구사했다면 그것을 의식해서 자신의 글을 시적으로 전환하고자 고심했을 수도 있다.

어느덧 우리는 종착지점에 거의 와 있고 작품의 초고까지도 거의 다 썼으므로, 이제는 무엇보다도 지금까지 일궈온 작업의 결실을 더욱 심화하는 게 중요하다. 작업을 진행하는 동안 우리가 뿌려둔 이미지들은 작품 안에서 스스로 반복되고자 하는 속성이 있다. 이제부터 글을 쓸 때 우리는 회전력을 획득해야 한다. 다시 말하면 이야기의 모든 요소들을 느리지만 강력하게 통합해야 한다는 뜻이다.

3막에서는 모든 분쟁의 해소 국면을 향하여 집요하고 굳건하게 이야기를 움직여가야 한다. 그러자면 우선 군소 캐릭터들은 모두 퇴장시키는 게 낫다. 작품이 클라이맥스에 가까워지면 무대에는 오롯이 주요인물들만 남겨둔다. 혹은 그들이 당장이라도 전면에 등장할 수 있도록 무대 바로 뒤편에 대기시켜둬야 한다. 3막에서 갈등의 해소 국면을 향해 다가가는 동안에는 등장인물들의 보조를 서로 다르게 조절함으로써 이전까지의 치열한 분쟁상황을 계속 유지할 수도 있다. 예컨대 인물 A는 분쟁의 해소를 향해 노도와도 같이 질주하고 싶어한다. 그에 반해 상이한 문젯거리들과 씨름중인 인물 B는 식사를 하거나 커피를 마시거나 아이쇼핑을 즐기면서 빈둥거리고 싶어한다.

3막을 위한 최상의 서사 전략을 찾아내려면 1막과 2막에서 해둔 것들을 다시금 찬찬히 돌아보는 게 좋다. 1막을 작업할 때 우리는 인물들을 무대에 올려—확보된 인물들에게 의상을 입히고 외양을 꾸미고 의도의 맥락을 찾는 등—플롯 포인트1에 이를 때까지 운용하는 문제에 초점을 맞췄다. 2막을 작업할 때는 상징성을 심화하고 과거사를 탐구하는 과정으로서 의식ritual—가르침과 훈련 그리고 고통스러운 배움의 도정—에 초점을 맞췄다.

이제 3막의 작업에서 초점을 맞춰야 할 것은 마치 교향악처럼 끝을 향해 나아갈 때 돌림노래처럼 되풀이되는 이미지들과 문장들, 사건들이 주는 반향이다.

또한 3막에서는 분쟁 상황의 해소에도 관심을 기울여야 한다.

주인공의 숙명을 스케치하기

광기와 파멸에 관해 다룬 『밤은 부드러워』에서 스콧 피츠제럴드는 몰락해가는 자신의 삶을 돌아보며 거기서 얻은 경험과 인식으로 자전적 작품을 쓰기 시작했다. 이 소설의 주인공 리처드 다이버와 마찬가지로 작가 피츠제럴드 또한 당시 망각의 늪 속으로 곤두박질치는 상황이었다. '다이버Diver'라는 주인공의 이름은 그런 추락과 하강 그리고 마지막 다이빙을 상징화한 셈이다.

모든 요소들은 3막에서 더욱 명확해진다. 그 대목을 위해 피츠제럴드는 대문자 X의 구조(그림 18 참조)를 취하고 있다. 그가 그런 형태의 구조를 택한 데는 비단 리처드 다이버 박사의 몰락을 형상화하는 것뿐 아니라 다이버 박사의 아내가 정신질환에서 치유되는 과정(두 번째 주인공의 상승)을 나타내려는 목적도 포함돼 있다. 몰락과 하강의 덫에 갇힌(대문자 X의 플롯 구조에서 하단으로 향하는) 다이버는 로즈메리 호이트와 마지막으로 만난다. 그녀는 소설의 1편에 등장했던 그의 연인이다. 때는 1930년도이다. 그들이 첫 만남을 가진 지 어느덧 5년이 흐른 시점이다. 그들은 처음 만났을 때를 화젯거리로 대화를 나눈다. 다이버 박사는 당시 로즈메리가 얼마나 냉랭해 보였는지 떠올린다. 그러자 로즈메리는 당시 나이가 18세였기 때문에 새침한 척하느라 그랬을 거라고 답한다.

장면의 배경은 해변이다. 이 장소는 1막에서 이미 이정표로 등장한 바 있다. 수상 스키 솜씨를 과시하려던 다이버 박사는 보트의 뒤에서 중심을 잡는 데 성공하지 못한다. 그의 아내는 추거시에서 보낸 작년만 해도 남편이 덩치 좋은 성인남성 한 명을 어깨에 걸머지고도 수상 스키 위에서 중심을 잡는 데 아무 문제가 없었던 사실을 떠올린다. 하지만 로즈메리에게 잘 보이려 했던 다이버 박사는 아까 자신은 종이 인형조차 들어올리지 못할 것 같았다고 말한다. 로즈메리는 다이버 박사와 함께 술을 마신 것이 자신의 첫 번째 음주 경험이었음을 떠올린다. 그리고 다이버 박사는 자신이 지금 몰락하는 중이거나, 혹은 그런 풍문이 나도는 것 같다고 말한다.

여기서 포착해야 트릭은 바로 시점이다. 이야기가 다이버 부인의 시점으로 펼쳐지고 있으므로, 작가는 우리에게 그녀의 이야기를 보여주는 듯

하지만, 그녀의 남편이 로즈메리와 노닥거리며 과거사에 대해 술회하는 동안, 우리는 한 남자가 파멸의 늪으로 빠져드는 과정을 지켜보게 된다. 그리하여 3막의 끝부분에서 다이버 박사는 마지막 하강을 감행하기에 이른다.

3막은 소설을 마무리 짓는 마지막 매듭이다. 여기서 작가는 극적인 클라이맥스와 함께 독자들이 만족스러운 최종 결론에 도달할 수 있도록 행위를 이끌어가야 한다. 지금 쓰고 있는 소설이 러브 스토리라면, 비록 2막의 상당 기간 동안 헤어져 있었다 할지라도 마지막 대목에서 연인들은 결국 함께해야 한다. 앤 타일러의 『우연한 여행자』에 영향 받아 매사에 시큰둥한 주인공이 긍정적인 심리로 재탄생하게 된다는 러브 스토리를 쓰는 경우라면, 런던이나 파리 또는 프로방스나 베니스의 따사로운 오전 햇살 아래 색종이 조각이 흩날리는 장면으로 이야기를 마무리 짓는 것도 고려해봄 직하다.

이 지점에서 다시금 우리가 초점을 맞춰야 할 것은 클라이맥스를 향해 치닫는 플롯의 형태(그림 18 참조)이다.

- 대문자 X 구조에서 클라이맥스가 발생하는 지점은 주인공1이 바닥을 치는 장면에서다. 이와 같은 대문자 X 구조의 표본으로는 『밤은 부드러워』와 『라스베이거스를 떠나며』를 꼽을 수 있다. 두 소설 모두 영화화되기도 했다.

- 상승하는 직선 구조에서는 클라이맥스가 일어나는 순간 힘찬 트럼펫 팡파르가 울려 퍼진다. 신데렐라의 발이 유리 구두 속으로 쏙 들어가는 장면은 그녀가 밑바닥 세계에서 뛰어올라 상류층 세계의 문턱을 가뿐히 넘어서는 순간이기도 하다.

• 출발, 입문, 귀환으로 이루어진 영웅적 순환 구조에서는 클라이맥스가 두 차례 발생할 수 있다. 하나는 주인공이 마지막 문턱을 넘는 장면이다. 그리고 다른 하나는 그/그녀가 출발점으로 되돌아오는 장면이다. 코엘료의 『연금술사』에 등장하는 주인공 양치기 소년은 묻혀 있는 보물을 찾아내고자 스페인으로 되돌아온다. 그런데 보물이 묻혀 있는 장소는 어느 나무 밑으로, 그곳은 소년이 처음 여행을 결심하고 떠나온 곳이었다.

• 울타리, 탈출, 탐험, 용 그리고 귀향으로 이루어지는 신화적 여정의 구조에서 클라이맥스가 발생하는 것은 주인공이 용과 마주치는 장면이다. 고골리 강굴리는 아내의 외도를 알아차린다. 그 순간 그녀가 쓰고 있던 가면이 벗겨지면서 무시무시한 용의 모습이 드러나게 된다.

행갈이 쓰기를 통해 이미 클라이맥스에 도전해보았으므로, 3막에서 우리가 몰두해야 할 과제는 클라이맥스로 향해가는 길목을 트는 일이다. 또한 서브플롯의 관리와 등장인물들의 조합, 동기의 개연성 체크 등의 일거리가 남아 있다. 『우연한 여행자』의 3막은 이 같은 일거리들을 전략적으로 처리하는 데 좋은 참조가 될 만하다. 로즈의 결혼식이 거행되는 플롯 포인트2에서 우리는 뮤리얼에게서 도망칠 궁리에 골두하는 메이컨의 모습과 마주친다. 메이컨은 철저히 틀에 박혀 있는 남자다. 그는 행동하기보다는 언제나 이처럼 궁리하면서 꼼꼼히 따져본다. 그러면서 다양한 고민들 때문에 늘 수동적으로 머물고 만다. 어쨌거나 그도 책 속에 묘사된 바에 따르면, 한 사람의 작가이니까.

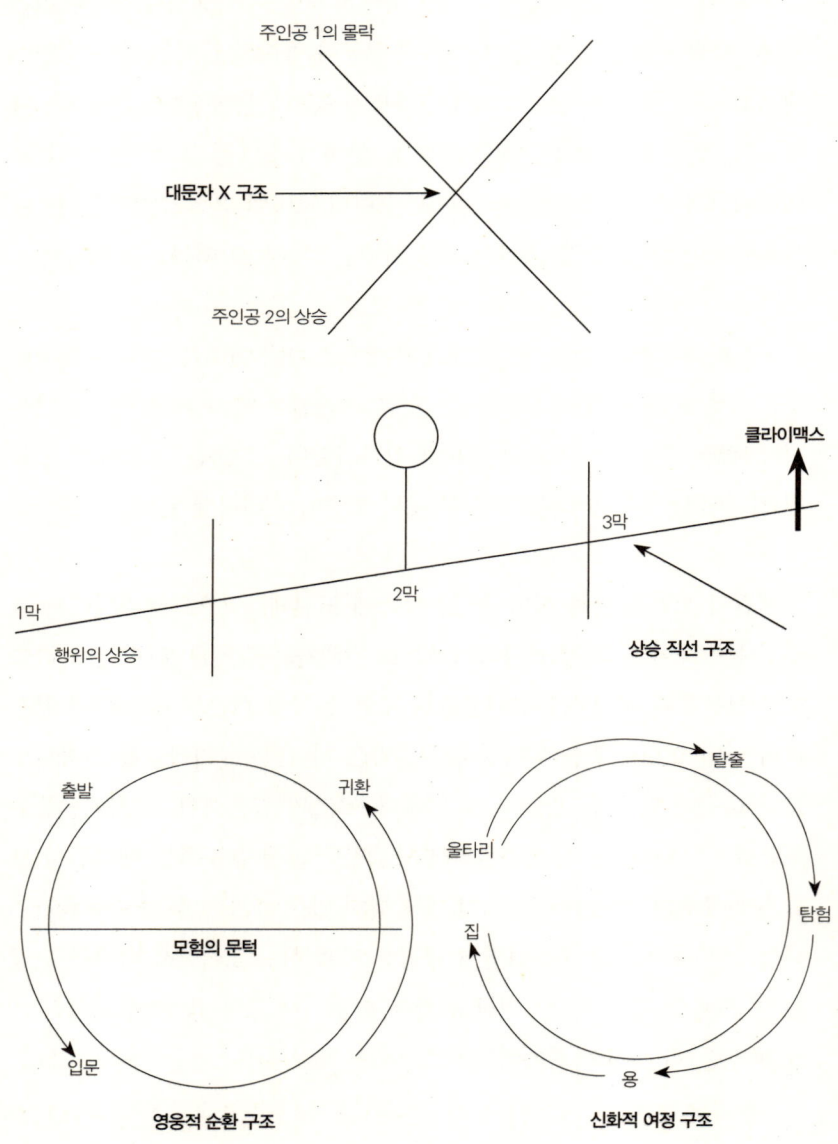

그림 18 . 다양하게 고려해볼 수 있는 이야기 구조들 : 대문자 X 구조, 상승 직선 구조, 영웅적 순환 구조, 신화적 여정

작가들의 예를 참조하기

『우연한 여행자』의 3막은 비 내리는 날씨로 시작된다. 1막의 차 안에서 장대비가 내리는 와중에 세라가 메이컨에게 이혼을 요구한 지 1년이 지난 시점이다. 그 이후부터 결별이 시작되긴 했지만 이 부부의 이혼 문제는 3막이 열리도록 매듭지어지지 않았다. 메이컨은 뮤리얼과 함께 살고 있다. 그녀는 1막의 중간쯤 메이컨과 인상적인 첫 단남을 가지며 소설의 무대에 등장했다. 그러나 1막의 날씨가 지금 반복되는 것은 상황의 변화를 의미할 수도 있다. 뮤리얼은 애완동물센터에서 퇴직했다. 그러고는 자기의 여권 사진을 메이컨에게 보여준다. 이는 7장에서 암시된 바와 같이 그녀가 그를 따라 파리로 가려고 준비했음을 말해준다. 모친과의 전화 통화에서 뮤리얼은 최근의 개 조련 작업에 대해 수다를 떨면서 에드워드를 조련했던 일(메이컨에게 접근하기 위한 의식 전략)을 회상한다.

뮤리얼은 변했다. 그러나 위니펙에 머무는 동안 세라와 나눈 전화 통화에서 메이컨은 그녀가 거의 달라지지 않았다고 여긴다. 세라는 다시 옛집으로 돌아가고 싶다는 뜻을 메이컨에게 전한다. 이리하여 18장의 말미에는 메이컨도 집으로 돌아가게 된다.

세라가 집으로 돌아오자 집은 다시 활기를 되찾는다. 뮤리얼과 함께 있을 때는 천하의 말썽꾼이었던 에드워드도 기가 팍 꺾여 있었다. 그러다보니 메이컨은 뮤리얼을 밀어내고 그 자리에 다시 세라를 들어앉히는 게 어떨까 궁리하게 된다. 이는 메이컨과 뮤리얼이 내밀한 상처를 공유하는 중간지점에서 그가 세라의 자리를 뮤리얼로 대신한 것과 똑같은 흐름이라고 할 수 있다. 하지만 우주와 접촉하고 있으며 경제적 형편 또한 궁핍한 뮤리얼은 뭔가 꺼림칙한 전조를 느꼈는지 세라와의 완전한 결별과 두 사람의 결혼 문제로 그를 심하게 압박하기 시작한다. 뮤리얼의 기세에 질린 메이컨은 그녀를 멀리하게 된다. 그러더니 3막의 중간 대목쯤에서는 급기야 세라에게로 돌아가고 만다. 과거의 의식들로 회귀하면서 메이컨은 안락하다는 느낌을 받는다. 아마 독자들도 그러할 것이다. 하지만 이게 끝이 아니다. 세라가 여전히 그와의 힘겨루기를 그치려 하지 않기 때문이다. 그녀는 1장 때보다 더 심한 말로 메이컨을 윽박지른다.

파리에서 작가는 세라를 주술사로 변신시키고, 그녀는 메이컨 대신 일을 하는 동안 그가 진통제의 약 기운에 취해 있게 만든다. 메이컨처럼 일을 통해 자기의 정체성을 찾는 틀에 박힌 사내에게 이것은 도무지 견딜 수 없는 일이다. 그리하여 결국 그는 행위에 앞서 궁리부터 하는 습관에 굴복하지 않고 과감하게 진통제를 버리기로 결심한다. 그러고는 세라의 곁을 떠나 뮤리얼에게로 돌아간다. 진통제를 버리는 행위—실은 손가락을 펴서 손바닥에 쥐고 있던 알약을 떨어뜨리는 아주 간단한 행위—가 이 소설 3막의 클라이맥스를 이룬다. 독자들은 이처럼 평소와는 다른 주인공의 변화와 그로 인한 대리적 카타르시스를 기대하는 법이다.

통증 때문에 이를 갈 정도로 괴로워하는 주인공 메이컨 리어리는 액션 영화에 자주 등장하는 터프가이 히어로를 뒤집어놓은 인물이다. 이는 참조할 만한 좋은 전략이다. 우리의 주인공에게 정신적 외상을 부여한 후 그것을 깊이 묻어두고, 소설이 전개되는 동안 인물이 서서히 치유되는 과정을 활용해도 좋다. 메이컨은 아들의 죽음으로 인한 내면의 상처에 부대끼며 살아간다. 또한 그에게는 외면적 아픔도 있으니, 허리 통증이 그것이다. 허리 통증은 진통제와 함께 세라를 그의 곁으로 불러들이게 된다. 메이컨은 이를 부득부득 갈면서 여행 가방을 싸들고 바깥으로 나선다. 윌리엄 포크너의 「곰」에 등장하는 주인공 아이크 맥커슬린이 문명의 덫을 이용하지 않고 곰과 마주하겠다며 총과 컴퍼스를 야생구역 어귀에 놔둔 것처럼, 메이컨 리어리 역시 파리의 모퉁이 길목에 여행 가방을 팽개쳐둔다. 그러고는 잡아탄 택시에 뮤리얼을 태우면서 새로운 삶을 기약한다. 그 무엇에도 방해 받지 않겠다는 듯 메이컨은 자신의 삶을 극적으로 변화시키기 위해 근본적인 결단을 내린 셈이다.

3막의 초고를 쓰기 위한 가이드라인

지금까지 우리가 작업해온 것을 쭉 읽어본다. 초고와 관련된 것들뿐 아니라 캐릭터 작업(스케치, 전사, 꿈, 의상 아이템)과 소품 작업까지 포함해서 모두 읽는다. 그러는 동안 3막의 초고를 준비하기 위해 생각나는 것이 있으면 메모한다.

작업에 착수하고 나서는 과거사가 떠오를 수 있는 방향으로 인물들과 소품들을 움직여 가보자. 『제인 에어』의 3막을 예로 들면, 제인의 사촌인 존 리버스라는 교구 목사의 서가에서 편지 한 장이 발견된다. 오래전에 그 편지를 보낸 사람은 제인의 삼촌 존 에어이다. 그는 제인에게 미스터 로체스터와 견주더라도 결코 뒤지지 않을 막대한 유산을 남겨놓았다. 『위대한 개츠비』의 3막에서는 주인공이 죽자, 미스터 개츠라는 늙은 남자가 장례식에 참석한다. 미스터 개츠는 제이 개츠비로 알려져 있으며 이제는 관에 누워 웨스트 에그에 묻힐 운명에 처한 지미 개츠의 부친이다. 아들 제이/지미와 마찬가지로 미스터 개츠 또한 '서부' 변두리 출신이다. 개츠비는 '웨스트'의 반대편인 '이스트'에 받아들여지기 위해 발버둥치다 결국 죽음에 이르고 말았다. 개츠비의 장례식에 참석한 사람은 미스터 개츠와 화자 닉 그리고 올빼미 눈이라는 별명의 파티광이 전부다. 올빼미 눈이 지닌 소품—그가 끼고 있는 안경—은 1막에서 재의 계곡에 서 있던 안과의사 T. J. 에클버그의 확대된 눈이 그려진 광고판을 환기시킨다.

3막에서는 각각의 등장인물이 어떤 최후를 맞게 되는지 철저히 파악해둬야 한다. 주인공은 살아남는가, 아니면 죽게 되는가? 적대인물은 살아남는가, 혹은 죽음을 맞는가? 조력자의 숙명은? 미스터리 소설이라면 이

때 탐정의 소임은 클라이맥스에서 살인자를 처단하든가 아니면 경찰에 넘기는 데 있다. 마틴 크루즈 스미스의 『고리키 공원』의 클라이맥스에서 존 오스본이라는 미국의 부유층 살인마는 사람을 다섯 명이나 살해한다. 러시아 KGB 요원 둘과 미 FBI 요원 셋이다. 오스본은 모피 생산으로 그동안 많은 돈을 벌어들여왔으며 양쪽 기관의 밀정으로도 활동했다. 클라이맥스가 시작되기 전, 살인 현장에 등장한 탐정은 두 명의 또 다른 희생자를 발견한다. 희생자들은 전경에 노출되어 있으며 살인마가 전하는 메시지인 양 전시돼 있다. 그에게 살인은 비즈니스이다. 그러니 살인은 다시 행해질 수밖에 없다. 이리하여 3막에서는 희생자가 일곱 명이나 발생한다. 이는 살인마의 처형을 정당화하기 위한 수라 해도 지나치게 많은데, 게다가 전사에는 오스본이 살해한 사람이 여섯 명이나 더 있다.

작가는 경찰이 희생자의 시체 세 구를 눈과 얼음으로 뒤덮인 고리키 공원에서 발견하는 장면으로 작품을 시작한다. 25년 전의 전사에서 살인마는 레닌그라드에서 세 명의 독일 장교를 무참히 처치했다. 그들이 자신을 경멸하듯 비웃었다는 게 이유였다. 내막은 이러했다. 살인마로 둔갑하기 전까지만 해도 그는 이타주의적 이상을 품은 미국 청년이었다. 실제로 그는 굶주림에 허덕거리는 레닌그라드 시민들에게 미국의 식량을 원조해주는 구호활동에 동참하고 있었다. 독일 장교가 그를 보고 비웃은 까닭은 레닌그라드의 선량한 시민들이 생존하기 위해 식인귀로 변하고 말았다는 사실을 알고 있었기 때문이다. 러시아 벌판의 시신들에서 얻을 수 있는 인육의 양과 비교할 때 미미한 미국의 원조 식량으로는 아무것도 해결될 수 없었다.

그리하여 이미 살해당한 희생자의 수에 세 명이 더 추가된다. 이로써 작가는 3막에서 탐정의 살인마 처단을 정당화하려는 셈이다.

인물의 운명을 어떻게 처리할 것인지는 기본에 충실하는 게 좋다. 『고리키 공원』의 살인마는 죽음을 맞는다. 탐정은 살아남는다. 시베리아에서

온 여주인공도 물론 살아남는다.

　인물들의 숙명을 파악하는 일을 끝내고 나면 이제는 3막의 장면 목록을 짤 차례다. 목록의 첫 머리에 올 장면은 2막의 끝부분을 지나 3막 시작으로 넘어가는 플롯 포인트2에 속하게 된다. 플롯 포인트를 가장 현명하게 활용한 예는 『우연한 여행자』에서 줄리언과 로즈가 결혼하는 순간이다. 줄리언의 서브플롯은 1막에서 그가 에드워드에 쫓겨 나무를 타고 기어 올라가는 장면에서 이미 시작된다. 그 장면은 줄리언이 로즈의 집에서 저녁식사를 함께하게 될 때 로즈의 서브플롯과 연결된다. 줄리언과 로즈 서브플롯의 클라이맥스에 해당하는 2막 끝부분에서의 결혼식은 성적인 삼각관계(메이컨은 이 두 여인 모두와 성적인 관계를 맺었다)를 형성하는 세 주요인물—주인공 메이컨, 적대인물 세라, 그리고 조력자 뮤리얼—을 한자리에 불러 모은다. 이 삼각관계 구도는 주인공이 3막 끝부분에서 최종적으로 누구를 택할지 고민할 때 절정에 이르게 된다. 그는 아내 세라를 택할 것인가? 아니면 연인 뮤리얼을 택할 것인가?

　그밖에 3막에서 반드시 배치해야 할 두 가지 주요 장면은 클라이맥스와 '마무리 순간'이다. '마무리 순간'에는 독자로 하여금 소설의 책장을 덮고 난 후에도 그 여운을 오래도록 음미하게 하는 마지막 이미지가 포함돼 있다. 『위대한 개츠비』의 마지막 이미지는 데이지의 집이 있는 이스트 에그의 부두에서 깜박이는 초록색 불빛이다. 『우연한 여행자』의 마지막 이미지는 메이컨과 뮤리얼이 택시에 타고 있을 때 차의 앞 유리에 후두둑 떨어지던 빗줄기 사이로 난데없이 비치기 시작하는 햇살이다. 그 햇살은 마치 색종이 조각과도 같이 그들의 결합을 축복해준다. 『고리키 공원』의 마지막 이미지는 뉴저지의 눈밭에서 피를 흘리고 있는 탐정의 모습이다. 그는 팜 파탈 역의 여주인공이 서서히 멀어져 가는 것을 지켜보면서 모피 부츠 한 켤레가 필요하다는 말을 웅얼거린다. 『모비 딕』의 마지막 이미지는 익사한 선장과 선원들의 시신이 '익시온과도 같이' 수면 위로 떠오른 피쿼드 호에서 멀어져, 거센 소용돌이 속에 퀴퀘그의 관을 붙들고 떠 있는 화자 이슈미얼의 모습이다. 아홉 척의 배 중에서 한 척에 의해 구조된 이슈미얼이 살아남은 자의 몫으로 모비 딕과의 사투를 술회한 셈이다. 마무리 장면은 클라이맥스의 후미에서 곧바로 이어져야 한다. 클라이맥스는 안무처럼 조화로운 움직임으로 짜여야 한다. 멜빌은『모비 딕』의 클라이맥스에 작중에서 사흘 동안의 시간과 세 개의 장을 할애했다. 마틴 크루즈 스미스는 살인마의 범행을 주도면밀하게 편성하면서 그의 처단을 위한 동기가 독자들에게 충분히 납득될 수 있도록 처리했다.『우연한 여행자』에서 앤 타일러는 메이컨이 진통제(핵심 소품)의 약 기운에 취해 무력해지도록 세라를 불러냈다. 하지만 그와 동시에 메이컨이 진통제를 포기할 수밖에 없는 상황을 조성해두기도 했다. 주인공의 이런 선택에서는 중세의 방랑기사가 마법의 성채에서 상처 입은 몸을 빼내기 전에 신비의 영약을 포기하려는 듯한 각오가 느껴질 정도다. 작가는 건물 안에 계단을 설계하듯이 클라이맥스로 접근해가는 길목을 적절히 만들어낼 수 있어야 한다.

클라이맥스로 통하는 길목은 1막에서부터 이미 시작되어야 한다. 그러고는 2막을 통과하여 3막에 이르러서는 독자를 쾌속으로 클라이맥스까지 이끌어야 한다. 이미 언급한 바와 같이 타일러는 세라가 이혼을 요구하는 첫 장면에서 이미 메이컨의 결정—아내냐 연인이냐, 세라냐 뮤리얼이냐—을 암시해두고 있다. 메이컨은 플롯 포인트1에서 뮤리얼을 고용한다. 그런데 같은 장에서 줄리언은 로즈와 만나 두 사람의 서브플롯을 진행하고, 이 서브플롯은 플롯 포인트2에서 결혼식으로 마감된다. 플롯 포인트 1과 2 사이의 중간지점에서 뮤리얼과 메이컨은 각자의 상처를 나눈다. 그리고 뮤리얼이 메이컨을 그녀의 침대로 끌어들인다. 그들은 세라가 결혼식에 참석하기 전까지 함께 살게 된다.

『고리키 공원』에서 탐정은 소설의 첫 장면에서 시체들에 남겨진 흔적과 검은담비 모피를 뒤쫓는다. 뉴저지 주 근교지역의 눈밭에 파묻혀 있던 세 구의 시신이 발견된다. 클라이맥스는 사실상 이때 이미 시작된 셈이다. 눈밭에서 발견된 세 명의 희생자들은 모두 이십대의 젊은이들이다. 하나는 미국인이고 나머지 두 명은 시베리아 출신의 러시아인들이다. 러시아인들은 시베리아의 모피 농장에서 일했던 것으로 밝혀진다. 시베리아에서 그들이 만난 것은 바로 그들을 죽인 살인범이다. 살인범은 만일 그들이 여섯 마리의 검은담비를 밀반입해준다면 미국으로 데려가겠노라고 약속했다. 살해당한 미국 청년은 그 사실을 폭로하겠다며 살인범에게 위협을 가한 사실이 드러났다. 이 세 명을 모두 해치운 살인범은 시신들의 신원 확인이 어려워지도록 그들의 손가락 끝을 예리한 단도로 모조리 잘라냈다.

러시아인들의 시신에 남은 검은담비의 털을 철저히 조사한 끝에 탐정은 살인범이 누군지 밝혀내기에 이른다. 그 과정에서 그는 가장 친한 친구를 잃고 새로운 친구와 사귀게 된다. 그리고 누군가와 사랑에 빠지는가 하면 흥미롭게도 임사 체험까지 하게 된다.

『위대한 개츠비』에서 피츠제럴드는 클라이맥스로 통하는 길을 트기 위해 몇몇 종류의 차량들(박살 난 로드스터, 영구차, 흰 차, 파란 차, 그리고 노란 차)을 활용한다. 『모비 딕』에서 멜빌은 대형 작살을 비롯하여 고래 사냥과 관련된 여러 물품들을 클라이맥스로 통하는 길에 효과적으로 배치한다. 이 소품들을 통해 에이해브 선장은 클라이맥스에서 "이리하여 나는 나의 작살과 영영 작별하련다"와 같은 셰익스피어적인 명대사의 울림을 낳게 되는 것이다.

비극적인 결말도 염두에 두자

실제 생활의 시나리오 : 창작 세미나에서 한 여성 작가 지망생이 칠판 위에 그녀의 소설을 그림과 함께 소개한다. 그 소설은 작가 자신과 비슷한 또래인 데다 차 사고로 남편을 잃은 후 작가 자신과 유사한 심적 고통을 겪고 있는 한 여성에 관한 이야기이다. 그녀가 극적인 클라이맥스에 다다르려는 순간 작가는 거기서 이야기를 끊고 만다. "주인공은 그때 죽거든요." 그러고는 덧붙인다. "자살한 겁니다."

갑자기 벼랑 밑으로 추락해버리는 결말은 좌중의 탄식을 자아낸다.

글쓰기 선생은 그 작가 지망생에게 전략적으로 고대 그리스 비극과 친해지라고 충고해준다. 불핀치의 책들을 읽어보세요, 선생이 말한다, 그러고 나서 다음 주에는 다른 결말로 써오세요. 뭔가 구원의 기미가 느껴질 만한 내용으로. 그녀는 라오다미아와 프로테실리아우스의 이야기를 가지고 돌아온다. 트로이 전쟁 때 헥토르에게 살해당한 전사의 이야기이다. "남편이 죽었다는 소식을 듣게 되었을 때" 작가가 말한다. "라오다미아는 신들에게 은총을 간구했어요. 그녀는 딱 세 시간 동안만 남편과 이야기를 나눌 수 있도록 해달라고 했어요. 신들은 수락할 수밖에 없었지요. 머큐리가 그를 지상세계로 데려왔어요. 그가 다시 죽음의 세계로 돌아가게 되자 그녀는 남편을 따라 이승을 등지고 말았어요. 정말 아름다운 이야기 아닌가요?"

고대 그리스 비극에 대한 참조를 통해 그녀는 다행히도 전보다 나은 이야기를 가져올 수 있었다. 남편을 뒤따르기 위해 택한 주인공의 죽음은 이제 공감을 살 만한 이야기로 다듬어졌다. 그러니 주인공이 벼랑 끝으로 추락하는 결말을 택할 때는 좀더 주의를 기울일 필요가 있다.

연습과제

1. 손 풀기
이와 같은 출발선을 활용한다. '3막의 모양새는 ……처럼 보인다(느껴진다).'(주어진 시간은 10분)

2. 클라이맥스
행갈이 쓰기 기법으로 10분간 클라이맥스를 쓴다. 여기서도 이전과 마찬가지로 생각하기 위해 멈추는 것은 금물이다.

3. 클라이맥스에 다가가기
클라이맥스 쓰기를 마친 후에는 곧바로 20분 동안 클라이맥스로 통하는 길목에 대해 써본다. 귀띔 : 장면에 번호와 부제를 붙인다. 또한 강한 느낌을 불러일으키는 동사들을 사용한다. 예를 들면 이렇다. '뮤리얼은 휴직하기로 결심한다.' '세라는 메이컨에게 전화를 건다.'

4. 문턱 넘기
배경의 변화를 활용하여 문턱 넘기의 장면들을 쓴다. 그 장면들과 함께 주인공은 2막의 경계를 넘어 3막으로 옮겨간다. 그사이에 시간은 얼마나 흘렀는가? 어떤 동기가 주인공으로 하여금 그쪽으로 옮겨 갈 수밖에 없도록 부추겼는가?

5. 일련의 사건
앞서 가이드라인에 제시된 형태를 참고하여 클라이맥스와 플롯 포인트1 그리고 클라이맥스와 마무리 장면을 이어주는 일련의 사건을 구성한다. 각각 사건에는 작품의 초반부와 연결될 수 있는 굵직한 행위가 뒤따라야 한다는 점을 명심한다.

6. 장면 목록

3막에 해당하는 장면들의 목록을 작성한다. 아무리 작은 장면의 일부나 조각들 또는 파편이라 할지라도 빠뜨리지 말 것. 한 장면이 끝나면 그 첫 머리에 빨간 연필로 '됐음'이라고 써둔다. 끝내지 못했으면 '아직 작업 중' 또는 '더 써야 함'이라고 쓴다. 목록이 완료되면 플롯에 빈틈이 보이지는 않는지 검토한다. 예전에 써둔 장면에서 빈틈을 메우면 확장될 가능성이 있는가? 혹은 아예 그 장면을 새로 써야 하는 건 아닐까? 장면들에서 잘라낼 부분이 보이면 곧바로 잘라낸다.

7. 장면 쓰기

15~20분 동안 타이머를 맞춰놓고 장면 목록에 따라 장면들을 써나간다. 이제부터는 부분을 전체적으로 통합하여 모든 장면들을 꽉 채워서 다 쓸 수 있어야 한다. 우리의 목표는 한 주당 서너 개의 장면들을 완성하는 것이다.

8. 작업 내용의 저장

작업한 3막의 장면들을 출력한다. 그리고 폴더에 새로 채워 넣는다.

작가들의 예를 참조하기

오래전에 우리가 알고 있는 어느 작가 지망생 한 명이 탈고한 원고를 출판사에 보냈다. 하지만 원고는 무참하게도 고스란히 반송되어 돌아왔다. 작가가 확신컨대, 그의 원고에는 온갖 상징으로 점철된 꿈들이 넘쳐나고 있었다. 뿐만 아니라 꿈과 베일에 싸인 에로티시즘의 파편들이 신비롭게 뒤섞여 있기도 했다. 그동안 그는 정말 열심히 작업해왔다. 그 꿈들은 글로 잘 옮겨진 것 같았다. 그런데도 그의 원고는 채택되지 않았으며 검증의 무대를 통과하지 못했다. 자존심이 상한 작가는 모든 꿈이 수포로 돌아간 데 대해 불같이 화를 냈다. 나중에 이 원고가 다른 출판사에 의해 미끈한 표지의 단행본으로 출간되어 서점에 깔리고 나서야 그는 오랜 분노를 거둬들일 수 있었다. 그런데 책으로 찍혀 나온 자기 글을 쭉 훑어보자 큼지막한 빈틈이 꽤 많았다. 그가 자신해 마지않았던 꿈들의 상당 부분은 기실 삭제되거나 다듬어졌어야 했다. 그제야 그는 예전에 자신의 원고를 퇴짜 놓은 출판사의 결정과 편집자의 안목이 옳았다고 시인하지 않을 수 없었다.

거기 그려진 꿈들은 아름답긴 했지만 과도할 정도로 번잡스러웠다. 특히나 요즘에는 소설을 쓰면서 과도한 것을 쳐내고 나서 그 줄기를 컴퓨터에 저장해둘 수도 있다. 작업 내용이 좋다면 특정 폴더에서 쳐낸 것을 다른 폴더에 저장해둔 후 다른 소설을 쓸 때 재활용할 수도 있다.

습작 소설 : 『트로피 와이프』

베로니카가 서재의 여닫이문을 힘껏 열어젖히자 업무용 목제 책상 뒤에 앉아 있는 폴의 모습이 나타난다. 책상은 부친의 유물이다. 베로니카의 시야에서 가려져 있던 그원이 그녀의 뒤통수를 권총으로 후려갈긴다. 잠시 후 그녀가 충격에서 깨어난다. 등받이 높은 가죽 의자에 몸이 결박되어 있다. 그녀의 눈에 폴에게 키스하는 그원의 모습이 들어온다. 그녀의 위장이 꼬이는 것 같다. 욕지기가 치밀어 오르는 게 느껴진다. 차라리 보지 말았어야 했다. 그들이 다투는 소리에 그녀의 정신이 다시 돌아온다.

돈의 액수나 애슐리의 죽음과 관련된 얘기들이다.

베로니카가 말한다. "그 사람은 당신이 그랬다는 걸 알고 있어요."

"누가 뭘 안다는 건데?"

"앤더슨 형사요. 그 사람은 당신이 애슐리의 살해범이라는 걸 알고 있다구요."

그윈이 신경질적으로 자리에서 일어나더니 권총을 들고 흔들어댄다. 폴이 총구 앞으로 다가간다. 그윈이 날카롭게 울부짖으며 뒷걸음친다. 창 밖으로 사이렌 소리가 울려 퍼진다. 타이어가 급제동하는 마찰음에 이어 차 문이 열렸다 닫히는 소리가 들린다. 그러고는 남자들이 웅성거리는 소리. 그윈이 창가로 다가가더니 총구를 바깥으로 겨냥한다. 폴이 총을 움켜잡는다. "이제 알겠군." 그가 말한다. "당신은······"

그윈이 돌아선다. 총구가 폴에게 밀착된다. 그러고는 둔중한 총성이 터져 나온다. 베로니카가 결박을 풀려고 발버둥친다. 복도에서 날아든 목소리가 외친다. "총 내려놔." 그윈은 재빨리 몸을 옆으로 비킨다. 그녀는 굳은 표정을 짓고 있다. 이리저리 우왕좌왕하던 총구가 베로니카 쪽으로 향한다. 총이 다시 격발된다. 베로니카는 몸이 무너져 내리는 것을 느낀다. 바닥에 쓰러지는 순간 베로니카는 그윈의 목울대에서 피가 쏟아져 나오는 것을 본다. 그러자 그들이 함께한 시간들과 그 모두가 그윈의 계략에 지나지 않았다는 사실이 그녀의 기억 속에 되살아난다.

앤더슨 형사가 황급히 방 안으로 달려 들어온다. 그는 그윈의 목에 손가락을 대본 후 폴에게도 똑같이 한다. 그러고는 무릎을 움직여 베로니카 앞까지 다가간다.

"괜찮아요?"

"네, 저는 괜찮아요."

"할 수 있는 한 최대한 빨리 오려고 했습니다."

"네, 알고 있어요." 그녀가 말한다. "고마워요."

"당신 남편이 작별을 고하려는 것 같군요."

베로니카의 양손이 결박에서 자유로워진다. 하지만 여전히 자유로이 움직이기는 힘들다. 그녀는 폴을 응시한다. 그의 눈꺼풀에 파르르 경련이 인다. 그가 손을 내민다. 그녀의 손이 그의 손을 꽉 맞잡는다. 그가 아이처럼 조그맣게 비명을 내지른다. 그러고는 숨을 거둔다.

돌아온 앤더슨 형사가 베로니카를 부축해서 일으킨다. 그녀의 팔이 그의 목덜미에 단단하게 엇걸린다. 그녀는 너무 작게 느껴지고, 그는 너무나 강하게 느껴진다. 그는 베로니카의 아버지에 해당하는 나이이다. 그는 그녀를 들것 위에 태워 앰뷸런스로 옮긴다.

"고마워요, 형사님."

"금세 괜찮아질 거예요, 왓슨 부인."

앰뷸런스에서 베로니카는 앤더슨 형사가 몇 미터 정도 길섶 쪽으로 비켜나는 모습을 바라본다. 그는 등을 돌리고 멈춰서더니 휴대폰을 꺼내든다. 베로니카는 그 모습을 주의 깊게 지켜본다.

1. 바버라의 사무실 – 낮
바버라가 전화를 받는다.
상대방은 앤더슨 형사이다.
얼굴에 번지는 미소에서 그녀의 만족감이 드러난다.

2. 병실
앤더슨 형사가 병실로 들어온다.
그는 베로니카의 침대 옆 의자에 앉는다.
그들은 폴의 죽음에 관해 이야기한다.
그가 그녀의 증언을 접수한다.

3. 바버라의 회의실

그녀가 회의 테이블의 의장석에 앉아 있다.

그녀는 변화에 대해 역설한다.

슈트 입은 남자들이 고개를 끄덕이며 미소 짓는다.

4. 바버라의 사무실

베로니카가 의자에 앉아 있다.

그녀는 서류에 서명을 한다.

바버라는 대가의 지급을 약속한다.

그녀들은 서로 악수를 나눈다.

5. 커피숍

바버라의 사무실을 나선 베로니카는 길을 건넌 후 커피숍에 들어가서 커피 한 잔을 마신다.

그녀는 은색 마이바흐가 멈춰 서는 것을 바라본다.

바버라가 사무실 건물 정문에서 걸어 나온다.

차의 한쪽 문이 열리고 앤더슨 형사가 바버라를 차 안으로 안내한다.

여기서 초점을 맞춰야 할 것은 3막의 끝부분이다. 죽음과 유혈사태 속에서 작가는 그것에 관한 설명이나 생각을 늘어놓는 게 아니라, 상황 묘사를 통해 클라이맥스에 다다르고 있다. 행위를 통해 처절한 보복과 응징을 그려 보이는 것이다. 나쁜 사내는 죽고 만다. 좋은 여자는 살아남는다. 클라이맥스로 통하는 길은 오로지 글로 그려질 때만 독자들에게 생생히 전해질 수 있으며, 등장인물들의 최후도 여기서 판가름 나는 법이다. 여러 등장인물 중에서 누가 죽고 누가 추방될지 가늠하는 순간, 작가는 작품의 시작과 끝을 어떻게 처리할지 정하게 된다.

『트로피 와이프』에서 죽음에 이르는 인물들—애슐리, 폴, 그리고 그 원—과 살아남는 인물들—베로니카, 바버라, 그리고 앤더슨—은 각기 세 명씩이다. 대화가 그리 많지 않으므로, 작가는 베로니카의 미래를 행위를 통해 암시할 수도 있다. 예컨대, 만일 그녀가 핸드백에서 봉투 하나를 꺼내더니 새로 구입한 『제인 에어』 단행본 옆에 나란히 놓는다면? 그런데 만일 그 봉투 속에 돈이 들어 있었다면? 그리고 만일 그녀가 택시를 잡아탄 후 예전에 살던 동네와 어려운 시절을 보낸 당시의 집으로 향한다면? 그런데 마침 택시가 대학교의 캠퍼스 옆을 지나게 된다면? 그리하여 만일 베로니카가 깊게 탄식을 내뱉은 후 차 시트 깊숙이 몸을 파묻으며 조용히 두 눈을 감는다면?

이제 어디로 가야 할까

수많은 주말을 창작 실습으로 보낸 지 어느덧 1년이 가까웠다. 이 시점에 우리에게는 단 하나의 커다랗고 흥미진진한 질문이 남아 있다. 이제부터 어디로 향해야 할까? 우리는 글쓰기에 관해 많은 것들을 공부해왔다. 이제는 소설 쓰기의 높낮이도 파악할 수 있다. 조금 더 다듬어야 할 원고들도 가득 쌓여 있다. 이야기 속에서 생생하게 살아 움직이는 등장인물들도 곁에 머물러 있다. 계속 이어질 세 번의 주말 동안, 우리는 더욱 진전된 모험을 떠날 예정이다. 각자의 원고가 어느 정도 진척을 이루었느냐에 따라—소설의 진척뿐 아니라 일상생활의 여건도 따져서—다음과 같은 세 가지 방향 중 하나를 선택한 후 거기에 해당되는 재료로 계속 작업을 이어갈 수 있다. 개인적인 회고록, 영화 시나리오, 또는 49주 동안 지속해온 소설의 수정 작업.

페이지를 넘겨 다음의 글쓰기 여정에 부합하는 행로를 찾아보자.

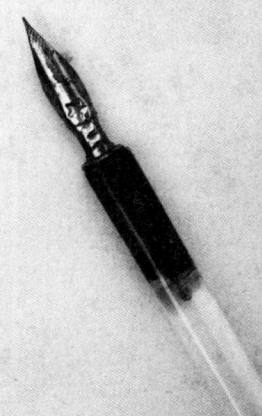

7부

50~52주
원고의 또 다른 가능성

지금까지 이어온 작업 여정의 종막에 해당하는 49주차까지의 교습을 통해 이제 우리에겐 두툼한 한 권의 원고 묶음이 생겼다. 이만하면 뿌듯해할 만한 분량이 아닐까 싶다. 200페이지나 300페이지, 어쩌면 그 이상의 분량이 쌓여 있을 테니까. 그 안에는 여러 개의 장과 숱한 장면들, 그리고 고조되는 클라이맥스가 담겨 있다. 그 내용은 우리의 고된 작업에 값할 만한 묘사와 빈틈없는 서술 등으로 이루어져 있을 것이다. 또한 우리가 작성한 인물과 장소, 장면들, 소품들의 목록 등이 무르녹아 있다. 이를 위해 우리는 플롯의 도표와 핵심 장면들의 스케치에 몰두해왔으며, 스토리보드도 그리고 장면의 윤곽도 짰다.

소설이 마무리되고 나면—자신의 소설에서 어떤 부분도 더 이상 고치거나 다듬을 곳이 없다고 여겨지면—이제는 출간을 시도하여 출판 시장에서의 반응을 살펴볼 차례다. 그러자면 먼저 원고를 출판사에 과감히 투고해야 한다. 하지만 만일 작품이 아직 부족해 보인다면, 그러니까 다시 말해 원고에 여전히 문제가 많아 보인다면—가령, 동선도 충분치 않고 이렇다 할 인상 깊은 적대인물도 보이지 않으며, 주인공도 한 명 이상이 필요하고, 자전적인 내용이 너무 많이 포함돼 있고, 회상 장면도 지나치게 많다 싶다면—아래에 제시하는 세 가지 방법을 고려해볼 필요가 있다.

1. 개인적인 회고록을 써볼 것.
2. 이야기의 흐름부터 시작해서 지금까지 쓴 소설을 대폭 손질할 것.
3. 영화를 염두에 두고 시나리오를 쓸 것.

앞으로 하나씩 이 방법들에 대해 살펴보기로 하자.

50주:
회고록 쓰기

　소설을 처음 써보는 사람들은 대체로 자신의 일부를 원고에 투영하게 마련이다. 하지만 그 문제로 애태우지는 말자. 어차피 삶이란 소중하고 짧기 때문에 뭔가를 기억될 만한 것을 남기고 싶은 심정은 자연스러운 법이다. 『율리시즈』(1922년)로 문명을 떨치기 전, 제임스 조이스도 『어느 젊은 예술가의 초상』에서 자전적인 삶을 그린 바 있다. 어니스트 헤밍웨이 역시 쿠바에서 추방당한 자전적 체험을 『흐르는 섬』에 담고 있다. 이 소설은 2차 세계대전 때 나치와 맞서 투쟁한 어느 노 작가의 이야기이다. 작가가 자기 자신에 대해 쓴다는 것은 매우 자연스러운 일로, 결코 허물이 아니다. 이제 초고를 마무리했으니 우리도 처음부터 끝까지 원고를 쭉 검토해보면서 돌아보는 과정을 거쳐야 한다. 그런데 그 과정에서 자신이 살아온 인생의 편린이나 인물들 또는 소품들과 마주치게 된다면, 이런 실제 생활의 디테일들을 통해 우리의 소설을 개인적인 회고록으로 전환할 수도 있다. 기억의 편린들을 목록에 담아보자. 그리고 각각의 기억에 부제를 붙인다. 첫 데이트, 학교에서의 첫날, 마지막 생일 파티, 신심 깊은 교도소장이었던 아버지 등등. 그리고 그 기억들이 가능한 한 정확히 언제였는지를 떠올려본다. 작품 속에서 회고가 차지하는 비중은 얼마만큼인가? 다시 써야 할 기억들은 또 얼마나 되는가?

출발점 삼아 몇 주 동안 각자의 비망록이나 노트북에 목록을 작성한. 이 작업의 시동을 걸기 위해 '나는 기억한다'라는 문장을 출발선으로 사용한다.

'나는 ……한 날을 기억한다.'
'나는 ……한 시절을 기억한다.'
'나는 첫 번째 담임선생님이 ……한 것을 기억한다.'
'나는 엄마가 내게 ……라고 말해준 날을 기억한다.'
'나는 내 기분이 침울해진 날을 기억한다. 그날 길바닥에 흐르는 핏물을 보고는……'

50~100페이지 분량의 기억이 쌓일 때까지 서너 주 동안 멈추지 말고 써내려간다. 그리고 나서는 그것들을 쭉 훑어본다. 훑어가는 동안 뜯어 고치겠다는 태도로 임하지 않아도 무방하며, 그저 패턴만 포착할 수 있으면 된다. 작업의 표면에 어떤 생각들이 주로 떠올라 있는가? 어떤 맥락들이 반복되고 있는가?

회고록 속에 나타나는 패턴은 일정 시기(약혼한 시기, 고등학교를 마치고 대학에 진학할 무렵의 여름, 죽도록 앓아누웠던 겨울)일 때도 있고, 또는 장소, 인물, 소품, 예식 등과 관련된 일련의 기억일 수도 있다. 회고록 워크숍에서 어느 작가 지망생은 자신의 생일, 정확히 말하면 마지막 생일 파티를 기점으로 잡았다. 그날 그녀는 케이크 위에 꽂힌 촛불을 불어 껐고 선물을 열어보았던 것, 어떤 친구들이 모여 있었으며 친척들 중에서 누가 왔는지에 관해 썼다. 전남편이 난데없이 파티에 들이닥쳤을 때는 긴장 어린 순간이 흐르기도 했다. 하지만 그녀는 자신의 글로 마지막 생일 파티의 추억이 고스란히 되살아난 것을 흡족해하는 눈치였다(기억 속에 깊이 묻혀 있던 것을 글로 끄집어낸다는 것은 일종의 치유이기도 하다). 그녀의 글 속에는 초대 손님, 선물들, 축하노래, 케이크와 촛불, 돌발 상황, 파티에 들이닥친 불청객 등이 그려져 있었다. 예전에 쓴 글에 비해 그녀가 구사한 대화문들은 한결 향상돼 있었고 인물들도 실제와 훨씬 더 가까워 보였다. 촛불을 불어 끄는 대목에서는 현실의 중량감과 실체감까지 엿보일 정도였다. 그 대목은 다음과 같다. '당신은 상체를 케이크 앞으로 숙이면서 너울거리는 촛불 앞으로 얼굴을 들이민다. 두 손으로는 탁자의 양쪽 모서리를 움켜잡는다. 목을 앞으로 쭉 내밀면서도 얼굴은 살짝 뒤로 젖힌다. 그러고는 무릎을 꿇듯이 하여 가슴을 아래로 낮춘다. 촛불에 가까이 다가가면서 허파에 숨을 불어넣는다. 어디선가 풍겨온 듯한 담배 연기를 맡자 콧날이 씰룩거린다. 하지만 실내는 금연구역이니 아마도 담배 연기는 테라스에서 새어들어온 모양이다. 여닫이문이 열려 있는 게 틀림없다. 당신의 기억이 옳다면 그 문을 닫았던 것 같다. 담배 연기를 맡자 속이 메스꺼워지면서 불현듯 욕지기가 치민다. 그 향으로 보아 카멜에서 피어오른 담배 연기가 확실하다. 카멜, 그것은 당신의 전남편이 즐겨 피우던 담배였다. 전남편의 이름은 조니이다. 그는 멋진 남자이지만 자리에 앉기만 하면 담배를 피워무는 엄청난 골초였다. 그런 그가 지금 여기 와 있다. 저기 테라스에서 담배 냄새에 찌든 정장을 차려입고서 말이다.'

이 글에서 작가는 2인칭─'나'가 아니라 '당신'─을 택하고 있다. 자신의 기억으로부터 신중하게 거리를 두기 위해서일 것이다. 위 문단의 마지막 언저리에서 그녀는 주목할 만한 기억의 편린으로 다음 문장들을 이어가기 시작한다. '그 향으로 보아 카멜에서 피어오른 담배 연기가 확실하다. 카멜, 그것은 당신의 전남편이 즐겨 피우던 담배였다……' 이것은 전사반복이라 불리는 수사법인데, 우리의 용어로는 '사슬 잇기'라 부른다.

사슬 잇기는 글쓰기에 리듬과 반복을 주는 하나의 방법이다. 카멜이라는 담배는 하나의 소품으로, 그것은 어떤 인물과 연관성을 맺고 있다. 글쓴이는 담배 냄새와 연관 지어 전남편을 기억에서 호출한다. 그로 인해 그는 한결 현실적인 모습으로 이 문단에 출현하게 된다. 그녀는 그와 이혼했다. 그런데 지금 그는 친구들과 친척들만 모인 생일파티의 폐쇄된 울타리 안에 불청객으로 들어와 있다. 특히 이 부분에서 '당신'이라는 인칭대명사의 힘이 느껴진다. 개인의 술회를 다루는 이 같은 방식은 본인의 기억과 일정한 거리를 두면서 냉정한 시선으로 상황을 바라보는 타개책이 될 수도 있다. 적어도 글쓴이가 그 기억의 행로에 부합하는 구조를 찾기 전까지는 충분히 유효하다.

개인적 회고록에 가장 알맞은 플롯 구조 중 하나는 신화적 여정 구조다. 우리는 막 각자의 소설 쓰기에 뛰어들었던 무렵인 3~4주차에 이미 그것에 대해 공부한 바 있다. 소설 쓰기에서는 긴 글을 써나가기 전에, 인물의 나아갈 방향을 정하며 구조를 짜두는 과정이 긴요하다. 회고록에서 주인공은 바로 우리 자신이므로, 구조 짜기에 앞서 상황별로 발생한 일들이 구체화될 수 있도록 먼저 재료들을 뽑아낼 필요가 있다.

소설은 허구의 창작물이고 여기에 나오는 사람들은 작가가 빚어낸 캐릭터들이다. 이에 반해, 회고록은 실제의 기억을 펼쳐놓은 글이다. 이 글에 등장하는 사람들은 이른바 '거주민'이다. 우리의 기억 속에 서식하고 있는 거주민들은 다른 이들의 기억에 머물러 있는 거주민들과 일치할 수도 있다. 부모, 형제, 조부모, 숙모, 삼촌, 사촌, 친구, 선생님, 직장 상사, 동료, 그리고 원수 등에 이르기까지. 소설에서는 한 명의 주요 적대인물과 여럿의 군소 적대인물이 등장한다. 회고록에서 우리의 적대자는 끔찍한 부모(로렌 슬레이터의 회고록 『거짓말』에 등장하는 그녀의 어머니나, 프랭크 매코트의 『안젤라의 재』에서의 아버지)일 수도 있고, 끔찍한 선생, 끔찍한 형제자매, 끔찍한 친구일 수도 있다.

우리는 우리 자신과 우리가 살아온 삶에 관하여 얼마든지 쓸 수 있다. 앞의 예문처럼 마지막 생일파티 때 축하 케이크 위에서 너울거리는 촛불을 어떻게 껐는지에 관해 쓸 수도 있다. 또는 살면서 타왔던 차들, 그중에서도 처음으로 구입한 첫 차에 관한 이야기로 시작할 수도 있다. '그들이 구입한 첫 차는 중고 포드 갤럭시였다. 차는 흰색 가죽 시트와 접지면에 흰색 테두리가 그어진 타이어가……' 또는 이미 세상을 떠난 좋은 친구에 관해 돌아볼 수도 있고, 우리를 비좁은 가정의 울타리 속에 가둬놓고 간수처럼 감시하려 했던 부모에 관해 술회할 수도 있다. 신화적 여정은 울타리의 질곡에서 시작되므로, 간수 같은 부모에 관해 쓰고자 한다면 그와 같은 구조를 차용하는 것은 자연스러운 일이다.

실습 사례 : 작가 지망생 A의 경우

회고록 쓰기 워크숍에 참가한 어느 작가 지망생은 그녀의 부친에 관해 썼다. 그녀의 부친은 복잡하게 조성돼 있는 거리의 화단들로 유명한 어느 미국 중서부 지방의 사업가로, 여자 소프트볼 팀을 조직하기도 했다. 그가 여자 소프트볼 팀을 조직한 대외적 명분은 평소 과체중인 딸로 하여금 텔레비전을 멀리하고 운동장에 나가 활동하도록 하려는 데 있다고 했다. 하지만 서브텍스트 속에 감춰진 실제 이유는 스포츠 게임에 대한 부친의 열광 때문이었다. 그는 준 프로급 야구팀에서 선수로 뛰었을 뿐 아니라 프로팀 입단테스트에 도전한 적도 있을 정도였으나, 야구선수로서의 자질은 딱 거기까지였던 모양이다.

이 글의 작가—편의상 그녀를 작가 지망생 A라고 부르기로 하자—는 매우 촘촘하고 규격화된 문어체를 구사했다. 치밀하게 계산된 산문으로 세세한 묘사를 이어가면서, 공허한 다음절의 명사들을 의도적으로 정교하게 사용했다. 그녀는 자신의 문장을 '효과적으로' 또는 '비참하게'처럼 '~으로'나 '~하게'의 어미를 취하는 부사구로 꾸미려는 습성이 있었다. 그 같은 부사구들 때문에 안 그래도 지루한 그녀의 문체는 더욱 늘어져 보였다. 하지만 그보다 더 큰 문제는 다음과 같은 복합시제의 술어 처리였다. '여겨졌어야만 했다', '그렇게 보일 수도 있었을 것임이 틀림없었을 것이다', '응시되었던 것으로 간주되었던 것일지도 모를 일이었다'.

이토록 늘어지고 생기 없는 표현들은 작가를 꽁꽁 얽어맬 뿐 아니라 독자들에게도 자칫 폐소공포증을 유발할 수 있다. 발견될지도 모른다는 두려움. 발견해야만 한다는 두려움. 이면에 뭔가 별난 기억들이 파묻혀 있을지도 모른다는 두려움.

작가 지망생 A는 철갑으로 무장된 문체 뒤에 자신을 숨기려는 중이었다. 말하자면 그것은 방탄유리일 뿐 아니라 목 밑까지 바짝 죄어오는 구속복이나 다름없었다. 그런 구속복으로 그녀는 연로한 부친에 관해 글을 쓰는 동안 자신의 내밀한 기억을 봉인해두려는 생각이었다. 그런데 그 부친은 그녀가 테니스를 치고 싶어한다는 사실은 아랑곳하지 않고 그녀에게 야구를 강요했다. 작가 지망생 A가 철갑으로 무장된 자신의 글을 낭독하는 동안 워크숍의 좌중은 너무 지루해진 나머지 파장 분위기에 빠져 들고 말았다.

여러 주 동안 이토록 늘어지고 고뇌에 찬 문장으로 부친에 대한 대목을 마치고 나서 작가 지망생 A가 물고 늘어지기 시작한 것은 댄이라는 이름의 끔찍한 사내였다. 그는 노동계급 출신의 부랑아였지만 작가 지망생 A의 관심을 끌었다. 위험한 인물로 보였으며 그녀의 친구들도 그를 두려워해서였다. 그런데 그도 그녀에게 매력을 느꼈으며 돈과 선물 공세 등으로 그런 속마음을 명확히 드러냈다. 댄은 작가 지망생 A보다 세 살이 더 많았고, 그리하여 그는 그녀의 첫사랑이 되었다. 그는 그녀를 마약과 사도마조히즘의 지하세계로 끌어들였다. 그녀가 거기서 헤어나려 하자 그는 그녀의 첫 번째 스토커로 변신했다.

끔찍한 댄의 일화 덕분에 파장 분위기로 치닫던 워크숍의 좌중은 지루함에서 벗어났다. 작가 지망생 A가 구사하는 문체는 한결 나아져 있었다. '~로' 또는 '~하게' 같은 부사구는 어느새 글에서 자취를 감추었으며 자연스러운 술어가 억지스러운 동사구를 대신했다. 게다가 작가 지망생 A는 자신의 글에서 한 걸음 뒤로 물러나 복기하는 과정에서 신화적 여정의 서사구조를 어떻게 활용해야 하는지도 파악하게 되었다.

작가 지망생 A는 울타리의 질곡으로부터 이야기를 풀어나갔다. 그녀의 부친은 엄격하고 완고한 사내였다. 그는 감방의 간수나 마찬가지다. 그녀는 조력자 댄에게서 도움을 받아 그런 아버지의 울타리를 탈출하게 된다. 그런데 댄은 안온한 중류층에 속하는 그녀의 삶에 어둠의 마성을 가져온 인물이다. 결손가정에서 자란 댄은 이른 나이에 흡연과 음주를 배웠을 뿐 아니라 심지어 마약도 한다. 그가 작가 지망생 A를 어두운 세계로 물들이는 동안 그녀는 자신이 사르르 녹아 없어져가는 기분을 느낀다. 끔찍한 댄의 마수에서 벗어나려는 선택을 통해 그녀는 수단과 지혜를 찾아 나서는 탐험의 길로 접어들게 된다. 여기서 용으로 등장하는 것은 다시 댄이다. 그와 맞설 수 있도록 작가 지망생 A는 성장을 거듭해야만 했고, 어리석은 생각들을 몰아내야 하며, 자신의 부친을 조력자로 받아들여만 했다.

자신의 이야기를 어떤 모양새에 따라 빚어낼지 눈뜨게 되면서 작가 지망생 A는 이 회고록을 마무리 짓는 방법으로 줄곧 신화적 여정의 서사구조를 차용하게 되었다. 처음 시작했을 때만 해도 그녀는 끔찍한 댄에 관한 에피소드를 넣을 의향이 전혀 없었다. 하지만 이 같은 회고록 쓰기는 그녀에게 후련한 카타르시스의 체험을 안겨주었다. 워크숍을 마치고 떠날 때쯤 그녀는 자신의 원고를 책으로 내줄 출판사가 곧 나타나게 될 것 같다고 말했다.

작품의 형태

'주말 회고록 작가' 과정은 3부로 나뉘어 있다. 1부는 비망록에 각자의 기억을 쓰는 것이다. 지면은 공책이든 노트북 컴퓨터이든 상관없다. 여기서도 앞서와 마찬가지로 내면의 검열자에 주의를 빼앗기지 않도록 타이머에 맞춰 글쓰기에 집중하면 좀더 좋은 결실을 맺을 수 있다. 비망록에서 우리는 결말을 어떻게 처리해야 할지 고심할 필요도 없고, 문법의 준칙에도 개의치 않으면서 자유로이 기억의 벌판을 누비고 다니면 된다.

2부는 '기억의 구조'이다. 구조란, 소설을 쓰든 교각을 짓든 소네트나 수상록을 적든 상관없이, 부분들의 조합과 배치이다. 소설을 구조화할 때 무엇보다 핵심적인 것은 극적인 장면이다. 회고록의 구조화에서 가장 핵심적인 것은 회고된 순간이다. 회고된 순간을 구축할 때는 기억 속으로 깊이 파고들어야 한다. 그리하여 마치 음악을 연주하듯 글을 써가야 한다. 우선, 회고한 순간의 테마를 상정한다. 그러고 나서는 그 테마를 두세 가지의 변주양식으로 전개한다. 그다음으로는 반복부로 이어간다. 테마를 정해둔 부분에서 단어와 어구를 반복함으로써 언어의 반향을 빚어낸다. 그러고 나서는 다음 테마로 매끄럽게 넘어간다.

회고된 순간들 중 어떤 것은 기억의 저장소에서 용수철처럼 튀어 오르기도 한다. 또 어떤 부분들은 근근이 끄집어 올려야만 한다. 회고록 작가에게는 2,30개 정도의 회고된 순간들이 필요하다. 회고된 순간들이란 음악과 유사하므로, 언어에 리듬감을 불어넣는 게 중요하다. 이를 통해 회고록은 단순한 정보 전달 차원에 머물지 않고 미적인 차원을 획득하게 된다.

작가 지망생 A가 끔찍한 댄에게 눈을 돌린 것은 소프트볼과 관련된 순간을 술회할 때였다. '장소는 캔자스의 켄모어이다. 정확히 말하면 켄모어 시티 파크의 누런 잔디구장이다. 계절은 여름이다. 우리 팀은 캔자스시

티의 부촌 아이들과 대항전을 하게 된다. 얼굴이 땀으로 범벅이 된 아빠는 안절부절못하며 왔다 갔다 하면서 손가락을 오므렸다 폈다 하기를 반복한다. 엄마는 오빠 언니들과 함께 외야석의 널빤지 위에 앉아 있다. 내가 배터 복스로 발길을 옮기자 아빠는 내게 엄지손가락을 치켜세워 보인다. 겨드랑이 밑으로 땀이 흐르는 게 느껴진다. 이마 아래로도 기름처럼 찐득거리는 땀방울이 흘러내리고 있다. 땀방울들이 입으로 흘러들어가서 혀에 짠맛이 전해 온다. 실라라는 상대팀의 미녀 투수가 특유의 강속구를 뿌린다. 나는 점점 더 커다랗게 다가오는 볼에 정신을 집중한다. 내 발이 볼을 향해 앞으로 미끄러진다. 그러면서 두 팔이 힘껏 옆으로 젖혀지도록 힘차게 배트를 휘두르고, 공의 실밥이 회전하는 게 보이고, 볼 카운트가 투 스트라이크 스리 볼인 데다 실라에게 내가 삼진으로 잡히는 순간 경기가 끝나기 때문에 두려움이 턱밑까지 차오르는데, 나는 오늘 아빠를 위해서뿐만 아니라 나를 위해서도 안타를 쳐내야 하고, 그러니 나무배트가 실라의 공을 강타하여 팀 동료들이 환성을 질러댄 순간 내 허파에서 시너를 흡입하는 소리가 들려온 것도 결코 무리는 아니었고, 예리하게 딱 하고 배트에 공이 맞는 소리, 볼이 실라의 정면을 향해 날아가면서 점점 커지는 것처럼 보이고, 실라는 그 볼이 자신의 콧날 옆을 비껴가도록 날렵하게 몸을 피하고, 발가락이 오그라들 정도로 내 심장에 전율이 일고, 차가운 바람이 내 얼굴 위로 불어오고, 투실하고 가장 가까우면서 흰색 먼지들로 뒤덮인 1루 베이스를 향하는데 실라가 발을 헛딛으면서 바닥에 넘어지는 게 보이고, 공은 마운드 위에 쌓인 진흙을 때린 후 그 옆으로 빠져나가고, 나는 2루까지 달린다. 팀 동료들이 파울 선 옆으로 몰려나와 나를 응원한다. 달려라 달려……'

위의 문단은 평범한 촉각의 순간을 길게 확장하고 있다. '의식의 흐름'으로 일컬어지기도 하는 이 기법의 기원은 고대 그리스에서 접속사로 문장의 흐름 이어가기 polysyndeton라 불렸던 수사법이다. 작가 지망생 A의 경우에도 마침표 대신 집요하게 접속사로 문장과 문장을 잇고 있다. 이런 접속사의 숨 가쁜 박동에서 활달한 리듬감이 생겨난다. 언어를 방목하는 감각이 엿보인다. 적어도 이 대목을 쓰는 순간만은 작가도 글쓰기의 자유를 체감했을 듯싶다.

위의 긴 문단을 통해 작가 지망생 A는 수준 낮은 글쓰기에서 향상된 글쓰기로, 따분한 작가에서 흥미로운 작가로, 그리고 어린 딸내미에서 책임의식이 있는 선수로 거듭난 셈이다. 이와 같이 기나긴 문장들을 구성하기 위한 교습은 우리가 3부에서 익혀야 할 기법 중 하나로, 일명 '회고의 언어'이다.

'회고의 언어'에서 우리가 터득해야 할 것은 삶의 나머지 부분을 메워가는 글쓰기 기법이다. 우리는 이미 전사반복(끝말을 다음 말의 첫 부분에 걸치기)에 관해 배웠다. 접속사로 연결된 기나긴 문장들을 통해 자유로이 방목되는 언어를 느꼈다. 이와 균형을 맞추자면 접속사 생략asyndeton으로 일컬어지는 수사적 장치와 함께 짧게 쓰기도 연습해볼 필요가 있다. 접속사 연결 기법이 다채로운 접속사들로 이루어지는 반면, 접속사 생략 기법은 아예 접속사를 지워 없앤다. 그와 관련하여 자주 인용되는 예문은 다음과 같은 시저의 말이다. "왔노라, 보았노라, 이겼노라." 위에서 접속사 연결 기법으로 이뤄진 문단을 접속사 생략 기법에 따라 변형해보면 다음과 같다. '그녀는 특유의 강속구를 던졌다. 나는 그 공을 힘껏 되받아쳤다. 그녀는 공을 낚아채려 했다. 나는 1루로 전력 질주했다. 그녀가 비틀거리더니 바닥에 넘어졌다. 뿌연 먼지가 피어올랐다.' 접속사를 없애는 순간 문장은 한결 짧아진다. 짧은 단문의 구사는 글의 리듬감에 변화를 준다. 리듬에 노래 가락이 실리는 순간 우리는 글쓰기를 더욱 즐길 수 있다.

회고록의 결말에 다다르게 되면 아마도 200~300페이지 정도의 원고 분량이 쌓이게 될 것이다. 여러 기억들, 회고된 순간들, 연대기, 소품의 목록, 사진과 집과 방들의 묘사, 거주민들의 명단, 거주민들 사이에 오간 대화 등이 거기에 포함된다. 또한 우리가 재료를 얼마나 잘 컨트롤했는가를 드러내주는 구조에 대한 도안들도 쌓이게 될 것이다. 그룹을 형성해서 글을 쓸 수도 있다. 그룹 활동은 고민을 나누고 서로 돕기에 좋다. 회고록 쓰기 과정에서 공부한 기법들이 앞으로의 나날 동안 여러분과 함께하리라 믿는다.

지금 바로 도전해볼 수 있는 연습과제들
1. 회고의 내용을 목록으로 작성한다.
2. 옛날에 찍은 사진들을 자세히 들여다본 후 그것에 관해 쓴다.
3. 다음과 같은 회고록 몇 권을 읽고 참고한다.

추천할 만한 회고록들

우울증의 광기에 휩싸여 있던 윌리엄 스타이런은 암흑을 딛고 올라 『보이는 어둠』을 집필함으로써 위대한 명성의 사다리에 오른 작가다. 광기에 대한 또 다른 회고록 『정오의 악마 : 우울증의 아틀라스』는 전미 도서상을 받기도 했다.

회고의 대상이 소설가일 경우(『개 같은 내 인생』이나 『거짓말쟁이 클럽』처럼)도 있다. 본인이 아니라 다른 유명 작가의 회고를 쓰는 경우도 있다. A. E. 하치너의 『파파 헤밍웨이』나 엘리자베스 시플리 서전트가 쓴 『윌라 캐서』 등이 그에 해당된다. 프랭크 매코트의 『안젤라의 재』에 등장하는 매코트의 어머니 안젤라처럼 그 대상이 무명인일 수도 있다. 일대기에서 한 단면을 취하고자 한다면, 로렌 슬레이터가 『거짓말』에서 행한 작업처럼 한 가지 맥락에 따라 강렬한 주제가 빚어지는 예를 참고하는 게 바람직하다. 현재까지 슬레이터는 자신의 삶에서 취한 네 가지 이야깃거리들(간질, 우울증 치료제 프로작, 재탄생, 그리고 모성)로 네 권의 회고록을 펴냈다. 그녀는 빼어난 스타일리스트이다. 인터넷을 통해 회고록을 공부하고 싶다면, 구글 검색창에 '회고록memoir'이라는 말을 쳐보는 것만으로도 충분하다.

51주:
원고 다시 쓰기

현재는 우리의 초고는 마무리된 상태이다. 원고 분량은 아마도 250~300페이지쯤 달할 것이다. 거기에는 대략 여섯 명 정도의 주요인물들이 등장한다. 또한 핵심 장면들과 고조되는 클라이맥스가 있다. 우리는 이 작업량에 만족을 느낄 것이다. 하지만 원고가 계속 다듬어져야 한다는 사실 또한 잊지 않고 있다. 그렇다면 1페이지의 첫 문장부터 수정 작업에 들어가야 한다. 학교에서 학보를 만들어본 경험이 있다면 이런 작업 순서가 친숙하게 여겨질 것이다. 소위 말해 '파란 연필' 또는 '교열'이라 불리는 과정이다.

수정에 들어가는 사람은 파란 연필을 손에 쥐고 한 줄 한 줄, 한 문장 한 문장, 한 단어 한 단어를 더듬어가야 한다. 그러면서 단어들도 바꾸고 메타포도 가다듬는다. 그런데 문장을 수정하다보면 그 작업의 범위에 따라 이야기의 흐름까지 변해간다는 느낌이 들 수 있다. 마치 엇갈린 지층처럼 플롯이 불쑥 튀어나오고 서브플롯도 뒤흔들릴지 모른다. 시점을 손보기 시작하면 특히 그런 생각이 들 것이다. 시점이 교체되면, 그 때문에 지금까지 이뤄놓은 전개 패턴도 영향을 받게 되리라는 걱정이 앞설 것이다. 그러다보면 교열을 멈추고 원고를 쭉 훑어 내려가면서 시점의 이동 경과를 공들여 살펴보지 않을 수 없다.

주의 깊게 짚고 넘어가야 할 시점의 이동지점들이 원고 속에 숱하게 나타날 수도 있다. 일단은 짚어낸 부분들을 중요 목록에 철저히 기록해둔다. 그러면 그 중요 목록들이 긴요한 정보로 빼곡해질 것이다. 그것을 토대로 해서 시점의 이동 경과가 일목요연하게 드러날 수 있도록 일람표를 짜면 된다. 일목요연하게 정리된 표를 통해 전개 패턴을 밝힐 수 있다. 거의 매일같이 우리는 시점을 변환시키는 훈련을 해왔다. 그 과정에서 플롯이 서브플롯으로 넘어가기도 했고 혹은 하나의 서브플롯에서 다른 서브플롯으로 이동하기도 했다. 원고에는 대략 세 개쯤의 주요 서브플롯과 두 개의 하위 서브플롯이 존재할 것이다. 얼추 많아 보이긴 하지만,『제인 에어』에 다섯 개의 서브플롯이 등장하고『위대한 개츠비』에 여섯 개의 서브플롯이 깔려 있음을 기억하자.『제인 에어』를 떠올려보면, 지금 우리가 쓰는 소설도 결국 이와 같이 패자에서 승자로 올라서는 이야기라는 사실을 새삼 깨달을 수 있다. 그리하여 다시금 그 작품을 열심히 뒤적거린 후, 단순히 플롯과 서브플롯의 명세를 작성하기 위해서뿐 아니라 역할, 소품, 운명까지 포함되는 인물의 일람표를 짜도록 하자.

잠시『제인 에어』를 토대로 한 다음의 일람표를 살펴보자. 이 일람표는 계통 분류에 따른 인물들의 단면도이다. 소설의 표면 위로 진행되는 플롯은 일람표에서 가장 높은 자리를 차지하고 있다. 반면 서브플롯은 플롯의 하부단위에서 전개된다. 플롯은 주인공의 경로를 따라가는 반면, 각각의 서브플롯은 각각의 등장인물, 적대인물, 조력자 등과 맞물려 있다.『제인 에어』에서 서브플롯1은 적대인물인 미스터 로체스터의 몫이다. 심지어 2막이 시작되기 전까지는 이야기에 등장하지도 않지만, 그는 서브플롯1을 주도하고 있다. 그가 실제로 등장하는 것은 말에서 떨어져 빙판 위를 구르다 제인의 도움을 받는 장면에서부터다. 일람표에는 그밖에도 버사 메이슨 로체스터와 그녀의 남동생 리처드 메이슨, 못된 리드 숙모 등 다른 적대인물들도 명시되어 있으며, 제인의 경건한 사촌 존 리버스도 포함되어 있다. 그는 제인과 결혼해서 인도로 떠나고 싶어하며, 그곳에서 그녀가 이교도들을 개종시키는 데서 보람을 찾을 수 있을 거라고 생각하는 인물이다.

이름	역할	원형	플롯/서브플롯	소품	이야기의 골자
제인	주인공	신데렐라	플롯	편지	패자에서 승자로
로체스터	적대인물1	왕자	서브플롯1	맹토	왕비의 교체
버사	적대인물2	사악한 계모	서브플롯2	돌	복수의 모색
리처드	적대인물3	전령	서브플롯3	외투	복수의 모색2
리드 숙모	적대인물4	사악한 계모	서브플롯4	비단	희생양
존 리버스	적대인물5	구혼자	서브플롯5	성경/편지	왕의 교체

일람표 8. 『제인 에어』에 등장하는 인물들의 계통 분류

우리는 『제인 에어』의 일람표에서 한 가지 되새겨볼 점을 얻을 수 있다. 즉, 치열하게 교열과 씨름하지 않고도 소설을 수정할 수 있는 또 다른 길이 있다는 것이다. 그러니 교열을 멈추고—원할 때는 얼마든지 다시 교열 작업으로 돌아갈 수 있으니—일단 원고를 쭉 훑어보자. 그러고는 캐릭터와 플롯을 준비하던 때의 작업방식을 떠올리면서 목록을 작성한다. 서브플롯과 시점 이동의 목록은 이미 주어져 있다. 그러니 이제는 인물과 장면, 배경 그리고 소품 등에 관한 목록을 짤 차례다. 원고를 읽으면서 다음과 같은 메모를 달아보자. '인물 A는 인물 B와 만난다. 이 장면은 첫 만남에 해당한다. 배경은 라스베이거스 대로이다. 자정에 가까워진 시각이다. 소품은 돈이다. 장면 번호는 15이다. 이 대목은 구조상으로 어디에 속하

는가? 플롯 포인트1에 가까운 것 같다.'

　기본적인 정보를 메모하다보면 시간, 장소, 조명 그리고 날씨 등 전반적인 배경의 세세한 부분이 더욱 풍성해지도록 조율할 디테일들이 떠오르게 마련이다. 날씨에서는 지각의 리얼리티가 추가될 수 있다. 더운 날씨라면 등장인물들은 땀을 흘릴 것이다. 춥다면 두꺼운 외투를 껴입고 잔뜩 움츠린 채 오들오들 떨 것이다. 원래 소설의 형식이란 역설적인 것이다. 단 하나의 서브플롯도 없이 플롯을 짤 수는 있지만, 플롯 없는 서브플롯은 가능치 않다. 게다가 적어도 두 가지 이상의 서브플롯을 꾸리지 못하면 소설을 쓴다는 일 자체가 불가능해질 수도 있다. 몇 가지 소품을 능숙하게 다루려면 당장 필요한 것보다 훨씬 많은 소품들을 원고 속에 투입해야 하지만, 수정 작업에 들어가기 전까지는 어떤 소품에 상징성이 실리게 될지, 어떤 소품들이 평범하게 오그라들지를 전혀 가늠할 수가 없다. 장소가 꽤 중요하다보니 우리는 매 장면마다 세밀하고 단단한 묘사에 치중한다. 묘사를 통해 장소는 독자들의 눈앞에서 구체적인 공간으로 확정되고, 장소가 구체적인 공간으로 확정되면 그 공간을 바탕 삼아 움직이는 인물들의 모습에도 안정감이 생겨나게 된다. 그들은 그 장소 안에서 서 있다 자리에 앉기도 하고, 잠이 드는가 하면 담배를 피우기도 하고, 때론 차로 마을을 한 바퀴 돌 수도 있으며, 옷을 입고, 먹고, 냄새 맡고, 호흡하게 된다. 소설을 수정하는 과정에서 배경의 목록을 짜다보면, 장면이 생각보다 세세하게 쓰여 있지 않다는 점—이렇게 되면 이야기의 흐름이 엉뚱한 방향으로 흘러갈 수 있다—이 눈에 들어올 것이다. 눈물을 머금고 그런 장면에는 가차 없는 첨삭의 메스를 들이대야 한다. 대화문은 등장인물을 제대로 파악하기 위한 첩경이므로, 처음 쓸 때는 소설 두 편 분량 이상의 대사들을 써둬야 하지만, 수정 과정에서는 그것들에서 반 이상을 잘라내야 한다. 가슴이 쓰리지만 어쩔 수 없는 일이다.

소설의 수정을 위한 귀띔

지금 우리가 쓰고 있는 소설은 어떤 종류의 이야기인가? 패자에서 승자로 올라가는 이야기? 21세기를 배경으로 한 성배 찾기의 모험담? 누군가의 성장기? 혹은 복수극?

시간을 안배하자. 개별 문장 수정에 들어가기 전에 이야기를 다시 다듬고자 한다면, 효율적인 다시 쓰기가 필요하다. 이야기의 재구축에 앞서 문장부터 해결하고자 뛰어드는 건 시간 낭비에 불과하려니와 많은 두통거리를 유발할 수도 있다.

그러니 우선 주인공의 플롯부터 단단히 해둔다. 그리고 주인공의 수를 하나로 고정하는 게 여럿인 경우보다 작업하기가 비교적 수월하다는 점을 떠올리도록 하자. 지금 우리가 쓰고 있는 것은 〈ER〉 같은 TV 미니시리즈가 아니다. 이것은 우리가 처음 써보는 소설이다. 꿋꿋한 심성의 고아 소녀 제인 에어에게는 그녀를 클라이맥스까지 이끌어줄 다른 주인공의 손길이 필요치 않다. 장면 목록을 활용하여 첫 페이지부터 마지막 페이지까지 플롯을 짚어보도록 하자.

각각의 주요인물에 서브플롯을 하나씩 배당해둔다. 주인공을 제외하고는 주요인물이 하나밖에 등장하지 않을 경우에는 적어도 하나 이상의 서브플롯이 필요하다. 만일 주요인물의 수가 열 명쯤 된다면, 열 가지 이상의 각양각색 서브플롯을 짜야 한다. 여기서는 그 서브플롯들을 종류별로 추려내는 일이 가장 큰 일거리가 될 것이다. 만일 그것들을 종류별로 추려내지 않는다면 작업은 『전쟁과 평화』나 『백 년 동안의 고독』을 수정하는 것처럼 방만하고 복잡해질 수도 있다. 그러니 서브플롯에 넘버를 매긴다. 그러고는 일람표 속에 그것들을 순서대로 가지런히 정리해둔 후, 그 깊이를 한 번 음미해보자. 다음으로 해야 할 일은 각각의 서브플롯에 들어 있는 장면들의 수를 헤아려보는 일이다. 좋은 작업성과를 위해서는 하나의 서브플롯에 최소한 세 개 정도의 장면이 따라붙는 게 바람직하다. 각각의 서브플롯에는 한 특정 인물의 이야기가 담기게 된다. 그런데 각각의 서브플롯에는 클라이맥스가 하나씩 있어야 한다. 만일 열 가지의 서브플롯이 그때마다 클라이맥스를 통하여 이야기의 정점으로 치달아야 한다면 아마도 소설은 과열을 거듭하다 급기야 폭발하고 말지도 모른다. 그러니 서브플롯의 수는 적당히 조절할 필요가 있다.

검증된 소설 작품들 속에서 서브플롯을 짜는 데 참고할 만한 모범을 찾는다. 예컨대, 미스터 로체스터의 서브플롯은 2막 끝부분에 절정으로 치닫는다. 그가 제인에게 버사의 비밀을 털어놓는 대목이다. 이 고백 장면에서 그는 제인과 약간의 협상을 벌이려 든다. 제인이 자기의 두 번째 부인이 되는 대신, 정부로 남으면 안 되겠느냐는 내용이다. 그런데 독자의 눈에는 보이지 않는 무대 뒤편에서 두 번째 클라이맥스가 등장한다. 손필드 저택에 불이 나자 로체스터가 버사를 구하려다 다치는 장면이다. 저택에 불을 지른 장본인은 버사이다. (이 소설을 각색한 영화의 최근 버전에서는 감독이 화재 장면과 버사의 추락 그리고 로체스터가 다치는 과정을 모두 보여준다.)

인물이 등장하는 순간부터 퇴장하는 순간까지 각각 서브플롯을 구축함으로써 주요인물들에 대하여 좀더 자세히 파악해둘 필요가 있다. 어떤 서브플롯이 클라이맥스로 치달아 올라갈 만큼 강력한가? 미스터 로체스터의 서브플롯에는 독자의 관심을 끄는 지속성이 있다. 그것은 작품의 마지막 장면까지 내내 지속된다. 두 연인이 결혼하고 제인에게는 아기가 생긴다. 그리고 미스터 로체스터는 사고로 잃었던 시각을 되찾는다. 이에 반해, 리드 숙모의 서브플롯이 끝나는 지점은 제인이 그녀의 임종을 지켜보는 2막의 중간 부분이다.

명사, 동사, 언어로 그림 그리기, 문체 그리고 비율의 조정

서브플롯들을 단단히 고정해두고 소품들을 확실하게 쟁여두고 나면, 이제 우리 앞에는 문체를 가다듬는 과제가 기다리고 있다. 하지만 한 문장 한 문장 뜯어고치는 식으로는 곤란하고, 약간의 분석을 통해 계획적으로 임하는 자세가 필요하다. 우리가 분석의 도구로 채택하려는 수단은 이른바 '비율의 조정'이다. 작업 방식은 다음과 같다. 우선 특정 구절 속에서 명사들에 동그라미를 친다. 그러고 나서 그것들을 두 개의 그룹으로 나눈다. 구상명사와 추상명사. 작살, 발굽, 초인종, 향수 등과 같은 구상명사는 지각에 쉽게 전달될 수 있다. 사랑, 통치, 구축, 전조 등과 같은 추상명사는 관념을 통해 전달된다. 소설의 언어란 일종의 그림을 그리는 언어이므로, 작가는 상당량의 구상명사를 원하게 된다. 추상명사는 거기에 약간만 보탤 뿐이다.

비율의 조정은 좌뇌를 위한 지각 훈련이라고도 할 수 있다. 우리가 쓴 말들을 그저 따라 읽지 말고 고도의 집중력을 발휘한다. 이때 유의할 점은 비단 그 말들의 의미뿐 아니라 부피, 무게, 함량 등까지도 함께 살펴야 한다는 점이다. 여러 소설 작품들 중에서 추상명사 대 구상명사가 가장 조화로운 비율로 짜 맞춰진 예로 로렌스 더렐의 4부작 『알렉산드리아 사중주』 중에서 '저스틴' 편을 꼽을 수 있다. 여기서 구상명사 대 추상명사의 비율은 20:1이다. 이 비율을 통해 우리는 작가가 이룬 언어적 그림의 성취도를 가늠해볼 수 있다. 이는 작가 지망생들이 명심해야 할 황금비율이다. 『제인 에어』의 비율은 8:1이다. 비율이 그보다 낮게 책정될 경우, 해당 구절은 온전한 언어 그림과는 거리가 멀어질 수도 있다.

명사 분석을 끝내고 난 후, 그리고 우리가 좋아하는 작가들의 명사 비율은 어떤지도 살펴보고 나서, 곧바로 정적인 동사(가정법, 수동태, 동사원형, 그리고 내면적 서술어) 대 역동적인 동사의 비율을 점검하는 순서로 넘어간다. 역동적인 동사는 당연히 행위를 표현한다. '소년은 배트로

공을 후려친다.' 정적인 동사는 행위의 역동성을 완만하게 가라앉힌다. '소년은 자기가 그 공을 후려친다면 자기 팀 더그아웃이 한바탕 들썩이게 되리라고 여겼다. 이 투수만 나오면 자신이 항상 삼진으로 물러나는 것을 다들 당연한 일로 바라보고 있다는 생각이 들곤 했기 때문이었다.'(동사 분석 : '~라고 여겼다'는 가정법과 함께 소심한 수동태의 목소리가 결합돼 있다. '~라는 생각이 들곤 했기 때문이었다'에서는 과거시제로 완전히 종료된 상황을 나타낼 때 쓰이는 내면적 서술어가 등장하고 있다.)

그밖에 언어 그림의 구체성을 약화시키는 내면적 서술어로는 파악하다, 여기다, 이해하다, 단언하다, 의아해하다, 토로하다, 간주하다 등을 꼽을 수 있다. 만약 이같이 정적인 동사들이 언어 그림을 그리기에 물러 보인다고 생각하지 않는다면, 소설을 쓰기보다는 차라리 에세이 쪽으로 방향을 트는 게 낫다. 반면 역동적 동사들을 선호하는 경우에는 동사 선별의 다음 과정을 밟아도 무방하다. 가령 '후려치다' 같은 동사에서는 유전학적인 특질이 느껴진다. '달리다'와 '춤추다' 그리고 '먹다' 같은 동사들도 이런 유형에 속한다. 게다가 자신만의 문체를 추구한다면(주말 동안 창작 실습을 해온 작가 지망생으로서 이제 여러분하면 문체이고, 문체하면 여러분인 상생관계가 생겨났을 것이므로), 문체의 관점에서 동사를 선택해야 한다. 문체를 기준으로 하여 선택하려면, 말들이 쇄도해온다고 느껴질 때까지 동사를 바꿔보면서 적확한 동사를 찾아내고자 노력해야만 한다. 그 예는 아래와 같다.

소년은 그 공을 후려갈겼다.
소년은 그 공을 멀리 날려 보냈다.
소년은 그 공을 '딱' 하고 강타했다.
소년이 때린 공은 포물선을 그리며 날아갔다.
소년은 공을 힘차게 두들겼다.

소년은 그 공을 박살냈다.
소년은 배트 한복판에 공을 맞추는 데 성공했다. 감미로운 촉각이 전해졌다. 배트의 나무에서 손가락은 물론 손바닥과 손목관절 그리고 이두박근까지 찌릿하게 울리는 승리의 촉각이었다. 그리하여 1루로 향한 소년은 베이스 위에 힘주어 발을 내디뎠다. 풀썩 하고 흙먼지가 피어올랐다. 관중석이 열광의 함성으로 뒤덮였다.

비율의 조정에 임하다보면 우리는 자신의 언어를 인식하게 된다. 그리고 그런 인식은 더 좋은 작가로 발돋움할 가능성의 문을 열어준다. 이런 연습은 우리가 지쳤을 때나 일진이 안 좋은 날, 또는 원고가 쓸모없다고 여겨지는 순간에 집에서 혼자 실행해보면 좋다. 어느 날엔가는 작가를 꿈꾼 자신의 포부가 한낱 헛된 희망처럼 느껴질 때가 오기도 한다. 그럴 때는 빨간 볼펜을 움켜쥔다. 그리고 명사들에 동그라미를 쳐본다. 그러면 뇌가 작동하기 시작할 것이다. 이런 명사를 왜 골랐는지 기억이 나지 않는다. 이것도 그렇고 저것도 그렇다. 누가 명사를 이딴 식으로 쓴 거람? 이번에는 다른 색깔—명사에는 빨간색, 동사에는 파란색—볼펜을 들고 동사에 동그라미를 친다. 그런 식으로 언어에 대한 검토 작업을 마무리 짓고 나면 우리의 분석적인 뇌는 하나의 패턴을 찾아내게 된다. 그리고 이를 통해 구상명사와 역동적 동사에 맞춰 10여 분간 수정작업을 시작한다. 패턴을 확정하고 창조력을 발휘할 수 있도록 좌뇌를 활용하여 이 같은 다시 쓰기에 몰두하는 동안, 우뇌는 문체와 이야기가 일치를 이룰 수 있도록 움직일 것이다. 그러고 나면 그동안 작업해온 소설은 대단원의 막을 내리게 된다. 우리의 소설에서 왕성한 창작 에너지를 느낀 독자들이 서점으로 몰려들어 장사진을 칠 수도 있다. 그뿐 아니라 아마존 닷컴이나 파월스 닷컴 같은 온라인 서점에도 우리의 소설을 보내달라는 주문이 쇄도할 수 있다.

하지만 그렇다고 해서 생업을 지금 당장 그만두지는 말자. 다음 소설의 재료들이 거기서 솟아날 수도 있을 테니까.

연습과제

1. 원고를 읽고 목록을 작성한다. 인물 목록, 소품 목록, 장면과 배경과 서브플롯에 관해서도.

2. 서브플롯을 얼마나 보강할지 결정한다. 이것은 우리가 처음으로 써보는 소설이다. 우리가 다룰 수 있는 서브플롯의 수는 대략 얼마나 될까? 이 이야기에는 대략 얼마 정도의 서브플롯이 필요할까? 얼마나 많은 서브플롯에 셋 또는 그 이상의 장면들이 담길 수 있을까? 1막을 시작할 때는 얼마만큼의 서브플롯이 들어가는 게 적당할까? 2막의 끝부분에는?

3. 필요치 않아 보이는 것을 가차 없이 삭제한다. 인물들도 삭제하고 서브플롯도 삭제한다. 불필요한 장면들도 들어낸다. 군더더기 같은 진술이나 설명도 뺀다. 화자의 해설적 서술도 잘라내자. 대화도 줄인다. 이런 식으로 삭제하고 잘라내면 수정을 위한 빈 공간이 생겨난다. 삭제하고 수정한 자리를 뭔가 다른 글로 메워야 하니까.

4. 핵심적인 대목에서 10~15 문단을 골라 언어의 비율을 조정한다. 여기서 핵심적인 대목이란 플롯 포인트, 전환점, 클라이맥스, 미니 클라이맥스, 그리고 문턱 넘기 등을 가리킨다.

5. 우리가 써놓은 명사와 동사의 진상을 직시한 후, 타이머를 맞춰놓고 비율 조정과 편집에 들어간다. 타이머가 울리면 비율 조정과 편집을 멈추고, 다시 쓰기의 과정으로 넘어간다.

52주:
영화시나리오 쓰기

소설의 초고를 영화 각본으로 전환하는 것은 환원의 공정에 속하는 일이다.

이를 위해, 지금까지 익힌 기법들을 활용하여 원고에서 영화의 속성에 부합할 만한 이야기 요소들(장면 제목, 행위, 대화)만 간추려야 한다. 간추리기에는 꽤 많은 작업량과 집요한 노력과 담금질 등이 요구되며 상당한 글쓰기 근력도 필요하다. 환원의 공정이 끝나고 나면 소설 초고에서는 대사와 대사 사이에 긴 문단으로 가로놓인 화자의 서술이나 지면의 여백을 빼곡하게 메우는 지문 따위가 다 사라질 수밖에 없다. 또한 인물의 행위와 동선은 한결 명확하게 드러나게 되며, 대화문도 예리하게 벼려질 것이다. 그리고 각본 형태의 구조로 인해 원고의 지면에는 흰 여백의 공간들이 훨씬 늘어나게 된다. 그뿐 아니라 등장인물들 가운데 일부는 각색 과정에서 중도하차하지 않을 수 없다.

숫자 이야길 해보자. 우리의 첫 소설을 읽는 미국 시장 독자의 수는 양장본의 경우 1만 명, 염가판의 경우 9만 명 정도가 되지 않을까 싶다. 만일 우리의 소설이 운좋게도 최근의 문화적 코드와 맞아 떨어진다면, 예컨대 댄 브라운의 『다 빈치 코드』처럼 여름휴가용 읽을거리에 끼게 된다면, 밀리언셀러의 반열에 오를지도 모를 일이다.

반면, 우리의 시나리오를 읽을 사람은 손가락으로 헤아릴 정도의 해당 업계 종사자들이 고작이다. 에이전시 관계자, 감독, 프로듀서, 그리고 인기 보증수표로 대접받는 몇몇 영화배우들이 그들이다. 그러니까 우리가 쓰는 것은 투자자를 끌어들이기 위한 사업계획서라고도 할 수 있다. 여기서 '투자자를 끌어들인다'라는 말은 '투기'라고 표현될 수도 있다. 이는 우리가 도박판에 뛰어들었음을 의미한다. 돈과 시간을 투자하여 어딘가에 팔려 나갈 만한 시나리오를 써야 하는 것이다. 시나리오를 강력하게 쓰든 아름답게 쓰든, 중요한 문제는 그것을 본 바이어들이 영화를 제작하겠다는 결정을 내리는 일이고, 그렇게 시장에 나가서 많은 관객들을 끌어 모으는 일이다. 시나리오 쓰기의 첫 단계는 장면 목록의 재활용이다. 이 교재를 착실히 공부해온 사람들이라면 그 점에 관한 한 아무런 문제도 없다. 우리는 29주차 이후로 각각의 장면에 번호를 매겨둔 바 있다. 갓 초고에 착수할 무렵이었다.

각각의 번호와 부제가 달린 장면 목록은 이야기를 수월하게 간추려주는 압착기 역할을 한다. 이런 문제를 한 번 고려해보자. 『잉글리시 페이션트』의 소설 단행본은 301페이지 분량이다. 그런데 이 소설을 각색한 콘티는 121페이지 분량에 218개의 장면들을 포함하고 있다. 영화 〈라스베이거스를 떠나며〉의 최종 대본은 105페이지 분량이다. 단행본으로도 출간된 이 대본은 시나리오 작가로 전환하고자 하는 소설가들의 필독서로 인정받고 있다. 반면, 페이퍼백을 기준으로 한 원작 소설의 분량은 189페이지이다. 시나리오의 페이지 수는 일종의 척도와도 같은데, 대체로 한 페이지는 영화에서의 1분에 해당된다고 할 수 있다.

다음과 같이 간단한 테스트를 실시해본다. 소설을 펼쳐놓고, 펼쳐둔 책의 지면이 훤히 드러나도록 그것을 책상 위에 세워놓는다. 이번에는 그 소설책과 나란히 영화 대본 한 권을 세워둔다. 그러고는 뒤로 몇 걸음 물러날 것. 뭐가 먼저 눈에 들어오는가? 소설의 지면은 대부분 검은 활자들로 빼곡하다. 그런데 영화 대본은 널찍한 여백으로 나뉜 얇은 행의 글줄로 이루어져 있다. 페이퍼백 소설 단행본의 한 페이지는 300~400개의 단어들로 촘촘하고 빡빡하다. 반면, 영화 대본의 한 페이지에 담겨 있는 단어들은 많아야 150~200개쯤이다.

주말 동안의 창작 실습을 통해 여러 재료들로 작업해왔으므로, 우리는 압축의 효력을 어느 정도 실감하게 되었다. 주말 1주차에서 우리는 플롯의 도표와 함께 이야기를 한 페이지 분량에 맞춰 압축하는 과정으로 시작한 바 있다. 그러고는 그 도표를 글로 지면 위에 펼쳤다. 거기서 우리는 좌측 여백에 지문의 요약이 담긴 별도의 네모 칸을 그려두었다. 시나리오의 체계에서는 그런 별도의 네모 칸이 지면의 중심으로 이동하게 된다. 우리는 소설의 내용을 일람표 형식으로 정리하기도 했다. 인물과 장면의 일람표, 그리고 소설의 마디를 플롯으로 짜기 위한 일람표도 공부했다.

이야기

대부분의 기본적인 형태 속에서 이야기는 물질적 토대를 두고 벌이는 경합에 따라 펼쳐진다. 가령 신데렐라는 왕궁이 있는 성곽을 원한다. 그런데 그러려면 왕자비가 되어야 한다. 왕자비가 되려면 왕자의 마음을 사로잡아야 한다. 왕자의 마음을 사로잡으려면 왕궁 무도회에 참석해야 한다. 하지만 그녀는 입을 옷이 아무것도 없을 정도로 비천한 처지라 무도회에 참석할 수가 없다. 신데렐라가 그토록 비천하게 사는 까닭은 사악한 계모 때문이다. 사악한 계모는 유구한 스토리텔링의 역사에서 최고의 악역 중 하나다. 이 모진 여자는 자기만큼이나 사악한 딸들 중 하나를 왕자와 혼인시켜 역시 그 성을 얻고 싶어한다. 왕궁이 있는 성은 눈으로 볼 수 있는 물질적 토대이다. 이 이야기에서는 신데렐라와 사악한 계모 사이에 경합이 벌어지고 있으며, 그 과정에서 신데렐라는 갇혀 있다.

이렇게 내면에서 벌어지는 기본적 경합관계—주인공 대 적대인물—를 토대로 하여 우리의 이야기를 영화 시나리오로 재창작해보자. 먼저 몇 가지 다른 예들을 짚고 넘어가자. 남성 버전의 신데렐라라 할 수 있는 제이 개츠비는 이스트 에그라는 부촌을 원한다. 그는 단지 거기 살기만을 원하는 게 아니라 이스트 에그의 주민들에게 받아들여지기를 바란다. 극적인 관점에서 보자면 이스트 에그는 가히 부유층들의 요새라 할 만큼 폐쇄적인 집단성으로 똘똘 뭉친 동네이다. 개츠비는 그런 동네에 끼어든 전형적인 침입자이다. 이스트 에그의 문턱을 지키는 파수꾼은 데이지의 남편 톰 뷰캐넌이다. 데이지는 흰색 드레스를 입은 모습으로 1차 세계대전이 발발했을 무렵 루이스빌에서 개츠비를 홀린 바 있다. 이 소설에 나타난 물질적 토대 또는 욕망의 푯대는 이스트 에그이다. 개츠비는 주인공이고 톰은 적대인물이다. 그들이 극렬히 대치하는 까닭에 관계의 주도권은 데이지의 손아귀에 넘어간다. 결국 그녀는 개츠비의 숙명을 좌우하게 된다. 그녀는 루이스빌 시절의 연인에게 닥칠 일을 선택하게 된다. 만일 그녀가 그를 택한다면 데이지는 이스트 에그를 떠나야만 한다. 그래서 그녀는 결국 개츠비를 버리고 톰과 계속 함께하기로 결정한다. 1925년에 출간된 이 소설은 지금도 끊임없이 팔려 나가고 있다.

개츠비가 이스트 에그에 침입자로 난입해 들어갔다면, 제인 에어는 잉글랜드 지방의 대저택인 손필드에 스며들었다고 할 수 있다. 그곳에서 그녀는 자신의 연인이자 적대인물인 미스터 에드워드 페어팩스 로체스터와 분란에 휘말리게 된다. 제인은 19세기 영국 사회의 신데렐라라고 할 수 있다. 그녀가 원하는 것은 안전과 온기와 안락한 생활이다. 제인이 미스터 로체스터와 벌이는 경합구도는 모든 이야기꾼들이 터득해야 할 조화와 균형의 미덕을 보여준다. 그는 돈이 많다. 그녀는 심지가 곧다. 그가 술에 취한다. 그녀는 술에 취하지 않은 덕분에 그를 화재의 위험에서 구해낸다. 그는 그녀에게 자신의 정부가 되면 어떻겠느냐고 제의한다. 그녀는 싫다고 거절하는 데 그치지 않고 손필드 저택을 떠나 안개로 자욱한 황야에서 밤을 지샌다. 손필드 저택은 이 소설에 나타나 있는 물질적 토대이다. 다락에 로체스터의 부인—버사 메이슨 로체스터—이 유폐돼 있다는 사실을 안 순간 제인은 손필드와 그 안에서 자신에게 기약돼 있었을지도 모를 모든 것을 버리기로 마음먹는다.

『트로피 와이프』에서 이야기의 흐름만 간추려 발라내기

신데렐라(개츠비, 제인 에어, 영화 〈프리티 우먼〉에서의 줄리아 로버츠)를 주인공으로 등장시켜 패자에서 승자로 올라서는 이야기의 경우에는 물질적 토대를 통해 부의 상징성을 내세울 수도 있다. 『트로피 와이프』에서 신데렐라에 해당하는 작중 인물은 베로니카다. 그녀는 인디언 혼혈이며 비에 젖은 주차장에서 백마 탄 왕자님을 만나게 된다. 이 소설에 나타난 물질적 토대는 피닉스 인베스트먼츠라는 왓슨 가문의 사업체이다. 그 사업체를 통해 왓슨 가는 노브 힐 대저택이라는 성채를 지어놓고 탄탄한 부를 유지하고 있다. 약 221페이지에 달하는 초고의 원고를 아래와 같은 핵심사항에 따라 간추려본다.

베로니카는 폴과 결혼한다.
그는 부유하다.

그녀는 가난하다.

폴에게는 애슐리라는 정부가 있다. 그녀는 피닉스 인베스트먼츠의 회계장부를 제멋대로 주무르며 폴과 결혼하고 싶어한다. 게다가 그녀는 폴의 아이를 가진 상태다.

애슐리와 사귄 바 있고 지금은 폴과도 야릇한 관계를 맺고 있는 그윈 또한 그와 결혼하여 부유해지기를 원한다. 폴의 누이인 바버라는 피닉스 인베스트먼츠의 경영권을 넘겨받고 싶어한다.

바버라는 앤더슨 형사와 은밀한 관계를 맺고 있다.

물질적 토대를 둘러싸고 벌이는 여섯 인물들의 경합과정에는 살인사건이 추가된다. 이 여섯 인물들의 목록에 악의 기운이 스며드는 것이다. 애슐리가 죽고 난 후로 베로니카는 그녀가 죽기만을 바라는 세 인물—바버라, 그윈, 그리고 앤더슨—에 둘러싸여 홀로 남는다. 이 사실을 방조하던 그녀의 남편 폴은 오히려 자신의 정부와 짜고 베로니카를 배반했다. 생존을 위한 그녀의 유일한 희망은 자신이 직접 탐정으로 나서는 데 있다. 하지만 그녀에겐 여전히 도움의 손길이 필요하다. 시나리오를 쓸 때 우리가 가장 핵심적으로 결정해야 할 사항은 바로 장르이다. 예컨대 이야기에 살인사건이 끼어든다면 그 이야기의 장르는 미스터리물이 된다. 살인사건이 나오지 않는다면 영화는 흔히 '드라마'라는 장르로 분류된다. 하지만 앤더슨 형사 같은 인물을 등장시켜야 한다면, 그건 의심할 나위도 없이 작가가 미스터리를 쓰고 있는 셈이다. 저자의 다른 저서 『주말 추리소설가』에는 네 가지 역할이 제시되어 있다. 살인범, 탐정, 희생자, 그리고 사건을 부추기는 촉매 등이 그것이다. 그러면 여기서 『트로피 와이프』의 등장인물들을 이 기준에 따라 나눠보자.

살인범 : 그윈

탐정 : 베로니카
희생자 : 애슐리
희생자2 : 폴
촉매 : 바버라
촉매의 조력자 : 앤더슨

미스터리물에 그려진 이야기에서 촉매에 해당하는 인물은 사건이 일어나도록 주변을 부추긴다. 이런 역할의 가장 뛰어난 예 중 하나는 『말타의 매』에 나오는 뚱보 카스파 구트먼이다. 그는 폭력배에게 범행을 저지르도록 사주함으로써 극적인 행위들이 일어나도록 조종한다. 『트로피 와이프』에서는 바버라 왓슨이 촉매 역으로 나서면서 독자들의 주의를 끈다. 그 순간 플롯은 또 다른 단계로 진입하게 된다. 만일 바버라가 베로니카마저 죽기를 바라고 있다면? 만일 바버라가 베로니카를 죽이라고 그윈을 보낸 거라면? 만일 그녀가 그윈을 죽이라고 앤더슨을 보낸 거라면? 그런데 베로니카에게 조력자가 절실해지기 시작한 이후부터 만일 앤더슨의 심경에 변화가 생긴 거라면? 만일 그가 부패와 협잡에 진력이 난 정의의 사도라면? 만일 그가 베로니카를 만나고 나서 그녀의 순수함에 끌린 나머지 양심의 가책을 느끼게 된다면? 과연 얼마나 많은 살인이 저질러지고 나서야 앤더슨의 흐릿한 보안관 정신이 다시 정화될까?

『트로피 와이프』를 시나리오로 각색하기

역할과 동기를 두고 계속 탐색하다보면 영화 시나리오의 구조에 대한 가닥이 잡힐 수도 있다. 영화 시나리오는 상대적으로 분량이 짧다. 그리고 그 형태는 딱딱하게 고정되어 있으면서도 유연하게 실용적이다. 소설의 산문을 영화 대본의 체계로 무난히 전환하기 위해서는 시나리오 쓰기에 합당한 소프트웨어가 필요하다.

여기서 소프트웨어란 일곱 가지 구성요소로 대표될 수 있는 시나리오의 고유 양식이다. 그 하나하나는 시나리오의 각 부분에 밀접하게 조응해야 한다. 시나리오의 일곱 가지 구성요소는 다음과 같다. 장면 제목, 숏, 행위, 인물, 대사, 지문, 그리고 장면 전환 표시 등이다. 이 같은 구성요소들이 시나리오의 원고 지면을 대부분 차지하게 된다.

장면 제목은 다음과 같은 장면의 배경과 상황을 가리킨다 : '실외. 비에 젖은 주차장—낮'

숏은 카메라가 한 번 돌았다가 정지하기까지의 분량을 가리키며, 영화의 장면을 구성하는 최소단위이다 : '쇼핑백 클로즈업. 빗물에 젖어 있다.'

행위는 말 그대로 행위이다 : '베로니카는 쇼핑백을 떨어뜨린다.'

인물은 화자를 말한다 : '베로니카'

대사는 인물이 하는 말이다 : '고맙습니다.'

지문은 행위를 지시한다 : (고개를 가로저으며)

장면 전환 표시는 '다음 장면' 과 같이 한 장면을 끊고 다음 장면 제목으로 넘어간다는 것을 표시하는 기호이다.

장면 목록을 짜두었으니 우리는 곧바로 시나리오 각색에 도전해볼 수 있다. 장면1은 원작과 동일하게 상복 입은 베로니카가 노브힐 저택의 현관 앞에서 조문객들을 접대하는 대목에서 시작될 수도 있지만, 비에 젖은 주차장에서 폴과 베로니카가 처음 만나는 대목으로 풀어가는 게 더 좋아 보인다.

실외. 비에 젖은 주차장—낮
25세의 베로니카 데인은 차로 향하던 중 쇼핑백을 바닥에 떨어뜨린다.

순간 유리 깨지는 소리가 들린다. 그녀는 시선을 돌려 폴 왓슨이 포르셰에서 내리는 걸 바라본다. 그는 메피스토 구두와 버버리 레인코트를 착용하고 있다.

폴은 베로니카의 쇼핑백에서 쏟아진 물건들을 함께 주워 담은 후 그녀의 차 앞까지 대신 들어준다.

베로니카 고맙습니다.
폴 뭘요. 괜찮으신 거죠?
베로니카 이 물건들을 되도록 빨리 집으로 옮겨놔야 해서요.

차에 시동 거는 소리. 그러나 베로니카의 차는 출발하지 못한다. 그녀는 차창 밖으로 고개를 돌려 옆에 세워진 포르셰와 아직 그 자리에 머물러 있는 폴을 바라본다. 그녀는 차창을 내린다. 폴이 그녀에게 최신형 휴대폰을 꺼내 보인다.

폴 이 차 판매인의 전화번호를 알려주시면 제가 바로 도움을 청해볼게요.
베로니카 (고개를 가로저으며) 몰라요. 방법이 없네요. 이 차는 따로 판매인도 없고 저는 그냥……
폴 저런, 울지 마세요. 괜찮아요.

다음 장면 : 실내. 커피숍─낮

베로니카는 레인코트 옷깃을 잔뜩 여미고도 오들오들 떨며 앉아 있다. 그녀는 커피숍 계산대 앞에서 금발의 종업원과 얘기를 나누는 폴을 바라보며 살짝 미소 짓는다. 그러고는 륙색을 뒤져 낡은 『제인 에어』 양장본 한 부를 꺼내든다. 책장이 떨어져나갈까봐 책표지를 두 개의 고무줄로 감아두었다. 폴이 다가오자 베로니카는 책을 읽기 시작한다.

폴   여기 차 드세요, 아가씨.

베로니카는 책을 덮고 심호흡을 하며 억지로 미소를 짓는다.

장면 끝

이 첫 장면에서 폴은 베로니카에게 도움의 손길을 내밀면서 꽤 괜찮은 남자인 양 등장한다. 비에 젖은 주차장에서 불우한 아가씨에게 기사도 정신을 발휘한 그의 행위는 그녀로 하여금 이 사람을 통해 생활고에서 벗어날 방도에 대해 머리를 굴리도록 이끈다. 그는 미스터 로체스터처럼 무겁게 다가오지도 않는다. 여하튼 이들 사이의 구애와 결혼으로 1막이 끝난다. 그런데 이 과정에서 전환점에 해당하는 두 개의 장면이 등장한다. 1막의 중간지점에서 베로니카는 폴이 애슐리와 함께 있는 광경을 본다. 애슐리가 자신이 원하는 것을 털어놓는 대목이다. 그리고 베로니카의 결혼식 장면으로 이어지게 될 1막의 끝부분에서 베로니카는 바버라가 베풀어준 호의에 보답하려 한다.

서브플롯이 대본 속에서 솟아날 기미가 보이면 일단 작업을 중단한 후, 지금까지 이어져온 모든 장면들을 그러모아 그 안에 혹시 X라는 미지의 인물이 끼어들 여지가 없는지 검토해봐야 한다. 이 장면들을 출력하고 나서 인물X의 서브플롯을 분석해본다. 그러는 동안 소유의상 아이템(부친에게서 물려받은 브라이틀링 손목시계 같은 것), 차량 같은 소품뿐 아니라 건물, 방 등의 공간적 배경 그리고 이야기에 반향을 줄 대사 등에 관해 꼼꼼히 점검해볼 필요가 있다.

 그러고 나면 이야기가 클라이맥스로 치닫도록 사건을 밀어붙인다. 만일 베로니카가 탐정의 역할을 맡게 된다면? 만일 폴이 그윈을 보호하려 든다면? 만일 그윈이 다음번 살해대상으로 베로니카를 염두에 두고 있다면? 만일 폴이 그녀를 말리고자 한다면? 그런데 만일 그윈이 폴을 살해한 후 베로니카에게로 향하려 한다면? 그리하여 베로니카가 자신을 방어해야만 한다면?

연습과제

1. 이야기 속에서 물질적 토대에 해당하는 것은 무엇인지 찾아본다.
2. 주요인물들을 네 가지의 전형적인 인물로 바꾼다.
3. 장면 목록을 활용하여 초반부 열 개의 장면들을 아까의 일곱 가지 시나리오 소프트웨어를 통해 작성한다.
4. 소프트웨어를 이용해 서브플롯이 될 만한 요소들을 추출한다.
5. 끝까지 계속 쓴다.

초판 1쇄 발행 2012년 11월 28일
초판 4쇄 발행 2017년 7월 17일

지은이 로버트 J. 레이, 브렛 노리스
옮긴이 서준환
펴낸이 김선식

경영총괄 김은영
콘텐츠개발2팀장 김현정 **콘텐츠개발2팀** 김정현, 문성미, 이승환, 정민교
전략기획팀 김상윤
마케팅본부 이주화, 정명찬, 이보민, 최혜령, 최혜진, 최하나, 김선욱, 이승민, 김은지, 이수인
경영관리팀 허대우, 권송이, 윤이경, 임해랑, 김재경

펴낸곳 다산북스 **출판등록** 2005년 12월 23일 제313-2005-00277호
주소 경기도 파주시 회동길 357 3층
대표전화 02-704-1724 **팩스** 02-703-2219 **이메일** dasanbooks@dasanbooks.com
홈페이지 www.dasanbooks.com **블로그** blog.naver.com/dasan_books
종이 (주)한솔피앤에스 **인쇄·제본** (주)갑우문화사
ISBN 978-89-6370-290-2 (03800)

· 책값은 뒤표지에 있습니다.
· 파본은 본사와 구입하신 서점에서 교환해드립니다.
· 이 책은 저작권법에 의하여 보호를 받는 저작물이므로 무단 전재와 복제를 금합니다.